中国社会科学院创新工程学术出版资助项目

中国社会科学院马克思主义理论
学科建设与理论研究系列丛书

中国社会科学院
马克思主义研究文集

（第3辑·2012）

王伟光　李　捷　程恩富●主编

中国社会科学出版社

图书在版编目(CIP)数据

中国社会科学院马克思主义研究文集（第3辑·2012）/王伟光，李捷，程恩富主编. —北京：中国社会科学出版社，2013.12
（中国社会科学院马克思主义理论学科建设与理论研究系列丛书）
ISBN 978-7-5161-3751-2

Ⅰ.①中… Ⅱ.①王…②李…③程… Ⅲ.①马克思主义理论—文集 Ⅳ.①A81-53

中国版本图书馆CIP数据核字（2013）第294011号

出 版 人 赵剑英
责任编辑 赵 丽
责任校对 李 莉
责任印制 李 建

出 版 中国社会科学出版社
社 址 北京鼓楼西大街甲158号（邮编100720）
网 址 http：//www.csspw.cn
中文域名：中国社科网 010-64070619
发 行 部 010-84083685
门 市 部 010-84029450
经 销 新华书店及其他书店

印刷装订 北京一二零一印刷厂
版 次 2013年12月第1版
印 次 2013年12月第1次印刷

开 本 710×1000 1/16
印 张 29.25
字 数 492千字
定 价 76.00元

前　言

新中国成立以来，毛泽东、邓小平、江泽民、胡锦涛和习近平同志始终高度重视党的理论工作，重视全党和全社会对马克思主义理论的学习和研究工作。

2004 年 1 月，《中共中央关于进一步繁荣发展哲学社会科学的意见》下发，党中央决定实施马克思主义理论研究和建设工程。

为贯彻落实党中央关于把中国社会科学院努力建设成为马克思主义坚强阵地、党和国家的思想库智囊团、哲学社会科学的最高殿堂的“三定位”要求，中国社会科学院采取了一系列重要举措。2009 年年初决定把加强马克思主义理论学科建设与理论研究作为一项重要工作来抓，并成立中国社会科学院马克思主义理论学科建设与理论研究工作领导小组。小组成立后，注重抓好马克思主义理论学科组织机构的建设，设立马克思主义理论类别的研究室和中心等，同时又注重马克思主义基础理论研究。

为推进马克思主义基础理论研究，2011 年，院马工程领导小组决定每年编辑出版《中国社会科学院马克思主义研究文集》，文集收录上一年度全院范围内具有代表性的马克思主义研究文章，集中反映全院马克思主义研究的最新成果。《中国社会科学院马克思主义研究文集》［（第 1 辑 · 2010）和（第 2 辑 · 2011）］出版后，收到很好的社会反响。本次出版的为《中国社会科学院马克思主义研究文集》（第 3 辑 · 2012）。

《中国社会科学院马克思主义研究文集》编委会

2013 年 9 月

目　录

第一编　马克思主义中国化研究

第二编 马克思主义基本理论研究

第三编 马克思主义与当代

第　一　编

马克思主义中国化研究

走共同富裕之路是发展中国特色社会主义的战略选择

王伟光*

一　共同富裕是社会主义的重要本质，是社会主义与资本主义的不同特点，是社会主义制度不能动摇的基本原则

什么是社会主义，社会主义的本质是什么？邓小平同志一针见血地指出："社会主义的本质，是解放生产力，发展生产力，消灭剥削，消除两极分化，最终达到共同富裕。"① 社会主义最基本的特征有两条，一条是解放和发展生产力，一条是不搞两极分化，共同富裕。这两条是一致的，可以归结为共同富裕，从而也可以说，社会主义的本质是共同富裕。共同富裕有两层内涵：一是要解放和发展生产力，富起来，贫穷不是社会主义；二是要共同富起来，两极分化也不是社会主义。我国社会主义建设经验教训、世界社会主义苏东失败的惨痛教训明确告诫我们，生产力发展不上去，贫穷，就无法最终战胜资本主义，就不是合格的社会主义。社会主义制度优于资本主义制度，说到底是要创造远远高于资本主义的生产率，创造丰富的物质财富和精神财富。要富起来，必须发展生产力，发展生产力是根本任务。然而，社会主义与资本主义都要发展生产力，不能简单地说，社会主义发展生产力，资本主义不发展生产力。相对封建制度来说，资本主义可以优于封建主义较大限度地解放和发展生产力。资本主义几百年的发展历史说明，资本主义创造了发展生产力的业绩。资本主义发展到

---

* 王伟光，中国社会科学院党组书记、院长，哲学博士、博士生导师、教授。

① 《邓小平文选》第3卷，人民出版社1993年版，第373页。

一定程度，其阻碍生产力发展的制度弊端逐步显现出来，一战前的自由竞争资本主义、二战前的垄断资本主义，弊端明显，几近崩溃。苏东前期发展生产力的成绩，自新中国成立以来，特别是改革开放以来，发展生产力的成绩，恰恰说明社会主义在解放和发展生产力方面是优于资本主义的。然而，苏东失败，我国“文化大革命”和“文化大革命”前的挫折，又恰恰说明不发展生产力，忘掉了发展生产力这一根本任务，社会主义制度的优越性就发挥不出来。同时也说明，社会主义在发展进程中也要吸收资本主义发展成功的经验，不断地改革不适应的体制机制。社会主义要富起来，必须发展生产力。正是从以上意义说，解放与发展生产力是社会主义本质的重要内涵。社会主义不排斥富裕，但要的是共同富裕，社会主义解放和发展生产力是为了共同富裕。共同富裕是社会主义发展追求的目的，手段是解放和发展生产力。

社会主义与资本主义恰恰是发展生产力的目的不同。同样目的是致富，资本主义的历史告诉我们，它们的富是两极分化的富，贫者愈贫，富者愈富，穷国与富国、穷人与富人两极分化。资本主义几百年的发展历史，包括现代资本主义的现状，都说明这一点。而社会主义是要消灭剥削、消除两极分化，并不反对富，与资本主义不同的是它要共同富裕。邓小平同志明确指出：“社会主义的特点不是穷，而是富，但这种富是人民共同富裕”，“社会主义与资本主义不同的特点是共同富裕，不搞两极分化”。“社会主义的一个含义，就是共同富裕。”“社会主义不是少数人富起来、大多数人穷，不是那个样子。社会主义最大的优越性就是共同富裕，这是体现社会主义本质的东西。”① 是共同富裕，还是两极分化，这是社会主义与资本主义的本质区别。走共同富裕之路，这是社会主义不同于资本主义的发展道路。资本主义搞了几百年，二战前，阶级对立、阶级矛盾激化，发生了两次世界大战，几乎要把资本主义毁掉。二战后，资本主义吸取教训，也注意到社会主义公平正义的主张，做了重要的体制改进、政策调整，主要是在控制两极分化上进行体制、政策上的修补，一定程度上缓和了阶级对立和阶级矛盾，创造了二战后资本主义相对和平发展的局面。然而，这次金融危机的爆发，资本主义陷入一片衰退又证明，资本主义制度是无法从根本上避免两极分化的，靠体制、政策调整可以缓

① 《邓小平文选》第3卷，人民出版社1993年版，第364页。

解，但不能从根本上解决问题，只有靠社会主义才能从根本上解决资本主义解决不了的两极分化问题。坚持共同富裕，是社会主义不可动摇的基本原则。

二 社会主义制度是实现共同富裕的根本保证，坚持公有制或为主体的公有制是实现共同富裕的经济基础，毫不动摇地坚持主体地位的公有制是我国社会主义必须坚持的根本原则

采取什么样的经济制度，生产资料归谁所有，即所有制问题，是判断社会性质的重要标准。在经济基础上实行公有制，或实行为主体的公有制，这是社会主义的根本经济制度，是社会主义的重要标志。马克思主义告诉我们，生产力决定生产关系，同时生产关系也反作用于生产力。重视生产力的决定性作用，同时要重视生产关系对生产力的反作用。所有制关系、财产关系决定分配关系，生产资料、财产占有的差别是分配差别决定性的影响要素，所有制结构上存在的问题和财产占有上存在的问题是贫富拉开的根本原因。所有制决定分配制度，生产资料归谁所有决定财富如何分配，收入上的两极分化是由生产资料占有的两极分化所决定的。私有制是剥削制度的根本经济基础，公有制是消灭剥削的社会制度的根本经济基础。社会主义不同于资本主义的制度差别，就是是否是实现公有制或为主体的公有制。当然，在资本主义和社会主义并存的当今社会，你中有我，我中有你。资本主义发展到今天，其内部也产生了某些社会主义的因素，社会主义是从资本主义脱胎出来的，当然也带有旧社会的胎记，比如，在我国社会主义初级阶段，部分私有经济的存在。排斥非公有制经济是不符合我国目前实际国情的，因而是不可行的，但必须坚持公有制为主体，这是实现共同富裕的根本制度保证。就分配问题解决分配问题，是不能从根本上解决分配不公、两极分化问题的。制度是根本性问题，坚持公有制为主体的根本经济制度，是解决分配不公、防止两极分化的根本性举措，只有坚持公有制为主体毫不动摇，才能从经济基础上保证共同富裕。解决分配问题的其他措施也是必要的，但要从属于根本举措，单靠一个措施是不够的，要搞全面的配套措施，才能防止和避免两极分化，实现共同富裕。当然，公有制的实现形式是多种多样的，公有制也有一个从体制机制上不

断探索，使之更为成熟的过程。如果公有制的具体形式、具体体制机制不适当，也会影响公有制的效率和作用，甚至使公有制变样，起不到应有的作用，然而这样的问题决不能成为否定公有制的理由。

政治的上层建筑对经济基础也有反作用，好的会促进经济基础巩固，不好的会破坏经济基础。如果任由落后的上层建筑发展，就会破坏社会主义经济基础。党的领导、依法治国、人民当家做主的政治制度是实现共同富裕的政治保证。在政治上层建筑上，是否真正实行人民民主，即人民当家做主，是社会主义政治制度的核心问题，人民代表大会制度是我国社会主义根本政治制度。这是实现共同富裕的社会主义根本制度保证。当然，在体制机制上，在基层，在企业（特别是国有企业），在各个层面、各个领域上，如何落实人民民主，还需要进行创造性的实践，还需要不断发展与完善。邓小平同志说："只有社会主义，才能有凝聚力，才能解决大家的困难，才能避免两极分化逐步实现共同富裕。"① "中国只能搞社会主义，不能搞两极分化。"② "中国搞资本主义行不通，只有搞社会主义，实现共同富裕，社会才能稳定，才能发展。"③ "社会主义制度就应该而且能够避免两极分化。"④ 实现共同富裕，只有靠社会主义制度。

三 如果导致两极分化，出现新的剥削阶级，就可能出乱子，改革就算失败了，就不是社会主义，就会走到资本主义邪路上去

人类社会历史告诉我们，私有制是产生两极分化、阶级剥削、阶级对立的必要条件，而与私有制相结合的市场经济则是两极分化的重要条件。在资本主义之前的奴隶社会、封建社会都是私有制社会，而资本主义社会也是私有制社会，资本主义与其他私有制社会不同的是，它是把私有制与市场经济相结合，充分发挥了市场经济的作用，一方面充分发挥了市场经济资源优化配置和调动生产积极性的作用，创造了资本主义现代文明；另一方面与私有制相结合的市场经济也有负面消极作用，自然导致贫富差

---

① 《邓小平年谱 1975—1997》下，中央文献出版社 2004 年版，第 1312 页。

② 同上书，第 1317 页。

③ 同上书，第 1312 页。

④ 《邓小平文选》第 3 卷，人民出版社 1993 年版，第 374 页。

距、两极分化。我国处于社会主义初级阶段的基本国情决定，要允许、鼓励私有制经济的发展。各国社会主义建设的实践证明，排斥私有经济的单一的公有制，排斥市场经济的计划经济，是不适合现阶段社会主义国情的。在我国，总体上是社会主义公有制经济与市场经济相结合，但也有一定范围的私有经济与市场经济的结合，这就导致一方面调动了积极性，另一方面也会引起两极分化。所以，邓小平同志尖锐地指出："实际上两极分化自然出现。""如果富的愈来愈富，穷的愈来愈穷，两极分化就会产生。"① 因此，我们在社会主义初级阶段支持发展非公有制经济、发展市场经济，就必须在制度、体制、政策导向上采取一切措施防止和避免两极分化，引导走共同富裕之路。所以，一定要坚持社会主义制度与市场经济相结合，坚持社会主义占主体的公有制与市场经济相结合，既要发挥市场经济的长处，又要避免市场经济的短处和反面影响；既要积极引导非公有制经济发挥积极作用，又要限制其消极的负面作用。在分配问题上，要坚持占主体的按劳分配方式，这也是共同富裕的基本分配制度保证。

在邓小平同志看来，所有制问题、财产占有问题解决不好，分配问题就解决不好，两极分化、贫富差距就会拉大，势必影响大多数劳动群众的积极性，其最终结果会影响甚至破坏生产力，这是产生尖锐的社会矛盾、出乱子、不稳定、闹革命的总根源。如果防止和避免不了两极分化，必然导致社会矛盾尖锐化，势必出乱子，冲击现代化和改革开放所必要的稳定局面，会从根本上动摇政权的基础、执政党的地位，改变国家的社会主义性质。邓小平同志讲："如果中国只有一千万人富裕了，十亿多人还是贫困的，那怎么能解决稳定问题?"② "中国情况是非常特殊的，即使百分之五十一的人先富裕起来了，还有百分之四十九，也就是六亿多人仍处于贫困之中，也不会有稳定。"③ "中国有十一亿人口，如果十分之一富裕，就是一亿多人富裕，相应地有九亿多人摆脱不了贫困，就不能不革命啊！九亿多人就要革命。"④ "如果搞两极分化，情况就不同了，民族矛盾、区域间矛盾、阶级矛盾都会发展，相应地中央和地方的矛盾也会发展，就可能

① 《邓小平文选》第3卷，人民出版社1993年版，第373—374页。

② 《邓小平年谱1975—1997》下，中央文献出版社2004年版，第1312页。

③ 同上。

④ 同上书，第1317页。

出乱子。”① 他明确预见到中国出乱子会给中国乃至世界带来灾难性后果。他说：“可以设想一下，如果中国动乱，那将是个什么局面？现在要是中国乱起来，就不是‘文化大革命’那样的问题。那时还有毛主席、周总理等老一辈领导人的威信，说是全面内战，到底不是大问题，真正的内战并没有出现。现在就不同了，如果再乱，乱到党不起作用了，国家权力不起作用了，这一派抓一部分军队，那一派抓一部分军队，就是个内战的局面。一打内战就各霸一方，生产衰落，交通中断，难民不是百万、千万，而是成亿地往外跑，这就会是世界性的灾难。这不仅对中国发展不利，对世界发展也不利。”“社会主义的目的就是要全国人民共同富裕，不是两极分化。如果我们的政策导致两极分化，我们就失败了；如果产生了什么新的资产阶级，那我们真的走了邪路了。”② “如果仅仅是少数人富有，那就会落到资本主义去了。”两极分化的结果是，社会矛盾尖锐化，贫困的人要起来革命，要出乱子，改革就要失败，社会主义就要失败，资本主义、剥削社会的一切弊端就会在我国重演。

四 富裕起来后，财富怎样分配，怎样防止两极分化，实现共同富裕，这是大问题，是利用各种手段、各种方案、各种方法必须加以解决的中心课题

改革开放 30 多年，发展到今天，最显著的成绩，就是实现了经济的快速发展，我们成功地抵御了美国 2008 年爆发的国际金融危机，在经济总量上成为世界第二，使得全世界对中国的经济奇迹刮目相看，这是成绩的一方面。但另一方面，实事求是地讲，也出现了十分尖锐的矛盾与问题。用一句最普通的话，就是我国正处于既是发展的黄金期，又是矛盾的凸显期的发展阶段。矛盾凸显期的出现，使改革开放、中国特色社会主义的发展、中华民族的振兴，遇到了严峻的挑战。如果不解决当前在改革开放中所遇到的一系列重大问题，改革开放所取得的大好成就就有可能付诸东流。中心的问题是什么？就是分配不公，其导致两极分化的趋势还在蔓延。邓小平同志说：“十二亿人口怎样实现富裕，富裕起来以后财富怎样

① 《邓小平文选》第 3 卷，人民出版社 1993 年版，第 364 页。

② 同上书，第 110—111 页。

分配，这都是大问题。题目已经出来了，解决这个问题比解决发展起来的问题还困难。分配的问题大得很。”① “少部分人获得那么多财富，大多数人没有，这样发展下去总有一天会出问题。分配不公，会导致两极分化，到一定时候问题就会出来。这个问题要解决。过去我们讲先发展起来。现在看，发展起来以后的问题不比不发展时少。”② “中国发展到一定的程度后，一定要考虑分配问题。”③ “要研究提出分配这个问题和它的意义。到本世纪末就应该考虑这个问题了。”④ “共同致富，我们从改革一开始就讲，将来总有一天要成为中心课题。”⑤ 我们党执政要解决两大任务：一大任务是做大蛋糕，就是解放和发展生产力，让国家尽快地富起来、强起来，这是社会主义共同富裕的物质基础。再一个大任务，就是要分好蛋糕，解决好分配问题，防止和避免两极分化，让全体人民共同富裕。发展生产力是社会主义的根本任务，共同富裕、和谐公正是社会主义的本质要求，既要做大蛋糕，又要分好蛋糕，解决好发展和公平这两大问题。分配是个大问题，在发展起来以后要解决好分配问题，如果分配问题解决不好，不能共同富裕，就不是社会主义，“如果仅仅是少数人富有，那就会落到资本主义去了”⑥。“作为制度来说，没有社会主义这个前提，改革开放就会走到资本主义，比如说两极分化。”⑦ 现在看来，如何分好蛋糕，解决好社会公正问题，这是必须面对的严重现实问题。共同富裕的问题已经非常急迫地摆在全党和全国人民面前。发展起来后遇到的问题比发展问题更难解决，所有这些问题集中到一点上，就是一个分好蛋糕的问题。邓小平同志要求我们 20 世纪末 21 世纪初着手解决共同富裕问题，现在十年过去了，这个问题更严重了，到现在问题还在发展，没有破题。目前贫富差距已经出现不可遏制的趋势，各地群体性事件的发生从根源上来说与之有关。世界各地出现的动荡，实际上也是因为贫富悬殊、两极分化所致。解决好共同富裕的问题就是解决中国特色社会主义发展的中心问题，解决好这个问题有助于我国应对来自西方国家的和平演变，巩固和发展党的领导和社会主义

① 《邓小平年谱 1975—1997》下，中央文献出版社 2004 年版，第 1364 页。
② 同上。
③ 同上书，第 1356 页。
④ 同上书，第 1357 页。
⑤ 《邓小平文选》第 3 卷，人民出版社 1993 年版，第 364 页。
⑥ 《邓小平年谱 1975—1997》下，中央文献出版社 2004 年版，第 1356 页。
⑦ 同上书，第 1317 页。

制度。要利用各种手段、各种方案、各种方法解决好分配问题，坚定不移地走共同富裕之路，这是推进中国特色社会主义发展的重大战略选项。

五 坚持马克思主义主流意识形态的指导地位，坚持核心价值观的主导地位，坚持共产主义远大理想和中国特色社会主义共同理想的理想信念主心骨地位，是坚持社会主义共同富裕的思想基础

怎样落实邓小平同志交给全党的在20世纪末21世纪初要着手解决并解决好分配问题的大题目，怎样统一全党认识，像抓经济建设那样齐心协力、全力以赴去解决好这个重大问题呢？首先有一个统一认识、统一思想问题。有人认为现在还应当坚持“效率优先，兼顾公平”的提法，认为两极分化不可怕，贫富悬殊、拉开距离有利于发展。当然也有好心人认为，分配不公、两极分化没有什么了不起的，只要把经济搞上去了，这个问题自然解决。对于如何解决分配问题，有各式各样的解决方案，莫衷一是……因此，解决认识问题，统一思想，是解决好分配问题的第一位问题。

理论搞对头了，思想搞对头了，认识统一了，步调才能一致。否则你说东，他说西，思想不一致，认识不统一，怎样能解决好分配问题呢？贫富拉开、分配不公现象背后隐藏着思想领域的某些混乱问题。必须要有一股精神力量统一凝聚党心、民心，这就是坚持主流意识形态的指导问题、核心价值观的主导问题、理想信念的主心骨问题，只有解决好精神力量的指南问题、凝聚人心，才能统一全党、全国人民的思想和意志，才能解决好社会分配、社会公正和持续发展问题。譬如，要不要坚持为主体的公有制，要不要坚持党的领导，要不要坚持人民民主，要不要坚持社会主义制度，要不要走共同富裕之路……就必须坚决用强有力的精神力量来统一全党、统一全国人民。靠什么凝聚人心，提高人的精神支撑力量？要靠马克思主义的道理，靠理想信念，“革命理想高于天”。统一、凝聚全党、全国人民思想分两个层次：一个层次，就是党的各级干部，特别是高级干部要靠学习、信仰、坚持和发展马克思主义来凝聚、来统一；一个层次，就是群众要靠社会主义核心价值观来凝聚，最后都可以归结到靠正确的思想理论，从而树立正确的理想信念来凝聚。无论从领导干部来讲，还是从普通

群众来讲，都要靠通过马克思主义正确的道理固化、强化理想信念，来凝聚精神头。理想信念要讲两个层面，一是共产主义的远大理想，二是中国特色社会主义的共同理想。这是党的最高纲领和最低纲领的结合，没有远大理想，最高纲领就会失去方向；没有共同理想，最低纲领就会失去群众支持。高级干部的理想信念要靠读马克思主义的著作、毛泽东同志的著作、当代中国化马克思主义的著作、党的重要文献来解决，人民群众的理想信念靠各级干部的思想政治工作、理论教育工作、实实在在的群众工作来解决。全党在重大问题上靠什么统一认识？靠马克思主义的精神力量来统一。苏联垮台，根本问题是垮在把马克思主义这把刀子丢掉了，把社会主义理论信仰和理想信念全都丢掉了，所以才出问题。当然，苏联垮台也不是只有一个原因，有多方面的原因，有体制上的问题，也有生产力没发展、人民群众消费品供应不足等问题。但根本原因还是出在指导思想、精神力量上。丢了根本性的马克思主义这把刀子，共同富裕问题解决不了，也解决不好，那就要出大问题。

物质决定精神，精神反作用于物质，可以转化为物质力量，这是辩证唯物主义的观点。发展中国特色社会主义，不仅要有先进的生产力，还要有先进的文化，要有正确意识形态、理论指导和精神力量。在这个问题上，应该说，我们党在社会主义建设的过程中犯过错误，物质与精神，只抓一方面留下了教训。在“文化大革命”前，搞了一些主观唯心主义的东西，把精神的反作用无限地扩大了。“大跃进”时有个口号：“人有多大胆，地有多高产”，“不怕做不到，就怕想不到”，宣扬了脱离客观实际的主观主义，背离了辩证法唯物主义的物质决定精神的基本原理。反之，忽略了精神的反作用也不对。毛泽东同志在 20 世纪 60 年代写了一篇著名的文章《人的正确思想是从哪里来的》，提出物质变精神，精神变物质，这就是物质与精神的同一性问题，就是精神对物质有反作用问题。好的精神力量指导人民、激励人民、鼓舞人民、凝聚人民；不好的精神力量让人萎靡不振，走歪路，走邪路，让社会乱起来。如果只重视发展生产力，不重视精神、社会意识的反作用，不重视思想理论的作用，不重视思想政治工作，一手硬一手软，照样出问题。解决共同富裕问题，除了从经济建设入手之外，还必须加强思想理论战线、意识形态工作的战斗力。今天，面对着这么多矛盾问题，有些问题已经是积累到一定程度了，如果精神凝聚的力量苍白无力和软弱，那么势必要出大乱子、大问题。在重视发展生产力解决经济发展的同时，如何注重精神的反作用？如何重视理论的指导作用？如何重视解决马克思主义在意识形态领域的指导？如何重视解决核心价值观和理想信念问题？这也是一项与解决共同富裕问题密不可分的根本任务。

（原载《红旗文稿》2012 年第 1 期）

基本路线的确立与中国特色社会主义道路的开辟

李　捷*

当代中国的历史发展及现实走向，归结到一点，就是中国特色社会主义。中国特色社会主义是党和国家的旗帜，高举这面旗帜，我们就能战胜一切艰难险阻，最终实现中华民族伟大复兴。中国特色社会主义道路、理论体系、制度，是新中国一切成就、一切经验的最高结晶，坚持这条道路、理论体系和制度，我们才能既坚持马克思主义基本原理和科学社会主义的本质特征，又紧密结合中国实际，不断赋予中国特色社会主义以鲜明的实践特色、理论特色、民族特色、时代特色。

饮水思源。我们要永远铭记以毛泽东为核心的党中央第一代领导集体为找到这条道路所立下的筚路蓝缕艰辛探索之功。这一时期取得的社会主义革命和建设的伟大成就，以及艰辛探索社会主义建设规律取得的宝贵经验，成为中国特色社会主义的道路起点、理论来源、制度基石。我们要永远铭记以邓小平为核心的党中央第二代领导集体为走上这条道路所立下的开创之功。邓小平所总结提出的“建设有中国特色的社会主义”的主题，“一个中心、两个基本点”的基本路线，所创立的邓小平理论，为开创和形成中国特色社会主义道路、理论体系、制度奠定了坚实的基础。可以说，没有了上述主题、基本路线和邓小平理论，就没有中国特色社会主义。

高度重视国情的研究、高度重视基本路线（总路线）的确定、高度重视革命和建设道路的探索，是我们党的光荣传统和最大的政治优势。靠了这个优势，我们取得了新民主主义革命的胜利。同样，靠了这个优势，我

* 李捷，中国社会科学院副院长，兼当代中国研究所所长、研究员。

们取得了改革开放和现代化建设的阶段性巨大成果。

众所周知，邓小平在1982年9月召开的中共十二大开幕词里，首次提出了“建设有中国特色的社会主义”的科学命题。随即，根据邓小平的有关论述，1987年10月，中共十三大完整概括提出了“一个中心、两个基本点”的基本路线。从此，坚持和发展中国特色社会主义道路，便有了根本依据。它的作用集中地体现在以下五个方面。

第一，为中国特色社会主义道路确定了历史方位。

这个历史方位，就是中国正在处于并长期处于社会主义初级阶段。在中共十三大前夕，邓小平明确指出：“我们党的十三大要阐述中国社会主义是处在一个什么阶段，就是处在初级阶段，是初级阶段的社会主义。社会主义本身是共产主义的初级阶段，而我们中国又处在社会主义的初级阶段，就是不发达的阶段。一切都要从这个实际出发，根据这个实际来制定规划。”①

这是认真吸取“大跃进”和人民公社化运动严重超越社会主义发展阶段、严重违背社会主义建设规律的沉痛教训，得出的科学结论。

正确认识中国社会所处的历史阶段，是科学认识国情的基本问题，是坚持和发展中国特色社会主义道路的首要问题，也是党和国家制定、执行正确的路线与政策的根本依据。超越现阶段，是苏联、中国以及许多社会主义国家在进行社会主义建设的过程中，反复出现的问题，带有一定的普遍性。邓小平认真总结这些沉痛教训，形成社会主义初级阶段理论，在科学社会主义发展史和世界社会主义运动发展史上，是一大历史性贡献。

中国处于社会主义初级阶段这个论断，回答了两个根本性的问题：第一，中国是社会主义社会，必须坚持而不能离开社会主义来考虑问题；第二，中国还处在社会主义初级阶段，必须从这个实际出发来考虑问题。把这两点结合起来，就是中国特色社会主义道路问题上的两点论，既防止超越阶段的“左”倾思潮，又防止离开社会主义的右倾思潮。

正如中共十三大报告所指出的：“在近代中国的具体历史条件下，不承认中国人民可以不经过资本主义充分发展阶段而走上社会主义道路，是革命发展问题上的机械论，是右倾错误的重要认识根源；以为不经过生产力的巨大发展就可以越过社会主义初级阶段，是革命发展问题上的空想

---

① 《邓小平文选》第3卷，人民出版社1993年版，第252页。

论，是‘左’倾错误的重要认识根源。”①

随着改革开放和现代化建设的不断发展，随着中国特色社会主义道路的不断发展，随着国家综合国力的提升和国际地位的上升，尽管中国仍然处于并将长期处于社会主义初级阶段，但这些发展变化也必然会给初级阶段带来某些重大变化，带来某些阶段性的新特点和新特征。也就是说，社会主义初级阶段并不是一成不变的，我们必须随着实践的发展不断深化和推进对社会主义初级阶段特征的认识。事实上，2007 年 10 月召开的中共十七大，就根据新世纪新阶段的基本国情，对“我国发展呈现一系列新的阶段性特征”做了科学分析，为深入贯彻落实科学发展观提供了立论依据。

第二，为中国特色社会主义道路确立了兴国之要。

以经济建设为中心是兴国之要，是我们党、我们国家兴旺发达和长治久安的根本要求。这是彻底纠正“以阶级斗争为纲”的错误指导思想所造成的一系列阶级斗争严重扩大化失误，特别是“文化大革命”十年全局性错误，并进行认真严肃的反思，得出的科学结论。

在社会主义初级阶段，社会主要矛盾是人民日益增长的物质文化需要同落后的社会生产之间的矛盾。这就决定了社会主义的根本任务是解放和发展社会生产力，不断改善人民生活。

从现阶段中国特色社会主义道路的总任务出发，邓小平指出：“社会主义的本质，是解放生产力，发展生产力，消灭剥削，消除两极分化，最终达到共同富裕。”② 他并且强调：“发展才是硬道理”③，中国解决所有问题的关键在于依靠自己的发展。他还强调指出：“社会主义初级阶段的最根本任务就是发展生产力，社会主义的优越性归根到底要体现在它的生产力比资本主义发展得更快一些、更高一些，并且在发展生产力的基础上不断改善人民的物质文化生活。”④

也就是说，无论从中国特色社会主义道路现阶段发展的总任务来说，从社会主义本质要求来说，还是从社会主义优越性来说，都必须紧紧扭住经济建设这个中心，紧紧抓住发展这个执政兴国之要，一心一意搞建设，

---

① 《十三大以来重要文献选编》上册，中央文献出版社 2011 年版，第 9 页。

② 《邓小平文选》第 3 卷，人民出版社 1993 年版，第 373 页。

③ 同上书，第 377 页。

④ 同上书，第 63 页。

聚精会神谋发展。

需要指出的是，既然随着中国特色社会主义事业不断发展，社会主义初级阶段会呈现出一系列新的阶段性特征，那么，在坚定不移地坚持发展是硬道理的前提下，对于实现什么样的发展、怎样发展也要不断深化认识，不断与时俱进。

当前，发展起来以后出现的新问题和欠发展造成的旧矛盾同时存在，如何全面贯彻落实科学发展观，面临着诸多新的课题。为了破解这些难题，在新的条件下更好地坚持以经济建设为中心和发展是硬道理的兴国之要，以胡锦涛为总书记的党中央提出，在当代中国，坚持发展是硬道理的本质要求，就是坚持科学发展。这是在发展的指导思想上的又一次与时俱进。

第三，为中国特色社会主义道路奠定了立国之本。

四项基本原则是立国之本，是党和国家生存发展的政治基石。

坚持社会主义道路、坚持人民民主专政、坚持中国共产党的领导、坚持马克思列宁主义毛泽东思想这四项基本原则，既是对新中国成立以来成功经验的科学总结，又为沿着中国特色社会主义道路前进指明了立国之本。

当然，坚持四项基本原则，必须也只能在发展中坚持。教条主义式的所谓坚持，非但不能真正坚持，而且还会导致思想严重背离实际与僵化，最终会断送中国特色社会主义。历史已经证明，改革开放30多年来，每前进一步，都伴随着解放思想、实事求是、与时俱进。而最大的思想解放，莫过于在什么是马克思主义、怎样对待马克思主义，什么是社会主义、怎样建设社会主义，建设什么样的党、怎样建设党，实现什么样的发展、怎样发展等基本问题上的思想解放。正是在这种不断地解放思想、实事求是、与时俱进的过程中，党中央几代领导集体逐步形成了党在社会主义初级阶段的基本理论、基本路线、基本纲领、基本经验，做出了一系列重大战略决策，把马克思主义中国化推向了一个新的阶段。实践证明，坚持和发展四项基本原则，始终是推动改革开放和中国特色社会主义道路深入发展的不竭源泉和动力。关键在于一定要在坚持中发展，在发展中坚持。

总之，中国特色社会主义道路，是既体现社会主义本质又符合中国国情的道路，是既始终坚持人民民主专政这一具有中国特色社会主义国体又不断推进社会主义民主政治发展的道路，是既坚持中国共产党领导又不断推进中共建设新的伟大工程的道路，是既坚持马克思列宁主义、毛泽东思想又不断推进中国特色社会主义理论体系创新的道路。历史证明，四项基本原则，既是坚持和发展中国特色社会主义道路的本质要求，也为这条道路不断发展创新指明了根本方向。

第四，为中国特色社会主义道路指明了强国之路。

改革开放是强国之路，是我们党、我们国家发展进步的活力源泉。这是通过总结新中国成立以来探索社会主义建设道路正反两方面的经验教训得出的正确结论，也是在拨乱反正过程中开辟中国特色社会主义道路所找到的唯一正确的途径。

改革是社会主义制度的自我发展和自我完善。但是，改革通过革除旧体制的弊端所起到的对于解放和发展社会生产力巨大推动作用，确是具有革命性的。改革是全面的改革。正是通过社会主义经济体制改革、政治体制改革、文化体制改革、社会体制改革，逐渐形成了中国特色社会主义经济建设、政治建设、文化建设、社会建设四位一体格局，不仅极大地拓展和丰富了中国特色社会主义道路，而且使得这条康庄大道越走越宽广。实践证明，改革开放是兴国之道，是推动中国特色社会主义道路不断发展完善的必由之路。

在社会主义初级阶段，解放和发展社会生产力是根本任务，而最有效的途径就是改革。中国特色社会主义道路，必须以改革作为推进四位一体建设的强大动力，必须通过改革开放为自身的发展开辟广阔的空间。实践已经证明，只有改革开放，才能发展中国、发展中国特色社会主义。

改革有个方向问题。改革开放必须坚持以人民为本位和主体的立场观点，必须以最广大人民的根本利益为出发点和归宿。要相信人民、依靠人民、尊重人民的首创精神，把人民拥护不拥护、人民赞成不赞成、人民高兴不高兴、人民答应不答应作为制定方针政策和作出决断的出发点和归宿。做到发展依靠人民，发展为了人民，发展成果由人民所共享。改革和发展的根本目标是实现全体人民共同富裕。这是由社会主义本质所决定的。要把是否有利于发展社会主义社会的生产力、是否有利于增强社会主义国家的综合国力、是否有利于提高人民的生活水平作为判断一切工作是非得失的标准。

改革有个关系问题。在社会主义初级阶段，正确处理改革、发展同稳定的关系，保持稳定的政治环境和社会秩序，具有极端重要的意义。没有稳定，什么事也干不成。必须把改革的力度、发展的速度和社会可以承受的程度统一起来，在社会政治稳定中推进改革、发展，在改革、发展中实现社会政治稳定。

第五，为中国特色社会主义道路明确了奋斗目标。

建设社会主义现代化强国，是新中国成立后长期不懈的奋斗目标，并且经过前30年的努力形成了独立的、比较完整的工业体系和国民经济体系。但是，长期以来对于现代化建设的目标，我们党存在着要求过高过急的问题。

中共十一届三中全会以来，根据邓小平的意见，根据国情重新制定了实现现代化的奋斗目标和“三步走”战略。实践证明，这个目标和发展战略是经得起历史和实践检验的，是完全可以经过自力更生、艰苦创业加以实现的。

新时期现代化建设的奋斗目标，是随着中国特色社会主义道路的不断发展而不断完善发展的。

中共十二大提出了到20世纪末翻两番的奋斗目标，指出：实现了这个目标，人民的物质文化生活可以达到小康水平。十二大通过的党章，在重申四个现代化的基础上，将“把我国建设成为高度文明、高度民主的社会主义国家”写入党的奋斗目标。

中共十三大根据邓小平的意见，确立了到21世纪中叶现代化建设“三步走”战略。提出到20世纪末，使国民生产总值再增长一倍，人民生活达到小康水平；到21世纪中叶，人均国民生产总值达到中等发达国家水平，人民生活比较富裕，基本实现现代化。

中共十五大，在实现第二步战略目标、向第三步战略目标迈进的关键时刻，将第三步战略目标进一步明确为：21世纪的第一个10年实现国民生产总值比2000年翻一番，使人民的小康生活更加宽裕，形成比较完善的社会主义市场经济体制；到建党100年时，使国民经济更加发展，各项制度更加完善；到建国100年时，基本实现现代化，建成富强民主文明的社会主义国家。

中共十六大，明确提出全面建设小康社会的总体目标。随后，又适时将中国特色社会主义经济、政治、文化建设三位一体格局发展为经济、政治、文化、社会建设四位一体，并在中共十七大上将现代化建设奋斗目标正式明确为“为把我国建设成为富强民主文明和谐的社会主义现代化国家而奋斗”。

从中共十二大到十七大，新时期社会主义现代化建设奋斗目标从确立、发展到不断完善，既是对中国特色社会主义总体布局和建设规律的认识不断深化、不断发展的结果，也是中国特色社会主义道路越走越光明、越走越宽广的真实写照。

以上五个方面，相互联系贯穿起来，就是社会主义初级阶段理论和“一个中心、两个基本点”的基本路线。这些方面构成了邓小平理论最基本的主干，也为中国特色社会主义道路指明了方向。正是沿着这样一个根本方向，我们开辟、形成、发展了中国特色社会主义道路。

“一个中心、两个基本点”的基本路线，是相互贯通、相互依存、不可分割的统一整体，必须全面坚持、一以贯之。发展中国特色社会主义，最根本的就是一切都要从社会主义初级阶段这个最大的实际出发，坚定不移地坚持基本路线，同各种“左”的和右的错误思潮划清原则界限。离开经济建设这个中心，社会主义社会的一切发展和进步就会失去物质基础；离开四项基本原则和改革开放，经济建设就会迷失方向和丧失动力。

新时期30多年的历史反复证明，党的基本路线是兴国、立国、强国的根本法宝，是实现科学发展的政治保证，是党和国家的生命线、人民群众的幸福线，是邓小平理论给我们留下的最重要、最根本的政治遗产，是不断推动中国特色社会主义道路创新、理论体系创新、制度创新的基石。我们要始终坚持党的基本路线不动摇，做到思想上坚信不疑、行动上坚定不移，决不走封闭僵化的老路，也决不走改旗易帜的邪路，坚定不移地走中国特色社会主义道路。

（原载《毛泽东邓小平理论研究》2012年第9期）

坚持党的基本路线一百年不动摇

——重温邓小平1992南方谈话

朱佳木*

20年前，邓小平同志在国内国际政治风波严峻考验的重大历史关头，以88岁高龄，前往南方视察并发表重要谈话（简称南方谈话）。这篇谈话全面总结了改革开放14年的经验教训，完整阐述了党的十一届三中全会以来的路线、方针、政策，深刻回答了长期困扰和束缚人们思想的许多重大认识问题，系统提出了对整个社会主义现代化建设具有现实和长远指导意义的重要思想，为推动我国改革开放和社会主义现代化建设进入新阶段作出了重大贡献。它是坚持党在社会主义初级阶段基本路线、创新中国特色社会主义理论的又一个宣言书，是中华人民共和国史特别是改革开放史中一份十分重要的马克思主义的历史性文献，也是邓小平理论的集大成之作。它的前瞻性和真理性已为20年来我国经济的持续高速增长、综合国力的不断增强，以及国际形势的深刻变化和资本主义世界经济的一再危机所充分验证。常言道：温故而知新。在这篇谈话发表20周年之际，把它拿出来，结合20年的实践重新通读几遍，再次领会其中的精神实质和深刻内涵，不仅是对它的最好纪念，而且有助于我们正确认识和解决当前面临的各种复杂问题，继续把中国特色社会主义事业推向前进。

南方谈话开宗明义指出："要坚持党的十一届三中全会以来的路线、方针、政策，关键是坚持'一个中心、两个基本点'"；"不坚持社会主义，不改革开放，不发展经济，不改善人民生活，只能是死路一条。基本

---

* 朱佳木，中国社会科学院原副院长，中华人民共和国国史学会常务副会长。

路线要管一百年，动摇不得"①。谈话通篇既强调要抓住时机、加快发展，又要求讲求效益、稳步协调地发展；既强调改革开放胆子要大一些，又阐释改革开放必须坚持四项基本原则的道理。这就清楚地告诉我们，坚持"一个中心、两个基本点"的基本路线一百年不动摇，是南方谈话的核心思想。我们重温这篇谈话，就应当紧紧抓住它的核心思想，深刻领会和继续贯彻党"一个中心、两个基本点"的基本路线，全面理解和准确阐释"不坚持社会主义，不改革开放，不发展经济，不改善人民生活，只能是死路一条"的道理，切实做到坚持党的基本路线一百年不动摇。

南方谈话总共只有8000多字，但内容却十分丰富。它围绕"基本路线一百年不动摇"这个核心思想而展开，对涉及党和国家发展的一系列重要关系问题进行了全面的辩证的分析。其中最重要的是以下八个关系，即不要怕资本主义的东西多了与必须坚持社会主义道路的关系，多搞一些"三资"企业与做强做大国有大中型企业的关系，计划经济不等于社会主义与市场经济不等于资本主义的关系，一部分人先富裕起来与共同富裕的关系，聚精会神抓经济建设与坚持"两手抓"的关系，不搞争论与反对资产阶级自由化的关系，坚持党的基本路线与培养接班人的关系，社会主义道路的长期性、曲折性和社会主义代替资本主义历史总趋势的关系。对这些关系的分析，从始至终贯穿着解放思想、实事求是的精神，体现着马克思主义的立场、观点和方法，直到今天对我们仍然有着重要的启示作用和指导意义。我们重温南方谈话，就要把这些分析作为研读重点，切实做到弄懂弄通。

一 关于不要怕资本主义的东西多了与必须坚持社会主义道路的关系

改革开放和坚持四项基本原则是党的基本路线中两个不可或缺的统一体，前者是强国之路，是我们党、我们国家发展进步的活力源泉；后者是立国之本，是我们党、我们国家生存发展的政治基石，都关系到国家的兴衰成败。但改革开放以来，总有人自觉不自觉地要把这两个基本点割裂甚至对立起来，只讲其中的一个，而无视和否定另一个。被他们常常用作依

① 《邓小平文选》第3卷，人民出版社1993年版，第370—371页。

据的是，邓小平在南方谈话中提出了所谓的“不问姓‘社’姓‘资’”。其实，只要认真看一下南方谈话的原文就会知道，邓小平讲的是：“改革开放迈不开步子，不敢闯，说来说去就是怕资本主义的东西多了，走了资本主义道路。要害是姓‘资’还是姓‘社’的问题。”① 这里不但没有说“不问姓‘社’姓‘资’”，相反，就在这句话之后紧接着说：“特区姓‘社’不姓‘资’。从深圳的情况看，公有制是主体。”② 可见，所谓的“不问姓‘社’姓‘资’”，完全是对南方谈话的曲解。自改革开放以来，邓小平反复提醒我们要坚持社会主义道路、社会主义方向、社会主义原则，绝不能搞资本主义。他指出：“我们搞四个现代化，是搞社会主义的四个现代化，不是搞别的现代化。”③ “在改革中坚持社会主义方向，这是一个很重要的问题。”④ “我们大陆坚持社会主义，不走资本主义的邪路。”⑤ “一个公有制占主体，一个共同富裕，这是我们所必须坚持的社会主义的根本原则。”⑥ 就在南方谈话中，他还强调：“在整个改革开放的过程中，必须始终注意坚持四项基本原则。”⑦ 他还说过：“如果不坚持这四项基本原则，纠正极左就会变成‘纠正’马列主义，‘纠正’社会主义。”⑧ 这说明，邓小平所说的“要害是姓‘资’还是姓‘社’”，并非“不问姓‘社’姓‘资’”，而是要弄清楚什么是资本主义、什么是社会主义，找到正确判断社会主义的标准。在他看来，判断是否是社会主义的主要标准是，看公有制是否占主体，社会有没有两极分化；只要公有制占主体，走共同富裕的道路，就是社会主义。因此，他所说的“不要怕资本主义的东西多了，走了资本主义道路”是有前提的，这个前提就是坚持社会主义的方向和原则。而且，即使在这个前提下，也要是有利于发展社会主义社会的生产力、有利于增强社会主义国家的综合国力、有利于提高人民的生活水平的步骤，才能大胆试、大胆闯，并不是有的人所解释的无前提的“不怕”、无条件的“大胆”。

---

① 《邓小平文选》第3卷，人民出版社1993年版，第372页。

② 同上。

③ 同上书，第110页。

④ 同上书，第138页。

⑤ 同上书，第123页。

⑥ 同上书，第111页。

⑦ 同上书，第379页。

⑧ 同上书，第137页。

二　关于多搞一些“三资”企业与做强做大国有大中型企业的关系

南方谈话中在谈到不要怕资本主义的东西多了时，特别提出：“多搞点‘三资’企业，不要怕。”① 为什么不要怕呢？邓小平解释说：“只要我们头脑清醒，就不怕。我们有优势，有国营大中型企业，有乡镇企业，更重要的是政权在我们手里。”② 他还以深圳为例，指出：“从深圳的情况看，公有制是主体，外商投资只占四分之一。”③ 因此，他指出：“‘三资’企业受到我国整个政治、经济条件的制约，是社会主义经济的有益补充，归根到底是有利于社会主义的。”④ 从这些论述中不难看出，邓小平之所以认为，多搞一些“三资”企业不是发展资本主义而是社会主义经济的有益补充，除了讲到我国社会主义政权对“三资”企业的制约外，还讲到公有制，特别是我国国有大中型企业对“三资”企业在经济上的制约。我国的国有大中型企业不同于资本主义的国有企业，《宪法》第7条规定：“国有经济是社会主义全民所有制经济，是国民经济中的主导力量。”有了这样的国有经济，国民经济的命脉就可以控制在社会主义国家政权的手中，人民民主专政就有了坚实的经济基础，社会主义市场经济就有了强大的主力军，我国参与国际竞争就有了基本力量，“三资”企业唯利是图的消极作用就会被限制在可控的范围，而它有利于我国增加税收、安排就业、扩大海外市场、吸收国际上先进技术和管理经验等有益作用就会得到充分发挥。根据邓小平的这一分析，党中央后来陆续提出：“公有制是我国社会主义经济制度的基础，非公有制经济是我国社会主义市场经济的重要组成部分。”⑤“进一步深化对公有制为主体、多种所有制经济共同发展这一基本经济制度含义的认识，在实践中不断完善这一制度。”⑥“毫不动摇地巩固和发展公有制经济，毫不动摇地鼓励、支持、引导非公有制经济发展。”“深化国有企业公司制股份制改革，健全现代企业制度，优化国有经济布

---

① 《邓小平文选》第3卷，人民出版社1993年版，第372—373页。

② 同上书，第373页。

③ 同上书，第372页。

④ 同上书，第373页。

⑤ 《十五大以来重要文献选编》上，人民出版社2000年版，第685页。

⑥ 《江泽民论中国特色社会主义（专题摘编）》，中央文献出版社2002年版，第52页。

局和结构，增强国有经济活力、控制力、影响力。”① 这些论述进一步深化了对包括国有大中型企业在内的公有制经济与包括“三资”企业在内的非公有制经济之间关系的认识，为我国国民经济近20年的飞速发展提供了重要的理论支撑，同时也为今后国有经济、集体经济、私有经济、个体经济以及外资企业等多种经济成分的共同发展，奠定了坚实的理论基础。

三 关于社会主义也有市场与资本主义也有计划的关系

计划与市场的关系问题，是经济学特别是马克思主义经济学中的一对重要范畴。过去很长时间里，人们往往把它们与所有制联系在一起，认为市场经济只能建立在资本主义私有制基础之上，而社会主义公有制只能实行计划经济。我们党早在20世纪50年代就对这种认识有所突破，提出过“三个为主、三个为辅”的设想，不过由于种种原因，一直未能实行。改革开放后，我们党逐步摆脱了过去那种传统观念，陆续提出以计划经济为主、市场调节为辅，有计划的商品经济，计划经济与市场调节相结合等经济运行体制。但这些提法都未能从根本上解除把计划经济和市场经济看作属于社会基本经济制度范畴的思想束缚。直到邓小平在南方谈话中指出：“计划多一点还是市场多一点，不是社会主义与资本主义的本质区别。计划经济不等于社会主义，资本主义也有计划；市场经济不等于资本主义，社会主义也有市场。计划和市场都是经济手段。”② 这才使人们在计划与市场关系问题的认识上有了新的重大突破。根据这一论断，党的十四大把社会主义市场经济体制作为了经济体制改革的目标。在这种经济体制中，固然让市场对资源配置起基础性作用，充分发挥市场对各种经济信号反应比较灵敏的优点，促进生产和需求的及时协调；但同时也强调这种作用的发挥一定要置于国家宏观调控的前提之下，运用经济政策、经济法规、计划指导和必要的行政管理，限制市场的弱点和消极方面，引导市场健康发展。可见，这种经济体制并不排斥计划，而是把市场和计划都当成经济手段。江泽民同志在十四大报告中指出：“在建立社会主义市场经济体制的过程中，计划与市场两种手段相结合的范围、程度和形式，在不同时期、

---

① 《十七大以来重要文献选编》上，中央文献出版社2009年版，第20页。

② 《邓小平文选》第3卷，人民出版社1993年版，第373页。

不同领域和不同地区可以有所不同。”① 他还说：“国家计划是宏观调控的重要手段之一。建立社会主义市场经济体制，是要改革过去那种计划经济模式，但不是不要计划，就是西方市场经济国家也都很重视计划的作用。我们是社会主义国家，更有必要和可能正确运用必要的计划手段。”② 胡锦涛总书记也说：“发挥国家发展规划、计划、产业政策在宏观调控中的导向作用。”③ 这些论述充分体现了南方谈话中关于计划与市场辩证关系思想的精髓，对我们继续认识和处理好这对关系具有重要的指导意义。近些年，随着资本主义经济危机的深入，许多西方国家的民众和进步人士开始反思资本主义，一些西方政要和经济学家也开始质疑新自由主义，强调国家的作用，主张对市场和金融业加强监管。这从反面说明，社会主义市场经济把市场对资源配置的基础性作用置于国家宏观调控的前提之下，把国家计划作为宏观调控的重要手段之一，是完全符合商品经济条件下经济运行规律的，是计划与市场关系的最佳处理模式。如果说中国改革开放的成功有什么不同于其他转型经济体的秘诀的话，没有照搬西方放任自由的市场经济模式，恐怕是一个重要的秘诀。

四　关于让一部分人先富裕起来与共同富裕的关系

让一部分地区一部分人收入先多一些，生活先好起来，是邓小平在党的十一届三中全会上针对过去长期存在的平均主义现象提出的一个大政策。改革开放30多年来，人们的积极性、创造性之所以得到充分发挥，创造财富的源泉之所以得到充分涌流，与实行这个大政策有着直接而密切的关联。然而，邓小平在提出这个大政策的同时就指出，提倡一部分人先富起来的目的，是“使整个国民经济不断地波浪式地向前发展，使全国各族人民都能比较快地富裕起来”④。他在南方谈话中也说：“共同富裕的构想是这样提出的：一部分地区有条件先发展起来，一部分地区发展慢点，先发展起来的地区带动后发展的地区，最终达到共同富裕。如果富的愈来

① 《江泽民文选》第1卷，人民出版社2006年版，第228页。
② 江泽民：《论社会主义市场经济》，中央文献出版社2006年版，第31页。
③ 《十七大以来重要文献选编》上，中央文献出版社2009年版，第21页。
④ 《邓小平文选》第2卷，人民出版社1994年版，第152页。

愈富，穷的愈来愈穷，两极分化就会产生。”① 他还具体设想了今后先富带动后富的办法，即“先富起来的地区多交点利税”；并且提出了突出解决这个问题的时间应当在20世纪末“达到小康水平的时候”②。他把共同富裕进一步提高到社会主义本质特征之一的高度，指出：“社会主义的本质，是解放生产力，发展生产力，消灭剥削，消除两极分化，最终达到共同富裕”；并说：“走社会主义道路，就是要逐步实现共同富裕。”③ 在南方谈话之后，他把共富问题又与分配问题联系起来论述，反复强调这个问题的重要性。他指出：“中国发展到一定的程度后，一定要考虑分配问题。……不同地区总会有一定的差距。这种差距太小不行，太大也不行。如果仅仅是少数人富有，那就会落到资本主义去了。……我们的政策应该是既不能鼓励懒汉，又不能造成打‘内仗’。”④ “十二亿人口怎样实现富裕，富裕起来以后财富怎样分配，这都是大问题。……我们讲要防止两极分化，实际上两极分化自然出现。”“过去我们讲先发展起来。现在看，发展起来以后的问题不比不发展时少。”⑤ 近20年来城乡差别、区域差别、人群收入差别的逐步扩大，充分说明邓小平这些论述是富有远见的，是完全正确的。为了解决这个问题，以胡锦涛同志为总书记的党中央提出了构建社会主义和谐社会的历史性任务；要求初次分配和再分配时都要处理好效率和公平的关系，再分配时更要注重公平；决定提高居民收入在国民收入分配中的比重、劳动报酬在初次分配中的比重和低收入者的收入，并采取不断提高扶贫标准和最低工资标准的措施。所有这些，都是为了落实共同富裕的目标，已经和正在扭转收入分配差距不断扩大的趋势。

五 关于聚精会神抓经济建设与坚持“两手抓”的关系

自党的十一届三中全会确立把党的工作重心转移到经济建设上来和实行改革开放总方针之后，邓小平就反复提醒全党要注意“两手抓”。早在1980年他就指出：“我们要建设的社会主义国家，不但要有高度的物质文

---

① 《邓小平文选》第3卷，人民出版社1993年版，第373—374页。

② 同上书，第374页。

③ 同上书，第373页。

④ 《邓小平年谱1975—1997》下，中央文献出版社2004年版，第1356—1357页。

⑤ 同上书，第1364页。

明，而且要有高度的精神文明。”① 之后他又提出要“两手抓”，一手抓建设，一手抓法制；一手抓改革开放，一手抓打击各种犯罪、抓惩治腐败、抓反对资产阶级自由化，而且两只手都要硬。为什么要“两手抓”、“两手硬”呢？用他的话说：“离开了经济建设这个中心，就有丧失物质基础的危险。”② “但风气如果坏下去，经济搞成功又有什么意义？会在另一方面变质，反过来影响整个经济变质。”③ 然而，在实际工作中，物质文明这一手一直比较硬，而精神文明这一手往往比较软。对此，他多次提出批评。1985 年，他在党的全国代表会议上说：“社会主义精神文明建设，很早就提出了。中央、地方和军队都做了不少工作，特别是群众中涌现了一大批先进人物，影响很好。不过就全国来看，至今效果还不够理想。主要是全党没有认真重视。”④ 1989 年政治风波过后，他在接见首都戒严部队军以上干部时又说：“今天回头来看，出现了明显的不足，一手比较硬，一手比较软。一硬一软不相称。”⑤ 在南方谈话中，他用很大篇幅再次强调了“两手抓”的方针。他说：“开放以后，一些腐朽的东西也跟着进来了，中国的一些地方也出现了丑恶的现象，如吸毒、嫖娼、经济犯罪等。要注意很好地抓，坚决取缔和打击，决不能任其发展。新中国成立以后，只花了三年时间，这些东西就一扫而光。吸鸦片烟、吃白面，世界上谁能消灭得了？国民党办不到，资本主义办不到。事实证明，共产党能够消灭丑恶的东西。”“只要我们的生产力发展，保持一定的经济增长速度，坚持两手抓，社会主义精神文明建设就可以搞上去。”⑥ 可见，抓住机遇、加快发展、发展是硬道理、改革开放胆子要大一些、看准了的要大胆试大胆闯，这些是南方谈话的精神；坚持物质文明建设和精神文明建设“两手抓”、反对腐败、反对资产阶级自由化、反对社会丑恶现象，这些同样是南方谈话的精神。那种仅仅把发展理解为经济发展的观念，或者仅仅把物质文明发展当成硬道理而忽视甚至认为可以牺牲精神文明的观念，都是违背南方谈话精神的，都不是邓小平理论。

---

① 《邓小平文选》第 2 卷，人民出版社 1994 年版，第 367 页。

② 同上书，第 250 页。

③ 《邓小平文选》第 3 卷，人民出版社 1993 年版，第 154 页。

④ 同上书，第 143 页。

⑤ 同上书，第 306 页。

⑥ 同上书，第 379 页。

六 关于不搞争论与反对资产阶级自由化的关系

邓小平在南方谈话中有一个重要观点，就是不搞争论。但不搞争论指的是什么呢？有人说，邓小平说的不搞争论，就是在意识形态问题上不要争论，在搞社会主义还是搞资本主义的问题上不要争论。果真如此吗？只要认真看看南方谈话原文就清楚了。在南方谈话中，邓小平提出不搞争论，是在讲到证券、股市这些东西究竟好不好，有没有危险，是不是资本主义独有的东西，社会主义能不能用，允许看，但要坚决地试这些话之后。他说："不搞争论，是我的一个发明。"① "对改革开放，一开始就有不同意见，这是正常的。""我们推行三中全会以来的路线、方针、政策，不搞强迫，不搞运动，愿意干就干，干多少是多少，这样慢慢就跟上来了。""不争论，是为了争取时间干。一争论就复杂了，把时间都争掉了，什么也干不成。不争论，大胆地试，大胆地闯。农村改革是如此，城市改革也应如此。"② 从这些话中不难看出，邓小平所说的不搞争论，是针对改革开放中一些具体举措而言的，目的在于争取时间，以免事情还没办，先争论不休，结果丧失时机。这个方针对不对呢？完全对。因为它符合人的认识规律，符合马克思主义"实践第一"的观点，符合我们在工作中的经验。但从这些话中能否找出在意识形态问题、在走社会主义还是走资本主义道路问题上也不争论的意思呢？完全找不出，连影子都没有。相反，从南方谈话中却可以看到很多关于改革开放必须坚持四项基本原则和反对资产阶级自由化、反对和平演变的论述。比如说："在整个改革开放的过程中，必须始终坚持四项基本原则。"再如说："十二届六中全会我提出反对资产阶级自由化还要搞二十年，现在看起来还不止二十年。资产阶级自由化泛滥，后果极其严重。特区搞建设，花了十几年时间才有这个样子，垮起来可是一夜之间啊。"③ 再如说："帝国主义搞和平演变，把希望寄托在我们以后的几代人身上。"④ 什么叫资产阶级自由化？按照邓小平的解释，资产阶级自由化就是"崇拜西方资本主义国家的'民主'、'自由'，否定

---

① 《邓小平文选》第3卷，人民出版社1993年版，第374页。

② 同上书，第374—375页。

③ 同上书，第379页。

④ 同上书，第380页。

社会主义”[①]；“就是要把我们中国现行的政策引导到走资本主义道路”。[②]什么叫和平演变？邓小平也有一个解释，就是西方政治家所说的“打一场无硝烟的世界大战”[③]，“所谓没有硝烟，就是要社会主义国家和平演变”。[④]这说明，资产阶级自由化也好，帝国主义的和平演变也罢，无非妄图从内外两方面夹击社会主义的中国，把中国引导到资本主义道路上去。邓小平一再强调，对资产阶级自由化“不能让步。这个斗争将贯穿在实现四化的整个过程中，不仅本世纪内要进行，下个世纪还要继续进行”。[⑤]他说：“要搞四个现代化，要实行开放政策，就不能搞资产阶级自由化。自由化的思想前几年有，现在也有，不仅社会上有，我们共产党内也有。自由化思潮一发展，我们的事业就会被冲乱。”[⑥]他对一些人见到错误观点充耳不闻、听之任之的态度提出尖锐批评，说严重的问题在于对于不正确的观点、错误的思潮，甚至对于一些明目张胆地反对党的领导、反对社会主义的观点，“在报刊上以及党内生活中，都很少有人挺身而出进行严肃的思想斗争”。[⑦]可见，他说的不搞争论，不是指在意识形态问题上、改革开放方向问题上不争论。在这些问题上，他不仅主张要坚决斗争，而且直接用过“争论”这个词。在“八九风波”后，他说：“某些人所谓的改革，应该换个名字，叫做自由化，即资本主义化。他们‘改革’的中心是资本主义化。我们讲的改革与他们不同，这个问题还要继续争论的。”[⑧]当然，这里说的争论，与“文化大革命”中的大批判根本不同，是要摆事实、讲道理、以理服人的。但无论如何，不是“不争论”、“不交火”、高挂“免战牌”。江泽民同志说：“如果面对错误的思想政治观点，不闻不问，不批评，不斗争，听任他们去搞乱人们的思想，搞乱我们的意识形态，那是极其危险的，势必危害整个国家和社会的安定团结。”[⑨]胡锦涛总书记也说：

---

① 《邓小平文选》第3卷，人民出版社1993年版，第123页。

② 同上书，第181页。

③ 同上书，第325—326页。

④ 同上书，第344页。

⑤ 同上书，第204页。

⑥ 同上书，第124页。

⑦ 《邓小平文选》第2卷，人民出版社1994年版，第365页。

⑧ 《邓小平文选》第3卷，人民出版社1993年版，第297页。

⑨ 《江泽民论有中国特色社会主义（专题摘编）》，中央文献出版社2002年版，第411—412页。

"对错误的思想言论绝不能听之任之，对腐朽没落的思想文化绝不能任其泛滥。"① 可见，那种把南方谈话中关于在改革开放具体举措问题上不搞争论的主张当作意识形态问题上"不争论"的方针，是对邓小平理论的误读，也是违背党中央一贯指示精神的。

七 关于坚持党的基本路线与培养接班人的关系

"正确的政治路线要靠正确的组织路线来保证"②，这是我们党的一条重要经验，也是党的建设的一个基本观点。邓小平在南方谈话中重申了这个观点，并且旗帜鲜明地提出："中国的事情能不能办好，社会主义和改革开放能不能坚持，经济能不能快一点发展起来，国家能不能长治久安，从一定意义上说，关键在人。""中国要出问题，还是出在共产党内部。"③ 因此，"关键是我们共产党内部要搞好，不出事"。④ 他的这一论断，不仅是从共产党实行民主集中制体制的实际出发而作出的，也是从苏东剧变和中国改革开放后两任总书记在"反对资产阶级自由化的问题上栽跟头"⑤ 的教训中总结出来的。苏联作为一个成立 70 多年的社会主义大国，苏联共产党作为一个拥有 80 多年历史和 1000 多万名党员的工人阶级政党，为什么会在一夜之间解体和下台？原因可以说出很多，但不可否认的是，苏共中央特别是主要领导人出问题，是其中最为关键的原因。根据《哥达纲领批判》的分析和社会主义运动的经验，社会主义是一种由资本主义向共产主义过渡形式的社会。因此，在这种社会必然会始终存在向共产主义前进的力量和退回到资本主义的力量。前者力量大，社会主义制度就稳固；后者力量大，社会主义制度就可能被颠覆。在这两种力量较量中起决定作用的，只能是执政的共产党，特别是它的中央。邓小平在"八九风波"过后不久就说过："中国问题的关键在于共产党要有一个好的政治局，特别是好的政治局常委会。只要这个环节不发生问题，中国就稳如泰山。"⑥

① 《十六大以来重要文献选编》下，中央文献出版社 2008 年版，第 686 页。
② 《邓小平文选》第 3 卷，人民出版社 1993 年版，第 380 页。
③ 同上。
④ 同上书，第 381 页。
⑤ 同上书，第 380 页。
⑥ 同上书，第 365 页。

“如果中央自己乱了阵脚，那就难说了。这是最关键的问题。”正是从这个认识出发，他在南方谈话中提出：“要注意培养人，要按照‘革命化、年轻化、知识化、专业化’的标准，选拔德才兼备的人进班子。”同时“要把我们的军队教育好，把我们的专政机构教育好，把共产党员教育好，把人民和青年教育好。”① 他告诫我们：“党的基本路线要管一百年，要长治久安，就要靠这一条。真正关系到大局的是这个事。”② “十一届三中全会确立的这条中国的发展路线，是否能够坚持得住，要靠大家努力，特别是要教育后代。”③ 他的这些论述，抓住了无产阶级政党和社会主义国家立于不败之地的根本，对于我们党经受住长期执政、市场经济和对外开放的考验，对于我们国家不改变颜色，都具有至关重要的意义。邓小平等老一代革命家相继辞世后，我们党之所以仍然能够带领人民从容应对一个又一个关系我国主权和安全的国际突发事件，战胜一个又一个政治和经济领域出现的风险，原因固然有很多，但关键原因就在于，党中央的领导权始终牢牢掌握在马克思主义者手里。只要有了这一条，加上把党员、人民、青年教育好，今后无论有什么样的风浪、风浪有多大，我们党都会带领人民不断把中国特色社会主义事业推向前进。

八　关于社会主义道路的长期性、曲折性和社会主义代替资本主义的历史总趋势的关系

南方谈话有一个十分鲜明的特点，就是通篇既对社会主义道路的长期性、曲折性保持清醒，又对这条道路的最后胜利充满自信；不仅强调社会主义国家遭遇挫折是难以完全避免的规律性现象，而且强调社会主义经过曲折必然代替资本主义是人类社会由低级向高级发展的根本规律。邓小平说：“我们搞社会主义才几十年，还处在初级阶段。巩固和发展社会主义制度，还需要一个很长的历史阶段，需要我们几代人、十几代人，甚至几十代人坚持不懈地努力奋斗，决不能掉以轻心。”④ 为什么需要这么长时间？除了我国人口多、底子薄、经济起点低、相对资源少，以及“搞社会

① 《邓小平文选》第3卷，人民出版社1993年版，第380页。

② 同上。

③ 同上书，第381页。

④ 同上书，第379—380页。

主义才几十年，还处在初级阶段”等特殊原因外，他在这里还提到一个带有普遍性的原因，那就是“刚刚掌握政权的新兴阶级，一般来说，总是弱于敌对阶级的力量”。① 他这里所说的敌对阶级，不仅限于国内，而是把它放在整个国际大背景下来看的。当年列宁在分析无产阶级推翻资产阶级之后很长时期内依然比资产阶级弱一些的原因时就说过，“因为资产阶级有很广泛的国际联系”②，“在于国际资本的力量”，“在于它的各种国际联系牢固有力”③。邓小平也说，我们平息“八九风波”之后，巴黎七国首脑会议“决定制裁中国，他们使用经济手段，也使用政治手段，如高级官员不接触”。“建国以后，我们处于被孤立、被封锁、被制裁的地位有几十年之久。”④ 正是从这个事实出发，邓小平与那种“社会主义速胜论”的观点不同。他认为，社会主义要“经历一个长过程”，要经过“几代人、十几代人，甚至几十代坚持不懈地努力奋斗”⑤，而且“道路是曲折的”，“某种暂时复辟也是难以完全避免的”⑥。但另一方面，他与那种“共产主义渺茫论”的观点也不同。首先，他认为正因为敌对阶级的力量在一段时间里比较强大，所以必须“依靠无产阶级专政保卫社会主义制度”⑦。他指出：“马克思说过，阶级斗争学说不是他的发明，真正的发明是关于无产阶级专政的理论。”⑧ “运用人民民主专政的力量，巩固人民的政权，是正义的事情，没有什么输理的地方。”⑨ 同时，他主张对西方国家的制裁、威胁不能示弱。他说：“你越怕，越示弱，人家劲头就越大。并不因为你软了人家就对你好一些，反倒是你软了人家看不起你。”⑩ 其次，他认为“一些国家出现严重曲折，社会主义好像被削弱了，但人民经受锻炼，从中吸收教训，将促使社会主义向着更加健康的方向发展”⑪。再次，他认为，“封建社会代替奴隶社会，资本主义代替封建主义，社会主义经历一个长

---

① 《邓小平文选》第3卷，人民出版社1993年版，第379页。
② 《列宁选集》第4卷，人民出版社1995年版，第179页。
③ 同上书，第135页。
④ 《邓小平文选》第3卷，人民出版社1993年版，第329页。
⑤ 同上书，第379—380页。
⑥ 同上书，第383页。
⑦ 同上书，第379页。
⑧ 同上。
⑨ 同上。
⑩ 同上书，第320页。
⑪ 同上书，第383页。

过程发展后必然代替资本主义。这是社会历史发展不可逆转的总趋势"①。在谈话临近结尾时，他充满信心地指出："马克思主义是打不倒的"②，"因为马克思主义的真理颠扑不破"③。"我坚信，世界上赞成马克思主义的人会多起来的，因为马克思主义是科学。"④"不要认为马克思主义就消失了，没用了，失败了。哪有这回事！"⑤读了这些话，让人不禁想起当年苏联解体之后，一些西方资产阶级学者欣喜若狂，马上断言"历史终结了"，"资本主义最终胜利了"。但曾几何时，社会主义中国的经济总量由世界第7位上升到第2位，而资本主义世界的金融危机却一再爆发，并且不断蔓延、日益加深；人们对资本主义制度的质疑声越来越大，而马克思、恩格斯的著作却在资本主义国家不断再版，成为热销书。所有这些，难道不正是对邓小平上述科学预言的最好注脚吗？

南方谈话发表至今，国际形势发生了广泛而深刻的变化，当代中国也发生了广泛而深刻的变革。20年来，以江泽民同志为核心的党的第三代中央领导集体和以胡锦涛同志为总书记的党中央，高举中国特色社会主义的伟大旗帜，面对新的实践，与时俱进，不断创新，在以邓小平为核心的党的第二代中央领导集体探索和回答什么是社会主义、怎样建设社会主义等重大理论和实际问题的基础上，又探索和回答了建设什么样的党、怎样建设党，实现什么样的发展、怎样发展等重大问题，相继提出了"三个代表"的重要理论和科学发展观，进一步丰富了党的基本理论、基本路线、基本纲领、基本经验。特别是党的十七大以来，党中央对南方谈话的精神在继承的同时又有了许多新的发展。例如，提出坚持发展是硬道理的本质要求就是坚持科学发展；把文化繁荣发展作为坚持发展是硬道理的重要内容；更加注重以人为本，更加注重全面协调可持续发展，更加注重统筹兼顾；坚持稳中求进，保持经济平稳较快发展；把扩大内需的重点更多放在保障和改善民生上来；等等。我们纪念南方谈话发表20周年，也应当在重温南方谈话的同时，深刻领会和认真贯彻党中央从新的实际出发而提出的一系列新方针、制定的一系列新政

---

① 《邓小平文选》第3卷，人民出版社1993年版，第382—383页。

② 同上书，第382页。

③ 同上。

④ 同上。

⑤ 同上书，第383页。

策、作出的一系列新决策。笔者以为，这同样是对邓小平南方谈话的最好纪念。

（原载《毛泽东邓小平理论研究》2012 年第 3 期）

坚定不移走中国特色社会主义道路

——中国社会科学出版社社长、总编辑赵剑英专访

党的十八大胜利召开，举世瞩目。哲学社会科学界普遍认为，十八大是一次具有特殊历史意义的重要会议，确定了中国未来发展方向，进一步坚定了党和全国各族人民坚定不移走中国特色社会主义道路的信心。近日，《中国社会科学报》记者围绕这一重大话题，采访了中国社会科学出版社社长、总编辑赵剑英。

对中国未来发展方向的庄严宣示

《中国社会科学报》：赵社长您好，请问您如何看待十八大的突出的现实和历史意义？

赵剑英：胡锦涛同志在十八大报告中指出，“在改革开放三十多年一以贯之的接力探索中，我们坚定不移高举中国特色社会主义伟大旗帜，既不走封闭僵化的老路，也不走改旗易帜的邪路。中国特色社会主义道路，中国特色社会主义理论体系，中国特色社会主义制度，是党和人民九十多年奋斗、创造、积累的根本成就，必须倍加珍惜、始终坚持、不断发展”。这是关于我们党和国家、关于中华民族未来走向的庄严宣示，关乎当代中国的前途命运，也确定了今后五年、十年乃至更为久远的发展方向。

经过30多年的改革开放，我国社会主义市场经济深入发展，各方面取得了伟大成就，中国的国际地位不断提升，同时我们所面临的国际环境也发生了重大变化。全球化、信息化、网络化、市场化、工业化、城镇化等多重变革，都在同一个时空中交集叠加，形成了一个复杂的发展环境，

考验着中国共产党的执政能力。从国内看改革正处在攻坚阶段，许多经济政治社会和精神文化领域的难点问题正困扰我们，必须通过深化和推进改革才能解决。与此同时在我看来，当前我国社会正面临“三个分化”，包括利益分化、阶层分化、认识分化。不可否认，当今社会存在着不同的利益群体，分属于不同的社会阶层，又由此产生了不同的认识。这“三个分化”交织在一起，就形成了不同的声音和期待，对一些重大理论和现实问题看法不一。从国际上看，一些国家或国际舆论质疑中国道路的价值，甚至不希望看到中国道路越来越成功，给中国道路贴上“国家资本主义”的标签。或者提出“中国威胁论”和“中国崩溃论”。正是在这样的背景下，党的十八大报告再次明确宣示高举中国特色社会主义伟大旗帜，引领全党和全国各族人民走中国特色社会主义道路。胡锦涛同志在报告中强调，“道路关乎党的命脉，关乎国家前途、民族命运、人民幸福”。

在中国这样一个经济文化十分落后的东方大国探索民族复兴的道路，是极为艰巨的任务。90多年来，我们党紧紧依靠人民，把马克思主义基本原理同中国实际和时代特征结合起来，独立自主地走自己的路，历经千辛万苦，付出各种代价，取得革命、建设和改革的伟大胜利，开创和发展了中国特色社会主义，从根本上改变了中国人民和中华民族的前途命运。从这一意义上说，中国特色社会主义道路是近代以来中国历史发展的必然选择，是人民的选择。这条道路来之不易，我们必须倍加珍惜！

在回应和解决问题中推进中国特色社会主义理论和实践创新，全面实现社会主义的本质

《中国社会科学报》：您谈到了中国特色社会主义的开辟和发展，当今时代这一道路如何怎样才能越走越宽广？

赵剑英：十八大报告对这一点做了明确阐述。在新的历史条件下夺取中国特色社会主义新胜利，开辟中国特色社会主义新局面，必须始终做到“八个必须坚持”。这就是必须坚持人民主体地位，必须坚持解放和发展社会生产力，必须坚持推进改革开放，必须坚持维护社会公平正义，必须坚持走共同富裕道路，必须坚持促进社会和谐，必须坚持和平发展，必须坚持党的领导。这“八个必须坚持”，其中必须坚持人民主体地位，必须坚持维护社会公平正义，必须坚持走共同富裕道路，必须坚持促进社会和

谐，都是针对我们当前面临的突出矛盾和问题而首次在中国特色社会主义的内涵框架下特别予以强调的，这是一种理论创新。

其中尤其需要强调的是，坚定不移高举中国特色社会主义伟大旗帜，就必须既不走封闭僵化的老路，也不走改旗易帜的邪路。我认为，所谓“封闭僵化的老路”，就是指高度集中的计划经济时代的道路，这是对社会主义僵化的、封闭的、片面的理解。这条路已经被新中国成立以来30年的探索所付出的巨大代价证明是走不通的，不仅走不通，而且违背了马克思主义基本理论，也违背了社会主义发展的规律和人类社会发展的规律。所谓“改旗易帜的邪路”，我认为主要包括以下三条道路：自由资本主义道路，国家资本主义或者说权贵资本主义，民主社会主义道路不能走。这三条邪路都是走不通的，走了就要亡党亡国，丧失自我。报告就此专门强调，“充分发挥我国社会主义政治制度优越性”，“绝不照搬西方政治制度模式”。

十八大报告深刻阐述了中国特色社会主义道路的丰富内涵，这就是在中国共产党领导下，立足基本国情，以经济建设为中心，坚持四项基本原则，坚持改革开放，解放和发展社会生产力，建设社会主义市场经济、社会主义民主政治、社会主义先进文化、社会主义和谐社会、社会主义生态文明，促进人的全面发展，逐步实现全体人民共同富裕，建设富强民主文明和谐的社会主义现代化国家。经济建设、政治建设、文化建设、社会建设、生态文明建设五大建设，丰富了中国特色社会主义建设的内容，目的是实现社会的全面进步和人的全面发展。这将是前无古人的探索和创新，我们需要在中国特色社会主义的伟大实践中，通过五大建设，全面实现、展示社会主义的本质。

中国特色社会主义道路已经开辟，根本制度已经形成，同时也需要我们在实践中继续完善，从理论上不断丰富。我认为，当前社会主义的“三种形态”需要加以着重关注。

《中国社会科学报》：请您具体谈谈这一问题。

赵剑英：社会主义的“三种形态”，一是社会主义的价值理念形态。坚持中国特色社会主义道路，离不开对社会主义正确、全面、深刻的认识。从毛泽东同志晚年，就开始思考这一问题。改革开放历史新时期，邓小平同志鲜明地提出了社会主义本质理论。经过几十年的探索，如今我们对社会主义的认识愈加深化。二是社会主义的制度形态。制度是社会有机体的存在方式和基本架构，当前我们在经济、政治、文化、社会建设等方面都形成了一套根本制度，构筑了中国特色社会主义的巍峨大厦。三是社会主义的公共政策形态。与上述两种形态相比，这一方面是以往重视程度不够的。社会主义从空想变成科学，然后成为一种实践运动，最后建立制度体系，既是现实的历史发展途程，也具有逻辑上的不可移易性。然而在此之外，我认为还应当有和必须有大量的、一系列的、精微复杂的公共政策体系，来体现制度的优越性。而在过去相当长一段时间内，社会主义基本制度未能很好地细化和具体化为公共政策，导致制度的优越性没有很好地体现出来，这是我们在今天应当加以补足的。“五大建设”的总体布局实际上就深刻地体现了这一点，映射出社会全面进步和人的全面发展在社会主义制度体系上的具象化和精细化。

高扬理想信念与人民性的旗帜，永葆中国共产党的政治本色

《中国社会科学报》：建设中国特色社会主义事业的关键是什么？如何永葆中国特色社会主义的特质？

赵剑英：建设中国特色社会主义，关键是加强中国共产党自身的建设。报告最后部分明确讲到要全面提高党的建设科学化水平。因此，只要把党建设好，永葆本色，中国特色社会主义道路就一定会越走越宽广。

报告指出，对马克思主义的信仰，对社会主义和共产主义的信念，是共产党人的政治灵魂，是共产党人经受住任何考验的精神支柱。因此，我们的党必须高扬自己的理想信念旗帜。中国共产党是一个有着 90 多年历史的政党，从中国共产党成立那天起，就以马克思主义为指导，是一个马克思主义的政党，宗旨是全心全意为人民服务，有着坚定的理想信念。尤其在今天，面临如此复杂多变的国际国内形势和错综复杂的问题，中国共产党作为执政党，必须坚定不移地坚持自己的理想信念，不能有丝毫动摇，这是保证我们党和国家永不变色的法宝。报告中还提到必须坚持人民的主体性地位。中国共产党是为人民谋福利的政党，为人民服务的宗旨在任何情况下都不能改变，失去了这一点，中国特色社会主义就会失去其特质和内涵。

胡锦涛同志在十八大报告中强调，全党要坚定“道路自信、理论自

信、制度自信”，这三大自信来源于我们党的奋斗历史和发展成就。90 多年的不懈探索和 30 多年的改革开放实践，为中华民族实现伟大的复兴梦想奠定了雄厚的基础，树立了坚定的信念。行进在前无古人的中国特色社会主义道路上，我们就能破解一切改革发展难题，古老的东方大国生机勃发，中华民族伟大复兴前景光明。

科学发展观明确了什么

邓纯东*

党的十八大最重要的成果之一是把科学发展观明确为党的指导思想，这极大地丰富了中国特色社会主义理论体系，对于我们高举中国特色社会主义伟大旗帜，把建设中国特色社会主义事业顺利、正确地推向前进，具有重大的实践意义。

科学发展观继续围绕什么是社会主义、怎样建设社会主义基本问题，回答了新形势下我们要实现什么样的发展、怎样实现发展的基本问题，体现了马克思主义基本原理与当代中国发展现实的有机结合，是用科学社会主义基本理论分析中国特色社会主义实践，特别是改革开放以来中国发展的实践，总结其经验，探索解决前进中的问题，在已有发展基础上得出的如何更好、更正确、更科学发展的基本理论。

其一，科学发展观对于确保我国经济的健康、更好更快地发展具有决定性的意义。在当今中国，发展是党执政兴国的第一要务，经济建设是中心任务，努力提高经济总量和经济发展的水平，做大蛋糕，提高人民收入水平，这已是毫无疑问的共识。这样的发展共识与热情，使我们这些年的发展取得了辉煌的成就。但在实践中，一些地方出现了急于求成乃至“饥不择食”的现象，有的导致环境污染、资源浪费。我国一些地方的青山绿水不再，耕地被占较多。同时，我们一些产业的自主创新能力较弱，在发展上拼能源、拼消耗、拼人力成本等问题都存在。正是针对这些问题，党的中央领导集体逐步提出、形成了科学发展观。其中，就经济如何更好发展提出了一系列新的指导方针和工作要求，这包括：要加快转变经济增长方式，实现由粗放式到集约、精细化的转变。要实施创新驱动战略，大力

---

* 邓纯东，中国社会科学院马克思主义研究院党委书记、院长，研究员。

提高自主创新能力。要实施可持续发展战略，保持环境、节约资源，以较小的资源能源消耗获取较大的经济发展成果。要发展循环经济，开展废物利用，大力开发使用可再生资源，等等。这些重要论断，作为新形势下发展的战略与方略，第一，指明了我国经济发展的正确路径，告诉全党，我们的经济发展，无论产业内容还是具体项目，无论总的布局还是具体措施，都应该是有选择的，不能“饥不择食”，不能搞成大呼隆、粗放式，不能只要是项目，只要有 GDP 就干。第二，经济发展，是要算投入产出成本的，一个产业，一个项目，在一个地方，耗费土地、淡水资源、地下资源，造成的环境影响、空气质量等的影响都有评估，都要在不同地方进行比较，而不要遍地开花、舍近求远，不能搞环境与资源上的高投入高消耗。第三，我们的经济发展、GDP 的提高，不能再依靠低成本人力优势，不能只靠简单的来料加工，收取极低的加工费用，不能只搞模仿、贴牌的制造，而要实施创新驱动的战略，努力自主创新。第四，经济发展，要实施质量战略，更加重视质量与效益，努力做到精细化，这包括企业管理的精细、产品制造与服务的精细，以精细保证质量，以高质量提高中国制造的竞争力。第五，经济发展要实施可持续战略，产业布局、项目建设都要有战略眼光，着眼于长远、可持续，不能再搞短期行为，不能再寅吃卯粮。

其二，科学发展观对发展的含义有了科学、全面的规范。新时期以后，我们纠正了“以阶级斗争为纲”的错误，把全党工作重点转移到经济建设这个中心，这是十分英明正确的决策，是我国这些年巨大进步的重要因素。但实践中，一些地方、基层对此作了片面化的理解，认为经济建设中心就是只抓经济工作，有意无意忽视、轻视社会主义现代化建设必需的其他重要内容。对此，邓小平同志早就指出，要两手抓、两手都要硬。后来我们党又提出了“三位一体”、“四位一体”的总任务，这次十八大报告提出了“五位一体”的总布局，这就明确地告诉全党，在推进中国特色社会主义事业进程中，我们党承担的“发展”任务，不只是经济建设这一个方面，同时还包括政治建设、文化建设、社会建设、生态文明建设。实现好这样的“发展”任务，要求我们：一是要明确“发展是第一要务”是一个全面的概念，而不仅仅指经济上的发展。二是在实际工作中，要努力改变过去一些地方和单位存在的“一手硬”、“一手软”的状况，在努力抓好经济发展的同时，确实下大力气同时抓好政治、文化、社会和生态文明建设，不要顾此失彼、厚此薄彼。三是为了促进全方位的发展，在谋划发展时要整体设计、统筹兼顾，使各方面的发展任务同步协调、相辅相成，不要因为“领导”原因而造成某些方面的“短板”。

其三，科学发展观明确了发展的目的这个根本。在发展过程中，人与“发展”的关系问题是区别不同“发展”、体现不同“发展”理念与结果的关键问题。人在发展中是手段还是目的，是工具还是主体，这是一个关系发展性质的关键问题。我们党是工人阶级和中华民族的先锋队，领导人民进行的发展决不能把人民群众当成只是发展的工具，只是发展中必须使用的手段。科学发展观明确指出，人是目的，不是手段；是主体，不是工具。胡锦涛同志在多次讲话中明确了以下要点：第一，我们建设中国特色社会主义，搞好中国的发展，全面建成小康社会和实现社会主义现代化，目的都是为了人，为了全体中国人民的幸福和美好未来，而不是为了任何别的目的。第二，人民群众在“发展”中居于主体地位。发展是为了人民，也必须紧紧依靠人民，使人民群众在全部发展事业中处于主体地位，充分发挥其主动性、积极性和创造性。第三，作为主体地位的全体人民必须共享发展的成果。“发展”成果应该惠及全体人民，而不能只是少数人受益，不是少数人享用发展的成果，这就一定要坚持走共同富裕的道路，要发展社会主义基层民主，使人民共同享有更多的民主权利。要完善公共文化服务体系，使人民同等享受基本公共文化服务。加强社会建设和生态文明建设，使广大人民群众的居住、生活环境更好、质量更高，并享有更公平的社会服务。

其四，科学发展观明确了“发展”标准、效果的评价理念与标准。30多年来，“发展”概念在中国深入人心，中国的发展取得了令人瞩目的辉煌成就。但实践中，也有一些地方由于缺乏正确的发展理念，导致了实践中为了发展而忽视环保，忽视资源节约，忽视全面协调，而不是像有的地方“既要金山银山，又要绿水青山”。在这方面，胡锦涛同志在多次讲话中，提出了一系列关于发展的标准问题的正确理念和原则。这包括：一是发展应是可持续的发展，判断发展的成就、效果不能仅看眼前的 GDP 数字，还要看是否可持续。二是发展起来后，要同时实现社会公平正义，不能使发展只让少数人受益，不能让发展导致两极分化与社会不公正。三是发展的结果应是人民幸福、人民生活水平的整体提高和幸福感的全面增强，不能造成钱多了，心里更不平衡了，更烦躁了，幸福感下降了。四是发展起来后，整个社会更加和谐有序，人民在更好的物质条件和安全、有秩序的社会环境下生活，而不能有了钱，矛盾更多，秩序更乱。

总之，我们遵循十八大精神，努力推进中国的发展，必须坚持科学发展观明确的上述这些正确的指导方针。

（原载《学习时报》2012 年 11 月 26 日）

中共十六大以来马克思主义民族理论中国化的继承与发展

宋月红*

党的十六大以来，中国特色社会主义现代化建设事业进入全面建设小康社会和加快推进的新的发展阶段。我国作为一个统一的多民族国家，全面建设小康社会是包括少数民族和民族地区在内的，也是需要全国各族人民共同团结奋斗才能实现的。全面建设小康社会，需要正确认识什么是民族，以及积极稳妥地处理和解决民族问题。这是关系中国特色社会主义前途命运的一项具有全局性和战略意义的工作。当代中国民族问题由民族地区社会基本矛盾和特殊矛盾所决定，主要是指民族地区经济社会发展和少数民族自身发展问题。以胡锦涛同志为总书记的党中央坚持把马克思主义民族理论与中国民族和民族问题的具体实际相结合，继承和发展中国特色解决民族问题的基本理论、政策与历史经验，并根据新阶段民族问题的现实情况和时代内涵与特征，推进马克思主义民族理论中国化，巩固并不断深化中国特色解决民族问题的思想理论基础，指导和推动少数民族和民族地区全面建设小康社会，丰富和拓展了中国特色解决民族问题的正确道路。

一　科学概括民族的基本内涵与特征

什么是民族，这是认识、处理和解决一切民族问题的首要理论问题，也是建设统一的多民族国家的国家观和民族观的核心理念之一。党在长期的民族工作实践中，坚持把马克思主义民族理论与中国民族的具体实际相

---

* 宋月红，中国社会科学院当代中国研究所理论研究室主任，研究员。

结合，在中国革命、建设和改革的不同历史时期探索和回答民族的基本内涵与特征，特别是十六大以来党在什么是民族的问题上形成新概括，为认识、处理和解决我国民族问题奠定重要思想理论基础。

（一）坚持马克思主义民族观的根本点

马克思主义认为，民族是一个历史范畴。在长期的历史发展中，我国形成统一的多民族国家，现今共有 56 个民族，并处于“大杂居、小聚居”的分布状态，少数民族有一亿多人口，在西部和边疆绝大部分地区形成各类聚居区。这是我国的一项基本国情和重要社会基础。2005 年 5 月，中央民族工作会议暨国务院第四次全国民族团结进步表彰大会召开。这是国务院在《实施〈中华人民共和国民族区域自治法〉若干规定》中将民族团结进步表彰法定化以来的第一次表彰大会。5 月 27 日，胡锦涛同志在会上进一步阐明马克思主义民族观的根本点，指出民族的客观存在性和长期性，阐述了社会主义制度下民族变化发展的两种基本趋势：一是随着我国经济、政治、文化和社会的发展，各民族相互学习、相互影响、相互帮助，共同因素不断增多；二是民族特点和民族差异、各民族在经济文化发展上的差距将长期存在。因此，对各民族在历史发展中形成的传统、语言、文化、风俗习惯、心理认同等方面的差异，要充分尊重和理解，不能忽视它们的存在，也不能用强制的方式加以改变。而且，对各民族在发展水平上的差距，要积极创造条件，努力缩小和消除。这是一个历史过程。[①] 这次会议不久，党中央和国务院发布《关于进一步加强民族工作加快少数民族和民族地区经济社会发展的决定》，就民族的历史命运问题进一步强调，民族的产生、发展和消亡是一个漫长的历史过程，民族的消亡在人类社会发展的进程中比阶级、国家的消亡还要久远。[②] 新世纪新阶段，党坚持马克思主义民族观的根本点，进一步认识我国是统一的多民族国家这一基本国情，以此高度重视并不断加强民族工作。

---

① 胡锦涛：《在中央民族工作会议暨国务院第四次全国民族团结进步表彰大会上的讲话》，载国家民族事务委员会、中共中央文献研究室编《民族工作文献选编（2003—2009）》，中央文献出版社 2010 年版，第 70 页。

② 《中共中央、国务院关于进一步加强民族工作加快少数民族和民族地区经济社会发展的决定》，载国家民族事务委员会、中共中央文献研究室编《民族工作文献选编（2003—2009）》，中央文献出版社 2010 年版，第 92 页。

（二）丰富和发展民族概念

党关于什么是民族的认识，总是随着民族工作理论与实践的发展而不断深化的。新中国为实现民族平等，从20世纪50年代起开展了民族识别工作。这一工作持续到20世纪80年代末，1990年全国第四次人口普查时正式确认56个民族。民族识别是确立民族平等主体的一项基础性工作，它依据民族特征和民族意愿，甄别某一族类共同体是汉族还是少数民族；如果是少数民族，那么是单一的少数民族还是其他民族的一部分。民族识别不是代替各民族来决定应不应当成为少数民族或单独民族，只是提供科学的识别依据，根据“名从主人”的原则，最终由各族体人民来决定。因此，这是新中国实现民族平等与人民民主的一种结合，“几十个解放前不被承认和处于无权状态的少数民族，堂堂正正地成为祖国大家庭里平等的一员”。①《关于进一步加强民族工作加快少数民族和民族地区经济社会发展的决定》也指出：“确认五十六个民族成分，实现了各族人民共同当家做主、管理国家事务。”因此，它是民族平等的，与“民族分隔”是性质不同的；它是历史发展的一种必然，不是人为地在“制造民族”。

历史地看，党关于什么是民族的认识，主要以斯大林在《马克思主义与民族问题》（1913年1月）中提出的民族概念为认识依据和理论起点，并在民族识别中发挥了重要的指导作用。这一民族概念即民族是人们在历史上形成的一个有共同语言、共同地域、共同经济生活以及表现在共同文化上的共同心理素质的稳定的共同体，强调民族是资本主义上升时期的产物，而且上述四个要素缺一不可。同时，党关于什么是民族的认识，基于中国民族的具体实际而加以丰富和发展。新中国成立前，除汉族和一些少数民族外，我国绝大多数民族处于封建农奴制社会、奴隶制社会甚或原始社会末期。一方面，斯大林关于民族的概念对于我国的民族实际是基本适用的，其所说的民族要素在我国各民族形成与发展中是客观而普遍存在的，只是发育和成熟程度具有差异性。另一方面，民族识别工作中也实际存在着这一民族概念与中国民族发展阶段和内涵的不完全适应性，推动党

---

① 江泽民：《加强各民族大团结，为建设有中国特色的社会主义携手前进》，载国家民族事务委员会、中共中央文献研究室编《民族工作文献选编（1990—2002）》，中央文献出版社2003年版，第25页。

从中国民族的具体实际出发，揭示中国民族的特征，并逐步将共同的风俗习惯、历史文化渊源和共同名称等确认为民族概念的内涵。

新中国的民族识别，是党探索民族内涵与特征的重要认识来源和实践基础，也推动了马克思主义民族理论的中国化。以胡锦涛同志为总书记的党中央在《中共中央、国务院关于进一步加强民族工作加快少数民族和民族地区经济社会发展的决定》中概括了关于民族及其特征的总的认识，强调民族是在一定的历史发展阶段形成的稳定的人们共同体，同时指出民族在历史形成与发展中具有一般性和特殊性。一般性是指民族在历史渊源、生产方式、语言、文化、风俗习惯以及心理认同等方面具有共同的特征；特殊性表现在有的民族在形成和发展的过程中，宗教起着重要作用。[①] 这一关于民族内涵、特征及其成因的描述，是党对于什么是民族进行长期探索和实践的思想认识成果，具有整体性、包容性和发展性，既坚持了马克思主义关于民族的基本内涵，又吸收了我国在民族识别中形成的关于民族属性的科学认识，是在新的历史条件下对什么是民族的新概括。

二 正确认识和把握新阶段我国民族问题的时代内涵

马克思主义认为，民族问题是社会总问题的一部分。民族问题与民族相伴生，是民族自身发展问题和处理与民族有关的社会关系问题的总和。民族问题始终是我国革命、建设和改革开放事业中的一个重大问题。在社会主义条件下，正确认识、处理和解决我国民族问题，是一个带根本性的问题。

对于什么是民族问题、如何处理和解决我国民族问题，党的三代中央领导集体形成和发展了我国民族问题的基本理论和政策，指出民族问题既包括民族自身的发展，又包括民族之间，民族与阶级、国家之间等方面。20 世纪 90 年代初，以江泽民同志为核心的党的第三代中央领导集体对党关于我国民族问题的基本理论和政策作了比较系统性的概括和表述。1990 年 9 月 1 日，江泽民同志在新疆考察工作时发表讲话，就马克思主义民族

---

① 《中共中央、国务院关于进一步加强民族工作加快少数民族和民族地区经济社会发展的决定》，载国家民族事务委员会、中共中央文献研究室编《民族工作文献选编（2003—2009）》，中央文献出版社 2010 年版，第 91—92 页。

观着重提出了关于民族一律平等、民族没有高低优劣之分、民族差别和民族问题将长期存在、民族问题是社会总问题的一部分和民族区域自治制度是解决我国民族问题的根本制度五个方面的内容。[①] 这些内容至1992年中央民族工作会议集中概括和发展为八个方面，突出了大力发展社会生产力是社会主义时期民族工作的根本任务、少数民族干部队伍是做好民族工作和解决民族问题的关键、民族问题与宗教问题在一些地方交织在一起等内容。[②] 在2001年中央工作会议上，李瑞环同志在讲话中进一步将党关于我国民族问题的基本理论和政策具体概括为十项内容，强调了国家统一是各族人民的最高利益，以及各民族要加强互助合作等。[③] 党的十六大以来，以胡锦涛同志为总书记的党中央不断深化对民族问题的认识，对我国民族问题的基本理论和政策作了进一步概括。他在中央民族工作会议暨国务院第四次全国民族团结进步表彰大会上发表讲话指出，正确处理民族问题是建设中国特色社会主义的重要内容。[④] 随后，《关于进一步加强民族工作加快少数民族和民族地区经济社会发展的决定》在总结中国革命、建设和改革中处理和解决民族问题的理论与实践的基础上，结合我国和世界的民族和民族问题的变化发展，强调当今世界民族问题具有普遍性、长期性、复杂性、国际性和重要性，以及文化是民族的重要特征等，将党关于我国民族问题的基本理论和政策进一步概述为十二条[⑤]，深化了党关于民族和民族问题的基本内涵及其变化发展规律的认识。

党的十六大以来，以胡锦涛同志为总书记的党中央深刻分析我国民族问题，进一步认识和把握新的历史条件下民族问题发展变化的特点和规

---

① 江泽民：《必须树立马克思主义的民族观和宗教观》，载国家民族事务委员会、中共中央文献研究室编《民族工作文献选编（1990—2002）》，中央文献出版社2003年版，第2—3页。

② 江泽民：《加强各民族大团结，为建设有中国特色的社会主义携手前进》，载国家民族事务委员会、中共中央文献研究室编《民族工作文献选编（1990—2002）》，中央文献出版社2003年版，第40—41页。

③ 李瑞环：《要重视民族宗教问题》，载国家民族事务委员会、中共中央文献研究室编《民族工作文献选编（1990—2002）》，中央文献出版社2003年版，第304—305页。

④ 胡锦涛：《在中央民族工作会议暨国务院第四次全国民族团结进步表彰大会上的讲话》，载国家民族事务委员会、中共中央文献研究室编《民族工作文献选编（2003—2009）》，中央文献出版社2010年版，第70页。

⑤ 《中共中央、国务院关于进一步加强民族工作加快少数民族和民族地区经济社会发展的决定》，载国家民族事务委员会、中共中央文献研究室编《民族工作文献选编（2003—2009）》，中央文献出版社2010年版，第91—93页。

律。胡锦涛同志强调只要有民族和民族差别存在，就有民族问题存在，指出新阶段民族问题具有普遍性、长期性、复杂性和重要性这一基本特征没有改变。新阶段我国民族问题面临的新的历史条件和出现的一些新情况与新特点。其一，国际形势发生深刻变化，一些地区民族主义思潮和活动日趋活跃，国际敌对势力西化、分化我国的战略图谋没有改变，加紧同我国境内外民族分裂主义势力勾联呼应，千方百计利用民族问题对我国进行渗透、破坏、颠覆活动。① 其二，我国改革开放不断深化和社会主义市场经济发展，我国民族地区面临着解决贫困人口温饱问题和全面建设小康社会的双重历史任务，实现民族地区同国内其他地区协调发展，特别是缩小同发达地区的差距任务繁重。为此，胡锦涛同志强调，要注意研究世界民族问题发展变化的新特点及对我国民族问题的影响，深入研究社会主义市场经济条件下民族工作的特点，特别是要加强对前瞻性、战略性重大问题的研究。②

党的十六大以来，以胡锦涛同志为总书记的党中央根据全面建设小康社会、加快推进社会主义现代化建设的要求，主要在如下方面对正确认识和把握新阶段我国民族问题作出了新概括和新论述。（1）坚持党关于民族问题的科学认识，并将关于我国民族问题产生原因和存在状态的认识，由“民族问题与宗教问题交织在一起”和“民族问题与当今社会生活中的一些深层次问题相互交织”，丰富并具体化为四种问题的“交织”，即在现实生活中，我国的民族问题往往表现为经济问题与政治问题、现实问题与历史问题、民族问题与宗教问题和国内问题与国际问题交织在一起，深刻阐述了我国民族问题的普遍性、长期性、复杂性和国际性。③（2）提出正确处理民族问题，切实做好民族工作，是加强党的执政能力建设的重要内

---

① 胡锦涛：《牢固树立和落实科学发展观，全面做好新形势下民族工作》、《在中央民族工作会议暨国务院第四次全国民族团结进步表彰大会上的讲话》、《促进各民族和睦相处、和衷共济、和谐发展》，载国家民族事务委员会、中共中央文献研究室编《民族工作文献选编（2003—2009）》，中央文献出版社2010年版，第49—50、73、155页。

② 胡锦涛：《牢固树立和落实科学发展观，全面做好新形势下民族工作》，载国家民族事务委员会、中共中央文献研究室编《民族工作文献选编（2003—2009）》，中央文献出版社2010年版，第49—50、50—51页。

③ 胡锦涛：《在中央民族工作会议暨国务院第四次全国民族团结进步表彰大会上的讲话》，载国家民族事务委员会、中共中央文献研究室编《民族工作文献选编（2003—2009）》，中央文献出版社2010年版，第70—71页。

容，是衡量党的执政能力和各级党政组织领导水平的重要标志。[①]（3）进一步指出正确处理民族问题，涉及我国经济建设、政治建设、文化建设与和谐社会建设各个方面，我国的民族问题必须放到建设中国特色社会主义的全局中来解决，强调解决民族地区的困难和问题归根结底要靠发展，关键要坚持以科学发展观统领经济社会发展全局，把加快少数民族和民族地区经济社会发展作为现阶段解决民族问题的根本途径，摆到更加突出的战略位置。[②]（4）进一步强调我国是各族人民共同缔造的统一的多民族国家。祖国统一是各族人民的最高利益。我国的民族问题是我国的内部事务，反对一切外部势力利用民族问题对我国进行渗透、破坏和颠覆活动。[③] 我们所指的“西藏问题”和“新疆问题”等，主要是少数民族和民族地区自身发展问题，而不是什么“主权问题”、“人权问题”。（5）进一步指出妥善处理影响民族团结的问题，严格区分矛盾性质，坚持具体问题具体分析，“是什么问题就按什么问题处理”，不能把涉及少数民族成员的一般民事纠纷和刑事案件都归结为民族问题，谨防将民间纠纷转化为民族纷争。[④]

以胡锦涛同志为总书记的党中央关于新阶段我国民族问题的进一步探索和回答，与党的三代中央领导集体一脉相承，丰富和发展了党关于我国民族问题的基本理论和政策，为在新的历史条件下做好民族工作、拓展中国特色解决民族问题的正确道路提供了科学理论依据。

三　不断而深刻揭示社会主义民族关系的本质特征

民族关系是多民族国家中一种重要的社会关系。统一的多民族国家，

---

① 胡锦涛：《牢固树立和落实科学发展观，全面做好新形势下民族工作》，载国家民族事务委员会、中共中央文献研究室编《民族工作文献选编（2003—2009）》，中央文献出版社 2010 年版，第 52 页。

② 胡锦涛：《在中央民族工作会议暨国务院第四次全国民族团结进步表彰大会上的讲话》，载国家民族事务委员会、中共中央文献研究室编《民族工作文献选编（2003—2009）》，中央文献出版社 2010 年版，第 71、75、76 页。

③ 《中共中央、国务院关于进一步加强民族工作加快少数民族和民族地区经济社会发展的决定》，载国家民族事务委员会、中共中央文献研究室编《民族工作文献选编（2003—2009）》，中央文献出版社 2010 年版，第 92 页。

④ 胡锦涛：《共同团结奋斗，共同繁荣发展》、《在中央民族工作会议暨国务院第四次全国民族团结进步表彰大会上的讲话》，载国家民族事务委员会、中共中央文献研究室编《民族工作文献选编（2003—2009）》，中央文献出版社 2010 年版，第 5、80—81 页。

是我国各族人民在形成中华民族和创造中华文明的历史进程中休戚与共、相互依存和相互学习与帮助，推动国家发展和社会进步的历史必然。新中国的建立和社会主义制度的确立，奠定了当代中国包括中华民族团结进步在内的一切发展进步的政治前提与制度基础，在广泛而深刻的社会历史变革中形成我国新型的社会主义民族关系，并不断巩固和发展，实现了各民族平等和各族人民的大团结。

党的三代中央领导集体根据不同历史时期民族因素、民族问题和民族矛盾的实际，对于我国民族关系的社会性质、发展阶段和本质特征作出了探索和回答，成为新阶段丰富和发展我国民族关系的基本内涵与本质特征的认识基础与来源。从思想史意义上说，党在十六大以前，一般地将平等、团结和互助作为我国新型社会主义民族关系的本质特征。党的十六大以来，以胡锦涛同志为总书记的党中央提出科学发展观重大战略思想和构建社会主义和谐社会重大任务，逐步把和谐赋予为我国新型社会主义民族关系本质特征的重要内容，并将平等、团结、互助、和谐统一起来，指出平等是基石，团结是主线，互助是保障，和谐是本质。这一重要论述在我国社会主义民族关系问题上实现了新的理论发展。

新中国成立以来，我国各少数民族和民族地区经过民主改革和社会主义改造，分别由封建农奴制社会、奴隶制社会或原始社会末期，进入或"直接过渡"到社会主义社会，形成我国新型的社会主义民族关系。关于我国民族关系的本质特征，中共中央统战部曾在改革开放初期的民族工作拨乱反正中，建议为全国统战、民族、宗教工作部门摘掉"执行投降主义路线"帽子，并在1979年2月3日的请示报告中将我国民族关系表述为"各兄弟民族团结友爱、互助合作的新型关系"。[①] 随后不久，邓小平同志提出了我国民族关系是社会主义性质的论述。1979年6月15日，他在全国政协五届二次会议上致开幕词时指出，我国各兄弟民族经过民主改革和社会主义改造，早已陆续走上社会主义道路，结成了社会主义的团结友爱、互助合作的新型民族关系。在实现四个现代化进程中，各民族的社会

① 《中共中央统战部关于建议为全国统战、民族、宗教工作部门摘掉"执行投降主义路线"帽子的请示报告》，载国家民族事务委员会、中共中央文献研究室编《新时期民族工作文献选编》，中央文献出版社1990年版，第3页。

主义一致性将更加发展，各民族的大团结将更加巩固。① 新中国成立以来，我国在认识和处理民族关系问题上尽管出现过一些曲折和失误，但在宪法发展史上，自《共同纲领》规定“各民族一律平等，实行团结互助”起，无论作为现实还是发展趋势，平等、团结和互助都是民族政策立法中贯穿始终的法理基础和法治理念，至 1982 年 12 月五届全国人大五次会议审议通过《宪法》，以法的形式将“平等、团结、互助”表述为我国社会主义民族关系的本质特征，在改革开放新时期进一步确立了社会主义民族关系的宪法基础与法制保障。

民族平等、团结和互助，具有深厚的历史基础，同时又是不断深化发展的，形成为我国民族工作的一大政治优势。以江泽民同志为核心的党的第三代中央领导集体，强调各民族要始终同呼吸、共命运、心连心，不断增强中华民族的凝聚力，巩固和发展平等、团结和互助的社会主义民族关系，并将我国社会主义民族关系具体化为“汉族离不开少数民族，少数民族离不开汉族，少数民族之间也相互离不开”，由此提出“三个离不开”的思想，丰富和发展了民族关系的“两个离不开”和“谁也离不开谁”的思想。民族平等是“三个离不开”的基本政治前提。民族平等包括政治上、发展经济文化上的平等权利和语言文字的平等地位，以及尊重各民族的宗教信仰和风俗习惯等。民族团结和互助是“三个离不开”的动力源泉。党的十三届七中全会和七届全国人大四次会议把建立和发展平等互助、团结合作、共同繁荣的社会主义民族关系，作为建设具有中国特色的社会主义的一条重要原则。我国各民族相互离不开，形成并不断复兴、壮大具有强大内聚力的中华民族。

和谐是社会主义的本质属性，党的十六大把“社会更加和谐”确立为全面建设小康社会奋斗目标的重要内容。党的十六届四中全会在《关于加强党的执政能力建设的决定》中强调，形成全体人民各尽所能、各得其所而又和谐相处的社会，是巩固党执政的社会基础、实现党执政的历史任务的必然要求，指出要适应我国社会的深刻变化，把和谐社会建设摆在重要位置，并明确了妥善协调各方面的利益关系，正确处理人民内部矛盾等构

① 邓小平：《新时期的统一战线和人民政协的任务》，《邓小平文选》第 2 卷，人民出版社 1994 年版，第 186 页。

建社会主义和谐社会的主要内容。[①] 党的十六届四中全会不久，胡锦涛同志在2004年10月21日中共中央政治局第十六次集体学习时发表讲话指出，要不断巩固和发展我国各民族大团结，就要“提倡和鼓励各民族相互学习和交流，实现和谐相处和共同进步”[②]。他在2005年中央民族工作会议暨国务院第四次全国民族团结进步表彰大会上的讲话中，第一次把我国社会主义民族关系概括为“平等、团结、互助、和谐的社会主义民族关系”。[③] 这是对我国社会主义民族关系历史发展经验的总结，也是对我国社会主义民族关系发展趋势的阐明。

把和谐作为我国社会主义民族关系的重要本质特征，建立在以胡锦涛同志为总书记的党中央提出现阶段我国民族工作主题的基础之上。2003年3月4日，胡锦涛同志在参加全国政协十届一次会议少数民族界委员联组讨论时的讲话中指出，各民族共同团结奋斗、共同繁荣发展是新世纪新阶段民族工作的主题。这一主题结合全面建设小康社会的实际，概括了党的三代中央领导集体关于民族工作的理论与实践。他指出，实现全面建设小康社会宏伟目标，就是要更好实现各民族共同繁荣发展。实现各民族共同繁荣发展，需要各民族共同团结奋斗。各民族共同团结奋斗是共同繁荣发展的强大动力，各民族共同繁荣发展是共同团结奋斗的坚实基础。[④] 在这一主题中，共同团结奋斗与共同繁荣发展互为目的与条件，是相互统一的。关于这一主题的内涵，胡锦涛同志在中央民族工作会议暨国务院第四次全国民族团结进步表彰大会上的讲话中作了阐述，指出共同团结奋斗就是要把全国各族人民的智慧和力量凝聚到全面建设小康社会、建设中国特色社会主义和实现中华民族的伟大复兴上来，共同繁荣发展就是要牢固树立和全面落实科学发展观，切实抓好发展这个党执政兴国的第一要务，千

---

① 中共中央文献研究室编：《十六大以来重要文献选编》中卷，中央文献出版社2006年版，第286—288页。

② 胡锦涛：《牢固树立和落实科学发展观，全面做好新形势下民族工作》，载国家民族事务委员会、中共中央文献研究室编《民族工作文献选编（2003—2009）》，中央文献出版社2010年版，第52页。

③ 胡锦涛：《在中央民族工作会议暨国务院第四次全国民族团结进步表彰大会上的讲话》，载国家民族事务委员会、中共中央文献研究室编《民族工作文献选编（2003—2009）》，中央文献出版社2010年版，第69页。

④ 胡锦涛：《共同团结奋斗，共同繁荣发展》，载国家民族事务委员会、中共中央文献研究室编《民族工作文献选编（2003—2009）》，中央文献出版社2010年版，第2—3页。

方百计加快少数民族和民族地区经济社会发展，不断提高各族群众的生活水平。胡锦涛同志对于这一主题内涵的阐述，不仅与正确处理民族问题在建设中国特色社会主义中的意义和实现各民族共同繁荣发展在全面建设小康社会中的地位相联系，而且与巩固全国各族人民的大团结在党和人民事业顺利发展中的作用相结合，在党的民族工作理论发展史上，对“民族团结进步事业”的内涵进行了阐述。一是发展民族团结进步事业，以巩固和发展社会主义民族关系为基础；二是发展民族团结进步事业，需要全国各族人民和睦相处、和衷共济、和谐发展；三是发展民族团结进步事业，旨在促进社会主义祖国繁荣昌盛，维护社会主义祖国统一安全，同心同德为建设中国特色社会主义、实现中华民族的伟大复兴而奋斗。[①] 胡锦涛同志关于“民族团结进步事业”的阐述，贯穿了民族工作的主题，并把实现这一主题的基础与保证归结于我国各族人民和睦相处、和衷共济、和谐发展，彰显了民族关系的和谐对发展民族团结进步事业的地位与作用。随后，《关于进一步加强民族工作加快少数民族和民族地区经济社会发展的决定》把平等、团结、互助、和谐是我国社会主义民族关系的本质特征，“三个离不开”，以及各族人民要互相尊重、互相学习、互相合作、互相帮助，不断巩固和发展全国各族人民的大团结，构建社会主义和谐社会，作为一项重要内容，载入党关于我国民族问题的基本理论和政策。

把和谐作为我国社会主义民族关系的重要本质特征，是以胡锦涛同志为总书记的党中央对我国社会主义民族关系认识的不断深化发展。首先，关于平等、团结、互助、和谐在社会主义民族关系中的地位与作用问题，提出了“和谐是社会主义民族关系的本质”的观点。2006 年 7 月 10 日，胡锦涛同志在全国统战工作会议上的讲话中，深入阐述社会主义民族关系的本质特征，指出平等、团结、互助、和谐的社会主义民族关系的本质特征，体现了中华民族多元一体的基本格局，体现了中华民族大家庭的根本利益。其中，平等是社会主义民族关系的基石，团结是社会主义民族关系的主线，互助是社会主义民族关系的保障，和谐是社会主义民族关系的本质。这是因为，各民族只有和睦相处、亲如一家，才能充分发挥中华民族

① 胡锦涛：《在中央民族工作会议暨国务院第四次全国民族团结进步表彰大会上的讲话》，载国家民族事务委员会、中共中央文献研究室编《民族工作文献选编（2003—2009）》，中央文献出版社 2010 年版，第 73 页。

的整体优势和创造活力，更好地实现中华民族的伟大复兴。胡锦涛同志指出，正确认识和处理我国民族关系，最根本的就是要始终不渝地坚持民族平等，加强民族团结，推动民族互助，促进民族和谐。① 其次，关于衡量民族工作成效的标准问题，提出“四个有利于”的观点，将“有利于民族交往交流交融”作为重要标准之一。民族交往交流交融是我国民族关系历史发展的一条主线和基本趋势。2010 年 1 月 18 至 20 日，中央第五次西藏工作座谈会召开。胡锦涛同志在讲话中强调，把有利于民族平等团结进步、有利于各民族共同繁荣发展、有利于民族交往交流交融、有利于国家统一和社会稳定，作为衡量民族工作成效的重要标准。② 这一论述把我国社会主义民族关系的发展、国家的建设和社会的进步统一于民族工作之中。再次，关于我国社会主义民族关系的思想基础问题，提出了增强各民族人民群众“四个认同”的观点。发展和谐的民族关系，需要加快少数民族和民族地区经济社会发展，同时需要增强各民族人民共同团结奋斗、共同繁荣发展的共同思想基础。2010 年 5 月 17 至 19 日，中央新疆工作座谈会召开。胡锦涛同志在讲话中指出，广泛开展民族团结宣传教育和民族团结进步创建活动，增强各族人民“对伟大祖国的认同、对中华民族的认同、对中华文化的认同、对中国特色社会主义道路的认同”。③ 伟大祖国、中华民族和中华文化是我国各民族繁衍生息的“根”与“源”，中国特色社会主义是我国各民族的共同思想政治基础，蕴含着我国各民族共同的中华民族精神和不断发展进步的方向与道路。

和谐是社会主义民族关系的本质。这是以胡锦涛同志为总书记的党中央在我国民族关系问题上的重要理论贡献，进一步丰富和发展了党关于我国民族关系的基本理论和政策。

马克思主义民族理论中国化，是马克思主义中国化的重要组成部分。十六大以来，在解决我国民族问题上，以胡锦涛同志为总书记的党中央与党的三代中央领导集体既一脉相承又与时俱进，深入探求民族问题自身变化规律、世界民族问题变化规律和中国民族关系发展规律，科学回答什么是民族和新世纪新阶段我国民族问题，深刻揭示我国社会主义民族关系的

---

① 胡锦涛：《促进各民族和睦相处、和衷共济、和谐发展》，载国家民族事务委员会、中共中央文献研究室编《民族工作文献选编（2003—2009）》，中央文献出版社 2010 年版，第 156 页。

② 《中共中央、国务院召开第五次西藏工作座谈会》，《人民日报》2010 年 1 月 23 日。

③ 《中共中央、国务院召开新疆工作座谈会》，《人民日报》2010 年 5 月 21 日。

本质特征，丰富和发展党关于我国民族问题的基本理论和政策，推进了马克思主义民族理论中国化，也鲜明地体现了马克思主义民族理论的时代化，巩固和增强了中国特色解决民族问题的正确道路的思想理论基础。

（原载《当代中国史研究》2012 年第 5 期）

重温“摸着石头过河”思想

欧阳英*

经过30多年的发展，中国改革开放取得了重大成就，同时也已进入攻坚阶段。回头看，改革开放进程中影响较大的一些重大思想，“摸着石头过河”思想当属其中。“摸着石头过河”可能是中国改革开放中争议最大、认识最不统一、歧义最多的命题，但是，它的流传之广、影响之大，使得人们无法回避或绕开它。为了走出认识上的困境，就需要溯本清源，对“摸着石头过河”思想提出背景、发展过程、哲学基础、基本特点以及理论意义等多方面内容做全方位的考察与厘清，从而人们对“摸着石头过河”思想的本质有更清醒的认识。

一 “摸着石头过河”思想的提出是中国共产党人集体智慧的结晶

“摸着石头过河”原本是民间的歇后语，意指在事先不知道一条河的详细情况下，只能以身试水摸索着河里的石头安全过河。从现能查阅到的资料来看，最早提出“摸着石头过河”思想的是陈云。1950年4月7日，陈云在政务院第27次政务会议的发言中指出：“物价涨不好，跌亦对生产不好。……要摸着石头过河，稳当点好。”① 1951年7月20日，陈云就工商业联合会如何发挥协助人民政府和指导工商业者的作用时指出：“办法也应该稳妥，这叫摸着石头过河。搞急了是要出毛病的。毛毛草草而发生错误和稳稳当当而慢一点相比较，我们宁可采取后者。尤其是处理全国经

---

* 欧阳英，中国社会科学院哲学所马克思主义哲学史室哲学博士，研究员。

①《陈云年谱》(中)，中央文献出版社2000年版，第44页。

济问题，更须注意这点。慢两三个月天不会塌，怕什么。"① 20 世纪 50 年代初新中国刚刚建立，希望中国社会早日完成新民主主义革命任务，快速进入中国特色社会主义建设阶段的急躁冒进思想与做法大量泛滥，在这种情况下，陈云提出"摸着石头过河"，是带有工作方法方面指导意义的，所强调的是要谨防"左倾冒进思想"。改革开放后，1980 年 12 月 16 日陈云在中央工作会议上说："我们要改革，但是步子要稳。因为我们的改革，问题复杂，不能要求过急。改革固然要靠一定的理论研究、经济统计和经济预测，更重要的还是要从试点着手，随时总结经验，也就是要'摸着石头过河'。开始时步子要小，缓缓而行。"② 在这次会议 12 月 25 日的闭幕会上，邓小平明确表示完全同意陈云的讲话，并说：陈云同志的"这个讲话在一系列问题上正确地总结了我国 31 年来经济工作的经验教训，是我们今后长期的指导方针"③。尽管邓小平上述讲话是对陈云讲话内容的整体定调，但是，这种定调是带有根本性的，它已使人们认识到将"摸着石头过河"思想作为改革开放指导方针的重要性。因此，"摸着石头过河"思想的提出与最终的广泛运用体现的是中国共产党人的集体智慧，是中国共产党人集体智慧的结晶。

二 "摸着石头过河"思想经历了内涵单一到丰富的发展过程

中国共产党人对于"摸着石头过河"思想内涵的解读不是一次性完成的，而是经历了一个历史发展过程。最初对于"摸着石头过河"思想理解的着重点放在强调"稳妥"。例如，陈云在 20 世纪 50 年代提出要"摸着石头过河"时，主要是围绕"稳妥"二字展开，即提出"要'摸着石头过河'，稳当点为好"；"办法也应该稳妥，这叫摸着石头过河。搞急了是要出毛病的"；等等。但是，随着中国社会在 20 世纪 80 年代进入改革开放阶段，"摸着石头过河"思想的内涵除了强调"稳妥"之外，又增添了"勇于尝试"、"敢于探索"等新的内容。这也就是改革开放之后，陈云所

---

① 《陈云文选》第 2 卷，人民出版社 1995 年版，第 152 页。

② 《陈云文选》第 3 卷，人民出版社 1995 年版，第 279 页。

③ 《邓小平文选》第 2 卷，人民出版社 1994 年版，第 354 页。

说的“‘九溪十八涧’，总要摸着石头过，总要下河去试一试”①；邓小平所说的“要摸索前进”，“改革开放胆子要大一些，敢于试验，不能像小脚女人一样”②，等等。

邓小平曾经反复强调在改革开放实践中应该保持稳妥性与探索性的辩证统一。例如，他明确指出：“开放不简单，比开放更难的是改革，必须有秩序地进行。所谓有秩序，就是既大胆又慎重，要及时总结经验，稳步前进。”③ 又说：“胆子要大，步子要稳。所谓胆子要大，就是要坚定不移地搞下去；步子要稳，发现问题就赶快改。”④ 在 1988 年 10 月 5 日会见肯尼亚总统丹尼尔·阿拉普·莫伊时还说道：“讲发展，第一要有一个长期的战略设想，第二每走一步都要小心谨慎。既要大胆坚持现行的方针和政策，又要步伐稳妥。要求过急，往往是犯大错的根源。”⑤ 在这里，“大胆”、“胆子要大些”、“要大胆”等，就是讲的要勇于尝试、敢于探索；“慎重”、“步子要稳”、“步伐稳妥”等，就是针对稳妥性来谈的。

2012 年的开年，习近平在中共中央政治局第二次集体学习时强调指出：“摸着石头过河，是富有中国特色、符合中国国情的改革方法。摸着石头过河就是摸规律，从实践中获得真知。”在此“摸着石头过河”思想被进一步明确地赋予了“富有中国特色、符合中国国情”的“改革方法”的内涵，也使人们有了新的认识维度。习近平还说道：“摸着石头过河和加强顶层设计是辩证统一的，推进局部的阶段性改革开放要在加强顶层设计的前提下进行，加强顶层设计要在推进局部的阶段性改革开放的基础上来谋划。要加强宏观思考和顶层设计，更加注重改革的系统性、整体性、协同性，同时也要继续鼓励大胆试验、大胆突破，不断把改革开放引向深入。”原来人们都是从单一层面理解“摸着石头过河”，因此，通过明确提出“摸着石头过河和加强顶层设计是辩证统一”的关系，实际上使人们对于“摸着石头过河”本质的认识走向更全面化。与“摸着石头过河”之间形成辩证关系的是“加强顶层设计”，而这种关系之所以是成立的，就在于加强顶层设计是“摸着石头过河”的重大补充；通过加强顶层设计，

---

① 《陈云年谱》（下），中央文献出版社 2000 年版，第 412—413 页。
② 《邓小平文选》第 3 卷，人民出版社 1993 年版，第 372 页。
③ 同上书，第 199 页。
④ 同上书，第 118 页。
⑤ 《邓小平年谱》（下），中央文献出版社 2004 年版，第 1253 页。

“摸着石头过河”能够摆脱原先那种以稳妥的探索性为主要内涵的实践模式所具有的狭隘性与局限性，而在“更加注重改革的系统性、整体性、协同性”的前提下进行大胆改革探索。

三 “摸着石头过河”思想的哲学基础是“实践唯物主义”

“摸着石头过河”是反映以邓小平为核心的中国共产党第二代领导集体在没有先例可循的情况下奋力开创改革开放局面的重要实践思想，它用生动的比喻把实践先行、勇于实践的道理简明化、大众化。正因为“摸着石头过河”着重强调了实践先行、大胆实践、勇于实践等内容，因此，它与以凸显实践重要性而著称的“实践唯物主义”之间的内在联系，就是值得深入挖掘与探讨的。作为马克思主义哲学本质的重要组成部分，“实践唯物主义”对于“摸着石头过河”思想具有哲学基础的重要意义，而且对此可以围绕四个方面加以展开说明：

第一，立足于实践唯物主义，人们可以对“摸着石头过河”实践内涵的认识论本质有更加深入的把握。在《关于费尔巴哈的提纲》中，马克思指出：“人的思维是否具有客观的真理性，这不是一个理论的问题，而是一个实践的问题。人应该在实践中证明自己思维的真理性，即自己思维的现实性和力量，自己思维的此岸性。关于思维——离开实践的思维——的现实性或非现实性的争论，是一个纯粹经院哲学的问题。”① 由此可见，与传统认识论不同，马克思引入了实践机制来解决认识论问题，他的认识论与其实践唯物主义之间保持着高度的一致性，并在实践的基础上实现了统一。

在马克思那里，实践唯物主义与认识论之间形成相互映衬关系：人们可以在马克思的实践唯物主义中看到其认识论的存在并由此去分析其认识论的本质，同时也可以在马克思的认识论中看到其实践唯物主义的存在并由此去分析其实践唯物主义的本质。正是基于这种情况，所以，当我们立足实践唯物主义去分析“摸着石头过河”时可以更深入地分析其认识论的本质。表面看来，“摸着石头过河”仅是一种实践活动，但是从根本上说它是认识过程与实践过程保持一致的实践活动。这也就是说，从实践活动

① 《马克思恩格斯选集》第1卷，人民出版社1995年版，第55页。

的角度来看，“摸着石头过河”本身就是一个认识的过程，人们能够在“摸着石头过河”的过程中寻找到真理、探求到规律、把握到本质；从认识活动的角度来看，“摸着石头过河”本身又是一个实践的过程，强调在实践中探索真理是其最根本的内涵。因此，从实践唯物主义的角度来看，“摸着石头过河”实践内涵的最深刻的认识论本质就在于它实现了实践过程与认识过程的统一，是实践过程与认识过程达成统一的样本性实践形式。关于这一点，这也就是前面我们提到的习近平所说的：“摸着石头过河就是摸规律，从实践中获得真知。”对于“摸着石头过河”，人们更应该充分看到的是其将实践过程与认识过程置于一身的实践优势与认识优势。并且正是由于这种二重优势的存在，所以，尽管“摸着石头过河”思想的提出与对它的质疑基本上是相伴而生的，但是，立足于实践唯物主义，人们却可以清楚地看到，“摸着石头过河”这种实践形式在认识中担任了重要角色，其认识论作用并不是可以被随意并轻易地否定掉的。

第二，立足于实践唯物主义，人们可以对“摸着石头过河”实践内涵的唯物主义基础有更深刻的认识。马克思主义哲学是改造世界的哲学，这是马克思主义哲学与解释世界的哲学的根本区别。在《德意志意识形态》中，马克思、恩格斯认为：“实际上，而且对实践的唯物主义者即共产主义者来说，全部问题都在于使现存世界革命化，实际地反对并改变现存的事物。”① 因此，在实践唯物主义那里，“现存的事物”是被实际地“反对并改变”的对象②，物质第一性是必须坚持的基本原则。由此可见，尽管“摸着石头过河”的基本内涵是基于实践的探索性，但是在对“摸着石头过河”思想的基本精神实质加以把握时，人们首先必须正视的应是物质第一性原则。“摸着石头过河”思想强调实践但却是立足于物质第一性原则，倘若人们只注意“摸着石头过河”思想中所包含的实践内涵而忽略了物质第一性原则，只会在实践中碰壁。正是基于这一点，“摸着石头过河”与“解放思想，实事求是”之间构成了相辅相成的关系。邓小平多次提道：“我们共产党人是彻底的唯物主义者。”③ 他在总结改革开放之所以取得如此巨大成就时，曾经有句名言：“我们改革开放的成功，不是靠本本，而

---

① 《马克思恩格斯选集》第1卷，人民出版社1995年版，第75页。

② 同上。

③ 《邓小平文选》第2卷，人民出版社1994年版，第333—334页。

是靠实践，靠实事求是。”① 从实践唯物主义的角度来看，邓小平在这里通过结合“实事求是”来理解“实践”一词，真正体现出实践唯物主义的精神实质。任何实践都不应抛开物质第一性原则来进行，倘若抛开了物质第一性原则，在客观上势必会导致“人有多大胆，地有多大产”、“只怕做不到，不怕想不到”之类的“主观异想型实践”的出现。邓小平最反对空谈，他曾鲜明地宣布：“我是实事求是派”②，并且明确提出：“四个现代化靠空谈是化不出来的。”③

第三，立足于实践唯物主义，人们可以对“摸着石头过河”实践内涵的唯物史观基础有更深入的理解。实践既是实践唯物主义的基石，也是唯物史观的基石，在实践的基础上实践唯物主义与唯物史观达成统一。在马克思那里，实践唯物主义研究的是实践中的一般，唯物史观研究的是实践中的个别即社会实践，因此，实践唯物主义与唯物史观在把握实践本质的问题上构成相互补充的关系。“摸着石头过河”是社会历史活动，所以，从实践唯物主义的视角来看，它是实践中的个别，人们更应该注重研究与把握的应是其唯物史观基础。只有这样，才能在“摸着石头过河”的过程中不至于走弯路、走歧路。

邓小平指出：“按照历史唯物主义的观点来讲，正确的政治领导的成果，归根到底要表现在社会生产力的发展上，人民物质文化生活的改善上。”④ 邓小平的上述提法为我们将“摸着石头过河”方法的实践内涵建立在唯物史观的基础之上提供了基本标准。重视实践的唯物史观基础，从根本上说主要包括两层含义：第一层含义是要重视实践的社会性；第二层含义是要重视生产力对于社会历史发展的重要作用。人民群众的集体实践活动是实践社会性的基本表现形式，改善人民群众物质文化是人民群众集体实践活动的主要动力，也是“摸着石头过河”应该确立的具体实践目标；发展生产力是社会实践的基本内容，也是“摸着石头过河”的主要实践内容。因此，从唯物史观的角度来看，“摸着石头过河”思想的基本内涵应该涉及邓小平提出的两条基本标准，即改善人民群众物质文化生活与发展生产力。

---

① 《邓小平文选》第 3 卷，人民出版社 1993 年版，第 382 页。

② 同上书，第 209 页。

③ 《邓小平文选》第 2 卷，人民出版社 1994 年版，第 167 页。

④ 同上书，第 128 页。

只有在重视上述两层含义的前提下，“摸着石头过河”思想才能真正成为以唯物史观为基础的实践观。当“摸着石头过河”以唯物史观作为其重要的理论基础的时候，它能够真正地体现为思想与行动两方面的统一。这也就是说，一方面，当“摸着石头过河”被视为思想认识时，它能够在调动广大人民群众实践积极性的情况下，真正成为社会历史实践中的重要思想指导；另一方面，当“摸着石头过河”被视为实践活动时，它能够在充分发展生产力的情况下，真正成为促进社会历史发展的推动力。从现实来看，上述两个方面如果解决得不好，将会出现人们不愿意看到的两种严峻后果：一种后果是，当“摸着石头过河”被视为思想认识时，非但不能指导人们的实践活动，反而会成为一种“戏说”；另一种后果是，当“摸着石头过河”被视为实践活动时，非但不能成为社会历史的改造活动，反而只会被视为一种“游戏”。

当前针对“摸着石头过河”在中国改革开放中的作用，人们发出了不同的声音：有人说，中国的改革开放是“摸着石头过河”，说明中国改革开放没有理论指导，走到哪算哪；有人说，中国的改革开放是“摸着石头过河”，摸不着石头掉河里淹死；也有人说，中国的改革开放是“摸着石头过河”，但摸石头的手是被控制的，不是想往哪摸就往哪摸；还有人说，用“摸着石头过河”来指导社会主义实践，必然会陷入“盲人骑瞎马，夜半临深池”的境地……上述声音的存在所反映出来的是对“摸着石头过河”思想的误读。如果我们将“摸着石头过河”思想的实践内涵真正地建立在唯物史观的基础之上，严格地遵循唯物史观的基本内容进行“摸着石头过河”的实践活动，就可以避免让上述误读一谶成真。

第四，立足于实践唯物主义，人们可以对“摸着石头过河”实践内涵的“以人为本”的精神实质有更深入的理解。在《1844年经济学哲学手稿》中，马克思通过阐述共产主义概念首次表达了自己哲学思想的精髓，并用“实践人道主义”这一术语描述了自己哲学思想的本质特征。马克思认为，新的哲学，即实践人道主义“既不同于唯心主义，也不同于唯物主义，同时又是把这二者结合的真理”，是一种“彻底的自然主义或人道主义”①。换言之，实践人道主义既不是片面强调自然也不是片面强调人的学说，而是继承了以往唯物主义和人道主义的成果，并使二者在新的基础上

① 《马克思恩格斯全集》第42卷，人民出版社1979年版，第167页。

统一起来的新的哲学形态。与费尔巴哈的“理论人道主义”不同，马克思的实践人道主义主张通过主体的现实活动扬弃私有财产，改变对象世界的异化状态。在马克思看来，私有财产的本质不在物的形态本身，而是在主体方面的异化之中。扬弃私有财产必须抓住本质，即它是主体对人本身自我异化的扬弃。所以，实践人道主义把扬弃私有财产看作是“人的自我异化的积极的扬弃”。实践人道主义因此成为一种“积极的人道主义”①，它关注的是扬弃私有财产，改变事物的现状，“按照人的样子来组织世界”。②

尽管“实践人道主义”是马克思“实践唯物主义”的雏形，③ 但是，马克思的“实践唯物主义”却是在其“实践人道主义”基础上的重大发展成果。它看到了“实践人道主义”力求通过实践消灭人的异化现象的表面性与局限性，而明确提出通过实践活动积极地改变客观世界从而改变人的生存环境。为此，马克思甚至将“革命的实践”理解为“环境的改变和人的活动或自我改变的一致”。④ 不过尽管如此，这一点并不影响马克思的“实践唯物主义”对“以人为本”思想的强调。从最初在《1844 年经济学哲学手稿》中强调解决人的异化，到后来在《德意志意识形态》中提出应该实现“每个人的全面而自由的发展”⑤，马克思实践唯物主义始终表现出“以人为本”的特点。当我们由此出发分析“摸着石头过河”思想时可以看到，“以人为本”是“摸着石头过河”思想的精神实质，中国特色社会主义实践活动必须围绕着“以人为本”这个重要前提加以展开。从邓小平的“三个有利于”标准⑥，到江泽民的“全心全意为人民谋利益”⑦，再到胡锦涛的“以人为本、执政为民”，坚持“以人为本”始终是中国特色社会主义实践活动的中心内容。“以人为本”也是衡量中国特色社会主义实践活动成功与否的重要标准。

---

① 《马克思恩格斯全集》第 42 卷，人民出版社 1979 年版，第 175 页。

② 同上书，第 24 页。

③ 参见杨耕《“实践唯物主义”概念的由来及其与“辩证唯物主义”的关系》，《北京社会科学》1998 年第 1 期。

④ 《马克思恩格斯选集》第 1 卷，人民出版社 1995 年版，第 55 页。

⑤ 《马克思恩格斯全集》第 23 卷，人民出版社 1972 年版，第 649 页。

⑥ 《邓小平文选》第 3 卷，人民出版社 1993 年版，第 372 页。

⑦ 《江泽民文选》第 1 卷，人民出版社 2006 年版，第 364 页。

四 “摸着石头过河”思想是把握中国特色社会主义实践本质的重要视角

在《德意志意识形态》中，马克思、恩格斯在谈到唯物主义历史观与唯心主义历史观的区别时指出：“这种历史观和唯心主义历史观不同，它不是在每个时代中寻找某种范畴，而是始终站在现实历史的基础上，不是从观念出发来解释实践，而是从物质实践出发来解释观念的形成……”① 唯物主义历史观的基本思想是认为应该从实践出发去理解与解释观念，而这一思想的延伸发展就表明，任何思想、观念乃至方法的运用所反映出来的都是现实中实践的需要，而不是相反。“摸着石头过河”思想之所以会在中国特色社会主义实践中被加以积极运用，是由中国特色社会主义实践的需要与本质特点所决定的。因此，进一步说，“摸着石头过河”思想也是一种观察视角，透过它，人们可以深入地理解与把握中国特色社会主义实践所具有的本质特点：

第一，中国特色社会主义实践的探索性。改革开放之后中国共产党人在对“摸着石头过河”的解释中将其中的“探索性”明确地提出来，这一点充分说明中国特色社会主义实践需要着力在探索性下功夫。邓小平指出：“过去搞民主革命，要适合中国情况，走毛泽东同志开辟的农村包围城市的道路。现在搞建设，也要适合中国情况，走出一条中国式的现代化道路。”② 在这里“走出一条中国式的现代化道路的过程”就是中国特色社会主义实践的探索性过程。中国特色社会主义道路担负着两项任务：一项是告诉世人，社会主义道路的“中国模式”是成功的；另一项是告诉世人，社会主义道路是成功的。正因为承担着上述两项重大使命，因此，中国特色社会主义实践的探索之路必须坚定不移地走下去。

第二，中国特色社会主义实践的过程性。改革开放后对“摸着石头过河”思想的解读仍然没有放弃“稳妥”二字，所反映出来的就是对中国特色社会主义实践过程性的充分重视。1988 年 5 月 12 日，陈云在杭州同浙江省负责人谈话时指出：做工作，不能只想快。慢一点，稳一点，少走弯

① 《马克思恩格斯选集》第 1 卷，人民出版社 1995 年版，第 92 页。

② 《邓小平文选》第 2 卷，人民出版社 1994 年版，第 163 页。

路，走弯路的损失比慢一点的损失多。有人批评说“摸着石头过河”不对，但没有讲出道理来。“九溪十八涧”，总要摸着石头过，总要下河去试一试。“摸着石头过河”，这话没有错。“摸着石头过河”，是强调在向目标前进时要有步骤，要一步一步、扎扎实实地前进。骐骥一跃，不能十步。不从实际情况出发，不顾条件，企图一步登天，结果只能“欲速不达”，事与愿违。① 在这里，陈云不仅充分肯定了“摸着石头过河”提法的正确性，而且还非常清晰地解读了“摸着石头过河”的思想内涵。陈云明确地将“摸着石头过河”与实践的过程性联系在一起，使得人们深刻地认识到向目标前进时要“有步骤”，只有“一步一步、扎扎实实”的前进，才能取得社会主义实践的成功，企图“一步登天”，只会“欲速不达”、“事与愿违”。

历史证明，任何“急功冒进”的实践最终都会以失败而告终。邓小平曾明确说道：“速度过高，带来的问题不少，对改革和社会风气也有不利影响，还是稳妥一点好。一定要控制固定资产的投资规模，不要把基本建设的摊子铺大了。一定要首先抓好管理和质量，讲求经济效益和总的社会效益，这样的速度才过得硬。”② 对于中国特色社会主义实践过程中所出现的一些问题与困难，人们应该从过程的角度来加以理解，应该认清它们可能只是过程中的阶段性问题与困难，随着社会主义实践进一步的向前推进，这些问题与困难会得到逐步地解决。对于中国特色社会主义建设实践，人们需要有大的“过程视野”，应该着力使之能够实现分阶段、分步骤的展开，而不能企盼一蹴而就的伟大宏业，这也就是邓小平所说的：“我们的方针是，胆子要大，步子要稳，走一步，看一步。”③

第三，中国特色社会主义实践的目标性。“摸着石头过河”思想将建设中国特色社会主义作为明确的前进目标，即“过河”，因此，在该思想中建设中国特色社会主义这一目标是极为明确的，这也反映了在中国特色社会主义建设实践中无论遇到什么样的困难与问题，坚定不移地发展中国特色社会主义这一宏大目标是不能改变的。邓小平反复强调：“只有社会主义才能救中国，这是中国人民从五四运动到现在六十年来的切身体验中

---

① 《陈云年谱》(下)，中央文献出版社 2000 年版，第 412—413 页。

② 《邓小平文选》第 3 卷，人民出版社 1993 年版，第 143 页。

③ 同上书，第 113 页。

得出的不可动摇的历史结论。中国离开社会主义就必然退回到半封建半殖民地。中国绝大多数人决不允许历史倒退。”① 他还说道：“我们坚持社会主义，要建设对资本主义具有优越性的社会主义。”② “我们要建设的是具有中国自己特色的社会主义。”③ 对于什么是中国特色的社会主义，他则说：“建设具有中国特色的社会主义，第一必须是社会主义，第二必须具有中国自己的特色。”④

第四，中国特色社会主义实践的能动性。“摸着石头过河”思想侧重强调“摸索”、“探索”的重要性，这一点充分说明必须在中国特色社会主义实践过程中充分发挥能动性。从“摸着石头过河”思想来看，当它着重强调在摸着“石头”的基础上去探索中国特色社会主义发展道路的时候，既强调了必须充分尊重探索的物质基础，同时也强调了必须大力发挥人的主观能动性，大胆去探索。1992 年春，邓小平视察南方谈话指出：“没有一点闯的精神，没有一点‘冒’的精神，没有一股气呀、劲呀，就走不出一条好路，走不出一条新路，就干不出新的事业。”⑤ 这里的“闯”、“冒”等，就是强调要积极发挥主观能动性。

第五，中国特色社会主义实践的工具性。“摸着石头过河”思想中侧重强调了“石头”在中国特色社会主义探索实践中的重要性，这一点充分说明工具在中国特色社会主义实践的重要性。在毛泽东那里，工具被提到决定过河是否成功的重要位置上，他曾明确说：“我们的任务是过河，但是没有桥或没有船就不能过。不解决桥或船的问题，过河就是一句空话。”⑥ 在中国特色社会主义探索实践中的“石头”主要包括两方面的内容：一方面是广大人民群众的实践活动；另一方面是改革开放过程中的各种历史机遇。前者是中国特色社会主义探索实践能否成功的重要的主体条件，后者是中国特色社会主义探索实践能否成功的客观条件，二者缺一不可。历史机遇的存在，使得中国的社会主义实践充满变数，也使得“摸着石头过河”成为了中国的社会主义实践的一种现实的境遇。邓小平十分重

---

① 《邓小平文选》第 2 卷，人民出版社 1994 年版，第 166—167 页。
② 《邓小平文选》第 3 卷，人民出版社 1993 年版，第 225 页。
③ 同上书，第 261 页。
④ 邓小平：《会见刚果总统萨苏时的谈话》，《人民日报》1987 年 4 月 19 日。
⑤ 《邓小平文选》第 3 卷，人民出版社 1993 年版，第 372 页。
⑥ 《毛泽东选集》第 1 卷，人民出版社 1991 年版，第 139 页。

视机遇，他明确说："机遇存在着，问题是要善于把握"①，"要善于把握时机来解决我们的发展问题"②，"我们要利用机遇，把中国发展起来"③，又说："要抓住机会，现在就是好机会。我就担心丧失机会。不抓呀，看到的机会就丢掉了，时间一晃就过去了。"④ 21 世纪初，江泽民在阐述党和国家在新世纪的奋斗目标时指出："纵观全局，21 世纪头一二十年，对我国来说，是必须紧紧抓住并且可以大有作为的重要战略机遇期。"这段论述使人们对于历史机遇重要性有了更清醒的认识。机遇是指有利于事物发展的境遇、时机和机会，或者可以说是在一定客观条件下有可能出现的，但事前不确定的、带有一定偶然性和或然率的机会和境遇。机遇既是客观的，但又是偶然性的，所以，对于机遇，既要具体地看，也要战略地看。站在战略高度去认识并抓住那些稍纵即逝的重大机遇，将会给社会主义事业带来美好的前景。

五 "摸着石头过河"思想是毛泽东实践思想的新发展

毛泽东指出：实践是人们"根据于一定的思想、理论、计划、方案以从事于变革客观现实"⑤ 的活动。在他看来，所谓实践就是人们有目的地改造客观现实的活动。而在对认识与实践这两种不同类型的能动性进行区别的过程中，毛泽东还进一步将实践更明确地规定为"主观见之于客观"的活动。他说："思想等等是主观的东西，做或行动是主观见之于客观的东西，都是人类特殊的能动性。"⑥ 因此，通过毛泽东的努力，人们充分地认识到实践活动是有别于认识活动的相对独立的活动，它是"主观见之于客观"的活动，是内部性和外部性的统一。

如果说毛泽东的实践思想更多的是从认识与实践的关系中去解析实践的本质与特点的话，那么可以说"摸着石头过河"思想更多的是从实践本身去解析实践的本质与特点。因此，从认识论的角度看，"摸着石头过河"

① 《邓小平文选》第 3 卷，人民出版社 1993 年版，第 354 页。

② 同上书，第 365 页。

③ 同上书，第 358 页。

④ 同上书，第 375 页。

⑤ 《毛泽东选集》第 1 卷，人民出版社 1991 年版，第 295—296 页。

⑥ 《毛泽东选集》第 2 卷，人民出版社 1991 年版，第 477 页。

思想更多地显现出单一性与抽象性，这也可以说是该思想之所以一直受到诟病的主要原因。尽管被抽去了“认识”的“实践”在现实中是绝不存在的，但是，当对实践产生指导作用的“认识”与“实践”之间存在着不一致性（即或超前或滞后于实践）时，人们需要通过保持实践的摸索性才能实现认识与实践的统一，这也就是“摸着石头过河”思想所刻意强调的内容。因此，当我们说“摸着石头过河”思想是毛泽东实践思想的新发展，主要就在于力求指明，通过将毛泽东实践概念中所应包含的“探索性”、“摸索性”等内容用一种非常明了的形式表达出来，“摸着石头过河”使人们对毛泽东“实践、认识、再实践、再认识”这句名言有了更深刻的体会。透过“摸着石头过河”思想，人们可以深入地看到，人们的认识之所以要经历“实践、认识、再实践、再认识”这样一个过程，就在于在实践与认识之间存在着不一致性的情况下，人们需要通过进行大量的探索性、摸索性的实践活动来实现认识，达成实践与认识的一致性。这也就是毛泽东在《实践论》的结尾中所说的：“通过实践而发现真理，又通过实践而证实真理和发展真理。从感性认识而能动地发展到理性认识，又从理性而能动地指导革命实践，改造主观世界和客观世界。实践、认识、再实践、再认识，这种形式，循环往复以至无穷，而实践和认识之每一循环的内容，都比较地进到了高一级的程度。这就是辩证唯物论的全部认识论，这就是辩证唯物论的知行统一观。”①

从细分的角度来看，处于认识与实践关系之中的实践分为两大类别：一类是论证性实践，即：先有了一定的思想、观点与理论，然后进行实践，以论证这些思想、观点与理论。如科学实验一般就属于这类实践；另一类是摸索性实践，即：尽管有明确的实践目的，但却没有现存的具体的思想、观点与理论作为指导，在这种情况下，只有通过进行大量的探索性与摸索性实践活动才能实现对客观世界规律的认识，总结并概括出思想、观点与理论，从而为进一步的实践服务。如社会实践、历史实践等一般就属于这类实践。准确地说，“摸着石头过河”思想就属于专门针对后一种实践活动而展开的实践思想，因此，它的特殊意义是不容置疑的。而且也正是基于此，我们可以进一步说“摸着石头过河”是有着自身认识论价值的重要思想。

---

① 《毛泽东选集》第1卷，人民出版社1991年版，第297页。

在毛泽东时代所面临的中心问题是马克思主义理论与中国革命的具体实践相结合的问题。在这种情况下，毛泽东讲实践，主要围绕如何使马克思主义理论在具体实践中与中国革命相结合等问题而展开，因此，在他那里主要涉及的是实践的“主观见之于客观”特性，这也是他的《实践论》的精髓所在。在《实践论》中，毛泽东说道：“在马克思主义看来，理论是重要的，它的重要性充分地表现在列宁说过的一句话：‘没有革命的理论，就不会有革命的运动。’然而马克思主义看重理论，正是，也仅仅是，因为它能够指导行动。”[①] 在这里，他强调了理论的重要性就在于能够服务于实践，指导人们的行动。

进入改革开放新时期之后，中国共产党人所面临的是在中国特色社会主义建设实践方面没有任何现成的模式可以套用这一重大的现实问题，这便意味着我们不仅需要让马克思主义保持与时俱进的品质，同时也需要新的实践思想来指导中国改革开放社会主义建设实践，而“摸着石头过河”思想正是在这种背景下应运而生。邓小平在改革开放之初就提醒人们：“我们现在所干的事业是一项新事业，马克思没有讲过，我们前人没有做过，其他社会主义国家也没有干过，所以，没有现成的经验可学，我们只能在干中学，在实践中摸索。”[②] 这段论述无疑就是中国共产党人在改革开放时期所面临的重大理论问题的真实写照。因此，可以说，作为一种承上启下的新的实践思想，“摸着石头过河”思想并不是对毛泽东实践思想的背离，而是对它的发展，其主要意义在于让摸索性实践活动从毛泽东所描述的一般性实践活动中彰显出来，从而使人们能够实现有针对地解决在摸索性实践活动中所需要面对的一系列实践问题。

六 “摸着石头过河”是中国特色社会主义理论体系建设的重要思想基石

中国特色社会主义道路是中国特色社会主义理论体系建立、发展与完善的客观基础，“摸着石头过河”思想的确立凸显了中国特色社会主义道路的探索性，指明了中国特色社会主义理论体系建立、发展与完善过程中

---

① 《毛泽东选集》第1卷，人民出版社1991年版，第292页。

② 《邓小平文选》第3卷，人民出版社1993年版，第258—259页。

的探索性、创新性与过程性，是中国特色社会主义理论体系建设的重要基石。“摸着石头过河”既是一种思想，也是一种精神、决心与态度，更是一种认识论与方法论，甚至是一个完整的理论体系。因此，“摸着石头过河”思想的运用，表明中国共产党人有着敢为人先自觉探索中国特色社会主义道路的精神、决心与态度，警示中国共产党人在建设中国特色社会主义进程中必须拥有敢于探索的认识论与方法论，标志着中国特色社会主义理论体系必须进行以实践为先导的理论创新。凭借着“摸着石头过河”的精神，中国共产党人在中国特色社会主义道路上不断地探索与尝试；以“摸着石头过河”为行动指南，中国共产党人正在走出一条中国特色社会主义的发展道路；以“摸着石头过河”为思想基石，中国共产党人在中国特色社会主义理论体系建设上大胆尝试、勇于创新，取得了重大思想突破，涌现出邓小平理论、“三个代表”思想与科学发展观等一大批杰出的理论成果。从精神、认识、方法与思想等多层面来看，“摸着石头过河”对于中国共产党人来说都是极为重要的，因为无论是中国特色社会主义道路还是中国特色社会主义理论体系建设都是无前人经验与理论可供借鉴的，行动上探索的先行性是一种必然的选择。

“摸着石头过河”就是在中国特色社会主义建设实践中摸索规律、求得真知的过程，也正是在这个过程中，中国特色社会主义理论体系得到了建立、发展与完善。前面我们探讨了“摸着石头过河”思想与中国特色社会主义实践之间的内在联系，而随着这种内在联系的日益明朗，中国特色社会主义理论体系建设的特点也逐渐得到明确。从整体上看，它们主要体现为：

第一，过程性特点。“摸着石头过河”是“富有中国特色、符合中国国情”的改革方法，是“探索性”与“稳妥性”的统一，与其相对应的是中国特色社会主义建设实践的探索性与过程性。因此，中国特色社会主义理论体系表现出过程性建设特点，它的建立、发展与完善是在中国特色社会主义实践探索与摸索的过程中向前推进的，在这个过程中，人们不应该奢望某一种理论成果能够一劳永逸地解决中国特色社会主义实践活动中出现的一切问题。邓小平指出：“我们的政策是坚定不移的，不会动摇的，一直要干下去，重要的是走一段就要总结经验。”① 正因为经验的总结是在

① 《邓小平文选》第3卷，人民出版社1993年版，第113页。

“走一段”的社会主义实践的过程中实现的，所以，人们既需要以“过程视野”来理解每个理论成果的理论价值与实际意义，也需要以“过程视野”来建设中国特色社会主义理论体系。以“过程视野”来理解每个理论成果的理论价值与实际意义，意味着我们不能任意夸大或贬低它们；以“过程视野”来建设中国特色社会主义理论体系，意味着我们需要稳扎稳打将社会主义实践过程中每一次重要经验以理论的形式凝固起来。

从过程性特点的角度来看，中国特色社会主义理论体系建设只能在探索与摸索中发展。我们强调加强“顶层设计”的重要性，必须以尊重中国特色社会主义实践的探索性、摸索性与过程性作为前提。在改革开放的过程中，会出现许多人们无法预料的新情况、新问题，它们甚至会远远超出“顶层设计”所设想的范围，由此以来，人们应该注意在中国特色社会主义理论体系建设过程中“顶层设计”的使用范围与使用的“度”，而绝不能无限地抬高其重要性，以及将其意义绝对化。“摸着石头过河”与加强“顶层设计”之间是辩证统一的关系，将它们有机地结合起来，是中国特色社会主义理论体系建设的主要发展方向。

第二，阶段性特点。阶段性特点是由过程性特点所决定的。中国特色社会主义建设事业需要通过不同的实践阶段来完成不同的实践任务，以及解决不同实践中的问题，因此，便需要针对不同的实践阶段而提出不同的理论成果与理论指导，由此以来中国特色社会主义理论体系建设势必显示出阶段性建设特点。从改革开放以来的一系列理论成果来看，从邓小平的“发展是硬道理”到江泽民的“三个代表”重要思想，再到胡锦涛的“科学发展观”和“构建和谐社会”思想，这些思想的发展历程就是由一个个阶段性成果串连起来的中国特色社会主义理论体系建设过程。就这些理论成果本身而言，它们都是从当时的实践发展需要出发而提出的重要思想，都是具有针对性的阶段性理论成果，因此，人们甚至不能随便将它们进行思想正确性方面的对比。

目前，有学者认为“发展是硬道理”与“科学发展观”之间存在着认识上的矛盾冲突，这种理解的不足就在于它是脱离中国特色社会主义理论体系建设的阶段性特点来看待二者关系的。1992 年，在南方谈话中，邓小平集中讲了“抓住时机，发展自己，关键是发展经济”的问题。其中说到：“对于我们这样发展中的大国来说，经济要发展得快一点，不可能总是那么平平静静、稳稳当当。要注意经济稳定、协调地发展，但稳定和协调也是相对的，不是绝对的。发展才是硬道理。这个问题要搞清楚。"[①] 根据上下文，这里"发展才是硬道理"的原意，指的是"经济发展"，而且，从"硬道理"的角度来看，这种经济发展甚至是不应讲条件的。就今天看来，"发展是硬道理"这种发展观是有待完善的。但是，当我们从这种发展观提出的历史背景来理解它时，又可以看到它在当时情况下存在的合理性，因为当时中国改革开放正处于关键时刻，发展经济的观念稍一放松，就会出现前功尽弃的局面。因此，只有将发展提升到"硬道理"的高度，才能引起人们足够的重视。由此可见，作为特殊历史阶段上的重要理论成果，"发展是硬道理"这种发展观在当时情况下的提出不仅是必要的，而且是必需的。党的十七大报告指出：科学发展观，第一要义是发展，核心是以人为本，基本要求是全面协调可持续，根本方法是统筹兼顾。应当说，提出科学发展观正是中国社会发展进入新的历史阶段的客观要求。这个问题过去提不出来，提出来也解决不了。而现在国家经济实力的增强为逐步满足这种要求提供了可能性，它表明过去那种基于全力以赴甚至不惜代价解决温饱问题的发展观念，需要有相应的转变。可以说，科学发展观的提出，是中国特色社会主义继续向前发展的重要保证。

第三，创新性特点。理论创新是中国共产党人始终不渝的精神传统。1941 年 9 月 10 日毛泽东作了反对主观主义和宗派主义问题的报告，提出"要分清创造性的马克思主义和教条式的马克思主义。"[②] 所谓教条式的马克思主义就是不顾中国的实际情况而只会照抄照搬马克思主义经典著作的马克思主义，其根本是教条主义；所谓创造性的马克思主义就是中国共产党人用中国革命与建设的丰富实际去充实与发展的马克思主义，其根本是创造性。在对"教条式的马克思主义"与"创造性的马克思主义"加以区分的基础上，毛泽东还直接宣布了中国革命的实践者有发展创造马克思主义理论的合法性。

"摸着石头过河"式的改革方法以探索性作为重要特点，这就要求与此相对应的中国特色社会主义理论建设必须具有创新性，因此，创新性成为中国特色社会主义理论体系建设的重要前提与必然选择。"解放思想，大胆实践，不断创新"是邓小平理论的核心内涵，他说："一个党、一个

① 《邓小平文选》第 3 卷，人民出版社 1993 年版，第 377 页。
② 《毛泽东文集》第 2 卷，人民出版社 1993 年版，第 374 页。

国家、一个民族，如果一切从本本出发，思想僵化、迷信，那它就不能前进，它的生机就停止了，就要亡党亡国。”[①] 从“黑猫、白猫理论”、“摸着石头过河”，到“贫穷不是社会主义”、“不争论”等重要思想的提出，这些理论创新至今令人警醒深思。江泽民指出：“创新是一个民族进步的灵魂，是一个国家兴旺发达的不竭动力，也是一个政党永葆生机的源泉。”[②] 又说：“一切妨碍发展的思想观念都要坚决冲破，一切束缚发展的做法和规定都要改变，一切影响发展的体制弊端都要坚决革除。”[③] 胡锦涛指出：“要在全社会培育创新意识，倡导创新精神，完善创新机制，大力提倡敢为人先、敢冒风险的精神，大力倡导敢于创新、勇于竞争和容忍失败的精神。”[④] 这些论述反映了中国共产党人力求在理论上创新的决心。

---

① 《邓小平文选》第2卷，人民出版社1994年版，第143页。

② 《江泽民文选》第3卷，人民出版社2006年版，第537页。

③ 同上书，第539页。

④ 胡锦涛：《在两院院士大会上的讲话》，《人民日报》2004年6月6日。

邓小平南方谈话的爱国主义解读

——纪念邓小平南方谈话发表二十周年

王永浩*

时光荏苒。1992 年春，邓小平前往南方视察并发表了重要谈话。如今，20 年过去了，我们重读邓小平的南方谈话，更加深刻地体会到它的重大而深远的意义。邓小平此次谈话的思想内容是极为丰富的，但对祖国和人民的热爱，对实现国家繁荣富强和中华民族伟大复兴的殷切期望，犹如一条不变的红线贯穿于整篇谈话的始终。总的说来，邓小平南方谈话中所蕴含的爱国主义思想主要体现在以下几个方面。

一 对祖国和人民的忠诚与挚爱

爱国主义是一种对自己祖国的极其深厚的感情，反映了人们对自己的祖国和人民的深深眷恋。早在 20 世纪 80 年代初，邓小平在为英国培格曼公司出版发行的《邓小平文集》题写的序言中就曾庄严宣告，我荣幸地以中华民族一员的资格，而成为世界公民。我是中国人民的儿子，我深情地爱着我的祖国和人民。在 1992 年的南方谈话中，邓小平又饱含深情地说："对我们的国家要爱，要让我们的国家发达起来。"① 邓小平这些真挚而感人的话语，是他对祖国和人民无比忠诚与热爱的自然情感流露，真实地体现了他对祖国和人民的一片赤诚之心。

正因为深情地爱着自己的祖国和人民，所以他始终把提高综合国力和

* 王永浩，中国社会科学院马克思主义研究院博士、助理研究员。

① 《邓小平文选》第 3 卷，人民出版社 1993 年版，第 378 页。

人民的生活水平放在首要位置。在南方谈话中，邓小平针对当时社会上存在的关于改革开放姓“资”还是姓“社”的争论旗帜鲜明地指出：“判断的标准，应该主要看是否有利于发展社会主义社会的生产力，是否有利于增强社会主义国家的综合国力，是否有利于提高人民的生活水平。”① 生产力是一切社会存在和发展的基础，只有大力发展生产力，社会才能不断发展进步，国家才能走向富强，人民的物质文化生活水平才能得到日益提高。因此可以说，“三个有利于”的判断标准很好地兼顾了社会、国家和个人的利益，并把三者有机地结合起来，从而为增强我国综合国力和提高人民生活水平指明了方向，同时也体现着邓小平的爱国主义精神。

正因为深情地爱着自己的祖国和人民，所以他始终把人民的信任和拥护看作是党的事业兴旺发达的力量源泉。在南方谈话中，邓小平面对一些人对党的改革开放政策的指责和质疑掷地有声地指出：“要坚持党的十一届三中全会以来的路线、方针、政策，关键是坚持‘一个中心、两个基本点’。不坚持社会主义，不改革开放，不发展经济，不改善人民生活，只能是死路一条。基本路线要管一百年，动摇不得。只有坚持这条路线，人民才会相信你，拥护你。谁要改变三中全会以来的路线、方针、政策，老百姓不答应，谁就会被打倒。”② 坚持社会主义，坚持改革开放，是人民幸福生活的保障，也是国家繁荣稳定的保障。所以邓小平接着又说道：“如果没有改革开放的成果，‘六·四’这个关我们闯不过……为什么‘六·四’以后我们的国家能够很稳定？就是因为我们搞了改革开放，促进了经济发展，人民生活得到了改善。”③ 只有坚持社会主义、坚持改革开放，不断改善人民生活，取得经得起历史和实践检验的成绩，才能真正取信于民，我们党的事业也才会更加兴旺发达，因为“人民，是看实践。人民一看，还是社会主义好，还是改革开放好，我们的事业就会万古长青”④。

正因为深情地爱着自己的祖国和人民，所以他坚持把建设富强民主文明的社会主义现代化国家作为现阶段的奋斗目标。邓小平在南方谈话中反复强调要坚持“两手抓”、“两手都要硬”，把物质文明和精神文明都搞上去。他指出：“开放以后，一些腐朽的东西也跟着进来了，中国的一些地

① 《邓小平文选》第3卷，人民出版社1993年版，第372页。
② 同上书，第370—371页。
③ 同上书，第371页。
④ 同上书，第381页。

方也出现了丑恶的现象，如吸毒、嫖娼、经济犯罪等。”① 对待这些丑恶现象，应该坚决予以取缔和打击，决不能任其发展。“要坚持两手抓，一手抓改革开放，一手抓打击各种犯罪活动。这两只手都要硬。”② 社会风气如果坏下去，经济搞成功也没有什么意义，会在另一方面变质，反过来影响整个经济变质。因此，他要求在发展经济，改善人民物质生活的同时，大力加强精神文明建设，提高人民的思想素质和文化水平。“广东二十年赶上亚洲‘四小龙’，不仅经济要上去，社会秩序、社会风气也要搞好，两个文明建设都要超过他们，这才是有中国特色的社会主义。”③ 只有坚持“两手抓”、“两手都要硬”，不断推动物质文明和精神文明协调发展，才能实现建设富强民主文明的社会主义现代化国家的奋斗目标。

二　高度的责任感和使命感

20 世纪 80 年代末 90 年代初，国际国内形势发生了巨大变化。国际上，随着苏联解体、东欧剧变，世界社会主义运动陷入低潮。一些西方国家利用苏东剧变这一历史事件及其影响，大肆攻击马克思主义，竭力宣扬马克思主义“过时论”和社会主义“失败论”，甚至声称“社会主义将要从地球上消失”。在国内，经过治理整顿，尽管我国的经济环境和经济秩序有了很大的改善，但是经济发展速度却有所减缓，不少地方出现市场疲软、销售不畅、库存增加、生产萎缩的现象。国际国内这种复杂的形势使一部分干部群众思想上产生了困惑。一些人对社会主义前途缺乏信心；一些人对改革开放产生疑虑；还有一些人则担心搞市场经济、创办经济特区、发展非公有制经济会导致资本主义。能否经受得住国内外各种压力和困难的考验，始终高举中国特色社会主义的伟大旗帜，毫不动摇地坚持社会主义初级阶段的路线、方针、政策，把改革开放和现代化建设继续推向前进，就成为进入 20 世纪 90 年代后我们党和国家所面临和必须解决的重大问题。在这样一个重要的历史关头，具有高度责任感和使命感的邓小平挺身而出，力挽狂澜。他以 88 岁的高龄先后赴武

---

① 《邓小平文选》第 3 卷，人民出版社 1993 年版，第 379 页。

② 同上书，第 378 页。

③ 同上。

昌、深圳、珠海、上海等地视察，发表了振奋人心、鼓舞斗志的南方谈话，拨开了笼罩在人们心头的重重迷雾，从理论上深刻回答了长期困扰和束缚人们思想的许多重大认识问题，统一了全党和广大干部群众的思想认识，进一步坚定了人们的社会主义信念，把我国改革开放和中国特色社会主义的实践推进到了一个新的阶段，同时对世界社会主义事业的发展也产生了重要影响。

邓小平对祖国和人民高度的责任感和使命感，不仅体现在他在关键的历史时刻挺身而出发表了南方谈话这一行动中，而且也浸透在南方谈话的字里行间和思想内容中。正因为有了对祖国和人民高度的责任感和使命感，才促使他迫切地希望祖国能够更快更好地发展起来，广大人民群众能够早日过上富裕幸福的生活。所以他在南方谈话中大声疾呼，改革开放的胆子要大一些，看准了，就要大胆地试，大胆地闯，能发展就不要阻挡，有条件的地方要尽可能搞快点，低速度就等于停步，甚至等于后退，“我国的经济发展，总要力争隔几年上一个台阶”①。他在南方谈话中还分析指出：“现在，我们国内条件具备，国际环境有利，再加上发挥社会主义制度能够集中力量办大事的优势，在今后的现代化建设长过程中，出现若干个发展速度比较快、效益比较好的阶段，是必要的，也是能够办到的。我们就是要有这个雄心壮志！”②

正是因为有了对祖国和人民高度的责任感和使命感，有了对国家富强和人民幸福的热切期盼，所以才倍感机会难得，时不我待。他在南方谈话中反复强调：“要抓住机会，现在就是好机会。我就担心丧失机会。不抓呀，看到的机会就丢掉了，时间一晃就过去了。”③ 为了争取时间，他还提出了“不争论”。他说：“不争论，是为了争取时间干。一争论就复杂了，把时间都争掉了，什么也干不成。不争论，大胆地试，大胆地闯。”④ 在南方谈话的最后，他又告诫指出：“从现在起到下世纪中叶，将是很要紧的时期，我们要埋头苦干。我们肩膀上的担子重，责任大啊！”⑤ 那种以国家富强和民族振兴为己任勇挑重担、不懈奋斗的崇高品质，那种为祖国和人

① 《邓小平文选》第3卷，人民出版社1993年版，第375页。
② 同上书，第377页。
③ 同上书，第375页。
④ 同上书，第374页。
⑤ 同上书，第383页。

民鞠躬尽瘁、死而后已的伟大精神，已跃然纸上。

三　大胆吸收和借鉴一切文明成果为我所用

“他山之石，可以攻玉。”世界上的一切文明成果是全人类的共同财富，各个国家、各个民族，都为创造世界文明作出了自己的贡献。要使我们的国家更快更好地发展起来，就要敢于大胆吸收和借鉴人类社会创造的文明成果，善于学习其他国家和民族的优点和长处，为我国的发展和进步服务。因此邓小平在南方谈话中明确指出：“社会主义要赢得与资本主义相比较的优势，就必须大胆吸收和借鉴人类社会创造的一切文明成果，吸收和借鉴当今世界各国包括资本主义发达国家的一切反映现代社会化生产规律的先进经营方式、管理方法。”① 这段话，既体现了他开阔的胸襟、豪迈的气魄，也体现着他深厚、博大的爱国情怀。

邓小平不愧为一位具有世界眼光的伟大的爱国主义巨人。我国现代化建设面临的一个严重问题就是资金不足，利用国外资金，是缓解国内资金短缺矛盾、加快经济发展的一条途径。所以，早在改革开放之初，邓小平就提出了吸收外国资金，甚至包括外国在中国建厂，可以作为我们发展社会主义社会生产力的补充的思想。但在吸收外资，推进改革开放和社会主义现代化建设的过程中，有人则担心利用外资会影响社会主义经济的性质，甚至认为多一分外资，就多一分资本主义，“三资”企业多了，就是资本主义的东西多了，就是发展了资本主义。针对一些人的这种担心，邓小平在南方谈话中结合深圳的实际情况做了明确的回应：“从深圳的情况看，公有制是主体，外商投资只占四分之一，就是外资部分，我们还可以从税收、劳务等方面得到益处嘛！多搞点‘三资’企业，不要怕。只要我们头脑清醒，就不怕。我们有优势，有国营大中型企业，有乡镇企业，更重要的是政权在我们手里。”② “我国现阶段的‘三资’企业，按照现行的法规政策，外商总是要赚一些钱。但是，国家还要拿回税收，工人还要拿回工资，我们还可以学习技术和管理，还可以得到信息、打开市场。因此，‘三资’企业受到我国整个政治、经济条件的制约，是社会主义经济

---

① 《邓小平文选》第3卷，人民出版社1993年版，第373页。

② 同上书，第372—373页。

的有益补充，归根到底是有利于社会主义的。”① 这些论述，对于澄清人们的思想认识，对于扩大利用外资促进我国的产业结构升级和经济发展都发挥了重要作用。

为了实现我国的发展与进步，邓小平还大力提倡学习国外先进的科学技术和好的管理经验。对于科学技术在促进经济发展中的巨大作用邓小平有着深刻的认识，他曾多次讲过科学技术是第一生产力。在南方谈话中，他又强调指出：“经济发展得快一点，必须依靠科技和教育。我说科学技术是第一生产力。近一二十年来，世界科学技术发展得多快啊！高科技领域的一个突破，带动一批产业的发展。我们自己这几年，离开科学技术能增长得这么快吗？要提倡科学，靠科学才有希望。”② “搞科技，越高越好，越新越好。越高越新，我们就越高兴。不只我们高兴，人民高兴，国家高兴。”③ 为了尽快赶上科技领域日新月异的时代潮流，在世界高科技领域占有一席之地；为了切实提高我国的自主创新能力，实现我国生产力的跨越式发展；他在南方谈话中还反复强调了科学家和海外留学人才对我国科技事业发展的重要作用，并真诚地希望所有出国学习的科技人员回国，为加快我国科技事业的发展多做贡献、多干实事。他语重心长地说：“不管他们过去的政治态度怎么样，都可以回来，回来后妥善安排。这个政策不能变。告诉他们，要做出贡献，还是回国好。”④ 在社会管理方面，邓小平也一再要求要解放思想，大胆学习和借鉴外国好的经验、好的方法，以便更好地促进和推动我国的社会进步。在南方谈话中，他又提出要学习和借鉴新加坡的管理经验，并满怀信心地说：“新加坡的社会秩序算是好的，他们管得严，我们应当借鉴他们的经验，而且比他们管得更好。”⑤

只有社会主义才能救中国，只有中国特色社会主义才能发展中国。这是我们党 90 多年来探求救国救民之路和强国富民之路所得出的必然结论，也是邓小平爱国主义思想时代特征的重要内涵。时隔 20 年，我们今天重温邓小平这篇贯穿着爱国主义思想的光辉的文献，感受他热爱祖国和人民的深厚情谊，学习他为祖国和人民不懈奋斗的崇高精神，更应该自觉地把

① 《邓小平文选》第 3 卷，人民出版社 1993 年版，第 373 页。
② 同上书，第 377—378 页。
③ 同上书，第 378 页。
④ 同上。
⑤ 同上书，第 378—379 页。

个人的前途与祖国的命运联系起来，把热爱祖国和人民的情感与行动结合起来，把爱国主义与社会主义统一起来，以满腔的热忱积极投身到社会主义现代化建设事业中去，为实现国家富强和人民幸福贡献自己的全部智慧和力量，把中国特色社会主义的伟大事业不断推向前进。

毛泽东的社会公正思想及其当代价值

陈志刚[*]

公正自古以来就是人类文明所要追求的重要价值目标。新中国成立后，以毛泽东为核心的第一代领导人将马克思主义的社会公正思想和我国发展实际结合起来，结束了旧中国广大人民没有民主权利的历史，从各个方面对社会公正进行了设计，揭开了探索社会主义公正的新纪元。毛泽东对社会公正的探索是一个曲折的过程，既有宝贵的经验，也有深刻的教训，这些经验教训对于我们当前全面建成小康社会、促进社会公平仍具有重要的现实意义。

一　走社会主义道路，消除贫富分化

马克思曾明确指出，资本主义“现存社会制度的不合理性和不公平”①。这种不公平在经济上的表现，就是两极分化。马克思认为，要实现社会公正，就必须消灭资本主义生产资料私有制，实行生产资料公有制。然而，由于中国经济文化的基础十分落后，这就决定了我们不能照搬马克思、恩格斯关于社会主义的设想。但如何把马克思主义的基本原理和中国实际相结合，这是中国社会主义经济建设必须长期面对的一个重大问题。

早在抗战时期，毛泽东就曾设想：“资本主义会有一个相当程度的发展，这是经济落后的中国在民主革命胜利之后不可避免的结果。”② 但是，“中国的经济，一定要走‘节制资本’和‘平均地权’的路，决不能是

* 陈志刚，中国社会科学院马克思主义研究院党建与党史研究室主任、副研究员。

① 《马克思恩格斯文集》第3卷，人民出版社2009年版，第547页。

② 《毛泽东选集》第2卷，人民出版社1991年版，第650页。

‘少数人所得而私’，决不能让少数资本家少数地主‘操纵国民生计’，决不能建立欧美式的资本主义，也决不能还是旧的半封建社会”①。1949 年 3 月，在党的七届二中全会上，毛泽东再次重申，由于“中国经济的落后性”，必须对私人资本主义经济采取既“限制”又“利用”的政策，在利用城乡私人资本主义的积极性的同时，还要“在活动范围方面，在税收政策方面，在市场价格方面，在劳动条件方面”，“采取恰如其分的有伸缩性的限制政策”②。否则，资产阶级唯利是图的本性必然对国计民生发生破坏作用。从新中国成立前毛泽东对资本和商品经济的认识中可以看出，他从生产力发展的角度承认利用资本、发展商品经济，这是不可避免的、必要的，这使他发展了马克思的观点，但他又明确地从资本的消极性角度指出，必须对资本加以限制、遏制，把商品经济和发展资本主义等同起来。而把商品经济和发展资本主义等同起来，则是在一定程度上坚持了马克思的观点。

新中国成立后，毛泽东认识到，小农经济自发地产生资本主义，小农经济的竞争必然导致两极分化，仅仅实行土地的小生产私有并不能保证广大农民能够摆脱贫穷。所以，从 1952 年开始，中国共产党提出了过渡时期总路线，开始进行社会主义改造。随着占经济总量很大比重的官僚资本收归国有，以及统购统销政策的实行，我国逐渐形成了一种高度集中的计划经济体制。

1956 年后，毛泽东在初步总结我国社会主义建设的经验的基础上，在《论十大关系》中明确提出对苏联的经验教训“要引以为戒”，试图探索一条适合中国的路线。在工商业问题上，毛泽东从社会需要的实际出发，在 1956 年 12 月同民建和工商联负责人的谈话中，强调地下工厂可以成为地上，合法化，“可以消灭了资本主义，又搞资本主义”③。毛泽东甚至还认为这就是新经济政策。在这种思想的指导下，1956 年下半年和 1957 年上半年，我们党对经济领域做了些调整，私营工商业、个体手工业和小商小贩都有所发展。

在“大跃进”和人民公社化运动时期。针对全国农村普遍刮起的“共

① 《毛泽东选集》第 2 卷，人民出版社 1991 年版，第 678—679 页。

② 《毛泽东选集》第 4 卷，人民出版社 1991 年版，第 1431 页。

③ 《毛泽东文集》第 7 卷，人民出版社 1999 年版，第 170 页。

产风”，针对党内如陈伯达等人主张废除商品生产、实行产品调拨，急于向共产主义过渡的思想，毛泽东在1958年召开的第一次郑州会议，随后召开的武昌会议和八届六中全会上，以及次年在郑州召开的政治局扩大会议上，再三批评了“一平二调”的做法，郑重告诫全党必须继续发展商品生产和保持按劳分配的原则，充分利用价值法则为社会主义服务。他号召大家认真学习斯大林的《苏联社会主义经济问题》、《马恩列斯论共产主义社会》，并弄清“哪些是正确的（我以为这是主要的）；哪些说得不正确，或者不大正确，或者模糊影响，作者对于所要说的问题，在某些点上，自己并不甚清楚”①。

通过学习，毛泽东对商品经济有了更加清醒的认识，提出了许多新观点、新判断，甚至在一些问题上有了重大的突破。首先，从生产力发展的客观要求阐述了发展社会主义商品生产和发挥价值规律作用的必要性。毛泽东指出，“商品生产的命运，最终和社会生产力的水平有密切关系”②。我国是商品生产很不发达的国家，因此“需要一个发展商品生产的阶段”③。“社会主义社会里面的按劳分配、商品生产、价值规律等等，现在是适合于生产力发展的要求的。”④“在社会主义时期，应当利用商品生产来团结几亿农民。”⑤

其次，强调不能把商品生产与资本主义混为一谈，商品生产同样可以为社会主义服务。毛泽东明确指出“商品生产不能与资本主义混为一谈”。“商品生产，要看它是同什么经济制度相联系，同资本主义制度相联系就是资本主义的商品生产，同社会主义制度相联系就是社会主义的商品生产。”⑥毛泽东甚至提出了“要有计划地大大发展社会主义的商品生产”⑦这一新观念。

再次，进一步拓展了社会主义制度下商品生产存在的范围。毛泽东认为苏联把商品生产只限于个人消费品“很不妥当”，他批评斯大林对农民

---

① 《毛泽东文集》第7卷，人民出版社1999年版，第432页。

② 《毛泽东读社会主义政治经济学批注和谈话》，中华人民共和国国史学会1998年印，第58页。

③ 《毛泽东文集》第7卷，人民出版社1999年版，第436页。

④ 《毛泽东文集》第8卷，人民出版社1999年版，第137页。

⑤ 《毛泽东文集》第7卷，人民出版社1999年版，第437页。

⑥ 同上书，第439页。

⑦ 同上书，第437页。

不放心，不把农业机械卖给集体农庄的农民，国家对农民控制得太死。而“在我们这里，很大一部分生产资料不是商品，这就是全民所有制范围内调拨的产品。也有一部分生产资料是商品，我们不仅把拖拉机等农业生产资料卖给公社，而且为了公社办工业，把一部分工业生产资料卖给公社。这些产品，都是商品”①。毛泽东的这一认识突破了斯大林的商品经济思想，拓展了社会主义商品生产存在的范围。

最后，强调社会主义必须坚持按劳分配原则，反对平均主义和过分悬殊。毛泽东明确强调，“按劳分配和等价交换这样两个原则，是在建设社会主义阶段内人们决不能不严格地遵守的马克思列宁主义的两个基本原则”。②“穷队富队拉平的平均主义分配方法，是无偿占有别人的一部分劳动成果，是违反按劳分配原则的。”③这将损害农民的积极性，难以促进农民发展生产，有脱离农民的危险。同时，毛泽东也认为，社会主义也应该体现平等原则，反对过分悬殊。

但是，在这一时期，毛泽东对商品经济、价值规律的认识也有很多矛盾、犹豫、彷徨的地方。他一方面认为“商品生产不能与资本主义混为一谈”，另一方面又把商品生产、商品流通、价值法则视为“资本主义经济范畴”，认为它们会产生“资本主义的鬼”；一方面指出要利用价值规律，另一方面又强调“计划第一，价格第二”，“不能把价值规律作为计划工作的重要依据”；一方面承认按劳分配是社会主义的基本原则，另一方面又认为工资等级属于资产阶级法权，甚至认为“穷”更革命，“越穷越革命”，“富了难革命”，因此更强调政治挂帅、精神鼓励。这种趁穷之势过渡的观点，不仅在理论上把社会主义和富裕对立起来了，违背了科学社会主义的基本原理，而且在一定程度上助长了实际工作中的“共产风”。因为这些矛盾的认识，毛泽东反对自由地、充分地发展商品经济，而主张对其作用和范围加以限制。在实践中出现了一种实用主义的做法，经济困难时允许其适当发展，而当商品经济比较活跃，经济出现好转时，则担心其产生资本主义因素，就限制其发展。而在“文化大革命”中，由于错误地估计国内国际形势，他又明确地把商品经济等同于资本主义经济范畴，把

---

① 《毛泽东读社会主义政治经济学批注和谈话》上卷，中华人民共和国国史学会1998年印，第63页。

② 《建国以来毛泽东文稿》第10册，中央文献出版社1996年版，第8页。

③ 《建国以来毛泽东文稿》第8册，中央文献出版社1993年版，第62页。

小商品生产、自由市场的活跃等看成是资本主义复辟的迹象。

从整体上说，毛泽东在新中国成立初期对社会主义社会和商品经济关系问题的认识虽然提出了许多闪光、合理的观点，但仍然带有明显的历史局限性，还存在着教条主义的认识，他对中国生产力水平低下的实际情况以及这种条件下商品经济的不可逾越性没有足够清醒的认识。这就使得毛泽东在社会公正问题上，比较强调的是社会公正实现的生产关系的基础，而忽视其实现的生产力前提；他所强调的公平带有比较浓重的平均主义色彩，注重的是结果的公平。虽然他认识到既要反对平均主义，也要反对过分悬殊，但实际中的主要倾向是反对过分悬殊。

二 公正制度的设计原则：国家的一切权力属于人民

恩格斯曾指出："一切人，或至少是一个国家的一切公民，或一个社会的一切成员，都应当有平等的政治地位和社会地位。"① 根据这种指导思想，新中国成立后的第一部《宪法》明确规定"一切权力属于人民"，作为设计社会主义基本制度必须坚持的根本原则。为了使人民真正享有旧社会从未有过的各项民主权利，毛泽东不仅强调不分性别、民族的权利平等的原则，而且在实践中把人民的劳动、教育、卫生保健以及参与社会管理等权利置于重要的地位，并努力通过各项措施维护劳动人民公平发展的机会。

首先，重视人民群众的劳动权。早在青年时候，毛泽东就认为工人应该有"劳动权"，社会有责任为工人提供工作。新中国成立后，1954 年《宪法》第 16 条明确规定："劳动是中华人民共和国一切有劳动能力的公民的光荣的事情。"然而，他的一些实践却遭到了后来众多人的批评，这就是人民公社化运动以后在农村出现的所谓"大锅饭"现象。"大锅饭"，从出现平均主义的结果来说，这是可以批评的。但是"大锅饭"现象，如果从其保证了每个劳动者的劳动权来说，则在一定程度上体现了社会主义的优越性和公正性。

其次，重视平民教育。教育是个人能力获得改变、发展的重要途径。新中国成立后，毛泽东为了改变工农劳苦民众的命运，为了维护广大人民受教育的普遍权利，他十分重视平民教育，重视教育的人民性，取消各地

① 《马克思恩格斯文集》第 9 卷，人民出版社 2009 年版，第 109 页。

干部子弟学校，要求学校大力提高工农子女入学的比例。应该说，对高等教育的忽视是毛泽东思想的一个不足之处，对工农子弟教育权利的照顾也滋长了后来的“血统论”争议，但这些举措在教育资源不足的情况下却有一定的合理性、公平性，维护了占人口绝大多数的农民的利益，有利于工农联盟的巩固。而且基础教育的迅速发展和广大人民的文化水平的极大提高，为此后的改革开放打下了有利的基础。印度裔诺贝尔经济学奖得主阿玛蒂亚·森曾指出，“1949 年政治变革时中国的生活条件与当时印度的情况大致相差无几。两个国家都属于世界上最穷的国家之列，死亡率、营养不良和文盲程度都很高”①。但是像中国改革开放那样举世瞩目的成就之所以在印度没有出现，除了中国比印度更早改革开放外，重要的是印度和中国所处的相对地位在改革前就决定性地确立了。“当中国在 1979 年转向市场化的时候，人们特别是年轻人的识字水平已经相当高，全国很多地区有良好的学校设施”，而“当印度在 1991 年转向市场化的时候，有一半成年人口不识字，而且至今这一情况没有多少改善”②。“印度社会的落后，表现在精英主义地过分注重高等教育而严重忽视中小学教育，以及严重忽视基本医疗保障，使得它在取得共享型经济发展方面缺乏准备。”③

再次，高度重视劳动者的医疗保障权利。新中国成立之初，虽然百废待兴，经济薄弱，温饱尚不能解决，但毛泽东明确要求各级政府“必须把卫生、防疫和一般医疗工作看作一项重大的政治任务，极力发展这项工作”④。在毛泽东大力支持下，农村合作医疗制度迅速推广，广大农民的医疗、健康有了保障。虽然农村的医疗技术从整体上说还是低水平的，但这种广泛的保障，却获得了巨大的成就：中国的平均预期寿命从解放前的 35 岁增加到 1980 年的 68 岁，婴儿死亡率也从解放前的约 250‰减少到 1980 年的 50‰以下。世界银行和世界卫生组织把中国农村合作医疗称为“发展中国家解决卫生经费的唯一典范”。联合国妇女儿童基金会在 1980—1981 年年报中称：“中国的赤脚医生制度在落后的农村地区提供了初级护理，

---

① ［美］阿玛蒂亚·森、让·德雷兹：《印度：经济发展与社会机会》，社会科学文献出版社 2006 年版，第 71 页。

② ［美］阿玛蒂亚·森：《以自由看待发展》，任赜等译，中国人民大学出版社 2002 年版，第 34 页。

③ 同上书，第 34—35 页。

④ 《毛泽东文集》第 6 卷，人民出版社 1999 年版，第 176 页。

为不发达国家提高医疗卫生水平提供了样板。”①

最后，把劳动者参与管理的权利视为最大的、最根本的权利。毛泽东认为，劳动者的经济地位如何，这不仅与生产资料所有制形式有关，而且与劳动者能否参与生产管理有关，因为管理是一种对生产资料甚至劳动者以及劳动产品进行配置、处置的权力。他敏锐地指出，“所有制问题基本解决以后，最重要的问题是管理问题，即全民所有制的企业如何管理的问题，集体所有的企业如何管理的问题，这也就是人与人的关系问题”②。劳动者参与管理的权利，“这是社会主义制度下劳动者最大的权利，最根本的权利。没有这种权利，劳动者的工作权、休息权、受教育权等等权利，就没有保证”③。毛泽东这个论断，充分表明了人民当家做主才是民主的本质，揭示了社会主义民主与资本主义民主的根本区别。正是在这一思想的指导下，毛泽东把鞍钢总结出来的“两参一改三结合”制度，即“干部参加劳动，工人参加管理；改革不合理的规章制度；管理者和工人在生产实践和技术革命中相结合”，上升到“鞍钢宪法”的高度，使之与苏联的“马钢宪法”把管理当成了专家和工厂领导的特权，而把普通工人排斥在管理之外的做法形成了显著的对比。正反两方面的经验表明，“两参一改三结合”这一鞍钢宪法的核心，不仅仅是对经济民主的一种诉求，而且是对政治民主的一种诉求，它体现了宪法所说的“国家的一切权力属于人民”的要求，确保了知识分子和普通工人平等地参与企业管理的权力，也充分肯定了普通工人在推动科学技术进步的价值。

总体上说，毛泽东注重维护广大人民群众的各项权利，尤其是注重关心和维护在社会生产生活中相对处于弱势的农民、普通工人的权利，这有力地促进了社会公平，切实维护了劳动人民的主人翁地位。

三　权力公正的保障：让人民起来监督政府

马克思、恩格斯曾指出，剥削制度下的国家政权高高凌驾于社会之上，是这个社会一切腐败事物的温床，其公职人员“为了追求自己的特殊

---

① 李砚洪：《赤脚医生》，《北京日报》2008 年 1 月 22 日。

② 《毛泽东文集》第 8 卷，人民出版社 1999 年版，第 134 页。

③ 同上书，第 129 页。

利益，从社会的公仆变成了社会的主人”①。为了防止“社会公仆”变为“社会主人”，他们指出，必须把国家的权力完全交给社会，由自由人的联合体进行民主管理。在总结巴黎公社的经验的基础上，他们强调必须对公职人员进行民主选举、民主监督。

1945 年 7 月，在回答民主人士黄炎培提出的“历史周期率”问题时，毛泽东也明确地指出：“我们已经找到新路，我们能跳出这周期率。这条新路，就是民主。只有让人民监督政府，政府才不敢松懈。只有人人起来负责，才不会人亡政息。”新中国成立后，毛泽东十分重视民主问题，并把官僚主义当作一个重大的政治问题来抓。

首先，毛泽东明确指出：“我们的权力是谁给的？是工人阶级给的，是贫下中农给的，是占人口百分之九十以上的广大劳动群众给的。”② 因此，毛泽东要求党员干部自觉接受广大人民群众的监督，切实践行为人民服务的宗旨。他指出，“没有广泛的人民民主，无产阶级专政不能巩固，政权会不稳。没有民主，没有把群众发动起来，没有群众的监督，就不可能对反动分子和坏分子实行有效的专政，也不可能对他们进行有效的改造，他们就会继续捣乱，还有复辟的可能”③。但是，在人民具体通过怎样的形式来监督政府这个问题上，从总体上说毛泽东并没有成功地探索出一条新路。

在民主监督的实现途径上，毛泽东提出了两种重要的形式，即大民主和小民主。在 1956 年，针对党内有一部分人主张学习西方的大民主制度，采用西方资产阶级的国会制度，学西方的“议会民主”、“新闻自由”、“言论自由”那一套，毛泽东认为，“这种主张缺乏马克思主义观点，缺乏阶级观点，是错误的”④。在毛泽东看来，“历史上一切大的民主运动，都是用来反对阶级敌人的”⑤。民主是一个方法，对于这种对付帝国主义、封建主义、官僚资本主义的大民主，我们的确是爱好的。至于小民主，则是和大民主相对。“人民内部的问题和党内问题的解决的方法，不是采用大

① 《马克思恩格斯文集》第 3 卷，人民出版社 2009 年版，第 110 页。

② 《建国以来毛泽东文稿》第 12 册，中央文献出版社 1998 年版，第 581 页。

③ 《毛泽东文集》第 8 卷，人民出版社 1999 年版，第 298 页。

④ 《毛泽东选集》第 5 卷，人民出版社 1977 年版，第 323 页。

⑤ 《毛泽东文集》第 7 卷，人民出版社 1999 年版，第 160 页。

民主而是采用小民主。"① 小民主主要是用整风的办法，微风细雨地进行思想教育。毛泽东指出，"预先出告示，到期进行整风，不是'不教而诛'，这是一种小民主的方法"。"整风是在我们历史上行之有效的方法。以后凡是人民内部的事情，党内的事情，都要用整风的方法，用批判和自我批评的方法来解决，而不是用武力来解决。我们主张和风细雨。"②

对于大民主的作用，毛泽东的认识也很矛盾。一方面，他指出大民主在和平时期具有消极作用。他说："过去搞运动是必要的，不搞不行，但是一搞又伤人太多，我们应该接受教训。现在搞大民主不适合大多数人民的利益。有些人对别人总想用大民主，想整人，到了整自己，民主就越小越好。我看在文学、新闻等方面，解决问题要用小小民主，小民主之上再加上一个'小'字，就是毛毛雨，下个不停。"③ 另一方面，他又对大民主的新形式，即"大鸣、大放、大字报、大辩论"给予了高度评价。毛泽东认为官僚主义一般来说属于人民内部矛盾，可以采用整风这种小民主的方式。但官僚主义也有可能和人民对立起来，走上反人民的道路。而对于这种严重的官僚主义，群众可以采用大民主的方法，"大民主也可以用来对付官僚主义者"④。在八届三中全会上，毛泽东正是从这个角度高度评价了"四大"的作用，他说："一九五七年中国革命创造了一个最革命最生动最民主的群众斗争形式，就是大鸣大放大辩论和大字报。革命的内容找到了适合自己发展的形式。从此无论大是大非、小是小非的问题，无论是革命的问题、建设的问题，都可以用辩论的形式去迅速地解决。发挥群众的主动心、责任心，克服领导者的主观主义、官僚主义和命令主义，领导与群众就容易打成一片了。从此形成传统，充分发挥社会主义民主，在此基础上建立巩固的集中制，建立巩固的对反动派和坏人的专政。"⑤

正是由于对官僚主义的矛盾的认识以及20世纪60年代对形势的错误估计，毛泽东认为党内官僚主义者代表了资产阶级，变成了走资本主义道路的当权派，党组织自身毛泽东发动了"文化大革命"。他试图通过群众运动的方式，依靠自下而上的大民主来避免党变色、国变修的危险。

---

① 《毛泽东文集》第7卷，人民出版社1999年版，第160页。
② 《毛泽东选集》第5卷，人民出版社1977年版，第328页。
③ 《毛泽东文集》第7卷，人民出版社1999年版，第264页。
④ 《毛泽东选集》第5卷，人民出版社1977年版，第324页。
⑤ 《建国以来重要文献选编》第10册，中央文献出版社2011年版，第521页。

总的来说，毛泽东主张发动群众、依靠群众来监督政府，反对官僚主义的思路无疑是应该肯定的，但通过群众运动的方式则无疑是不可取、不可行的。第一，大民主并没有充分保障人民的民主权利，也不可能真正表达人民的意志。在“文化大革命”中，大民主被林彪、江青反革命集团当成篡党夺权的工具，党和国家的一大批老干部遭到了打击，广大党员干部、民主人士和群众的民主权利毫无保障，甚至遭受种种迫害，造成了不可计算的冤假错案。第二，大民主造成了社会的混乱和动荡。在“大民主”的口号下，党组织遭到了破坏，政府受到冲击，全国一些执法机构也被撤销，致使无政府主义泛滥，社会的正常生产、生活秩序被搞乱。第三，大民主还助长了个人崇拜与个人专断，造成了新的特权。大民主表面上主张极端民主化，反对一切权威，可以随心所欲地“踢开党委闹革命”。但实质上，大民主的实施又依赖于并助长了对终极权威的崇拜，这就是对毛泽东的盲目崇拜。在大民主中，毛泽东把自己凌驾于党中央之上。各种造反派，打着维护毛泽东的幌子，也被塑造成新的特权机构，随心所欲地对他们认为有问题的人进行批斗、罢官、撤职、开除党籍。

四　毛泽东探索社会公正的经验和教训

社会主义事业是一个前无古人的伟大事业，中国没有多少经验可以借鉴，因此，在探索马克思主义基本原理和中国实际相结合的过程中，曲折和挫折在一定程度上都是难以避免的。总体上说，毛泽东对在社会公正的探索上，既取得了伟大的成就，积累宝贵的经验，也有沉痛的教训和失误。总结这些经验教训，无论是对于我们深化社会公正理论的认识，还是进一步推进社会公正的实践，都具有重要的意义。

一方面，以毛泽东为核心的党的第一代领导人，对社会公正的探索是一个前无古人的事业，其成就和进步不容抹杀。社会主义基本经济制度和政治制度的奠定，使广大人民成了国家的主人，使人民的各项民主权利有了巩固的基础和保障。新中国在公有制和计划经济的基础上废除了资本的逻辑，实行计划经济，建立了广泛的社会福利保障体系，实现了最广大人民的平等，从根本上避免了发达国家工业化过程中的代价：疾病、失地、贫富严重分化、内战。美国学者特里尔指出：“毛泽东的政府使新中国比旧中国在三种方式上有更多的社会正义。酬劳主要取决于工作而不再是出身或者土地和资本的占有。因此，中国的产品分配成为世界上最为平等的分配方式之一，绝对贫困和死于身无分文的人极少。并且，进步的基本手段——首先是卫生保健和初级教育——不再是少数人才可购买的商品。”① 在新中国物质极度匮乏和被列强环视的情况下，为了优先发展重工业，造就强大的国防实力，毛泽东不得不强调积累，使广大人民过一种比较艰苦的生活。毛泽东所主张的社会公平极其有效地解决了国家创业时期、积累时期，既要提供工业化所需要的资金，又要维持一种较低水平的生活需求的问题。正是社会公平分配原则的实施，通过平均分配限制消费，中国在极低的历史起点下，成功地从落后的农业国走上了现代工业经济的发展道路。② 而且，毛泽东推进社会公正的实践使广大人民形成了对社会主义的坚定信念，为改革开放以后抵制资本主义思想的侵蚀奠定了思想基础。

毛泽东对社会公正的实践，是中国共产党人把马克思主义的社会公正理论和中国实践相结合的一次尝试，其中包含着几点有益的经验，对我国当前全面建成小康社会仍具有重要的启示和借鉴。

第一，公平是社会主义制度的首要价值。毛泽东坚持了马克思主义的基本观点，把公平、共同富裕当作他一生领导中国人民革命和建设的终极目标。他认为社会主义制度应该实行生产资料公有制、消灭剥削，消除资本主义那样的两极分化，让广大劳动人民走上共同富裕的道路。毛泽东不仅关注经济方面的公平，而且关注政治、文化、社会方面的公平。对全面公平的重视，是毛泽东同志留给我们的重要遗产。对毛泽东来说，公平应该是社会主义的最重要目标，而经济效率则应该从属于、服务于这个目标。公平是效率的归宿，也是效率的前提，而且公平本身就可以促进效率。可以说，毛泽东是“公平第一”的信奉者和践履者。毛泽东认为，即使效率很低，也应优先保证公平，保障广大劳动人民的生存权、教育权、卫生保健权，因为公平是效率的目标。英国学者威尔逊也指出，毛泽东建立的社会主义制度抵制了欧美的工业化模式，坚持保护人，哪怕以速度和经济比例为代价。③

---

① ［美］罗斯·特里尔：《毛泽东传》，胡为雄、郑玉臣译，中国人民大学出版社2006年版，第500页。

② ［美］莫里斯·迈斯纳：《毛泽东的中国及后毛泽东的中国》，四川人民出版社1990年版，第537页。

③ ［美］迪克·威尔逊：《毛泽东》，中央文献出版社2008年版，第350页。

第二，社会公平的实现必须以社会主义公有制为经济基础。毛泽东从历史唯物主义出发，看到了真正的公平只能在社会主义公有制基础上产生。他始终强调，没有公有制的基础，社会公平就是空中楼阁，就不可能真正实现。应该说，他在新中国成立初期，主张既利用资本又遏制资本，才能保证公平，这无疑是正确的，对我们现在仍具有重要的指导意义。同样，他担心商品经济会产生两极分化，担心刺激物质利益会导致个人主义，这种担心也是合理的、敏锐的。但他忽视了公平应该建立在一定生产力发展基础之上，没有看到商品经济在中国社会主义不发达阶段的不可超越性，则违背了历史唯物主义基本原理。

第三，必须切实维护广大人民群众参与社会管理和监督的权利。毛泽东始终强调人民是历史发展的根本动力，国家的一切权力属于人民。为此，他从政治、经济、文化等各个方面，切实保障人民的各项权益。他不但强调公有制，保障劳动人民平等占有资源的权利，而且从制度上保障普通人民参与管理经济事务和社会事务的权利，认为这是劳动者最根本最重要的权利。他所倡导的“两参一改三结合”为抵制官僚主义，切实实现干群平等，维护人民群众的主人翁地位，提供了坚实的制度保障。这个制度对于我们今天仍具有重大的启发意义。

另外，毛泽东对社会公正的探索，也留下了一些沉痛的教训：

第一，忽视生产力的发展，过分强调公平。马克思主义认为，社会公正都是受到历史条件制约的，必须以生产力发展为基础。公平是一个相对的、具体的、历史的概念，在社会发展的不同历史阶段，社会公平实现的程度是不一样的。社会公平的实现必须在生产力发展的基础上，超越了现实的生产力水平，在整个社会范围内人为地消灭不公平现象是不可能的，即使一时实现了公平，也难以长久。在生产力水平比较低的情况下，为了保障广大劳动人民都平等地获得生存权、劳动权、发展权，无疑应该强调公平，保障人民群众的基本需求，这是社会主义的本质决定的。毛泽东在公平问题上的不足不在于他强调了公平优先，而在于他没有抓住当时社会的主要矛盾，过分强调公平，忽视了公平总是建立在一定生产力基础之上的，不可能超越生产力发展的要求。其实，在生产力发展低水平的情况下，人民群众首先关心的是自己的物质生活资料的满足。单纯地追求公平不能满足人民群众基本的物质生活需要，反而抑制了劳动者的积极性、主动性、创造性。毛泽东的公平思想具有平均主义色彩。而平均主义因为忽视了个人能力的差异，并没有真正体现社会公正。

第二，过分重视国家利益和集体利益，忽视了个人利益。毛泽东强调社会主义建设应当艰苦奋斗，应当用共产主义理想来教育人民，中国不能像苏联那样过分强调物质刺激，只讲物质前提，这无疑是正确的。为此，他主张，“要强调个人利益服从集体利益，局部利益服从整体利益，眼前利益服从长远利益。要讲兼顾国家、集体和个人，把国家利益、集体利益放在第一位，而不能把个人利益放在第一位”。[①] 但是，他在反对过分强调物质刺激的同时，走向了另一个极端，认为越穷越革命，富了反而不好，从而忘记了国强民富实际上是几千年来人们一直追求的目标，也是中国共产党在革命时期对广大人民的郑重承诺。而且，他忽视了，由于中国受长期的封建社会影响很深，要改变人们落后的思想认识需要一个长期的过程，不可能要求所有人都树立无私奉献的思想。

第三，公平不仅要体现在结果上，也要体现在程序上，离开法制的公平保障只能导致社会混乱。毛泽东主张发动群众、依靠群众来推进社会主义民主政治，实现社会公正，无疑是正确的，也是当前我们推进反腐倡廉建设需要坚持的原则。但他把群众路线等同于群众运动，主张“踢开党委闹革命”，抛开一切司法机构，让群众自己在运动中教育自己，从乱到治，则是错误的。毛泽东反对党内官僚主义，对党内官僚主义保持警惕也是正确的，但是，他过高地估计了这种危险，并上升到两条路线的高度，把官僚主义者等同于资产阶级，主张以大民主的方式加以解决，则是错误的。“对于党和国家肌体中确实存在的某些阴暗面，当然需要做出恰当的估计并运用宪法、法律和党章的正确措施加以解决，但决不应该采取‘文化大革命’的理论和方法。”[②] 反对党内消极腐败现象，不能走群众运动的路子，而应该在党的领导下，通过不断完善各项制度，有序地加以推进。

总之，毛泽东的社会公正思想是复杂的，既有理想的成分，也有现实的成分；既深受马克思主义公正思想的影响，也深受中国古代大同思想以及传统平均主义观念等多重因素的影响。毛泽东领导中国人民为促进社会公平进行了艰苦的探索，付出了巨大的努力，既有辉煌的成就，也有巨大

---

① 《毛泽东文集》第8卷，人民出版社1999年版，第136页。

② 《三中全会以来重要文献选编》（下），中央文献出版社2011年版，第144页。

的挫折；既有宝贵的经验，也有沉痛的教训。深入推进社会主义政治文明建设，构建社会主义和谐社会，必须牢记其经验和教训。

（原载《马克思主义中国化研究报告》N0. 4，社会科学文献出版社 2012 年版。标题和正文略有修改）

论马克思主义哲学中国化的合法性

孙伟平　周广友*

“马克思主义哲学中国化”（以下简称“中国化”）既是一个政治理念，又是一个哲学命题；既是一场政治运动，又是一场学术运动。近年来，“马克思主义哲学中国化”已经成为当代中国发展和创新马克思主义哲学乃至中国哲学的具体路径，成为指导和推进中国特色社会主义建设的理论探索和实践总结。然而，马克思主义哲学“是否可能”“中国化”？“如何可能”“中国化”？“中国化”“何以必要”？无论在理论上还是实践中，这些问题一直都没有真正得到解决。这里我们不妨结合相关学者的意见做些讨论，以消解和祛除“中国化”的合法性危机，并就教于各位方家。

一　“马克思主义哲学中国化”的合法性

“合法性”（legitimacy）一词通常是在法学或法哲学领域中使用的，意指某一存在物或某一活动是否为法律所许可。在人文学科的语境中，它常常用来表示某一存在物或某一活动是否正当，或者表示某一存在物或某一活动是否符合其概念或其所从属的概念本身。[①] 换言之，“合法性”一词的含义比较接近“合理性”和“正当性”，表示一个事物、一种观念或一种运动可以存在的积极的、正面的理由与理据。

关于“马克思主义哲学中国化”的合法性危机，往往存在不同的发问

---

* 孙伟平，哲学博士，中国社会科学院哲学研究所副所长，研究员，博士生导师。周广友，哲学博士，中国社会科学院哲学研究所助理研究员。

① 俞吾金：《一个虚假而有意义的问题——对“中国哲学学科合法性问题”的解读》，《复旦学报》2004 年第 3 期。

方式。这源于该命题的丰富内涵和中国的现实需要。一方面，“中国化”来自于对马克思主义哲学在中国的传播和被中国人阅读、翻译、运用和发展的历史实践，是基于现实存在的“描述性事实”，是来源于实践的理性认识和概括总结。另一方面，它又是对中国发展道路和前进方向的一种理论向导，是基于改变现实的“规范性理念”；换言之，它提出了一种政治信念和政治理想以及实现自身的具体路径。这两层含义体现了实践与认识、事实与价值的双向互动的辩证关系。价值导向催生和校正现实行动，现实行为趋向和验证价值目标。否则，纯粹的“中国化”便是盲目的，难以持续进行下去的；而不体现价值规范的“中国化”，或者只体现价值规范却无法付诸实践的“中国化”，都是抽象而没有现实意义的。在规范和事实的维度之中，同时存在着历史和逻辑、政治与学术、可能性与现实性等分析问题的维度，需要综合性地加以把握。①

具体从上述两个维度看，质疑“马克思主义哲学中国化”命题的原因是多方面、多层次的，其合法性危机来源于实践和理论、历史与逻辑、政治与学术等多个既相区别又彼此联系的层面。

第一，从理论角度而言，合法性危机主要聚焦在马克思主义哲学与中国传统哲学的关系问题上。马克思主义哲学是源自于西方文化传统的西方哲学形态，与中国传统哲学和文化之间存在着哲学范式或形态上的异质性。有些学者依据西方哲学范式坚称，中国历史上根本就没有哲学，中国哲学传统更是无从谈起。也正因为如此，根本不存在马克思主义哲学与中国哲学传统相结合的理性对接点，更不可能指望它“化”出什么东西来。还有学者虽然承认，中国具有自己独特的哲学和哲学传统，但认为这一哲学传统早已在五四运动“打倒孔家店”的呐喊声中被生生打断了脊梁，出现了哲学传统的“断裂”。马克思主义哲学来到中国，就像是“无根的浮萍”，而在新中国成立后“左”的时代氛围中，特别是在“文化大革命”、“破四旧”、“大革文化命”的疯狂暴政中，早已丢失了实现中国化所需要对接的传统资源。

---

① 如有学者认为，现在存在着信仰、意识形态和学术研究视阈中的马克思主义哲学。这三个视阈所诠释出的马克思主义哲学中国化是截然不同的。（参见侯小丰《马克思主义哲学中国化释义》，《学习与探索》2010 年第 5 期。）有学者认为，“中国化”命题有三种意蕴：实践维度（又叫政治维度）、文化维度（又叫历史维度）和学理维度（又叫哲学维度）。（参见朱荣英《马克思主义哲学中国化问题研究的当代视野》，《天中学刊》2008 年第 4 期。）

一些学者认为，中国哲学虽然存在儒释道等各家各派，但历经数千年发展与融合，已经是一个有机的不可分割的整体，只有在一个思想体系中进行整体性理解时，才可能显出它的内在意蕴和原有价值。因此，中国哲学不可能脱离产生它的原初语境与具体实践，而抽象出一个所谓的哲学传统并与马克思主义哲学相结合。中国只有具体的哲学观点，没有学科建制的哲学，马克思主义哲学中国化只能是一句空话。还有学者认为，哲学与民族文化传统不可分离，特别是与语言习惯和思维方式不可分离。具有不同质的文化传统的民族、语言和思维方式的差异往往极大，在哲学的一些关键概念上几乎没有可通约性，甚至找不到对等的词语来翻译这些概念。如果勉强进行翻译，本民族的读者必定会按本民族对这个语词的习惯用法来理解，结果往往会歪曲这些外来概念的原意。因此，看起来好像是某某哲学某国化了，其实往往是某某哲学被误解了。① 据此，有些学者认为，中国共产党接受的“马克思主义哲学”是恩格斯的哲学、列宁的哲学、斯大林的哲学、布哈林以及其他人转述的哲学，与马克思的哲学区别很大；有的学者甚至否定马克思主义哲学能够作为一门科学而存在。② 还有学者指出：“马克思主义及其哲学的中国化的提法是不科学的。具体地说，中国化的马克思主义导致的是‘儒家化’、‘封建化’的马克思主义，是伦理中心主义的马克思主义，是打着马克思主义旗号的儒家思想，与真正的马克思主义距离甚远。”③

第二，从实践层面看，“中国化”危机首先来源于哲学与现实之间的对应关系。从其现实对应关系来看，问题在于“中国化”之名是否表征了、是否能够表征中国哲学的现实；从其理想对应关系而言，问题在于“中国化”的哲学理念是否应该表征中国哲学的未来；这就如同“中国哲学的合法性危机”源于“中国哲学”的内容是否符合它所从属的“哲学”这一更高的概念所应当具有的内容一样。作为一个“描述性事实”，当代中国特色社会主义建设实践这一现实运动能否用“马克思主义哲学中国化”来加以表征？换言之，“马克思主义哲学中国化”这一概念的能指与其所指涉的中国现代化实践是否名副其实，是否准确恰当？如果“马克思

---

① 孙伟平、张羽佳：《马克思主义哲学中国化：问题与进路》，《哲学研究》2006 年第 6 期。

② 余品华：《论“马克思主义中国化”与“马克思主义哲学中国化”》，《湖南科技大学学报》（社会科学版）2010 年第 1 期。

③ 袁吉富：《马克思主义哲学中国化的若干基本问题》，《哲学研究》2007 年第 4 期。

主义哲学中国化”的合法性只能植根于马克思主义哲学在中国的传播、运用的历史，而不是诉诸于是否能够有效地回答时代提出的课题，是否能够前瞻性地从理论上解释现实问题，那么，这样的马克思主义哲学仍然只是“在中国的哲学”而非“中国的哲学”。

而且，作为一个“规范性理念”，是否应该用“中国化”来引领中国社会的未来发展？显然，这个合法性危机直接指向了政治和实践领域，是一个质疑现存制度、关联着国家意识形态选择和中国发展道路的政治哲学问题。它包含着这样一种可能性，即承认马克思主义哲学具有相当的普世性和真理性，它“应当”而且“可以”中国化，然而，推动“中国化”的主体的合法性出现了危机。肩负着把马克思主义理想付诸现实的无产阶级政党如果没有自觉的历史意识和阶级意识，没有认识到真实的历史发展趋势，或者背离了人民的根本利益，那么，就可能无法承担“中国化”的历史使命，并变成广大人民群众自觉的现实行动。这样，“历经苏东剧变，在悬欠了其现实有效性之后，马克思主义哲学在中国不再是一种存在信念，而是一种不能没有马克思主义哲学的主观的或客观的利益。它的合法化问题不再被看成是研究马克思主义哲学中的一种禁忌了”①。

第三，合法性危机还根源于马克思主义哲学自身的理论效力问题。换言之，马克思主义哲学理论是否能够回答现实提出的社会和人生问题，能够在多大程度上解释并指导社会运动，是马克思主义哲学的生命力之所在。马克思指出：“理论只要说服人，就能掌握群众，而理论只要彻底就能说服人。”② 可是，马克思主义哲学与当代中国现实之间的距离日益拉大，内在的紧张关系日益加剧，已经无法对现实加以合理的解释、准确的预测以及必要的论证。在马克思主义哲学研究中，有些学者的作品存在着强烈的“去中国化”倾向，除了是以欧氏风格的汉语进行表达之外，看不出与中国文化传统、具体实际以及理论诉求等的任何关系。他们运用的是西方哲学的传统思维方式和方法，探讨的完全是国外的文化传统背景下的社会实践中产生的问题，介绍的是西方或国外的马克思主义哲学流派、代表人物的思想，不少甚至是在西方也鲜为人知的人物及其思想，得出的是

① 张文喜：《马克思主义哲学中国化：合法化的多重维度》，《马克思主义与现实》2011 年第 3 期。

② 《马克思恩格斯选集》第 1 卷，人民出版社 1995 年版，第 9 页。

与中国关涉不大，甚至全然不相干的“西式”结论。这已经令马克思主义哲学的现实影响力大打折扣。因而有学者指出，马克思主义哲学和中国社会的结合主要依靠的是国家机器的强制功能，因而其影响也大多集中在意识形态层面，而不是如水乳一般交融在民间的思想意识、行为方式和思维习惯之中。[①] 这已经成为影响马克思主义哲学中国化之生命力的大问题。

此外，合法性危机还与马克思主义哲学自身的性质，以及学者们对此的认识密切相关。有些学者认为，马克思主义哲学是科学的世界观和方法论，是人类认识世界改造世界的强大思想武器，是如同自然科学（如物理学、化学、数学等）一样的一般性科学和普遍真理，具有完全的普适性和不受地域限制的特点，根本不存在所谓“中国化”的问题。虽然在表达方式、语言习惯、遣词造句、例证使用等形式上，马克思主义哲学在中国不同于俄国，在俄国不同于德国，但是，内容决定形式，在内容上马克思主义哲学是唯一的。还有学者认为，马克思主义哲学至多只能部分地中国化。如果一种主义、一种哲学可以被化，本身就表明它不是，也不可能是完全普适的。马克思主义哲学中国化只能化那些没有普适性的东西，这就意味着，马克思主义哲学的中国化不可能是全方位的、全盘的。[②]

总之，如果不从逻辑上、理论上证明中国化的可能性或可行性，如果不从政治实践或社会实践中证明其正当性和合理性，那么，“马克思主义哲学中国化”就不具有合法性。

二 “马克思主义哲学中国化”的可能性

关于马克思主义哲学中国化之合法性的多方面、多层次质疑，导致“中国化”运动面临着紧迫而严峻的危机。

当然，从实践维度而言，中国共产党人以马克思主义哲学基本原理为指导，研究和解决中国革命和建设问题，提出中国革命和建设的理论、路线、方针、纲领，从而发展马克思主义哲学，产生了毛泽东思想以及包括邓小平理论在内的中国特色社会主义理论等划时代成果。仅仅据此人们就

① 侯小丰：《“马克思主义哲学中国化”释义》，《学习与探索》2010 年第 5 期。

② 袁吉富：《马克思主义哲学中国化的若干基本问题》，《哲学研究》2007 年第 4 期。

可以理直气壮地说，马克思主义哲学已经与中国具体实际相结合，历史和实践已经充分证明了“中国化”的可能性。这一不可辩驳的“事实”，使合法性问题自身在一定程度上成为了一个伪问题。

然而，作为一种描述性话语，只要“中国化”仍处于历史的进程之中，合法性问题便可能会不断地提出来，不断地被质疑和追问。马克思主义哲学是否可以继续“中国化”？“如何能够”“中国化”？“中国化”的合法性实质上是一个政治问题，是马克思主义哲学在中国的运用过程中产生的问题。政治问题的真正解决，至少得依靠理论的彻底性和说服力。于是，合法性论证显然要建基在严格的学理追问之上，建基在严密的理论论证之上。因此，这一危机的根源还与马克思主义哲学的学术性问题同体相连，需要从理论维度进行全面、充分、有效地论证。就此而言，从理论上回答马克思主义哲学中国化“如何可能”以及“何以必要”的问题，就显得十分迫切和重要。

从理论维度看，“中国化”的可能性实际上蕴含在“马克思主义哲学”和“中国”两方面因素之中。“中国”不仅是一个欧几里德几何意义上的空间概念，它更是文化共同体和生活共同体意义上的文化概念。“可能性”的论证，就是要澄清马克思主义哲学和中国传统哲学的理论特质、基本内容、理论效力与本真精神，发现它们之间的内在联系，找到它们之间沟通的现实途径。

第一，作为“时代精神的精华”和文明的“活的灵魂”，任何哲学都具有可以普遍化的世界性特征。诚然，任何哲学总是与相应文化传统的民族、宗教和人民相联系的，具有民族性、宗教性、阶级性、地域性等主体性，具有相应文化传统的“活”的语言特点、思维方式和文化价值观。但事实证明，任何哲学都是能够进行传播、交流的，不同哲学之间也是能够进行对话、理解和借鉴的。能够这样做的理论前提，在于哲学是对人生和社会问题的系统回答，而这些问题对任何一个民族、国家而言，都具有一定的共通性和普遍性。这决定了某种哲学形态在具备民族性等主体性特征的同时，也具备可以普遍化的世界性特征。这是比较哲学得以展开、深入的前提性条件和学理根据。

第二，作为工人阶级争取解放的学说，马克思主义哲学具有相对全世界工人阶级的普遍性或普适性。虽然马克思主义哲学产生于西欧，虽然马克思主义哲学不是自然科学，不具有所谓“超主体”的普遍性，但是，马克思主义哲学不是某一民族、国家的狭隘学说，而是整个人类哲学智慧的结晶，是最大公无私的工人阶级的思想武器，是理解和解决全世界工人阶级所面临的问题的世界观和方法论，是一种世界性学说或世界哲学，是全世界的共同财富。对于这种世界性学说或世界哲学，从整个人类文明发展的过程来理解它，尤为重要。同时，作为在宏大的世界历史背景中和宽广的历史文化基础上产生的“世界哲学”，马克思主义哲学必然要超越欧洲境界，在文明世界的一切语言中都找到代表，在不同的民族那里都能够生根发芽，开花结果，成为其民族文化和民族精神的一部分。① 这也是马克思主义哲学中国化的基本前提。

第三，如果我们仔细剖析马克思主义哲学与中国文化、中国哲学，那么不难发现其间的相似性、相通性和互补性。有学者曾经论证，马克思主义在很大程度上是与中国社会与文化结构及传统相契合的，例如，从文化信仰层面看，马克思主义无神论的信仰体验方式与具有无神论或多神论精神文化传统的中国儒家思想之间发生了一种“视界融合”；从社会结构层面看，马克思主义较易于解释中国社会内部的阶级和阶层分化，并与中国传统的道德资源沟通。② 还有学者指出，马克思主义和中国文化、哲学都关注人的现实的生活世界，都关注对近代以来资本主义世界的反思与批判，马克思主义作为现代哲学和文化形态、中国传统文化和哲学作为前近代哲学和文化形态，都与近代哲学和文化形态相对立，因而它们之间存在某种相似相通之处，尽管这些相似相通之处所属的哲学和文化形态并不相同。③

第四，退而言之，即使有人认定，中国不存在类似西方的哲学和哲学传统，也不能据此否认马克思主义哲学中国化新形态之创造的可能性。毕竟，马克思主义哲学中国化不是简单地用马克思主义改造中国哲学，也不是用中国哲学改造马克思主义哲学，而是要在中国文化传统的基础上，在中国特色社会主义建设实践的基础上，进行新的哲学探索和理论创造。马克思主义哲学中国化的核心内涵和主要任务，是“在中国”丰富和发展马克思主义哲学，创造出“中国特色、中国风格、中国气派的马克思主义哲

① 杨耕：《论马克思主义哲学的中国化》，《北京大学学报》1998 年第 3 期。
② 邹诗鹏：《马克思主义中国化与中国现代性的建构》，《中国社会科学》2005 年第 1 期。
③ 何萍、李维武：《马克思主义中国化探论》，人民出版社 2002 年版，第 37—38 页。

学”新形态。就此而言，中国是否有可与之对接的哲学和哲学传统，如是否具有类似的哲学范畴，是否具有相通的哲学观点，是否具有类似的“哲学形式”，等等，对这种新形态的创造虽然具有一定影响，但却不是必然性关联，任何人都不能据此彻底否决“中国化”。

第五，“中国化”是实现马克思主义哲学自身发展的重要途径之一。作为立足中国哲学传统、把握和总结中国特色社会主义实践的历史进程和基本规律、分析和研究中国特色社会主义实践中形成的哲学观念、哲学思想、哲学思维方式的一种客观要求和理性自觉，马克思主义哲学中国化是切合现时代中国的实际需求的，具有与时俱进的实践品格。自马克思主义切合中国救亡图存的需要传入中国以来，由于马克思主义对中国革命和建设的指导现实地存在，由于中国特色社会主义实践已经历史地现实地展开，特别是中国革命和建设并非完全是“摸着石头过河”、“跟着感觉走”，而是有领导有理论有导向的一场现实运动，并且创造了许多解决中国实际问题的新模式、新方法，如国内外学者已经在频繁讨论“中国道路”或“北京共识”，因此，实际上已经存在一个马克思主义哲学中国化的实践版本，而“中国化”的核心任务，主要在于对之加以系统的总结、归纳，并且进一步提炼、升华，从而创造性地形成一个“中国化”的“理论版本”。如果说理论来源于实践，实践也可以通过总结、归纳、提炼、升华而上升为理论，那么，以不断取得进步的中国特色社会主义实践为基础，创建马克思主义哲学中国化新形态就是完全可能的，并且具有理论上的合法性。①

三 “马克思主义哲学中国化”的必要性

中国的社会现实决定了推进和深化马克思主义哲学中国化的必要性。马克思主义哲学在历史上“曾经”中国化，当今“正在”中国化，并且仍然需要“不断”中国化。在当今社会，根据马克思主义哲学的思想理论、基本特点、哲学方法和本真精神，全面探讨全球化、信息化和现代性背景下，中国特色社会主义建设的伟大历史进程中形成的哲学视野、思想观念、价值取向、思维方式以及精神风韵，特别是将之从具体的实践形态总

① 孙伟平、张羽佳:《马克思主义哲学中国化：问题与进路》,《哲学研究》2006 年第 6 期。

结、提炼、升华为抽象的理论形态，创建一个与时俱进的“中国特色、中国风格、中国气派的马克思主义哲学”新形态，既十分必要，而且具有紧迫性。

马克思主义哲学“中国化”是中国特色社会主义建设的实践要求。不断发展着的实践需要先进的哲学理论的科学指导。

一方面，当代世界形势的高速变化，中国社会的飞速发展，需要马克思主义哲学隆重“出场”，给予实践以新的回应、说明和指导。很明显，社会实践（包括交往实践）的发展，特别是科学技术的突飞猛进，导致马克思主义哲学的实践基础和科学基础发生了实质性变化，许多具体的理论和方法都有待重估、重释和“再创造”。与市场经济的高度发展、高新科学技术的研究与应用（如信息高速公路的建设）相伴随，全球一体化进程明显加速，地球正在变成一个休戚相关的“小村庄”，“全球市场”正在形成，普遍交往成为可能，一系列“全球性问题”日益凸显出来；由于苏东剧变，苏联模式的社会主义遭遇了严重挫折，多数社会主义国家已经“改制”或者消失，国际共产主义运动面临冰冷的低潮；当代发达资本主义国家不断进行内部调整，身处福利制度中的工人阶级的生存与生活状况大大改善，一些衣食无忧的雇用工人甚至并不认为自己是“无产阶级”，而自认为是“有产阶级”甚至“中产阶级”，这导致马克思主义哲学的思想主体及其状况发生了耐人寻味的变化；随着新科技革命的兴起，随着信息时代的到来，科学技术成为“第一生产力”，知识、信息取代土地、资本，日益成为生产力的最重要的构成要素，受雇于人的“知识型无产阶级”闪亮登场，他们往往能够通过占有信息或创造知识，很快迈入“有产者”的行列甚至富翁的门槛，而由于经济和技术上的差距，社会信息化水平极不均衡，“数字鸿沟”日益加深，这已经导致了新的社会阶层的分化、新的社会矛盾……全球化、工业化、现代性、信息化正在彻底、全方位地改变人的生存与活动方式，并导致人与自然之间的矛盾凸显，人与人之间的传统格局发生变化，导致人类发展模式需要深刻反省，人的心理需要重新调适，世界文化与文明的发展正面临转型……这一切意味着与过去相比较，马克思主义哲学中国化研究的时代背景、世界视野已经大相径庭。许多新情况、新问题将对马克思主义哲学基本理论构成严峻的挑战。

另一方面，改革开放以来，中国特色社会主义事业取得了举世瞩目的巨大成功，许多独创性成果——如“社会主义初级阶段”、“社会主义市场经济”、“一国两制”、“小康社会”、“以人为本的科学发展观”、“社会主义和谐社会”、“和平崛起”，等等——之中，明显包含着中国传统文化的因子（如小康、和谐等），随处可见中国传统思维方式（如对立统一的辩证方法、综合思维方法，等等）的整合作用。一种以中国文化传统和具体实践为基础，依据中国独特的现代化实践而突出出来的中国特色社会主义道路，正日益得到全世界的广泛关注和高度赞誉。直面现实，中国特色社会主义实践并没有停滞不前，而是不断地创造性地向前推进。但目前实践的新颖性和复杂性表明，改革开放初期那种“摸着石头过河”、“跟着感觉走”的方式，已经不能满足实践发展的全部需要，也远远不能打消人们的疑虑，指示前进的方向了。例如，中国的经济体制改革已经深入到建立健全社会主义市场经济体制阶段，政治和文化体制改革正呼唤“攻坚”，改革的全方位深入对作为理论基础的马克思主义哲学创新充满期待，期待得到新的哲学观念、理论、方法和思维方式的引导。①

“中国化”是马克思主义哲学实现自身发展的内在要求。毕竟，“问题在于改变世界”②。任何真正的哲学都不能停留在文本或体系之中，而要求“自我实现”，使自身现实化，变成“变革世界”的精神力量。

源自实践的马克思主义哲学只有因应时代，因应具体实际的发展和需求，反作用于现实，并实现自身与时俱进的发展，才可能产生理论的影响力、吸引力和说服力。而现时代的许多重大发展与变迁，中国特色社会主义建设中的许多新情况、新问题，马克思、恩格斯、列宁、毛泽东等经典作家既未曾充分设想过，更没有具体论述过。毕竟，任何思想家在历史和时间面前都难免存在局限性，经典作家也不可能超越他们生活的时代，具体地预测和安排社会历史的一切进程，生活实践的发展总是会超出任何人（包括经典作家）的具体想象力。因而，从相对封闭走向全球化时代，从农业或工业时代走向信息时代，从计划经济走向社会主义市场经济……置身具有异质性的新时代，有时不仅没有什么现成的理论可供选择，没有现成的“本本”可供照抄照搬，而且哲学基础、理论模式和方法也可能需要发生转换、重建。面对时代和实践的发展不断提出的新的理论诉求，有责

① 孙伟平：《马克思主义哲学中国化的路径选择》，《哲学动态》2007 年第 4 期。

② 《马克思恩格斯选集》第 1 卷，人民出版社 1995 年版，第 57 页。

任心的马克思主义者绝不能闭目塞听，无动于衷，而必须立足新时代，立足新的实践，只争朝夕、与时俱进地创新理论，给予生活实践以令人信服的解释、以恰当的前瞻性指导。因此，当代“马克思主义哲学中国化”绝不能故步自封、无所作为，而必须依据马克思主义哲学的本真精神，独立自主、与时俱进地创建新的理论形态，以满足生活实践提出的层出不穷的理论诉求。①

实际上，在承认“中国化”合理性的基础上，马克思主义哲学与现实相脱节的尴尬现状，已经使创建马克思主义哲学“中国化新形态”的必要性空前地凸显出来了。剖析当前十分“繁荣”、成果日益丰硕的马克思主义哲学研究，我们或许不难发现，其中暗藏着现实性和学术性日益分离的危险趋向。在马克思主义哲学研究中，“学院派”、“考据派”日益占据主流，许多学者热衷于经典版本的历史考证、某一观点的变迁梳理，或者醉心于形形色色的西方马克思主义哲学流派的介绍和相关哲学家的思想研究，特别是爱好生搬硬套西方的问题和西方学者的时髦概念、命题，善于把马克思主义哲学“思辨化”、“学术化”、“碎片化”，表述为玄而又玄、莫测高深的“纯粹”的所谓“学术”。乍一看，似乎很有“学术功底”，特别符合“学术要求”，也很能够吓唬人，只是唯一的缺陷可能在于，不是从我们自己的实际出发，针对的不是我们自己的问题，始终与我们自己的生活实践“相隔”，不能提供任何真正“有用”、“有效”的理论和方法。对于任何一种理论和方法，如果不能有效地解释现实和指导现实，它便难免会在火热的生活实践中丧失“话语权”，失去感召力、吸引力和生命力。近些年来，许多学者对“中国化”合法性的质疑，各界人士对马克思主义哲学的失望，往往都源自于马克思主义哲学主动远离了中国现实，在重大现实问题面前频频“失语”，或面对纷繁复杂的社会现实有心无力，没有有效地解释现实、合理地指导现实。这导致马克思主义哲学丢失了自己的实践性品格，也丧失了自身与时俱进的理论品质。为了彻底扭转这种状况，马克思主义哲学必须重新发现自身的批判性、革命性和实践性品格，必须在自身的世界化和民族化运动之中，基于生活实践的新变化和具体需求，归纳和提炼现时代的“时代精神”，以“变革世界”的现实化运动，对各民族，同时也对世界社会主义运动提供具体的指导。如果面对时

① 孙伟平：《马克思主义哲学中国化的路径选择》，《哲学动态》2007 年第 4 期。

代的发展总是无动于衷，如果面对各民族的实际需求置之不理，如果满足于抽象思辨而拒绝“干预”现实，那么，马克思主义哲学，包括其中国化的命运，是绝对不容乐观的。

文化遗产现状对我国文化安全的影响

宗　波*

文化遗产（包括物质文化遗产和非物质文化遗产）是一个国家和民族在历史发展过程中，经过时间积淀留存下来的具有传统和民族特色的文化精品，是具有代表性和民族性的历史文化成果。在人类文明发展的进程中，文化遗产的存在昭示了不同国家和民族的文化身份和特征，是一个国家和民族不断进步的精神源泉和动力。一个国家或民族如若丧失了自己的文化遗产，犹如切断了与传统相连的血脉、丢失了确认自己文化身份的名片。

早在 1964 年，保护文物建筑及历史地段的国际原则《威尼斯宪章》中就明确指出，保护文化遗产已成为人类共同的责任："把历史遗存看作人类共同的遗产，认识到为后代保护他们，并将他们真实地、完整地传下去，是我们的共同责任。"1976 年联合国教科文组织通过的《内罗毕宪章》也进一步指出，为阻止"整个世界在扩展或现代化的借口之下，拆毁和不合理不适当重建工程正在给历史遗存带来的损害"，必须要有有效的"立法和行政措施"，有"技术、经济和社会的保障"来保护文化遗产。新世纪《文化多样性与人类全面发展——世界文化与发展委员会报告》中也指出："非物质和物质形态的文化遗产之间的互动关系组成了人类的整体文化景观，它们是本地人思维和行动的历史文化坐标系，只有对它们加以妥善保护，我们才能从历史发展的角度看待本土文化。"①

文化遗产是一种不可再生的珍贵资源。当前，随着经济全球化趋势和现代化步伐的加快，世界文化的多样性面临着一体化的趋势，文化遗产的

---

* 宗波，中国社会科学院马克思主义研究院助理研究员。

① 潘一禾：《文化安全》，浙江大学出版社 2007 年版，第 111 页。

保护形势非常严峻。保护和抢救本国、本民族独特的文化遗产已成为各个国家（尤其是发展中国家）维护本国和本民族文化安全、抵制文化霸权的重要一环。

在我国，文化遗产保护形势更加严峻。我国是一个文化遗产大国，悠久的历史和文化给后人留下了丰厚的物质文化遗产和非物质文化遗产。这些文化遗产代表了中华民族独特的精神价值、生活理念，体现了中国人的生命力和创造力，不但是我们身份的标识也是我们文化前行的动力。但是随着现代化步伐的加快，我国的文化生态在全球化背景下发生了巨大的变化。21 世纪后中国加入 WTO，开放的程度进一步加大。在经济与国际市场接轨的同时，文化领域也面临着一体化的压力。来自西方国家的思想观念、生活方式强势影响并改变着我国的传统文化和生活方式。正如中国民俗学会名誉理事长乌丙安教授所说："在城市改造、房地产开发、日常生活的时尚追求等方面，在全面改造农村的'城市化'运动中，许许多多古老的文化遗产，无论是物质的还是非物质的，连同它们的根基，都面临着消亡的危险。"① 而一旦文化遗产发生危机，势必造成中华文化基因谱系的断裂、文化认同的危机，使得中华民族的民族意识受损，甚至给整个民族带来灭顶之灾。可以说，我国的文化安全正面临着文化遗产领域带来的危机和挑战。

一　对文化遗产保护的认识不到位，上升不到文化安全的高度

进入 21 世纪以来，我国关于文化遗产保护的呼声越来越高，越来越多的专家学者加入文化遗产保护的大军中，与之相关的法律法规也在逐步完善。但是，不可否认的一点是，在地方和民间，文化遗产保护意识却依然淡薄。不少基层政府组织对文化遗产保护的重要性和必要性认识不到位，上升不到文化安全的高度；相关人员缺乏必备的文化专业知识，业务能力不强；对文化遗产保护工作缺乏规划甚至根本没有将之摆上议事日程，相关投入自然也不足。因地方财政能力有限，导致的经费缺乏是普遍现象。而伴随着城市化进程，地方城乡发展与文化遗产保护之间的矛盾也

① 《国家文化安全与非物质文化遗产保护》，《中国文化报》2006 年 6 月 29 日。

普遍存在，一旦面临经济开发与保护文化遗产的选择，很多地方政府都无奈地选择了前者。

近些年，有关文化遗产被破坏的新闻时常见诸报端。有的地方政府为了房地产开发，将大量具有历史文物价值的建筑拆除，造成无可估量的损失。如北京城的名人故居，自20世纪90年代以来，就有高达1/3的建筑被拆除，其中包括有市、区级文保单位和文物普查项目。[①] 再如安徽泗县是文化部授予的“中国民间文化艺术之乡”，但这个“文化先进县”却为开发房地产，将建于北宋年间、距今有900余年的文物保护单位释迦寺毁坏。[②] 还有的政府在经济利益的驱动下，放任对历史文化遗产的破坏，如《北京青年报》曾报道了云南香格里拉政府借电影《无极》剧组到香格里拉拍外景，提升香格里拉品牌，结果反让美丽的香格里拉生态遭到破坏的新闻。同样是《北京青年报》，还曾经报道了位居四大佛教名山之首的五台山，因开矿爆破，造成了山体严重毁坏以及临近矿区的古刹内文物损坏惨重。[③] 由此可见，地方政府对于文化遗产的态度其实更多是着眼于是否具有经济回报，而缺乏大局观和文化安全意识。

在地方，群众的参与意识差对于文化遗产的保护也同样形成了极大的障碍。国家文物局局长单霁翔曾言：“民众意识的觉醒是文化遗产最有力的保障，文化遗产保护不仅需要文物工作者和文物管理部门的努力，更需要广大民众的积极支持与配合。”[④] 群众参与的积极性未能得到充分调动，对于文化遗产的价值和重要性没有深刻的认识，手中有宝却不识宝，结果造成大量珍贵的文化遗产白白流失或消亡。以文物为例，根据联合国教科文组织调查表明，中国是世界上文物流失最严重的国家之一，目前至少有1000万件中国文物流落异域。而“因为地处偏远，交通闭塞，山区农村成为文物保护的死角，群众思想意识差，近年来不少文物贩子把目标瞄准这些地方，大发文物财”。[⑤] 对于民间非物质文化遗产，近些年在城市化过程中，面对着强势的城市文化，群众对于民族的、民间的文化普遍具有

---

① 吴晓东：《据统计，90年代以来京城名人故居1/3已被拆除》，《中国青年报》2009年8月20日。

② 《安徽北宋释迦寺被拆盖成商品房》，《北京青年报》2010年8月17日。

③ 《五台山快要变“四台山”》，《北京青年报》2007年6月21日。

④ 《文化遗产保护需要民众的“护宝意识”》，《光明日报》2007年10月16日。

⑤ 《农村文物流失谁之过?》，《闽东日报》2005年10月28日。

自卑感，不但意识不到文化遗产的价值所在，而且在对待世代相传的民族、民间文化艺术珍品时，其无知和冷漠让人心寒，对于一些民间绝活手艺缺乏相应的保护意识，由此导致的珍贵遗产的流失和消亡也就在所难免了。

二 过度、变质的旅游开发给文化遗产带来不可挽回的损失

除了在思想意识上轻视文化遗产而造成遗产的消亡，近几年不少文化遗产还由于被过度“重视”造成了不可修复的毁坏和损失。

随着近些年媒体的宣传以及学者的呼吁，文化遗产的概念渐渐走入地方，不少地方政府看到了老祖宗留下的文化遗产的价值所在，意识到了文化遗产的珍贵，并相继将开发的目光聚焦文化遗产。一些物质文化遗产经过改造包装，成了热门旅游景点，一些传统的手工艺、表演等也成了当地政府揽财的手段。正如著名民间艺术工作者冯骥才在个人博客上所写：“我们悠久历史养育和积淀下来的文化精华，尤其那些最驰名、最响亮、最惹眼、最具影响的——从名城、名镇、名街、名人、名著，到名人死后的墓室和名著里出名的主人公，乃至列入国家名录的各类各种文化遗产等等，都在被浓妆艳抹，重新包装，甚至拆卸重组，再描龙画凤，披金戴银，挤眉弄眼，招摇于市。”由此造成的结果就是“那些在‘城改’中残剩无多的历史街区，忽然被聪明地发现，它们竟是一种天赐的旅游资源。已经拆掉的无法复原，没拆的虽然不再拆了，但也难逃厄运——全被开发成商业风情街——实际上是风情商业街。更糟糕的是被世人称作‘最后的精神家园’的古村古镇，正在被‘腾笼换鸟’，迁走原住民，然后大举招商，一个个被改造成各类商铺、旅店、农家乐、茶社和咖啡屋混成一团的‘游客的天堂’；在这天堂里连一间见证历史的‘博物馆’也没有，导游讲的故事传说不少是为吸引游人而编造的伪民间故事。至于各种名人故居，大都是找来一些与其主人毫不相干的红木家具、老瓶老壶、文房四宝、三流字画，不伦不类地摆一摆，好歹布置个模样；没人拿名人的人当回事，只拿名人的名当回事。还有那种原本安慰心灵的寺庙，无一例外全成了世俗的闹市。至于种种文化遗产，更是这种热热闹闹重新‘打造’的对象。其中的历史的内涵、文化的意蕴、本土气质和个中独特的精神跑到

哪去了？没人管也没人问”。[①] 文化遗产内在的文化精髓就在这场大规模的开发潮中被严重损坏，文化的独特性在旅游开发的过程中被一一同化。

此外，近些年，随着“申遗”成为热门，很多地方政府耗费大量的人力物力用于申报世界文化遗产。在“申遗”上，很多地方出现了“重申报、轻管理，重开发、轻保护”的现象，将“申遗”作为政绩工程，却没有起到实质性地对当地文化遗产持续的、有力的保护作用。过度的经济开发将这些已经列入《世界遗产名录》的文化遗产再一次推向濒危的边缘。如云南的“三江并流”世界遗产，在2003年6月30日联合国教科文组织世界遗产委员会第27届年会上，仅仅花了18分钟就顺利列入《世界遗产名录》。但时隔评为世界遗产仅仅一年时间，就因当地旅游开发过热以及修建大型水电站等原因遭到了世界遗产委员会的两次警告和重新评估。再如丽江古城，1997年12月4日被列入世界文化遗产，与雅典、罗马、威尼斯等伟大城市比肩；10年后，2008年1月中旬，丽江古城被指责过度商业化、原住民流失，联合国派出检查组，丽江遭遇亮“黄牌”之忧。还有我国的张家界武陵源、泰山、曲阜三孔、武当山等，都曾受到联合国专家的警告和质询。我们无法想象的是，假若再过一个10年，这些世界级文化遗产还能否保持其真实性和完整性，保留其文化独特性，不被同化为一个千城一面的旅游景点？

三 非物质文化遗产的保护困境直接影响我国的文化安全

与物质文化遗产相比，我国非物质文化遗产的保护形势更不容乐观。

根据联合国教科文组织通过的《保护非物质文化遗产公约》中的定义，非物质文化遗产是指“被各群体、团体、有时为个人视为其文化遗产的各种实践、表演、表现形式、知识和技能及其有关的工具、实物、工艺品和文化场所。各个群体和团体随着其所处环境、与自然界的相互关系和历史条件的变化不断使这种代代相传的非物质文化遗产得到创新，同时使他们自己具有一种认同感和历史感，从而促进了文化多样性和人类的创造力”。在我国，非物质文化遗产凝聚着中华民族的民族精神和民族情感，

---

① 引自冯骥才新浪博客，网址 http：//blog. sina. com. cn/s/blog_ 46e7b3fd0100kyas. html? tj=1。

是中华传统文化的重要组成部分，非遗的保护对于促进我国民族团结、维系国家文化安全、构建和谐社会起着重要的作用。但是近些年随着人们生活方式的改变，传统的技艺开始逐渐退出历史舞台，人们对于曾经代代相传的一些非物质文化遗产的认同感下降，更缺乏保护遗产的历史使命感。不少非遗资源流失状况严重，后继乏人，这样一来使得中华文化极易发生断层，导致整个民族意识发生变化，对我国的文化传承和保持中华文化的独特性造成了很大的影响。

以我国的民族语言为例。我国是一个多民族、多语言、多方言的国家，据2008年商务印书馆出版的语言国情学术专著《中国的语言》统计，中国56个民族有129种语言，其中有20多种语言使用人口不足1000人，处于濒临消亡的边缘。使用人口最少的语言是木佬语，现在只有两位80多岁的老人会说。而民族语言是人类最重要的遗产之一，每一种语言都传承着一个民族的独特文化和智慧，因此任何一种语言的消亡都将是中华文明的损失。再以中国的传统节日为例。曾几何时，我们抛弃了本民族的传统节日，把“清明”、“端午”、“七夕”、“重阳”、“元宵”看作封建思想的残余，当作“四旧”来处理，在移风易俗运动下，“四旧”被破除了，中华民族的文化精髓也随之被践踏得惨不忍睹。随着改革开放、全球化进程的加快，我们开始热衷于西方的节日，情人节、圣诞节、愚人节等在中国土地上大张旗鼓，中国传统节日在人们的生活中呈式微趋势。直到2005年韩国“江陵端午祭”申报“世界口头和非物质文化遗产”成功，我们才意识到传统节日之于中华民族的意义所在。中国文联书记处书记白庚胜研究员在接受媒体采访时曾鲜明指出，传统节日事关文化安全。“传统文化是一种巨大的社会组织力，也是一种巨大的社会和谐力——不要太过夸张政府和政党对人民生活的影响，在精神深处，最根本的东西是民族认同和文化认同。从这个意义上来说，传统节日相当重要。”①

非遗的保护处理不好除了动摇中华民族的文化根基，影响我国的文化安全，还从国际文化战略层面直接关涉我国的国家安全局势。除了上文提到的韩国“江陵端午祭”申报“世界口头和非物质文化遗产”成功的事例，近些年，韩国和中国的文化遗产申报已经全面地发生了矛盾。比如，2007年，韩国人将“祭孔大典”进行了正式的文化遗产申报；再比如印

① 《传统节日事关文化安全不能让别的国家拿走》，《南方周末》2008年2月15日。

刷，韩国人说“活字印刷”是韩国人发明的；2007年4月，韩国还把张衡发明的地动仪印在了他们的钞票上。韩国的学者比较清醒，说全人类都知道地动仪是中国发明的，但是政府官员和商人还是将地动仪变成了韩国文化的一部分。现在韩国又提出，造纸也是他们发明的，还有中医，韩国已经用若干年时间做中医的申遗。[①] 毋庸置疑，如果我们再不重视非遗的保护，本属于中华民族的独特文化和历史将成为别国的文化名片。

其他如手艺技艺、民间工艺等，由于缺乏保护意识，许多好的工艺技能也已经被其他国家拿去，给我国造成了巨大损失。上海华东师范大学教授陈勤建曾讲过一个事例：“景泰蓝原来是我们国家独特的工艺，从生产方式来讲是非物质文化遗产，我们在六七十年代就让外国人彻底参观，日本人把我们的生产工艺拿去了，做的比我们更加精致，然后把我们的景泰蓝在国际上彻底打败。我们造的宣纸，有上千年的历史，这个生产技艺也被人家拿去了。”[②] 白庚胜研究员也谈道：“如果我们处理不好境外和本土文化的关系，不做好自己的文化遗产保护工作，很可能我们江南地区白墙黑瓦的民居、侗族的鼓楼都变成了国外的文化遗产，这绝不是危言耸听。有一位德国人说，要看中国的浮雕到德国来；有一位日本人说，要看苗族服饰到日本来。”[③] 正如陈勤建教授所讲：“好多传统性的生产技艺是经济生活智慧的结晶和力量，是代代相续的力量，是我们国家繁盛的力量，是民族的象征。文化安全的问题不是空的，是实实在在的问题”，“非物质文化遗产的传承已经对我们国家的生存基础产生危机，对国家的文化安全产生危机”[④]。

2005年12月22日，国务院下发了《关于加强文化遗产保护的通知》，要求各级政府和有关部门要从对国家和历史负责的高度，从维护国家文化安全的高度，充分认识保护文化遗产的重要性，进一步增强责任感和紧迫感，切实做好文化遗产保护工作。《通知》还决定，从2006年起，每年6月的第二个星期六为中国的“文化遗产日”。正如文化部副部长王文章所言：“保护文化遗产意义重大，不仅是在保护我们国家的文化财产、文化创新的资源、文化安全，也是保护我国文化的多样性。”[⑤]

---

① 参见《传统节日事关文化安全不能让别的国家拿走》，《南方周末》2008年2月15日。

② 《国家文化安全与非物质文化遗产保护》，《中国文化报》2006年6月29日。

③ 《传统节日事关文化安全不能让别的国家拿走》，《南方周末》2008年2月15日。

④ 《国家文化安全与非物质文化遗产保护》，《中国文化报》2006年6月29日。

⑤ 赵建国：《立法保护非物质文化遗产迫在眉睫》，《中国知识产权报》2010年3月19日。

新时期中国特色社会主义的危机特点及处置方法

冷　凇*

一　社会危机事件的界定、背景与阶段

危机的概念众说纷纭。简要概括，可以定义为“对一个社会系统的基本价值和行为准则架构产生严重威胁，并在时间压力和不确定性极高的情况下必须对其做出关键性决策的事件”。一般情形下，危机不仅导致社会物质的损失，更使人们的精神价值体系遭受冲击，并引起社会秩序偏离正常轨道，直接影响到国家的公共安全与社会稳定。

在信息化社会里，大众传媒充当了人们主要的信息源，因而大众传播媒介在危机事件中的表现，在很大程度上能够影响危机的演变和进程。许多影响巨大的主流媒体，它们在危机中的表现可谓“一言九鼎”。因此，危机事件往往会引起公众的高度关注，也自然成为媒体趋之若骛的焦点。危机事件虽然各不相同，但大都具有如下特点：首先是高度不确定性，这是由危机的不可预知和预测所决定的；其次是事件演变迅速，危机既可能由一些细节而起，也可能是丝毫没有任何预兆的突发事件；最后是高度影响人类社会政治经济生活，使秩序失去平衡，甚至瘫痪。因此，危机也可以解释成“导致社会偏离正常轨道的危急的非均衡状态”。

由传播技术引发的信息变革已经渗透到社会生活的各个方面，并对人们的生活方式，价值观念，思维模式等产生深刻影响。公共关系学理论强调，信息沟通是危机管理的核心。英国危机公关专家里杰斯曾提出著名的危机沟通“三 T”原则：第一，以我为本提供情况（Take your own take）；

---

* 冷凇，中国社会科学院新闻与传播研究所副研究员。

第二，提供全部情况（Take it all）；第三，尽快提供情况（Take it fast）。政府面临危机时，应该尽量采用这三个原则，不论哪个原则，都脱离不开传播与大众传媒的深厚社会背景。

大众传媒的主要功能是传播信息，而信息不对称却是在社会每个领域都存在的一个问题。由于每个人自身情况有差异，并且生活在不同的情境中，所以导致信息的不对称状态是绝对的。亲朋聚会的时候往往就是信息交流最广泛的场合，信息的不对称也最为明显地凸显出来，有的朋友天南海北包罗万象，有的则是知识见识贫乏。在信息重要性凸显的同时，人们对信息的需求和依赖程度也在增强，而这在无形之中也增加了人们进行信息选择的难度。

危机事件中，公众处于不知情状态下，尤其是当涉及突发的个人健康、安全的危机事件时，人们的心理承受能力降低，往往会对形势的判断模糊不清，甚至会无所适从。如果任由人们对信息做出盲目的选择，进而形成各种流言蜚语和不利的舆论导向，则更容易引起大规模的社会恐慌，导致危机事态激化。经济领域中的信息不对称会出现“劣币驱除良币”的现象。将经济领域的信息不对称的概念扩大到社会传播领域的信息不对称，并且将这一原理引申到危机传播领域：如果一个社会缺乏必要的信息传递，这个社会也会出现萎缩的现象。即若如公众对于发生的危机事件不能够全面了解，不知道组织所要采取的措施，那么公众就会盲目行事，使危机造成对社会更大的损害。

根据斯蒂文·芬克对危机生命周期的划分方式，危机存在若干个发展阶段：第一个阶段是潜伏期，即有迹象表明潜在有可能发生危机，显然这是量变的阶段。第二个阶段是发生期，关键性的危机事件突然爆发，而且迅速演变。第三个阶段是蔓延期，危机的影响在存在的同时逐步扩大。第四个阶段是衰退期，危机的影响渐渐消退，但仍需保持警惕，以免危机重复。这四个阶段就是在大众传媒的作用下交替演绎，展示着危机生命周期的轮回。

针对现阶段中国出现的贫富差距加大，东西部发展不均衡，社会矛盾多元化，社会危机事件时有发生的情况，更应当提倡建设学习马克思主义新闻观，特别是秉承该理论体系中“坚持新闻工作的群众路线，提倡新闻工作者深入实际、深入群众，重视新闻对全民稳定团结的作用”的核心思想，研究出一套适合中国特色的新闻传播策略。本文将重点阐述新时期中国特色的社会危机事件特点，并运用比较研究的方法，通过中国与西方媒体的若干案例解析与对策分析，提出化解社会危机的新闻传播方法与规律。

社会危机事件、突发事件的报道，始终是近年新闻传播领域关注的重点，更是学界研究的焦点。灾难性社会危机事件的类型与特性可分为“天灾”（地震、冰冻灾害、洪灾及其他无法找到直接原因的事件）与“人祸”（如“西藏3·14事件”、奥运火炬事件、石首、瓮安等地的群体性事件，三聚氰胺、塑化剂、瘦肉精等食品安全危机）两类。针对“天灾”与“人祸”，政府与媒体应采取不同的处理方式。如果说“天灾”的突发，需要新闻媒体尽快公开信息、提供服务、让广大群众知情，那么“人祸”的出现则需要在提出处理方案的同时，尽快找到事发的真正原因，定性定调，从而避免内外媒体的盲目臆断与猜测。而对于“矿难”、“动车追尾”等“天灾”与“人祸”各占一半的复杂性危机事件，则必须“双管齐下”，发布原因与责任人的同时尽快提供信息服务，才能高效化解危机与恐慌。

二　中西方社会危机事件中的历史影响与媒体经验

危机对社会的影响的深度和广度，往往深不可测，难以估量。危机事件所造成的直接经济损失和人员伤亡是有形的，可统计的，但对人们造成的内心创伤却是无形的，也是无法用具体的数字来表示的。9·11事件给美国造成的直接经济损失是500亿美元。而据纽约《每日新闻》的一项民意调查显示，9·11事件发生一年后，仍然有1/5的纽约人认为袭击会再次降临。专家们估计，至少有一百多万纽约人长期存在心理问题，而由此产生的怠工，消极情绪所造成的隐形经济损失则无法估量。

2003年5月20日加拿大顶级牛肉的出产省阿尔伯特省确认一头牛患有疯牛病后，整个加拿大的养牛业遭受重创，当年牛肉出口只相当于上一年的一成；同样，非典从表面上看是个公共卫生领域的问题，但它对出口外贸、交通运输、教育秩序、旅游三产、餐饮娱乐等领域也产生了直接影响，其不确定性的影响却大大高于事件本身的影响，其直接损失和间接损失将对社会稳定构成显性威胁和隐性威胁，对人们信心的影响更大。

1. 媒体在危机事件中的消极影响

媒体介入危机的不同阶段所产生的作用是不同的。潜伏阶段，媒体对危机有预警和监视作用。由于自身的社会特征，媒体对各种社会问题具有特殊的敏感性，因此能够在第一时间传递可能导致危机发生的各种信息，以引起有关部门的注意，并通过舆论监督使其采取有效的措施把潜在的危机消灭在萌芽的状态之中，避免危机的升级。危机的爆发期，媒体起到满足公众信息需求，引导公众情绪的重要作用。在危机发生的过程中，公众对信息的需求往往更加迫切。许多危机事件中，媒体滥用自己手中的话语权，无限地对危机进行剖析，这种做法往往会影响政府的危机管理效率，甚至引起政府对危机处理的失误。

的确，媒介传播在危机传播中，总会带来类似于“助燃剂”的消极作用。在危机中由于一些媒体的误导，过分的夸大，无中生有的挑动，谣言的传播，小道消息的流行，非理性的推断，片面利益的刻意追逐，社会心理的随意放大，在具有一定规模和影响的突发性事件中可以作为社会动乱的导火线或称“点火温度”。笔者于英国留学期间，学校曾专门安排“媒体与危机”作为必修专业课，其中有一个在欧洲著名的例子，有力地说明了媒体在危机中的消极影响。瑞典铁道局在哈兰山脊的隧道工程中使用一种有毒但对环境无公害的化学药剂甲基丙烯酰胺来堵塞漏水，但由于洞中温度偏低，该药品缓慢分解，因而导致了哈兰山脊周围的水部分污染。随之而来，欧盟的几家主流媒体抓住铁路局和施工单位的错误不放，大肆造势，批评该事故，把可能出现的后果叙述得惨不忍睹。成功治理后，一些人仍担心有毒化学物质进入水系。虽然官方和无数的水利环境专家数次公布湖中的水质已经没有公害污染，可以放心饮用，但是周围数百公里的百姓至今仍然拒绝饮用该湖中的水，目前人们依旧不敢喝当地产的牛奶，也不敢捕猎山中的麋鹿，对当地的经济产生了长达十年的消极影响。

搞得美国上下沸沸扬扬、鸡犬不宁的炭疽菌事件，也是传媒渲染夸大危机从而产生的普遍恐慌。包括《纽约时报》在内的诸多传媒将过多的时间和精力放在炭疽菌事件上，反而中了某些唯恐天下不乱之人的下怀。实际上，恐怖分子根本就没有能力发起一场针对美国的全面生化战，他们的目的就是想在公众中制造恐慌心理，以对美国政府造成更多的压力。可见，尊重公众知情权，首当其冲的事件就是审时度势，理智对待新闻事件，客观分析新闻信息，严格把握新闻事实，不偏不倚，客观公正地报道新闻，传递信息。

国内个别媒体面对危机事件所表现出来的恐慌情绪往往更为夸张。非典期间，全国17个省、市、自治区先后发生大规模的食盐抢购风波。广东首当其冲。据统计，2003年2月11日至14日，广东省3天共销售食盐18795吨，是正常情况下6倍，其中2月13日一天销售食盐8866吨，是正常销量的近10倍。与广东相邻的湖南省，超市里80元钱一瓶的白醋曾一度脱销，有的小店居然打出了1000元/瓶醋的天价，成为笑谈。在危机事件的报道中，也有部分媒体出于对于商业利益的追逐，利用监督机制不健全的漏洞，热衷于炒作危机事件。这些媒体人为制造热点，炒作新闻，不惜版面地过度刊载会带来强烈的社会负面影响。2004年正月的丹东，一挂普通的千响鞭炮涨价十倍以上，卖到上百元，就是因为有鞭炮销售者鼓动当地媒体报道了“龙王门牌坊倒塌，放挂鞭炮方可消灾”的传闻。

其实，许多时候媒体自身就是危机事件发生的“元凶”之一。美国9·11事件的发生，除了纷繁复杂的国际矛盾，也含有认为是媒体长期“培养”的结果。一直以来，西方传媒热衷于追逐骇人听闻的恐怖活动的新闻，把血腥、异常奉为新闻价值的聚宝盆。媒体特别是电视画面，大多过于渲染恐怖活动的血腥暴力场面。这些忽视对恐怖分子所受罪罚的报道，侧面上起到了教唆犯罪的作用。当代恐怖组织恰好利用了媒体的报道，引起社会注意，扩大其自身影响力。正是由于新闻媒体能使人一夜成名，恐怖分子才乐于铤而走险，选择世贸大楼等标志性建筑进行袭击，以制造轰动性效应。

纵观历次危机事件中媒体对危机事件的报道，通常表现为两个极端：首先是掩盖真相，造成信息失真。在广东的非典事件发生初期，虽然也有少数媒体对此事进行报道，但这些报道看起来简单模糊，要么欲言又止，要么语焉不详，受众对这样的报道莫名其妙，引不起重视。2003年4月初的北京，媒体上报道的都是“疫情已经得到了有效控制”，“北京是安全的”，等等。由于对非典初期传播存在着信息失真的问题，限制了公众对真实情况的了解，使他们无法做出正确的判断并采取相应的保护措施。而当媒体与政府意识到防治非典的重要性时，许多媒体却又表现出一种矫枉过正的态度：2003年4月20日之后，“战争，应急保卫战”，“舍生忘死”，“筑起铜墙铁壁”，“勇闯非典病区”，“围追堵截”，“生死攸关”这种比喻性的说法遍布电视、广播、报纸，就连中央电视台的抗击非典特别节目的宣传片也是长安街万人空巷，步行街满世界“口罩人”的紧张场面（事实上非典最为严重的时期，北京也仅有一部分人佩戴口罩）。这种渲染危机气氛的做法反过来引起人们的紧张和焦虑，许多地域甚至出现了歧视北京人的现象。

心理学研究表明：对于危机的“恐惧”心理传播状态与“快乐”心理的传播并无分别，它通过大众传媒可以在人群中快速的彼此感染。通过不同的过程，个人可以被媒体带入一种完全失去自我意识的状态，他对使自己失去独立思考能力的暗示者唯命是从。媒体的明示或暗示对群体中的所有个体有着同样的作用，人与人之间的传播互动使该力量成倍的增长。群体中的每一员，对于危机的恐惧心理都如同病毒一样，迅速且传染能力强。罗斯福认为，“唯一要恐惧的东西就是恐惧本身”（fear is fear itself）正是群体很容易接受媒体的暗示，因此最初媒体的“简单提示”会通过“心理传染”很快进入群体中所有人的头脑，群体感情的一致倾向会立刻变成一个既成事实——著名的切尔诺贝利核电站事件便是最好的例证。曾经一度笼罩在核事故的切尔诺贝利地区历经乌克兰政府20年清理，已经安全，近乎无污染，但由于媒体大肆的渲染所带来的危机心理的影响，使该地区至今仍然是“无人区”。

非典时期，国内对SARS的恐惧也显得过重了。数据统计显示，非典流行期间全世界共发生SARS病例8422例，死亡916例，其中中国内地死亡人数仅为349人。但是根据世界卫生组织的估计，我国每年2亿多人次感染流感，死亡近10万人，交通事故每年死亡超过10万人，自杀每年28万人！媒体对这些长期困扰人类的疾病和社会问题的报道少之又少，严重失衡。相比之下，电视报纸对“非典夺命”表现得过分恐慌就显得很可笑了。

2. 媒体对危机的缓释作用

媒体面对危机所应表现出来的主要作用，应该是舆论缓释。所谓舆论缓释，是媒体为了保证组织和个人能够将危机时期集聚的某些对社会的不满情绪在法律保护前提下得到宣泄，以此达到缓解或者消除敌对或不满情绪的目的，从而维护社会群体的正常生活和既定社会关系的一种舆论调控范式。

舆论缓释是解决社会情绪冲突，防止不良社会情绪爆发的一种有效手段。在社会发展的不同阶段，总会有一部分人或组织对社会生活的某些方面产生不满，为此，社会应提供相应的释放机制，使这些人的不满情绪能够及时得到宣泄，同时不产生任何副作用。只有这样，才能保持社会的平稳运行。舆论缓释，可以向受众呈现事物积极的一面，使受众的不良心理倾向得到缓和释放，引导受众对危机进行理智的分析和判断，从而消除盲目恐慌的不良心理，消除人为造成的恐惧心理。否则，当社会不满情绪逐步累积到一定程度后，就会转变为对社会的公开对抗。危机类似洪水，它的不确定性和不安全感使民众中的不满情绪大幅上升，若不及时找到合法渠道给予输导，就有可能酿成大的社会动荡，带来安全隐患，舆论缓释就是提供了一个使民众的不满和怨愤得以排解、释放的通道。

危机的种类不同，舆论缓释作用的难易程度也不尽相同。危机的传播过程可以简单的归纳成“危机制造者”—“危机本体”—“危机传播者”—“危机接受者”四个步骤，一部分危机是存在所谓“危机制造者”的危机，如政治危机、恐怖主义危机等，虽然往往在严重程度上很高，但相反却便于缓释。面对9·11事件和炭疽危机，美国可以很容易地“化悲愤为力量”，布什强权派的连任便是最好的证明。因为恐怖袭击危机制造者是有形的，是实实在在的，即便没有抓到原型，媒体和政府也可以配合起来去将情绪和怨恨一股脑塞到假想中的“危机制造者”那里。而SARS，禽流感等自然类或者生物类危机则属于“非人为危机”，没有一个实际的危机制造者，这对于危机的缓释无疑是消极的。因此，这一类“危机制造者缺失”的危机较难缓释，有时处理不当政府职能部门相反会背上“危机保护伞”或者“间接危机制造者”的黑锅。

3. 媒体缓释危机的有效方法

面对重重的不利条件，媒体应采取哪些措施缓释社会危机，起到“社会舆论减压阀”的作用呢？

首先，信息详尽披露和媒体快速反应是缓释的两个基础。尤其是面对突发的危机时，民众由于迫切关心自身的安危和权益，希望最大限度地获得有关信息。在这时，如果无法从正当、权威的渠道获取信息，人们就会转而寻求别的信息来源，流言小道消息就有了生存和壮大的空间。这些不负责任的流言或小道消息，则很有可能进一步加深民众的不确定性和不安全感，造成一定时间和范围内的舆论混乱。2003年SARS流行初期的情况很清楚地说明了这一点。

我国广东省的第一例“SARS”病人发生于2002年11月16日。但是直到2003年2月11日，广州市政府才正式召开新闻发布会，告知公众广东遭遇不明肺炎病毒袭击的消息。国家卫生部直到4月14日才在卫生部的网站上公开发布。在4月20日之前，有关“SARS”病的疫情信息，有关政府和部门并没有积极全面准确及时地收集、上报和发布，疫情不明，更不用说采取有效的措施，终于导致疫情越来越严重。国内某些医院的临床医生在病人来到时，还不知道我们国内有“SARS”流行，缺乏基本的防护，出现了很多不应该发生的医院内感染。这显然是政府与媒体间的配合不够默契，没有能够在疾病流行之初及时发布信息有关。后来的数月里，流言蜚语遍布大江南北，一些疑似非典病人四处躲藏，逃避卫生、公安机关的排查；发烧的患者因害怕隔离而不敢前往门诊。在短短的数月之内，“SARS”的地方性危机变成全国性危机。因此，为避免出现刺激危机局势的信息蔓延和引导公共舆论，政府必须做出恰当的媒体政策选择，使媒体能够进行及时、有效的信息发布。

2005年2月21日发生在河南项城的有毒工业淀粉丢失大案，是危机背景下媒体的快速反应的成功案例。当时一位司机在长途运输中丢失52袋有毒淀粉，约1300公斤。由于工业淀粉在外形上和食用淀粉极其相似，容易被百姓误食，迅速引发危机。许昌电视台得知此消息后，在没有制作时间的情况下，首先在第一时间里以字幕的形式，在电视节目里通报全市，几分钟内便有效地抑制了灾难大规模爆发的可能性。

时过境迁，2003年春天的SARS风波到2009年出现的禽流感，中国的主流媒体在进行舆论缓释的时候已经积累了一定的经验，许多措施日渐成熟。政府与媒体逐步走向坦诚开放的轨迹，民众的恐慌与不安也随之消除。因此当去年一些地区出现禽流感的时候，主流媒体都在第一时间进行了报道，及时公布最新的检测结果，民众在面对详尽而客观的信息时并没有表现出恐慌情绪。

其次，应在满足公众信息需求的基础上引导公众保持社会正常运转。9·11事件发生后，美国媒体除了讨论恐怖分子是谁，政府是否要报复，报复的程度如何等问题之外，更多地呼吁公众尽可能地恢复正常生活，认为这是对恐怖活动做出的最有力的回击。一些报纸则号召民众从自己做起，做好身边的事情，鼓励公众走出家门，去加油、购物、消费，媒体把政府的政策，巧妙地转换成公众的日常行为规则，既起到诠释政策的作用，又引导了公众的日常行为，对危机的解决起到了积极作用，达到了稳定民心、保持社会体系的正常运作的效果。

非典时期，许多平面媒体表现出面对危机“见怪不怪”的策略，版面上拒绝一边倒的做法，不断调和报道比例，理智应对“非典”境况。不少媒体正常报道法国总理坚持如期访华，纽约市长到中国城吃饭，印度卫生部长号召人们避免制造不必要的恐慌等，以及其他有关百姓日常生活的社会新闻，引导受众冷静，达到了一定程度的缓释效果。

再次，从媒体间内部关系上讲，媒体的资源共享也是危机缓释的重要手段。9·11 事件之所以成为西方世界媒体缓释的最成功案例，就是因为媒体间的通力合作。在这场惊天恐慌中，美国媒体都摒弃门户之见和商业利益，始终和政府保持高度一致，最初的二十四小时画面，资源共享，极大地调动起全国人民的积极性，报纸头版大幅标题多为“美国遭受攻击”，“恐怖主义袭击美国”等，充分发挥了画面的煽情功效。各大电视网反复播放大楼倒塌的共享画面，既满足了公众对危机事件最基本的知晓欲望，极大地激发美国公众的爱国情绪，也避免了各种猜测和小道消息的流传。可以说，9·11 事件中，美国媒体在潜移默化中把公众对危机的感性体验统一到：“美国遭受了袭击，需要团结对外，一致打击恐怖主义是当前头等大事”的理性认识。在这种情况下，危机得到确认，并得到初步的控制，国内没有引起较大的混乱。除了新闻，美国媒体还充分利用各种传播手段来解气和解闷，抒发弘扬民族精神，如举办演唱会、赈灾募捐文艺活动，甚至还赶拍了一批相关电视剧和电影。

由于危机背景下的社会群体极易丧失斗志与信心，因此媒体的缓释作用也可以在树立“英雄”上下下功夫。具体来看，可以让言行举足轻重的专家或政治家在媒体唱主角，形成一面旗帜。在这次非典新闻战中，“钟南山”院士和“王岐山”市长便成了一种符号，作为与病毒英勇作斗争的两座大“山”，人们看到他们在媒体上出现便觉得得到一种科学和政治的力量，一种胜利的希望。

各类危机正伴随着人类社会的高度发达而成倍的增长。在高度信息化的时代里，社会不可避免危机，危机也不可避免媒体。至于媒体——无从选择，必须担当起舆论缓释的社会责任，尽其所能缓释危机带给人类社会的一切压力。

三 新媒体影响下的中国社会危机事件的新特点

近年来，社会危机事件出现了“燃点低、爆发快、蔓延广”的特点，这除了社会矛盾积怨日益激化的原因之外，与新媒体的发展关联紧密。传统传播学上的“沉默的螺旋”理论（spiral of silence）认为：公众在接受一个大众议题时一般会判断自己的意见是否与大多数人站在一边。如果人们觉得自己站在少数派一边，则倾向于保持沉默；如果他们觉得与舆论主导相去越远，就越会保持沉默。这种使优势意见越来越占优，少数派越来越沉默的现象就被称作“沉默的螺旋”。

而以年轻人为主的网络社会，缘于对某些事件寻求真相的无能为力而又无法熟视无睹的无奈，因此通过曲线救国的“恶搞”，借流行语“起哄”，来实现对公众事务的参与，质疑某些不良现象。于是“沉默的螺旋”以非常规的方式被打破了。

网络热点之所以能形成并升级为“突发性、严重性、迷惑性”的舆论风暴，一个重要原因是网络能使有相同利益诉求的个体迅速集合成一个利益群体。网络虽然是虚拟空间，却有强大的动员能力，从网上到网下，从虚拟空间走向现实社会，将舆论风暴演变成现实的公共危机事件。最新事件是，高高在上的故宫终于迫于舆论压力道歉了。政府信息披露一旦不权威、不及时、不主动、不完整，就可能被恶搞，搞得当局者尴尬之余，痛思改革。网络舆论倒逼政府改革信息管理方式，如何防止使“案件变成事件”成为各级政府迫在眉睫的新课题。

博客和微博中，观点的多样化、意见的独立性、背景的分散化形成了自发的“群体性智慧”，而网络群体智慧有一种自动的筛选机制，让无聊互动、共振产生出有聊的、有意义的结果。包括微博在内的众多“SNS”（SNS，全称 Social Networking Services，即社会性网络服务，专指旨在帮助人们建立社会性网络的互联网应用服务。也指社会现有已成熟普及的信息载体，如短信服务 SMS）。

在微博中，任何一个信息，无论发出点多么卑微，看似多么无聊或无意义，当经过集群加工，再经超级种子们的助推，足以掀起席卷整个社会的龙卷风，网络热门的危机事件就这样形成了。这些微意见、微表情、微话语正成为人们的信息源头，兴趣的碎片化和浅阅读不可避免。全世界的信息正在以每年超过60%的速度增长。知识更新每五年为一代，成为传播学研究的巨大挑战。

新时期，受到以上新媒体传播环境变化的影响，中国特色的社会危机事件体现出了一系列新特征。首先是一些事件的征兆并不明显，突发性极强。本来并不具备爆发特点的个别上访和一般案件，在经过短时间的煽动与传播后就会迅速演变为群体性事件，过程短、爆发快，令政府措手不及。其次，以“新疆7·5事件”、“西藏3·14事件”为例，暴徒采用的暴力手段比从前更加残忍，烧杀抢掠的“技术性”、“组织性”更强，带有鲜明的恐怖主义色彩，它与普通的、自发的群体性事件所引发的冲突性质是截然不同的。

除突发性与严重性以外，受到网络、手机等新媒体传播的影响，“新疆7·5”等社会危机事件还表现出很大的迷惑性，甚至由于普通民众对于事件真实起因的不知情与道听途说，进而引发欺骗性与煽动性。一系列社会危机事件中，最值得关注的是新媒体和新技术对危机事件传播进程的影响。新时期，互联网、手机短信等新媒体形式强烈侵占了传统媒体在舆论报道中的地位。“7·5事件”的起因是广东韶关玩具厂事件，而该群体事件的起因正是网络谣言。如果不是别有用心的人在网络上肆意地断章取义、张冠李戴、渲染夸大，新疆疆独分子不会找到机会制造事端。这些社会危机事件表现出的新现象在信息匮乏、传播形式欠发达的时代是不会出现的。针对这一系列的社会危机事件新特点，必须引起新闻传播学界的重视与警觉。

四　新语境中的电视外宣与危机处理

1. 新语境的主要内涵

自中国入世以来，电视的传播环境、审美环境、内容创新、数字制作技术等均以高频的速率频繁变换，极大程度地影响了中国媒体语境的变换。新语境的含义首先表现在新媒体对传统媒体的冲击上，人们对于信息的了解渠道已经不仅仅停留在传统媒体身上，发布信息的源头大大增加。加强重大突发事件舆论导向的重要性。新媒体时代，新闻事件借助网络传播得更为迅猛，传统媒体之间的互为渗透也更趋复杂。电视与新媒体的嫁接成为趋势，中央台成立国家网络电视台，新华社也即将成立国家电视台，各大媒体均密切注意到了新媒体冲击下的对外传媒语境的变革。

其次，从媒体传播理念的更新层面而言，以前的以“传者为中心”的传播模式已经转化为以“受众为中心”，再到现在以“传者和受众互动”的传播理念，以期最大程度地满足受众对于信息个性化的需求。从社会发展来看，社会政治文明、经济文明不断发展，人们对于信息的知情权也被提到首要的议事日程。从国家政策层面来看，国家对重大突发公共事件进行了制度上的规范，同时增强了信息的公开化和透明化，这在某种程度上说明国内突发事件报道的环境正处于宽松状态，也为媒体报道突发事件提供了很大的活动空间。

除此之外，西方影视文化对中国传统文化的影响与互动日益加深也成为新语境的重要表现之一。国际电视形势的日新月异，使国内电视业的实践与学术两大领域都普遍感到压力，迫切期望汲取西方传媒领域的先进经验与知识；同时以美英等国家为首的西方传媒机构和媒介巨头把握一切机会抢滩国内市场，西方电视产品通过“阳光下”的产品整合行销手段和“阴影中”的网络地下传播、盗版经营渠道潜入内陆。随着国际社会多级格局日趋复杂、文化跨地域传播日益交错，西方的审美价值观正演变成一种全球性的普遍标准，侵蚀着世界其他地区的传统审美文化。

2. 国际电视舆论格局与中国对策

国际舆论中的“西强我弱”早已成为一个困扰中国国际形象的大问题、老问题。这里面有政治、经济等原因，更有由于中西方文化误解和传播方式差异的因素。多年以来，由于我们在国际舆论中的力量相对弱小，在国际事务中经常被误读、曲解甚至被歪曲、污蔑。尽管中国的经济腾飞换来一大批西方学者用“中国共识”等理论高度赞扬，但在一系列灾难事件中，部分西方利益集团操纵的国际舆论报道借机发动了一场“以偏概全”的新闻战争，他们忽视中方立场，对电视画面“张冠李戴”、“选择性编辑”，损害中国国家形象，制造“中国威胁论”，甚至在一些国际峰会上通过电视手段将傲慢无礼、民族仇恨、气候变化、环境恶化等罪名一股脑强加于中国身上，结果导致“中国不高兴”、“中国很生气”一类的凸显民族主义的论点和极端言论开始盛行，这促使中国与世界的隔阂进一步加剧。

传统电视是世界人民都喜闻乐见的传播媒介，对传播多元价值观，共享文化信息，对不同种族、民族、宗教信仰、价值观消除误解，增强互信起着最为重要的沟通作用。然而，在市场经济为导向浪潮的冲击下，中国电视的外宣属性却显示出严重的后劲不足，宣传属性日渐淡漠，电视的商品消费属性被一批经济利益至上的电视人唤醒，刹那间娱乐风、选秀风肆虐，活动造势、海选营利无处不在，“专业化”和“制播分类”的浪潮为娱乐、电视剧、体育、经济等各类“赚钱节目”均开设了绿灯，然而缺少了政府资金扶持的宣传类新闻、外宣节目，有助于中国文化走出去的纪录片、专题片等却停滞不前，尴尬地徘徊在文化市场的边缘。

对外传播的手段是多元的。除了新闻以外，以美英等国家为首的西方传媒机构和媒介巨头善于以进口大片和依靠网络传播的电视剧等“软实力”的形式抢滩国内市场，从而达到宣传目的，西方电视产品通过“阳光下”的产品整合行销手段和“阴影中”的网络地下传播、盗版经营渠道潜入内陆。随着国际社会多级格局日趋复杂、文化跨地域传播日益交错，西方的审美价值观正演变成一种全球性的普遍标准，侵蚀着世界其他地区的传统审美文化，使国内电视业的实践与学术两大领域都普遍感到压力。中国电视对外传播既面临着国内影视生态格局的复杂建构与整合，也面临着“文化帝国主义和美国化”的侵蚀与困境。

早在 2003 年，胡锦涛总书记在全国宣传思想工作会议上强调，“要逐步形成同我国国际地位相适应的对外宣传舆论力量，为全面建设小康社会营造良好的国际舆论环境”。此处透露的信息，一是中国的外宣能力和中国的国际地位还不相称，当前中国正在遭遇这种尴尬：当中国的 GDP 总量跃居世界第四，当“中国制造”遍布全球的时候，发现在对外交流中存在严重的“文化赤字”；二是“对外宣传舆论力量”成为塑造和展示中国国际地位的重要元素，是国家战略“软实力”的重要组成部分。

“软实力”意味着一个国家文化与意识形态的吸引力与影响力。“向世界说明中国”这个标志国家文化软力量的命题意味着，中国已在国家战略的高度重视和加强对外宣传中的吸引力、感染力和影响力，通过“软实力”的象征机制提高中国特色社会主义文化的吸纳力，提高中国媒体引导世界舆论的能力和水平，构建与中国国际地位相一致的中国外宣能力。于是，“大外宣”战略应运而生。中央提出外宣新课题，要求抢占先机，赢得话语权，掌握主动权，抓住提高舆论引导能力和国际传播能力。

在这个新的战略布局下，各大中央媒体，特别是中国电视大军已开始

“挥师西进”。中央电视台开始增设各类小语种频道，几年内实现七种语言、十一个频道的国际化布局，新华社也将开设中、英、法、西、俄等多种文字网络新闻视频。电视外宣的新任务，就是要通过国际化的观念、中国化的视角、全球化的语言，向外部世界阐明中国的政治立场、经济发展、社会生活的方方面面，说明真相，消除误解，化解矛盾，结交朋友，为中国特色社会主义事业营造和谐、良好的国际环境。

3. 我国电视外宣格局中的现状与不足

掌握了舆论工具和舆论渠道，并不代表掌握了舆论。几年来，中国电视“走出去”战略的效果还不明显，效率亟待提高。如何用恰当的“心态、语态、姿态”呈现中国的政治、经济、军事、文化和人民生活的状况？如何通过视听语言正确显示中国政府和人民的透明与友好？如何才能适应国际新闻传播领域的“游戏规则”，用易于接受的媒介语言在国际舞台和对外窗口中表达中国政府和中国人民的观点、立场？如何利用好网络等新媒体优势，将电视这一生动鲜活的传统媒介更加有效地传播出去，让世界观众更加准确地了解中国、理解中国，这必将是最值得研究的问题。

改革开放30多年来，中国电视在对外传播上曾进行过有益的尝试。1997年，“小平逝世”、“长江截流”、“香港回归”、“中美首脑正式会晤”、“十五大召开”等众多重大历史事件，促使1997年成为中国电视外宣的突围年。借助香港回归，世界各国纷纷在中国开设记者站，千名媒体工作人员进驻，中国新闻机构也借机打出“宣传组合拳”，引导国际舆论赞颂中国。从此以后，中国国家形象整体上逐渐从负面转向正面。

历史有着惊人的相似之处，11年后的2008—2009年，中国依然通过大悲大喜的“多事之年”推进了世界了解中国的进程。中国经历了大喜大悲的两年，从雨雪冰灾、拉萨骚乱，到四川地震，到北京奥运、毒奶粉事件、新疆事件……一系列事件促使中国的对外宣传迎来了一个全新的语境与格局。

海内外华人抗震救灾的种种表现，“歪打正着”地改变了西方媒体世界对中国的印象。国际传媒领域一直高调提倡“民族的就是世界的”，但长久以来中华民族的宽广情怀和仁爱精神却始终被西方所忽视或误读。美国式的爱国主义饱含了浓厚的民族自豪感和优越感，但却缺乏民族悲愤和牺牲壮志。汶川地震改变了西方对中国的看法，也让双方看到了加深沟通的希望所在、基础所在。真正开放透明的舆论环境，换来了与国际接轨的融洽的外宣气氛，中国政府借助“天灾”打了一场前所未有的新闻翻身仗，有力地反驳了中国威胁论。国外媒体的报道最终由质疑转变为赞扬。

经历了“3・14”与“7・5 事件”后，中国新闻媒体积累了大量丰富的应对社会危机事件的经验，并通过互联网及其他传统媒体大肆反击西方的歪曲报道，这使得 CNN 不敢再拙劣地拼凑画面，只能转发新华社和中央电视台为主的画面，但是其解说词却出现：“……和平请愿被镇压，中国长期压制少数民族，几十年来汉族人大量迁徙到少数民族地区”等等，出现了明显的声画错位。CNN 甚至在“每周中文播报”的新闻评论节目中声称“民族问题就像夫妻关系，需要沟通与谅解……中国的政治问题不解决，经济发展再快也没有用……”（引自 CNN 每周中文播报）。而针对近期泰国政府联合军队对红衫军开枪血腥镇压，造成死伤千人的惨剧，西方主流媒体却并未做批评报道，这足以看清西方媒体的妖言惑众与双重标准，中国的外宣格局依然形势严峻。

由此可见，中国电视在外宣上发挥的积极作用常常是偶然的，并没有形成一套适合中国独特国情的规律，中国迫切需要对外建立起一种长期的既适合中国特殊国情，又与国际接轨的电视外宣规制，这也是目前新闻界研究的重点所在。

经过 50 年的艰苦探索，中国已经成为了无可争议的电视大国，但是中国离“电视强国”的目标还很遥远。与巨大的行业规模相比，能够承担起文化传播使命的精品严重匮乏，电视从业者兼顾“新闻宣传、艺术审美与商业市场”的能力尚显不足。坚持走中国特色的本土化道路始终是中国电视人不可动摇的信念，但在中国电视从大国走向强国的道路上，广泛学习借鉴世界各国各地区的先进经验也成为无法回避的必然选择。

新闻外宣战略的研究中，应广泛使用“比较研究”方法，通过对近年中西方媒体在历次事关国家形象的事件中采取的传播策略进行评估，结合中国国情并最终总结形成可供国家各宣传部门进行借鉴的规制。源于语言学的“比较研究法”现已被广泛运用于科学研究的各个领域，对于西方电视规制研究的西学东渐，比较研究的方法能帮助人们获得西方电视领域的新发现。不借助其他，没有参照物，有时很难认清自己。比较研究的方法有助于了解国际化电视语言的特点、理解西方电视的传播与接收方式。除此之外，量化分析与质化分析相结合、案例分析与理论归纳相结合、理性推断与感性体验相统一等人文学科研究方法，多角度、全方位论证总结对外传播中的规制。

由于对外传播近年成为热门话题，因此涌现出一批资深的学者与管理者发表了许多有关对外传播的言论：《向世界说明中国》（赵启正）、《国家软实力与文化安全研究》（涂成林）、《让世界了解中国什么?》（朱穆之）、《融冰 搭桥 突围》（曾建徽）、《论对外宣传》、《电视外宣策略与案例分析》（任金洲）、《全面构筑电视外宣新格局》（张长明）、《中国文化如何对外传播?》（刘长乐）、《略论全球化背景下我国媒体对外传播的问题》（冷冶夫）、《中国媒体对外传播报道的技巧》（闫晓虹），这些名家对外宣的专著及理论文章都从各自角度诠释了外宣的意义，奠定了中国电视外宣研究的基本格调。同时，由国务院新闻办公室指导、中国外文局的《对外传播》提供了从理论到实践各领域对外宣的体会和重要建议，成为外宣研究领域的重要阵地。

从 2009 年开始，中宣部开始主办每年一次的“全国对外传播理论研讨会”。这为新闻传播外宣规制的深入研究提供了丰富的学术土壤。新语境下，中国形象的塑造离不开电视这个代表“软实力”的文化产业的繁荣、进步，它必将让世界的眼球定格和仰视！外宣文献虽然丰富，但内容较为零散，就事论事的感受、体验性的论述多，真正总结出规律性的、具有实践指导意义的内容尚显不足，电视外宣任重而道远。充分发挥电视的传播功能，肩负起“民族文化大使”的使命，是每一位有责任心的中国电视人的希望和努力的方向。

危机——正伴随着人类社会的高度发达而成倍地增长。在高度信息化的时代里，社会不可避免危机，危机也不可避免媒体。媒体责无旁贷，必须担当起舆论缓释的社会责任，尽其所能缓释社会危机带给全人类的一切压力。面对国内外社会危机事件中的紧迫局势，实践学习科学发展观，维持中国和谐社会的长治久安，化解社会危机，促进人民安居乐业，将是研究的终极目的所在。

略论中国特色社会主义的新闻传播理念

宋小卫　唐绪军*

任何国家的新闻传播理论与实践，都会受到这个国家的政治制度、经济制度、民族心理、历史传统、文化背景等诸方面因素的影响。其新闻传播制度的创设与发展，也是由该国国情、国家性质和其社会发展状况所决定。各国新闻传播制度及其理念的异同，体现了人类新闻实践和传播文化发展的多样性、交融性与共通性。中国新闻传播制度与体制的建立与发展，应当也必将具有中国的特点与风格。

当代中国新闻传播业的成长及其理论探索，以中国特色社会主义的政治、经济、文化和社会实践为基础，珍视本土经验的积累和提炼，同时也注重对域外新闻传播文明成果的了解、学习、借鉴和吸纳。随着新闻传播实践的推进和中外新闻传播文明交流的拓展，中国特色社会主义新闻学的内容也将不断地充实、丰富和完善。

从中国特色社会主义思想体系的角度阐释当代中国的主流新闻理念，可将其核心的关切与诉求概述如下。

一　坚持"以人为本"

《中华人民共和国宪法》第22条第1款规定："国家发展为人民服务、为社会主义服务的文学艺术事业、新闻广播电视事业、出版发行事业、图书馆博物馆文化馆和其他文化事业，开展群众性的文化活动。"该条款中提到的新闻广播电视事业、出版发行事业，含括了主要的新闻传播媒体

* 宋小卫，中国社会科学院新闻与传播研究所马克思主义新闻学研究室主任，研究员。唐绪军，中国社会科学院新闻与传播研究所所长，研究员。

（当时尚未出现网络媒体）。宪法修改委员会在其提交的修宪报告中指出：之所以要在总纲中明示国家促进大众传播事业发展的责任，最主要的考虑是因为新闻、出版等大众传播事业对于丰富和提高人民的精神生活，具有明显的重要性。这一规定及有关公民言论和出版自由条款的创设，明示了国家发展新闻传播事业满足人民群众需求的基本责任，是中国特色社会主义新闻传播制度建设的宪政法源。该条款的入宪，赋予了中国执政党和各级国家机关落实“发展新闻传播事业，满足人民获享新闻传播之需求”的责任，也为新闻传播的制度建设提供了一例具有中国特色的宪政法源，它是中国特色社会主义新闻理念赖以立论的最权威的规范理据。

在中国，中国共产党和各民主党派都必须以宪法为根本活动准则，维护宪法尊严，保证宪法实施。2008 年 6 月 20 日，中共中央总书记胡锦涛在考察人民日报社时专门就新闻宣传工作发表了重要讲话，明确提出“坚持以人为本，是做好新闻宣传工作的根本要求”；“要坚持把实现好、维护好、发展好最广大人民的根本利益作为新闻宣传工作的出发点和落脚点，坚持贴近实际、贴近生活、贴近群众”；“面向基层、服务群众、深入实际，多报道人民群众的工作生活，多反映人民群众的利益要求，多宣传人民群众中涌现的先进典型，激励全体人民信心百倍地创造美好生活”。该讲话的上述内容，是中国执政党对《宪法》第 22 条规定的一种与时俱进的理念阐释、政策强调与实践引导。

值得注意的是，《宪法》第 22 条第 1 款不仅将发展广播、电视、新闻出版等大众传播事业作为国家的一项根本任务予以明文规定，而且着意强调了国家发展的是“为人民服务、为社会主义服务”的大众传播。《宪法》在这里所表称的“为人民服务、为社会主义服务”，主要是对我国新闻传播事业宗旨和政治方向提出的要求，而不是对新闻传播资源获享者的身份规定和资格限制。事实上，所有中华人民共和国的公民，都有权依法成为“为人民服务、为社会主义服务”的新闻传播资源的享用者和消费者。

二 按照新闻传播规律办事，讲究新闻传播艺术

胡锦涛在 2002 年全国宣传部长会议上指出：“要尊重舆论宣传的规律，讲究舆论宣传的艺术，不断提高舆论引导的水平和效果。”这是中国共产党历任主要领导人首次谈到“尊重舆论宣传的规律”。2008 年在人民

日报社考察工作时的讲话中，胡锦涛进一步明确提出了"按照新闻传播规律办事"的要求，这一要求承继了马克思165年前表达的思想。马克思在1843年写道："要使报刊完成自己的使命，首先必须不从外部为它规定任何使命，必须承认它具有连植物也具有的那种通常为人们所承认的东西，即承认它具有自己的内在规律，这些规律是它所不应该而且也不可能任意摆脱的。"①

新闻媒体的从业人员及其管理者、领导者都要按照新闻传播规律办事，讲究新闻传播艺术，克服盲目性，增强科学性。中国执政党对新闻媒体的政治、组织领导，是建立在尊重新闻传播规律基础之上的科学领导，这是"科学发展观"在新闻工作领域的具体落实和体现。

按照新闻传播规律办事，就要实事求是地调查了解对内对外的传播环境、各种传统和新兴传播媒介的特点以及社会发展的大趋势，不能依靠个人的主观感觉。必须建立起长期、科学、系统的调查机制，深入分析各种力量之间的变化，及时调整传播的重心和基调，研究各类受众群体的心理特点和对信息的接受习惯。在了解传播态势、受众心理的前提下，善于主动研究、设置公众关注同时又是党和国家的重大事项的议题。这种设置不能只是传媒一方的主观意志，而要建立在对舆情充分了解的基础上。

只有把握和尊重新闻传播规律，才能提高舆论引导的权威性、公信力、影响力和感召力，增强新闻报道的实效性、生动性、可信性和适读性。

三　执政党为新闻传播事业健康、有序发展提供有效的政治保证和组织保障

新闻传播是民主政治的重要组成部分，这既是世界各国普遍存在的通例，也是当代国际社会的一项基本政治共识。

当代中国的民主政治建设，是在中国共产党领导的多党合作和政治协商制度条件下以《宪法》为根本活动准则展开的。这种政党制度既不同于西方国家的两党或多党竞争制，也有别于有的国家实行的一党制。它是在中国革命、建设和改革实践中形成和发展起来的，是适合中国国情的一项

① 《马克思恩格斯全集》第1卷第2版，人民出版社1995年版，第397页。

基本政治制度。与这一政治制度相适应，中国的执政党——中国共产党通过“党管媒体”、“党管干部”为国内新闻传播事业健康、有序的发展提供了有效的政治保证和组织保障。

中国共产党历来强调新闻媒体是党、政府和人民的喉舌，是党的整个事业的一个重要组成部分。2004 年党的十六届四中全会《决定》更是明确提出了“坚持党管媒体的原则”。坚持党管媒体的原则，就是要使新闻媒体体现出无产阶级政党的思想意志、政治要求和组织原则。但是，党管媒体决不意味着党对新闻媒体的消极控制和拘限，而是为了引领新闻媒体实现好、维护好、发展好最广大人民的根本利益，为公民获享知情权、监督权、表达权和参与公共事务管理等民主权利营建规范有序而又充满活力的新闻环境与传播条件。

2010 年在全国宣传部长会上，谈到党管媒体时，李长春同志强调，要“切实做到善待媒体、善用媒体、善管媒体，充分发挥媒体凝聚力量、推动工作的积极作用”。这一论述后来被简称为“三善论”。“三善论”的提出是时代发展的必然要求，具体阐释了党管媒体原则的基本内容。所谓“善待媒体”，就是要正确认识新闻媒体的职责和特性，尊重专业；所谓“善用媒体”，就是要发挥新闻媒体在促进和谐社会建设中的主体作用，鼓励创新；所谓“善管媒体”，就是要按照新闻传播规律对新闻媒体实施科学的管理，顺势而为。因此，“三善论”是新时期党管媒体原则的与时俱进。

四 新闻媒体和新闻工作者对新闻报道的客观真实公正负有专业性的注意义务与核实责任

坚持新闻的真实性原则，是新闻媒体必须严守的职业道德底线。新闻的“真实”，是指新闻报道与所反映的客观现实相符合，新闻报道的事实必须是确实存在和发生的。

作为采集和提供新闻的专业机构和专业人员，新闻媒体和新闻工作者应当对新闻报道的真实准确客观负有专业性的注意义务与核实责任，保证新闻要素准确无误，情节属实；未经证实的消息，应加以说明；除需要对提供信息者保密外，报道中应指明消息来源；报道中的细节必须真实，不加以拔高、想象和夸张；报道所采用的声音、图像均应来自新闻现场或与报道主题相关的采编活动，而非个人编造或拼接；在报道、说明、解释和评论事实时，要力求全面、正确地反映社会生活的主流和真相，避免因为报道和言论的肤浅、片面、偏颇而导致公众对事物的判断产生偏差或错误。报道一经发布，如果发现失实或其他差错，应立即公开更正致歉，消除不良影响。

新闻真实的实现标准，既是静态的，也是动态的。新闻媒体对真实性的承诺，有时不是一次性地兑现的，需要通过多次跟进、补充报道和及时更正来完成。

新闻真实是新闻可信首要但非唯一的保证，要确保新闻传播和舆论引导的权威性、公信力和影响力，除了坚持新闻的真实性原则之外，新闻媒体和新闻工作者还需恪守全面、公正、公平、不歧视等新闻职业的基本道德准则。

五　把握正确的舆论导向是新闻媒体首要的政治责任

当代的新闻传播对国内外政治、经济、社会、文化等各领域的辐射日益加强，对人们思想、工作、生活等各方面的影响日益深入，新闻媒体在享有、施展其信息传播力、言论表达力和舆论影响力的同时，理应也必须承担相应的公共责任，这是中外新闻媒体和新闻学人的共识，区别只在于如何指认、阐释此种公共责任的丰富内涵，或者对这种公共责任的某些方面予以更多的关注和强调。广义的新闻媒体公共责任，包括媒体对国家和国际政治、经济、文化和社会的良性、有序发展所应肩负的建设性担当，也包括媒体对其受众和服务对象所应恪守的职业道德。

中国新闻媒体首要的政治责任，是把握正确的舆论导向，它要求新闻媒体牢固树立新闻传播的政治意识、大局意识，做好重大突发事件的新闻报道和舆论引导，在重大问题、敏感问题、热点问题的新闻报道上把好关、把好度，确保新闻传播活动在巩固全国各族人民团结奋斗的共同思想基础、推动经济社会又好又快发展进程中发挥积极作用。

六　新闻媒体各职能的相互协调与统一

在当代中国，新闻媒体依照自己创办的宗旨面向公众提供新闻报道、时事评论、受众来稿来信和其他信息，发挥着重要的职能。

新闻媒体的首要职能是传播信息，通过真实、准确、全面、客观的新闻报道把国内外每时每刻发生的重要事件、有价值的信息及时告知公众。

新闻媒体的第二个职能是引导舆论，把代表主流社会思想的舆论表现出来，营造有利于建设社会主义核心价值体系的良好舆论环境，做好重大问题、敏感问题、热点问题的舆论引导，化解矛盾，理顺情绪，坚持有利社会发展和文明进步的舆论导向。

新闻媒体的第三个职能是促进发展，积极主动地推动发展，挖掘和介绍各行业的先进典型和新生事物，以榜样的力量推动生产力发展、民主政治发展和先进文化发展，激励全体人民信心百倍地创造美好生活。

新闻媒体的第四个职能是普及、宣传知识，广泛持久地把人类创造的新知识、新技术、新思想、新理论介绍给公众，促进知识的交流与创新。

新闻媒体的第五个职能是教化公众，通过各种报道、评论和其他媒体作品传播先进文化，潜移默化地引导公众提高思想道德素质、科学文化素质和关心社会进步、生态环境文明的责任感，优化公众的生产方式和生活方式。

新闻媒体的第六项职能是舆论监督，揭露公众关心的社会矛盾和违法违纪事件，通达社情民意，传达弱势群体的呼声，批判霸权主义、强权政治和非人道行为，伸张正义，主持公道。①

新闻媒体作用的有效发挥，需要其各项职能之间的协调搭配，尤其需要达至“体现党的主张与反映人民心声的统一，坚持正确导向与通达社情民意的统一，正面宣传为主与加强和改进舆论监督的统一”。② 对新闻媒体负有领导责任的执政党、新闻媒体的行政管理部门以及各类新闻媒体应以各自的职责构建，达至上述统一的传播和督导机制。

实事求是地看，在我国新闻媒体的工作实践中，其各项职能的发挥并不总是能够自然地保持一种协调搭配的最佳状态，重此轻彼甚至顾此失彼的“职能失衡”现象时有发生。正因如此，党的领导人才提出上述“三个统一”的要求，督促新闻媒体注意其职能调配的合理分布，以求为改革开

---

① 本节有关新闻媒体职能的表述，参照了柳斌杰在博鳌亚洲论坛2003年会主题演讲中的内容。参见柳斌杰《现代媒体的社会职能和公共责任》，《中国新闻出版报》2003年11月7日。

② 李长春：《在第十届中国记者节暨颁奖报告会上的讲话》，《人民日报》2009年11月9日。

放和社会发展营造一个更加均衡的传播环境与新闻生态。

综上所述，以人为本、尊重规律、党管媒体、客观真实、正确导向、诸职协调，构成了中国特色社会主义新闻传播理念的基本骨架，它们之间互为依存、有机统一，合力构建了中国特色社会主义新闻事业得以充分施展其政治优势、组织优势、制度优势和密切联系群众优势的理论基础。其中，以人为本是核心，是中国特色社会主义新闻传播的出发点和归宿；尊重规律是基础，是中国特色社会主义新闻传播的科学依据；党管媒体是原则，是中国特色社会主义新闻传播的鲜明个性；客观真实是前提，是中国特色社会主义新闻传播的职业底线；正确导向是追求，是中国特色社会主义新闻传播的社会责任；诸职协调是目标，是中国特色社会主义新闻传播孜孜以求的理想状态。

（原载《光明日报》2012年10月23日。发表时署名“中国社会科学院中国特色社会主义理论体系研究中心”，并于文后加括号注明“执笔：辛闻”）

中国战略机遇的三个维度

欧阳向英*

十八大报告指出，“综观国际国内大势，我国发展仍处于可以大有作为的重要战略机遇期。我们要准确判断重要战略机遇期内涵和条件的变化，全面把握机遇，沉着应对挑战，赢得主动，赢得优势，赢得未来，确保到2020年实现全面建成小康社会宏伟目标”。报告的科学结论是对“美国专注反恐给了中国以战略机遇期”和“中国的人口红利消失导致错失战略机遇期”等论调的驳斥。中国的战略机遇不是别国施舍的，不是单靠低廉劳动力价格获得的，也不是坐等有利因素可以等来的，而是党和全国人民创造的。从空间看，战略机遇来自战胜重大挑战；从时间看，战略机遇来自长期科学发展；从全局看，战略机遇来自宏伟战略构想。中国的战略机遇期是否存在，能否把握，归根到底在中国自身。国际环境的变化会影响中国发展，但不是决定性因素。

一　战略机遇来自战胜重大挑战

机遇总是与挑战并存。战略机遇蕴于重大挑战之中。战胜重大挑战不仅有助于把握战略机遇，更能创造战略机遇。不能创造机遇，就可能失去机遇。这是我们在推进中国特色社会主义事业中，在遇到新情况、新问题，甚至是一些风险和挑战时，必须认清的一点。只有这样，才能“不为任何风险所惧、不为任何干扰所惑”，信心百倍地战胜前进道路上的一切困难。

---

* 欧阳向英，中国社会科学院世界经济与政治研究所马克思主义世界政治经济理论研究室主任，副研究员。

科学判断和准确把握当前国际国内形势的新变化、新特点，增强抓住机遇的主动性、坚定性，是战胜重大挑战的前提。当今世界政治经济格局正在发生深刻的变化，新兴国家在国际舞台上扮演着越来越重要的角色，但新旧力量对比仍不平衡，中国的快速发展面临更大的外部压力和更复杂的国际环境。美国重返亚太，在经济、政治及军事等领域加强对我国的战略遏制，不稳定、不确定因素有所增加；欧洲主权债务危机迁延至今难以解决，引发世界对资本主义制度的集体反思；日本遭受经济下滑、地震海啸与核泄漏三重灾难，却妄图转嫁危机，用“钓鱼岛争端”转移民众注意力；“阿拉伯之春”引发的政治动荡尚未消除，民族宗教矛盾、领土争端、强权政治、局部冲突等不安宁因素依然存在。世界经济下行风险增大，全球贸易保护主义抬头，发达国家在人民币汇率、贸易顺差、国际结算、知识产权保护等方面不断向我国施压。欧美一些国家相继提出“回归制造业”，大力发展新兴产业，使我国外贸传统优势逐渐减弱，新兴产业竞争趋于激烈。“中国威胁论”和“中国责任论”悄然兴起，中国在国际事务上的压力与误解并存，反映出我们在重大国际问题上还没有很好地把握话语权。个别大国以本国制度和价值规范凌驾于他国之上，文明的冲突超过文化的融合。进一步拓展我国发展的外部空间，不断提高对外开放水平，已经成为当前面临的重大挑战。

改革开放30多年来，中国取得了举世瞩目的发展成就，但人口多，底子薄，城乡和地区发展不平衡，生产力不发达状况没有根本改变。虽然“黄金十年”我国经济实力明显上升，但结构性矛盾突出，农业基础薄弱，食品安全形势严峻，工业化水平较低，科技创新不够，制约因素仍然较多。生产要素总量约束正逐步显现，人口红利衰减，资源环境的承载能力受到挑战，主要依靠低要素成本参与国际竞争的局面难以为继。市场经济体制亟待完善，行政性配置资源、价格管制、资源性产品定价机制等问题需要稳步解决。权力寻租、贫富分化等问题较为突出，公共服务质量和收入分配不公可能成为影响经济发展的新瓶颈。恐怖主义、极端宗教势力、民族分裂势力在部分地区死灰复燃，维护国家安全、民族团结和社会稳定的任务十分艰巨。加快经济发展方式转变、推进政治体制改革、建设社会主义文化强国、提高人民物质文化生活水平、推进生态文明构成事关全局的重大问题。

科学制定适应时代要求和人民愿望的行动纲领和大政方针，找到突破挑战的薄弱环节，更加奋发有为、兢兢业业地工作，是战胜重大挑战的关键。在清醒认识困难的同时，我们也要看到，随着美国实力相对下降和新兴发展中大国迅速崛起，世界多极化趋势不可逆转，制约霸权主义的因素增加，我国能够继续赢得和平发展的战略机遇。尽管存在一些分歧，中美之间已经形成了全球最大的利益共同体与责任共同体，你中有我、我中有你成为全球化时代中美关系的最大特征。中俄战略协作伙伴关系不断深化，双方务实合作在政治、安全和经济领域取得新进展。中国与欧盟的共同利益不断扩大，合作内涵日益丰富，相互理解不断加深。作为世界最大的货物出口国和第二大货物进口国，中国对世界经济的影响力越来越大，也积累了参与经济全球化的宝贵经验。世界各国日益紧密的经贸联系必然提升彼此依存度，进而为加强合作提供广阔空间和巨大潜力。周期性发生的剧烈金融危机引发世界对资本主义社会政治制度和价值体系的反思，正如美国全球发展研究中心所长伯索尔与著名学者福山指出的，全球金融危机使强调小政府、解除监管、私有化和低税率的自由市场或新自由主义模式面临考验。相反，意大利著名经济学家乔万尼·阿瑞吉认为，“中国崛起”是揭示世界体系未来走向的一把钥匙，西方市场经济必将被某种新的更高级的市场经济所取代，它极可能就是今日中国特色社会主义市场经济。我国长期保持经济快速发展、政治稳定、社会和谐，这是我们目前最大的优势和战略机遇。

中国的发展离不开世界，世界的繁荣稳定和发展也离不开中国。中国奉行和平、合作、和谐的理念，坚持把中国国内发展与对外开放统一起来，把中国的发展与世界的发展联系起来，把中国人民的根本利益与世界人民的共同利益结合起来。中国坚持按照和平共处五项原则发展同所有国家的关系，决不意味着中国可以无视自己的核心利益被别国侵占，任人欺侮、随人宰割。有合作，也有斗争，才符合矛盾双方的发展规律。在有争议的领土和海洋权益争端上，中国坚持自己的立场，坚持以对话协商的方式解决分歧，但不承诺放弃武力。胡主席指出，军队要“为维护国家发展的重要战略机遇期提供坚强的安全保障”，既包括主权安全、领土安全、军事安全、外交安全等传统安全，也包括社会安全、经济安全、科技安全、资源安全、生态安全、信息安全等非传统安全。正确运用多种武器和手段进行合理斗争，不回避、不退却、不冲动。“有理、有利、有节”是毛泽东同志在《目前抗日统一战线中的策略问题》中提出的对敌战争“三原则”，现在仍是我党战胜重大挑战、获得战略机遇的法宝。

二　战略机遇来自长期科学发展

中国的战略机遇与国际环境有关，但不完全取决于外部因素，归根到底在于中国自身。十八大报告指出，“总结十年奋斗历程，最重要的就是我们坚持以马克思列宁主义、毛泽东思想、邓小平理论、‘三个代表’重要思想为指导，勇于推进实践基础上的理论创新，围绕坚持和发展中国特色社会主义提出一系列紧密相连、相互贯通的新思想、新观点、新论断，形成和贯彻了科学发展观”。坚持科学发展，强国富民，推进民主政治和法治建设，以繁荣的经济、开明的政治、先进的文化、和谐的社会凝聚人、吸引人、说服人，重塑民族精神，重振大国雄风，就能够创造持久的战略机遇。“7·23”讲话指出：“我们必须以更加坚定的决心、更加有力的举措、更加完善的制度来贯彻落实科学发展观，真正把科学发展观转化为推动经济社会又好又快发展的强大力量”，就是基于发展是解决我国所有问题的关键这一科学判断。

改变发展模式，坚决落实和贯彻科学发展观，是中国创造战略机遇的需要，也是世界对中国的责任要求。中国必须抓住新一轮全球产业分工调整重组的重大机遇和新一轮科技革命的重大创新机遇，科学统筹规划战略性新兴产业发展目标、路径和方式，努力使战略性新兴产业成为我国参与国际经济技术合作和竞争发展的新优势，成为推动我国经济社会可持续发展和转变经济发展方式的重要力量，在经济全球化中实现产业升级和结构调整。必须加快转变外贸增长方式，调整进出口结构，支持具有自主品牌和高附加值产品出口，控制高耗能、高污染产品出口，增加能源、原材料以及先进技术装备等进口。在保证 GDP 稳步增长的同时，大力发展服务业，优化产业结构。中国必须致力建设资源节约型和环境友好型社会，发展循环经济，重视生态保护，促进社会公正，推动和谐社会建设，进而在中长期实现环境保护、经济发展与社会和谐共赢。

统筹兼顾、适当安排是社会主义市场经济有计划性相比资本主义市场经济盲目性的最大长处，追求效率、兼顾公平是社会主义初级阶段协调各方矛盾的基本原则。科学发展观在总结马克思主义世界历史发展规律基础上，强调执政为民的人本观念，充分发挥国家在经济政策和市场调节中的作用，统筹城乡发展、统筹区域发展、统筹经济社会发展、统筹人与自然和谐发展、统筹国内发展和对外开放。科学发展观是社会主义发展观，必然体现社会主义国家执政为民的宗旨，而统筹兼顾恰恰是社会主义的制度优势。执政为民改变了原来只将经济发展作为衡量社会进步的尺度标准，将文明素质、民主法治、生活富裕、社会保障等指数纳入到社会进步的标准中来，强调满足最广大人民群众的根本利益，促进人的全面发展。从城乡、区域、国内外协调发展的角度看，就是要打破二元分割的经济社会结构，发挥市场配置资源的基础作用和政府对经济社会发展宏观调控的主导作用，使两种资源、两个市场相互配合、相互促进。国际金融危机虽然在短期内影响了我国经济发展速度，但并没有改变我国发展的基本格局与大势；相反，应对危机促使我国物质、技术和体制基础更加完善，政府宏观调控和应对复杂局面能力进一步提高。深入推进工业化、城镇化、信息化和农业现代化，必将释放出巨大的发展潜力，创造出大有作为的历史机遇。

三 战略机遇来自宏伟战略构想

2012 年 11 月 30 日，中共中央总书记习近平在中南海召开党外人士座谈会上说：“要坚持社会主义市场经济改革方向，搞好顶层设计，及时推出一些有针对性的改革措施，坚持整体渐进和局部突破相结合，大胆探索，务求实效。”表明中央要积极作为，搞好制度设计，自上而下并团结各方力量共同建设美好家园的决心。中国是社会主义国家，中国共产党是马克思主义政党，这个本质决定了中国选择的发展道路必然不同于资本主义。新的历史条件下，我们继续推进中国特色社会主义，必须不断丰富中国特色社会主义的实践特色、理论特色、民族特色、时代特色。这有赖于我们运用战略思维，提出宏伟构想，制定切实可行的方案，将中国特色社会主义道路稳步推向前进。

全球经济力量不断向新兴市场和发展中国家转移，导致国际战略重心持续东移，亚太在国际格局中的地位持续上升。中国是亚太地区的大国，是当今世界最富活力、最具潜力的国家之一，理应成为推动国际格局调整、建立国际新秩序的主要力量。中国应进一步加强在联合国、20 国集团、中欧峰会、金砖国家、亚太经合组织、上海合作组织等多边场合的活动，以更为积极、更为负责的姿态参与国际事务和推动全球问题的解决。

随着经济全球化的发展，世界秩序、南北关系、生态失衡、环境污染、资源短缺、人口爆炸、跨国犯罪等关系到整个人类生存和发展的全球性问题日益凸显，增加了世界的不稳定性和不安全感。全球性问题的扩展性和威胁的广泛性，需要发达国家和发展中国家树立全球意识，共同面对，共同解决。要想把握住战略机遇，进而创造战略机遇，中国必须对全球治理的路径和方向予以回答。科学发展是全球化时代中国对世界发展理念的新贡献，为人口—资源—环境问题的解决提供了新视角，理应成为解决全球问题的新思路、新模式。科学发展内含改变不合理、不公正的国际政治经济旧秩序的要求。环境问题涉及发展中国家的贫困问题，而发展中国家的贫困问题又与现存的不公正、不合理的国际政治经济旧秩序有密切的联系。发展中国家在脱离西方殖民主义体系取得独立后，旧的国际垂直分工体系和经济结构并未相应改变。这种状况恶化了发展中国家谋求发展的条件，制约着发展中国家保护环境的努力。与发达国家相比，发展中国家的处境要困难得多。因此，国际社会要谋求环境保护的国际合作取得进展，首先要设法解决发展中国家的贫困问题，使发展中国家尽量摆脱对环境资源的依赖。而要做到这一点，就必须改变不公正、不合理的国际政治经济旧秩序。否则，人类很难实现环境保护的目标。

建立国际经济新秩序首推国际金融体系改革。金融长期衍生品过度泛滥、偏离了实体经济、监管不严等是金融危机产生的重要原因，广泛存在于黄金、货币、商品市场、期货市场的投机因素使得世界经济增长泡沫因素增加。应积极推进重新规范全球金融市场的竞争规则，把金融资本引向现有的产业，鼓励全球经济创新，同时推动国际货币体系改革。金砖五国在共同发表的《三亚宣言》中提出建立能提供稳定性和确定性的、拥有广泛基础的国际货币储备体系，亚洲结算中心的积极筹划和人民币国际化进程互为依托，力求规避贸易中使用美元带来的汇率风险和成本，都是对国际货币体系改革的积极探索。要坚定不移地实施经济国际化战略，坚持扩大内需与稳定外需相结合、对外开放与转型升级相结合、“引进来”和“走出去”相结合，优化进出口贸易结构，扩大对外投资规模，努力提升中国在国际分工中的地位，提升对外经济交往水平，提高创新能力、研发能力、品牌推广能力乃至对整个产品价值链的掌控能力，巩固中国在全球市场的竞争优势，把握长期战略机遇，成为世界经济的亮点。

发展要靠改革来推动，改革将使中国焕发出新的活力，释放出巨大的生产力。要下定决心推进政治体制改革，立足中国国情，合理吸收世界政治文明成果，破除阻碍中国经济和社会发展的根本问题。要积极稳妥地推进政府管理体制改革，包括行政审批制度改革，特别是简化投资项目审批和核准流程，使其向现代开放型政府转化。要进一步完善社会主义基本经济制度，鼓励、支持和引导多种所有制经济共同发展。打破行业垄断，放宽市场准入，形成公平竞争的市场格局。要继续深化资源配置方式改革，以价格改革为先导，进一步完善市场体系。要深化财政金融体制改革，完善转移支付制度，优化转移支付结构，形成有利于科学发展的体制机制。应加快科技体制改革，发挥市场配置科技资源的基础性功能作用，鼓励技术创新。建立健全风险投资机制，实现科技创新、金融服务与产业的有机融合，推动经济发展从要素驱动向创新驱动转变。坚持民生优先，完善教育、就业、收入分配等保障和改善民生的制度安排及政策设计，推进基本公共服务均等化，努力使发展成果惠及全体人民。继续实施就业优先战略，通过扩大就业增加居民收入；加快推进收入分配制度改革，尽快解决分配不公问题，扭转收入差距扩大趋势；坚持教育优先，实现国家财政性教育经费支出占 GDP 比例 4% 的目标；继续推进医药卫生体制改革，努力实现社会保障制度的全覆盖；加强文化基础设施建设，保障人民基本文化权益；加大保障性安居工程建设力度，着力实现“住有所居”的目标。要不断创新社会管理体制，着力构建社会力量广泛参与事业发展的新格局，支持和鼓励社会力量兴办社会事业。健全应急管理体制机制，提高政府应对突发公共事件的能力，建立健全社会治安综合治理机制、利益协调机制、诉求表达机制、社会矛盾纠纷调处机制和权益保障机制，以有效维护社会稳定和公共安全。

中国特色社会主义建设是一个漫长的历史过程，需要不断改革开放，把各项事业扎实推向前进。尊重人才、培养人才、用好人才是社会主义事业胜利的基本保障。世界加速科技创新和产业革命的历史机遇，有利于我国加快实施科教兴国和人才强国战略，有利于我国产业结构优化升级和实现跨越式发展，有利于我国增强自主创新能力和缩小与发达国家的差距，这是时代赋予我们的机遇。机遇只有被把握才具有现实性，否则就可能失之交臂。让我们在历史洪流中创造出大有可为的战略机遇，为实现社会主义现代化和中华民族复兴而奋斗！

论引领社会思潮

王炳权[*]

党的十六届六中全会首次提出“建设社会主义核心价值体系”的重大命题，并把社会主义核心价值体系概括为四个方面，即马克思主义指导思想，中国特色社会主义共同理想，以爱国主义为核心的民族精神和以改革创新为核心的时代精神、社会主义荣辱观。同时明确提出，“坚持以社会主义核心价值体系引领社会思潮，尊重差异，包容多样，最大限度地形成社会思想共识”①。这是我们党在思想文化建设上的一个重大理论创新，是我们党深刻总结历史经验、科学分析当前形势提出的一项重大战略任务。党的十七大、党的十八大均强调要坚持以社会主义核心价值体系引领社会思潮。坚持以社会主义核心价值体系引领社会思潮是我们党的意识形态工作的一项重大战略任务，也是思潮研究的重要出发点。②

明确坚持引领社会思潮的重要性和迫切性，才能自觉坚持以社会主义核心价值体系引领社会思潮；不断提升引领社会思潮的能力，才能切实把坚持以社会主义核心价值体系引领社会思潮的重大任务落到实处；增强引领社会思潮的针对性，才能增强坚持以社会主义核心价值体系引领社会思潮的实效性；尊重差异，包容多样，有力抵制各种错误和腐朽思想，是坚持以社会主义核心价值体系引领社会思潮的基本原则方针。因此，坚持以社会主义核心价值体系引领社会思潮，必须明确坚持以社会主义核心价值体系引领社会思潮的重要性和迫切性，不断提升以社会

---

* 王炳权，中国社会科学院政治学研究所马克思主义政治学研究室主任，副研究员。

① 《十六大以来重要文献选编》（下），中央文献出版社 2008 年版，第 661 页。

② 正如前文所述，本书并没有把社会思潮与政治思潮做细致区分，因此在“引领社会思潮”这一部分的论述中，根据中央文件“引领社会思潮”的提法加以展开，并不专门讨论引领政治思潮的问题。

主义核心价值体系引领的社会思潮的能力，大力增强引领社会思潮的针对性，积极贯彻“尊重差异，包容多样”的原则，同时坚决抵制各种错误和腐朽思想。

一 坚持引领社会思潮的重要性和迫切性

坚持对社会思潮的引领是意识形态领域的重要问题，对于构建社会主义和谐社会和提高党在意识形态领域的执政能力具有重要的理论价值和重大的现实意义。

1. 意识形态领域的重要问题

意识形态领域的工作是我们党的一项重要工作。早在中国共产党成立之初，党就把马克思主义的教育宣传作为一项重要工作提上日程。1923 年 11 月，党的三届一中全会通过的《教育宣传问题决议案》强调，要采取多种形式加强党员的马克思主义基本原理教育，要用辩证唯物主义世界观和集体主义人生观教育党员和群众。在以后的革命、社会主义改造和建设进程中，我们党多次强调群众工作，提出对党的干部加强马克思主义理论教育，这为新民主主义革命的最终胜利和社会主义改造和建设的顺利完成奠定了良好的舆论基础。可以说，对意识形态工作的高度重视是党取得革命胜利和完成社会主义改造和建设的重要条件。

改革开放后，我们党依然高度重视党的意识形态工作，尤其是非常重视社会思潮的发生发展，特别是把跟踪研究思潮的发生及影响当作意识形态工作的重要方面。这与社会思潮的实际情况有直接关系。新中国成立至改革开放前，我国处于政治、经济、文化高度一元化的时期，这一时期社会思潮相对较少。而自改革开放以来，人们思想空前活跃，思想文化领域呈现出多样性，各种社会思潮层出不穷，其中很多是一些有益于推进马克思主义理论中国化的社会思潮。加强和改进党的意识形态工作必须跟踪研究这些错误思潮的发生发展。

对于错误思潮，我们党的几代中央领导集体都保持高度警惕。改革开放前，虽然社会思潮相对较少，但以毛泽东为核心的党的第一代中央领导集体对思想意识形态领域的问题高度关注，在社会主义改造和建设时期，曾开展过大规模的思想理论教育与各种反马克思主义的理论倾向作斗争，虽有其过火之处，但为我们后来警惕和抵制各种错误思潮提供了大量的经验和深刻的教训。邓小平在党的十一届三中全会以后的多次讲话中，强调要关注和研究社会思潮。以江泽民同志为核心的党的第三代中央领导集体，高举邓小平理论伟大旗帜，十分重视了解、鉴别社会思潮，并把研究社会思潮和加强社会主义精神文明建设紧密结合起来。以胡锦涛同志为总书记的党中央为加强主流意识形态建设，多次强调要坚持以社会主义核心价值体系引领社会思潮，并切实采取了一系列对社会思想文化和社会舆论加以正确引导的政策措施。党的十六届六中全会决议明确提出，“坚持以社会主义核心价值体系引领社会思潮，尊重差异，包容多样，最大限度地形成社会思想共识”,① 党的十七大报告重申了要引领社会思潮，强调要“积极探索用社会主义核心价值体系引领社会思潮的有效途径，主动做好意识形态工作，既尊重差异、包容多样，又有力抵制各种错误和腐朽思想的影响”,② 并强调要增强文化软实力。党的十八大再次强调，“用社会主义核心价值体系引领社会思潮、凝聚社会共识”③。为确保以社会主义核心价值体系来加强对社会思潮的引领工作取得实效性，并在实践中推出了一系列相应的具体的政策举措来。比如，加强马克思主义理论研究和建设，增强党的思想理论工作的创造力、说服力、感召力；坚持用马克思主义中国化的最新成果武装全党、教育人民，深入进行理想信念教育、国情教育和形势政策教育，不断增强人们对中国共产党领导、社会主义制度、改革开放事业和全面建设小康社会目标的信念和信心；实施了文化体制改革，努力打造和发展新型的文化产业和文化事业，以适应社会主义市场经济条件下的文化产业和文化事业的发展；实施了“全国文化系统‘四个一批人才’工程”，培养与执政党和政府同心同德的理论、新闻、文艺、出版界的中青年人才；等等。

党的十八大以来，在以习近平同志为总书记的党中央推出了一系列治国理政的新举措，强调改进工作作风，密切联系群众，厉行勤俭节约、加大反腐倡廉力度，党风政风气象日新，全民族凝聚力向心力进一步增强，

---

① 《十六大以来重要文献选编》（下），中央文献出版社 2008 年版，第 661 页。

② 胡锦涛：《高举中国特色社会主义伟大旗帜为夺取全面建设小康社会新胜利而奋斗——在中国共产党第十七次全国代表大会上的报告》，人民出版社 2007 年版，第 34 页。

③ 胡锦涛：《坚定不移沿着中国特色社会主义道路前进　为全面建成小康社会而奋斗——在中国共产党第十八次全国代表大会上的报告》，人民出版社 2012 年版，第 31 页。

道路自信、理论自信和制度自信进一步坚定，这为社会思潮的引领工作的进一步推进奠定了良好的基础。

2. 引领社会思潮的重要意义

党的十一届三中全会后尤其是近年来，伴随改革开放的不断深入发展，国内外各种社会思潮相互激荡，思想领域呈现出多元化。这为加强社会主义核心价值体系建设提供了良好的机遇，与此同时，也对马克思主义在意识形态领域的主导地位提出了严峻挑战。坚持以社会主义核心价值体系引领社会思潮的必要性和重要性日益凸显出来。针对这一重要性和必要性，学界展开了深入探讨。

从整体上看，现有的研究成果主要从两个方面讨论以社会主义核心价值体系引领社会思潮的意义。许多学者从构建社会主义和谐社会的视角论述引领社会思潮的重大意义。他们指出，坚持以社会主义核心价值体系引领当代社会思潮，是党领导人民构建社会主义和谐社会的重要政治课题。社会主义核心价值体系，是我国各族人民团结奋斗的共同思想基础，应当发挥它在引领当代社会思潮中的统摄作用和导向功能。如有论者认为，在经济全球化、政治多极化、文化多元化、信息网络化的时代背景下，在构建社会主义和谐社会的新阶段，在经济社会生活和人们价值取向多样化的条件下，坚持以社会主义核心价值体系引领当代社会思潮，对于形成全民族奋发向上的精神力量和团结和谐的精神纽带，具有特别重要的意义。我们党要领导人民把构建社会主义和谐社会的伟大事业向前推进，就必须立足执政兴国、执政为民的高度，自觉担负起以社会主义核心价值体系引领社会思潮的政治责任。①

也有学者从社会结构深刻变动、利益格局深刻调整的角度概括引领的意义。提出，社会大变革时期，旗帜鲜明地以社会主义核心价值体系引领社会思潮，是巩固全民族、全社会奋发向上，团结和谐的精神纽带的必然要求；是积极应对当今世界范围内的思想文化变革的冲击和挑战的必然要求；是我们党实现理论创新的重要途径；是我们党了解、掌握社情民意的重要途径；也是我们党制定正确的理论、路线、纲领和方针政策的必要前

---

① 国防大学邓小平理论和“三个代表”重要思想研究中心：《坚持以社会主义核心价值体系引领社会思潮》，《光明日报》2006 年 12 月 16 日。

提；是不断增强党民主执政能力的重要条件。① 本书把坚持以社会主义核心价值体系引领社会思潮的意义概括为以下方面。

社会主义核心价值体系具有引领能力。党的十六届六中全会通过的《中共中央关于构建社会主义和谐社会若干重大问题的决定》指出，马克思主义指导思想，中国特色社会主义共同理想，以爱国主义为核心的民族精神和以改革创新为核心的时代精神、社会主义荣辱观，构成社会主义核心价值体系的基本内容。社会主义核心价值体系是社会主义意识形态的本质体现，是社会主义制度的内在精神和生命之魂，在我国各种思想文化和价值观念中居于统摄地位。它是我们党领导人民经过长期实践锻造而成的思想文化成果的精华，是我国各族人民团结奋斗的共同思想基础，是社会主义特有的、最主要的价值观，是人类历史上最科学最先进最有生命力的价值体系，代表着社会的发展方向。社会主义核心价值体系还具有广泛的适用性和包容性，体现思想道德建设上的广泛性要求，符合不同层次群众的思想状况，涵盖不同社会群体和社会阶层的不同诉求。因此，社会主义核心价值体系既是构建社会主义和谐社会的精神支柱，是联结各民族、各阶层的精神纽带；也是引领社会思潮的伟大旗帜，具有强大的整合能力和引领能力。

坚持以社会主义核心价值体系引领社会思潮，是促进社会和谐的现实要求。社会思潮是特殊的社会意识现象，是一定时期社会存在的反映，是社会经济政治生活的“晴雨表”，是判断一定时期意识形态整体状况的“风向标”。应该看到，在新世纪新阶段，随着改革开放的不断深化，尤其是社会结构的深刻变化和利益格局的深刻调整，各种思想文化相互激荡，人们思想观念、道德意识、价值取向进一步多样化，人们思想活动的独立性、选择性、多变性、差异性增强。思想意识领域呈现复杂的态势，社会思潮更显芜杂和活跃。社会思潮的差异性和多样性成为一种客观存在。加之世界范围内各种思想文化交流交融交锋更加频繁。面对新形势，亟须观察“晴雨表”，把握“风向标”，坚持以社会主义核心价值体系引领和整合社会思潮，在社会意识多样化中不断增强社会主义意识形态的凝聚力与吸引力，从而为国家和社会的稳定与发展提供强有力的精神支撑。可见，

---

① 张理海：《坚持以社会主义核心价值体系引领社会思潮》，《西安政治学院学报》2006年第6期。

坚持以社会主义核心价值体系引领社会思潮，是思想意识领域形势发生深刻变化的客观要求，是建设和谐文化、巩固社会和谐的思想道德基础的现实需要。

坚持以社会主义核心价值体系引领社会思潮，能够提高党在意识形态领域的执政能力。意识形态是经济、政治在思想领域的反映，反过来又影响着经济、政治的发展。高度重视意识形态工作，充分发挥意识形态工作的重要作用，团结全党，动员群众，为实现伟大目标而奋斗，是我们党的优良传统和政治优势，也是我们党的重要的执政经验。在新的历史时期，我们党要团结带领全国各族人民实现既定的奋斗目标，在复杂多变的国际形势中站稳脚跟，就必须继续高度重视和切实做好意识形态工作，继续提高党在意识形态领域的执政能力。坚持以社会主义核心价值体系引领社会思潮，深刻认识思想意识领域的矛盾状况、科学分析影响思想意识领域和谐的主要原因、积极主动地化解矛盾，可以使党在意识形态领域的执政能力得到进一步锻炼。因此，坚持以社会主义核心价值体系引领社会思潮，作为党的意识形态工作的重要方面，是在新时期新阶段提高党在意识形态领域执政能力的重要实践。

二 不断提高引领社会思潮的能力

加强和改进对社会思潮的引领工作，切实取得引领社会思潮工作的良好效果，必须不断提高引领社会思潮的能力。这就要求我们进一步解放和发展生产力，不断增强引领社会思潮的物质基础；进一步加强马克思主义理论研究和建设，不断巩固引领社会思潮的思想基础；进一步加强党的领导，不断强化引领社会思潮的政治保障。

1. 不断增强引领社会思潮的物质基础

马克思说过，“人们为之奋斗的一切，都同他们的利益有关”。[①] 思想一旦离开利益的需要，就会使自己出丑。思想建设离开群众的实际需要，也会使自己出丑。所以，思想建设必须把解决思想问题和关注群众的利益、解决群众的实际问题结合起来。邓小平指出：“按照历史唯物主义的观点来

---

① 《马克思恩格斯全集》第1卷，人民出版社1995年版，第187页。

讲，正确的政治领导的成果，归根结底要表现在社会生产力的发展上，人民物质文化生活的改善上。”① 只有不断发展生产力，改善人民的物质生活，才能充分体现社会主义制度的优越性，巩固社会主义核心价值体系，增强其引领社会思潮的物质基础，有效遏制和消除种种错误思潮。如果没有几十年来社会生产力的发展，没有人民生活水平的提高，社会主义核心价值体系就得不到巩固和发展，也不会为广大人民所认同。可见，强大的社会生产力是坚持以社会主义核心价值引领社会思潮的强大的物质基础。

要根据解放和发展生产力的要求，坚持和完善公有制为主体、多种所有制经济共同发展的社会主义基本经济制度。必须毫不动摇地巩固和发展公有制经济，毫不动摇地鼓励、支持和引导非公有制经济发展。邓小平指出：“社会主义的经济是以公有制为基础的。”② 公有制和国有企业是社会主义核心价值体系的物质经济基础。公有制的主体地位如果被削弱，社会主义核心价值体系就会成为无根之木。因此，在发展生产力的过程中，要不断巩固社会主义公有制的主体地位，大力发展国有经济，搞好国有企业。个体、私营等各种形式的非公有制经济是社会主义市场经济的重要组成部分，对充分调动社会各方面的积极性、加快生产力发展具有重要作用，从而使非公有制经济与公有制经济的发展统一到社会主义现代化进程中来，共同促进生产力的发展。

在大力发展社会主义社会生产力、构建社会主义和谐社会过程中，要继续坚持以人为本，充分体现科学发展观的价值取向和根本要求，体现经济社会发展与人的全面发展的辩证关系，坚持发展为了人民、发展依靠人民、发展成果由人民共享，在推动经济社会协调发展中促进人的全面发展。

2. 不断巩固引领社会思潮的思想基础

我国是社会主义国家，马克思主义是我们党的根本指导思想，是社会主义意识形态的旗帜。马克思主义指导思想是社会主义核心价值体系的灵魂，决定了社会主义核心价值体系的性质和方向。建设社会主义核心价值体系最根本的是坚持马克思主义的指导地位。通过加强马克思主义理论研究和建设，可以进一步发挥马克思主义指导思想对整个社会主义核心价值

---

① 《邓小平文选》第2卷，人民出版社1994年版，第128页。

② 同上书，第167页。

体系的统摄作用，大大加强以社会主义核心价值体系引领社会思潮的思想理论基础，使社会主义核心价值体系在引领社会思潮的过程中显示更为强大的真理与逻辑的力量。

目前，全党正在认真贯彻落实《中共中央关于进一步繁荣发展哲学社会科学的意见》、《中央宣传思想工作领导小组关于实施马克思主义理论研究和建设工程的意见》。这是深化马克思主义研究，凝聚并发展壮大马克思主义理论队伍，进一步巩固马克思主义指导地位的重要举措。加强马克思主义理论研究和建设，必须长期实施这些重要举措。

加强马克思主义理论研究和建设，需要大力研究和宣传科学发展观。科学发展观是马克思主义同当代中国实际和时代特征相结合的产物，是马克思主义关于发展的世界观和方法论的集中体现，对新形势下实现什么样的发展、怎样发展等重大问题作出了新的科学回答，把我们对中国特色社会主义规律的认识提高到新的水平，开辟了当代中国马克思主义发展的新境界。因此，在回答我国现代化建设中的重大理论和现实问题中正在发挥着重要作用，体现着马克思主义理论的实践价值和理论力量。

加强马克思主义理论研究和建设，要对重大现实问题做出积极回答。邓小平说："真正的马克思列宁主义者必须根据现在的情况，认识、继承和发展马克思列宁主义。"① 江泽民说："离开本国实际和时代发展来谈马克思主义，没有意义。静止地孤立地研究马克思主义，把马克思主义同它在现实生活中的生动发展割裂开来、对立起来，没有出路。"② 马克思主义理论是对社会实际的科学反映，加强马克思主义理论的研究和建设，必须关心国内外形势，关注当代世界的发展，联系资本主义国家出现的新情况、新问题，联系我国改革开放和社会主义现代化建设的实际，研究新情况，探索新问题，加强研究现实问题，不讲空话、套话、废话，把马克思主义理论与它的科学性和战斗性落到实处。

3. 不断强化引领社会思潮的政治保障

中国共产党是中国特色社会主义事业的领导核心。江泽民同志指出："要把十几亿人的思想和力量统一和凝聚起来，共同建设有中国特色社会

---

① 《邓小平文选》第3卷，人民出版社1993年版，第291页。

② 《江泽民文选》第2卷，人民出版社2006年版，第12页。

主义，没有中国共产党的统一领导是不可设想的。”① 党管意识形态，是我们党在长期实践中形成的重要原则，是坚持党的领导的重要方面，任何时候任何地方任何条件下都不能动摇。建设社会主义核心价值体系、以社会主义核心价值体系引领社会思潮同样离不开党的坚强领导。加强党的领导，是以社会主义核心价值体系引领社会思潮的政治保障。

然而，由于种种原因，一些干部领导科学发展能力不强，一些基层党组织软弱涣散，少数党员干部理想信念动摇、宗旨意识淡薄，脱离群众，官僚主义、形式主义严重，不思进取，消极腐败，他们的世界观、人生观、价值观已严重偏离社会主义核心价值体系。这严重影响着引领社会思潮工作的实效性。增强以社会主义核心价值体系引领社会思潮的实效性，必须纯洁党的队伍，不断提高党自身的执政能力和水平。首先要把党员先进性和纯洁性教育活动经常化，这对坚持社会主义核心价值体系引领社会思潮非常重要。通过这种教育活动，引导广大党员学习马克思主义，提高自身的思想理论素质，自觉践行社会主义核心价值观，主动在建设社会主义核心价值体系中做全社会的表率。其次要加强反腐败的力度。腐败现象是剥削制度和剥削阶级的产物。党内部分党员干部的腐败行为违背了党的宗旨和原则，背离了社会主义价值观，严重腐蚀党的健康肌体，损害了党群、干群关系。加强反腐败的力度，提高党在人民群众心中的威信，能够使群众认同党员干部在建设社会主义核心价值体系中的模范带头作用，使社会主义核心价值体系建设取得更大成效。

三　准确把握社会思潮的基本格局

把握社会思潮的基本格局、主要思潮的基本情况及思潮整体发展趋势，是增强引领工作的实效性的必要要求。

1. 当前我国社会思潮的基本情况

当前，经过30多年的改革开放和社会主义现代化建设，我国经济实力、综合国力、人民生活水平都得到了显著提高，但同时也要清醒地看到，我国正处于并将长期处于社会主义初级阶段，人民日益增长的物质文

① 《江泽民文选》第2卷，人民出版社2006年版，第262页。

化需要同落后的社会生产之间的矛盾仍然是我国社会的主要矛盾。当前，我国已进入改革发展的关键时期，经济体制深刻变革，社会结构深刻变动，利益格局深刻调整，思想观念深刻变化，统筹兼顾各方面利益任务艰巨而繁重。这种空前的社会变革，既给我国发展进步带来巨大活力，也必然带来这样那样的各种矛盾和问题。

对一种社会思潮的多种研究会对同一历史时期的社会思潮作出不同判断，在社会思潮名称、内容侧重、对社会思潮的评价上有所差异，这些差异与研究立场的不同、出发点的不同有关。但诸多研究某一种社会思潮的成果对该思潮内容的把握基本一致，这源于社会思潮是一种客观存在，不以人们的意志为转移。像西方近现代以来的人文主义思潮、科学主义思潮，中国五四之后的自由主义思潮、科学社会主义思潮等，都是被人们从多种角度加以认识和研究的。理论界在当代中国有哪些主要社会思潮的问题上也基本一致。近年来，学界对当代中国社会思潮的研究成果基本上围绕着新自由主义思潮、民主社会主义思潮、历史虚无主义思潮、公共知识分子思潮、普世价值思潮、“宪政”思潮、“儒化中国”思潮、当代中国民族主义思潮、“新左派”思潮等展开。这些思潮确实是改革开放新时期特别是20世纪90年代中后期以来出现的主要社会思潮。

2. 新时期社会思潮的基本特点

不同时代的社会思潮具有不同的特点，相对于以往时期的社会思潮而言，改革开放新时期的社会思潮有以下重要特点。

非常活跃。社会思潮总是根植于一定经济基础之上，反映一定社会阶段经济状况和人们经济利益的调整所引起的矛盾，反映一定阶级或阶层的利益诉求、情感和愿望。改革开放的30多年是中国历史上十分重要的历史时期。党的十七大报告指出：“一九七八年，我们党召开具有重大历史意义的十一届三中全会，开启了改革开放历史新时期。从那时以来，中国共产党人和中国人民以一往无前的进取精神和波澜壮阔的创新实践，谱写了中华民族自强不息、顽强奋进新的壮丽史诗，中国人民的面貌、社会主义中国的面貌、中国共产党的面貌发生了历史性变化。”① 这段论述明确把

---

① 胡锦涛：《高举中国特色社会主义伟大旗帜为夺取全面建设小康社会新胜利而奋斗——在中国共产党第十七次全国代表大会上的报告》，人民出版社2007年版，第6页。

改革开放 30 年定位为“新时期”，指出新时期中国发生了翻天覆地的变化。从社会思潮形成发展的具体历史条件看，改革开放新时期，经济、政治、文化都发生了广泛而深刻的变化。这些变化为社会思潮的涌起提供了丰厚的土壤。多种社会思潮围绕中国应如何改革、如何进行现代化建设等问题，纷纷走到历史前台，基于不同的立场、不同的角度，宣扬各自的理论观点，表达各自的现实诉求，表现非常活跃。这主要体现在以下方面。

一是数量多。在一个历史阶段内，社会思潮是否活跃的一个重要标志，就是具体思潮的多少。在革命或改革时期，社会思潮往往比较活跃。党的十一届三中全会的召开，是中国现代化事业的强劲号角，唤醒了不同的社会心理和思想观念，促进了新的思想观念的产生。不断深化的改革开放实践如春雨般不断浸润着这些以往并未显山露水的社会心理与思想意识。在新的历史时期，社会思潮不断地涌流，社会思潮数量较多，有大潮，也有小潮；有主潮，也有非主潮，各种思潮间的互动十分频繁，并随着具体社会历史条件的变化调整各自的价值诉求。

二是思潮的起落明显。一般说来，一种具体社会思潮有发生、发展、衰退以至销声匿迹的生命周期。在社会思潮活跃期，一些社会思潮的生命周期会比较完整地呈现出来。在中外历史上社会思潮比较活跃的时期，人们都可以看到在社会思潮家族中“你方唱罢我登场”的场景，不同的社会思潮由于时代问题的变化，有的落幕，有的生发，有的改弦更张。在改革开放新时期 30 多年短暂的历史跨度内，一些社会思潮的起起落落已经清晰地呈现在人们面前，说明这一时期社会生产生活中的诸多调整给社会思潮提供了充分展示的机会。

三是理论性较强。任何社会思潮都会不同程度地对人们的思想观念、社会经济政治生活的运行产生影响，但在不同的历史时期，这种影响的大小有较大的差别，这种差别的形成，除了其他原因外，也与思潮自身的逻辑是否完善，理论性是否突出有较大关系。在改革开放新时期，一些主要社会思潮表达核心价值观诉求的思想理论部分的体系性、逻辑性都比较明显，有理论渊源，有比较成熟的核心理论，与社会生活实际联系紧密。如，当代中国自由主义思潮既移植西方自由主义思想体系，也承接中国近现代自由主义思想的理论追求，其理论性、体系性还是比较完整的。

四是现实政治性突出。诸多社会思潮既以改革开放实践为现实依据，又积极参与改革进程，影响改革方向和实践，随着社会经济政治形势的变化，不断变换具体诉求和表达方式。这些思潮的主张和现实的重大社会问题紧密联系，在如何改革上，有着不同的期待和设计，体现了不同的改革观。有的社会思潮要达到根本制度上的“革命”，有的要实现机制的转变。社会主义改革事业的不断推进，改革的中心任务的不断调整，影响着这些社会思潮的关注焦点，左右着它们的“出场”顺序。如，经济体制改革不断推进过程中，自由主义思潮的表现就突出一些；着力推进政治体制改革时，民主社会主义思潮的表现就更为突出。

3. 社会思潮的发展趋势

根据社会思潮的发生发展规律，结合目前国内外复杂局势，当前社会思潮发展有以下几个基本趋势。

一是社会思潮将继续发展并对社会生活发挥更大影响。社会思潮继续发展和发挥作用，根本原因在于促进其发展的社会历史条件继续存在着。党的十七大提出，当今世界正在发生广泛而深刻的变化，当代中国正在发生广泛而深刻的变化。在这样的时代大背景下，伴随着社会结构、社会组织形式、社会主义利益格局发生深刻变化，人们思想活动的独立性、选择性、多变性、差异性明显增强。在根本利益一致的情况下，社会利益会继续有所分化。思想是利益的说明书，因社会利益关系的分化，反映不同利益群体及其诉求的社会思潮也会相应地产生和发展。有论即认为，“在这样一个社会中，各种利益诉求的表达将会成为一种常规性的社会现象”①，这些思潮也会在更大更广的范围内发挥社会影响。

一些社会思潮的核心人物会推动社会思潮发挥更大影响力。这些人是思潮最为活跃和最为重要的组成部分之一。他们已经主导了一些领域的“话语权”，随着我国改革的不断深入，他们会主动推动社会思潮在发展速度和发展空间上进一步增大，在政治、经济、法律、历史、文化和社会等领域产生更大的影响。一些社会思潮随着现实生活条件的变化，将进一步获得舆论空间，产生更大影响。比如新自由主义思潮，作为其核心主体的部分知识分子可能会与一些拥有较大量社会资源的“强势”群体结合，表达这个群体不断发展的政治诉求，成为其思想舆论的“代言人”。经济社会结构的变化和利益分化也使人民群众中的普通群体的阶级、阶层意识不

---

① 孙立平：《构建以权利为基础的制度安排》，《南方周末》2004 年 1 月 1 日。

断增强，他们也需要有自己利益和意志的表达者。一部分人会同情和维护广大普通劳动者和弱势群体的利益。他们的思想和活动也会与社会现实问题进一步结合，推动一些社会思潮的发展。

二是社会思潮的发展会使意识形态领域的情况趋于复杂。进入新世纪新阶段，国际局势发生新的深刻变化，世界多极化和经济全球化的趋势继续在曲折中发展，科技进步日新月异，综合国力竞争日趋激烈，各种思想文化相互激荡，各种矛盾错综复杂，我们仍面临发达国家在经济、科技等方面占优势的压力。我国改革发展处在关键时期，社会利益关系更为复杂，新情况新问题层出不穷。在这种情况下，社会思潮与社会思潮之间的关系、社会思潮与主流意识形态的关系会进一步复杂化，思潮与思潮间的分化与对立的形势会越来越明显。首先社会思潮之间的对立会凸显出来。原因在于，如果这些社会思潮进一步获取发展的社会资源，这些社会思潮的发展势必在整个社会思潮领域产生比较大的反弹，与这些社会思潮相对立的社会思潮也会相应地作出较大反映。更为重要的是，那些与主流意识形态相左的社会思潮会对主流意识形态产生更大冲击。它们会继续整合自己的群体力量，通过多种方式与主流意识形态争夺群众；它们会通过多种方式继续把自己的理念渗透到经济、政治、文化生活实践中。

4. 深化具体思潮的研究

进一步研究各种具体思潮，才能使引领工作进一步落到实处，尊重什么、包容什么，更有针对性。

研究具体社会思潮时，首先要区分主次，找准关注的重点，即那些社会影响较大的社会思潮。这些思潮往往是各种思潮中的“主潮”，对其他社会思潮也有较强的影响力，需要给予更多关注。

研究具体社会思潮，离不开对其代表人物或学派的分析研究。社会思潮的代表人物或学派是社会思潮的支持者、传播者、宣传者，他们的言行在一定程度上反映了他们所代表的社会思潮的诉求和本质，他们的具体状况直接影响着社会思潮传播及影响。剖析其特定代表人物或学派的一贯立场、观点和方法，才能全面深刻地把握社会思潮。社会思潮代表人物或学派的分析研究是研究具体社会思潮的内在要求。

研究具体的社会思潮，还要关注不同社会思潮间的相互关系。不同的社会思潮之间存在着千丝万缕的联系。同一历史时期的社会思潮之间的联系，不同历史时期的社会思潮之间的联系，国内外社会思潮之间的联系等，都有着复杂的情形。性质相近和性质不同的社会思潮彼此间有着不同的关系，不同性质的思潮也有着不同的社会功能。全面把握一种社会思潮与其他相关社会思潮之间的关系，才能深刻理解该社会思潮的本质。

四 尊重差异，包容多样

“尊重差异，包容多样”是党的十六届六中全会《中共中央关于构建社会主义和谐社会若干重大问题的决定》在论述建设和谐文化、巩固社会和谐的思想道德基础时提出的重要概念，是坚持以社会主义核心价值体系引领社会思潮的重大方针和基本途径。尊重差异，包容多样，强调在多元中立主导、在多样中谋共识、在多变中把握正确方向，是坚持以社会主义核心价值体系引领社会思潮的关键。

讨论以社会主义核心价值体系引领社会思潮的方针和措施，是学界研究社会主义核心价值体系的主要方面。有学者认为，一方面，尊重差异、包容多样，是坚持以社会主义核心价值体系引领社会思潮的题中应有之义。另一方面，尊重差异、包容多样，是坚持以社会主义核心价值体系引领社会思潮的重要前提条件。由此出发，就要在坚持社会主义核心价值体系主导地位的前提下，努力营造尊重差异、包容多样的社会人文环境，同时着眼于最大限度地形成社会思想共识。要最大限度地形成社会思想共识，就要从全局上找准以社会主义核心价值体系引领社会思潮的着力点，全方位拓展以社会主义核心价值体系引领社会思潮的领域和渠道，不断增强社会主义核心价值体系引领社会思潮所必需的说服力和感召力。① 也有学者指出，坚持以社会主义核心价值体系引领社会思潮，需要把握几个原则：一是正确处理一元与多元的关系；二是坚持破中有立、立中有破的原则，用积极健康的思想引领多样化的社会思潮；三是处理好理想与现实的关系；四是提高对社会思潮的预判能力，最大限度地防止错误思潮的形成，做到防患于未然。②

---

① 国防大学邓小平理论和“三个代表”重要思想研究中心：《坚持以社会主义核心价值体系引领社会思潮》，《光明日报》2006年12月16日。

② 张军：《坚持以社会主义核心价值体系引领社会思潮》，《人民日报》2007年1月19日。

尊重差异、包容多样，是我们党“百花齐放、百家争鸣”方针的具体运用。1957年2月，毛泽东在《关于正确处理人民内部矛盾的问题》一文中提出：“百花齐放、百家争鸣的方针，是促进艺术发展和科学进步的方针，是促进我国的社会主义文化繁荣的方针。”[①] 强调“艺术上不同的形式和风格可以自由发展，科学上不同的学派可以自由争论。”[②] 认为“利用行政力量，强制推行一种风格，一种学派，禁止另一种风格，另一种学派”，“会有害于艺术和科学的发展”。[③] 因此，“对于科学上、艺术上的是非，应当保持慎重的态度，提倡自由讨论，不要轻率地作结论”。[④] 在文化思想领域，我们不应当采取简单的方法去解决，必须坚持“双百方针”，引导广大人民群众在认识问题和解决问题的过程中，以马克思主义的立场、观点和方法，正确地对待不同的声音。坚持“双百方针”不仅不会削弱马克思主义的指导地位，相反会加强它的指导地位。而尊重差异，包容多样，目的是最大限度地形成社会思想共识，与“双百方针”的指导精神上完全一致。可见，尊重差异，包容多样是实现以社会主义核心价值体系引领社会思潮的科学态度。

积极贯彻“尊重差异，包容多样”的原则，是当前我国社会意识领域呈现出多样性和多元化局面的客观要求。随着改革开放和社会主义市场经济的深入发展，我国经济成分、组织形式、就业方式、利益关系和分配方式日益多样化，在社会意识形态领域内存在着多种多样的思想观念，不同思想观念之间存在着诸多差异，社会精神生活过程更加复杂，各种社会意识之间的差异和多样更加明显，并在很大程度上通过各种社会思潮表现出来。数量众多的社会思潮既有性质上的不同，又有在发生发展的历史时期、流行地域、反映领域、社会影响、表现形式、传播范围等方面的差异。在这种背景下，我们必须深刻认识到社会主义核心价值体系引领作用与思想意识的差异性和多样性之间的依存关系，承认和尊重差异，包容和善待多样，才能建设社会主义和谐文化，促进我国科学文化的进一步繁荣发展。

---

① 《建国以来重要文献选编》第10册，中央文献出版社1994年版，第88页。

② 同上。

③ 同上。

④ 同上。

毛泽东指出："我们的要求是依靠多数和照顾全局。"① 在以社会主义核心价值体系引领社会思潮的过程中，尊重差异，包容多样，是我们党在思想意识领域坚持马克思主义的指导地位，坚持"百花齐放、百家争鸣"方针的具体运用，有助于充分挖掘和鼓励不同阶层、不同群体所蕴含的积极向上的精神，最大限度地形成思想共识，凝聚力量，齐心协力建设中国特色社会主义。

贯彻"尊重差异、包容多样"的原则，就要培育和营造一个开放的、宽松的文化氛围。没有一个开放、宽松的良好的文化氛围，就没有所谓的"差异"和"多样"，"尊重差异，包容多样"也就失去了前提和基础。尊重差异，包容多样，离不开一个开放、宽松的良好的文化氛围。这就要求我们在坚持社会主义核心价值体系的主导地位的基础上，遵循"百花齐放、百家争鸣"的方针，提倡平等的、友好的讨论，提倡摆事实、讲道理，以理服人，尊重多样化社会思潮丰富多彩的文化个性，张扬各种社会思潮独特的文化思维，鼓励各种社会思潮在坚持社会主义核心价值体系主导地位的基础上优势互补、兼收并蓄、协调发展，从而为贯彻"尊重差异、包容多样"原则培育和营造良好民主氛围。

有人认为"尊重差异，包容多样"就是"不搞争论"，有人把"尊重差异，包容多样"抽象地解释为"对不同思想观点要宽容一点，对不同意见、见解的同志要宽厚一点，对文化环境的管理要宽松一点"。诚然，在引领过程中，被尊重、被包容的社会思潮，体现着丰富多彩的优秀传统文化、人类有益文化的成果、绚丽多姿的思想"百花"。引领各种无害的或有益的社会思潮时，应采取开放的态度、协调的方法，对不同观点和意见的宽容是必要的。但也应该看到，做到尊重差异、包容多样，不是无原则的一团和气。发挥社会主义核心价值体系对社会思潮的引领作用，既包括对各种社会思潮的引导，增强社会主义意识形态的吸引力和凝聚力，同时也要抵制各种危害我国安定团结局面、社会和谐状态的思潮。

邓小平强调，"对于各种错误倾向决不能不进行严肃的批评"，"批评的武器一定不能丢"②，要"用巨大的努力""同怀疑四项基本原则的思潮

---

① 《毛泽东选集》第1卷，人民出版社1991年第2版，第264页。

② 《邓小平文选》第2卷，人民出版社1994年第2版，第390页。

作坚决的斗争”。① 只有同各种反马克思主义的错误思潮进行旗帜鲜明的斗争，才能正确地引领社会思潮。否则，听之任之，任其蔓延，错误思潮发展起来，就会干扰和破坏社会主义核心价值体系的建设。邓小平同志对待错误思潮的态度之果断和坚决堪称典范，当他敏锐地意识到那些把四项基本原则同解放思想对立起来错误思潮“风起于青萍之末”的时候，便抓住不放，展开批评，进行积极有效的争论。我们不进行无谓的争论，不等于放弃与错误思潮进行争论。在20世纪70年代末，中国出现了“两个凡是”，这是对马克思主义基本原则的重大偏离。在这种情况下，要把被弄颠倒了的真理标准问题重新颠倒过来，只有通过争论才能解决问题。历史发展已经证明，从1978年5月开始的全国范围的“实践是检验真理唯一标准”的大讨论是非常及时的，是完全必要的。没有这一争论，党的马克思主义的思想路线就不能得到恢复。在新的历史时期我们同样要坚决与各种教条主义进行争论。

抵制错误思潮，必须遵循思想、观念、文化的特点和发展规律。社会思潮是社会意识形态的范畴，与错误思潮作斗争是意识形态工作的一个重要方面，必须遵循人们思想认识的特点和发展规律。恩格斯指出，“简单地宣布一种哲学是错误的，还制服不了这种哲学”。② 毛泽东指出，对待精神世界的问题，“只有采取讨论的方法，批评的方法，说理的方法，才能真正发展正确的意见，克服错误的意见，才能真正解决问题”，“用简单的方法去处理，不但不会收效，而且非常有害”，③ 这就要求我们要尊重思想、观念、文化特点及其发展规律，与错误思潮作斗争不能采取简单粗暴的压制办法，而应用“百花齐放、百家争鸣”和说理、讨论等解决思想矛盾的方式方法，提倡民主讨论、平等交流，坚持以理服人。既要旗帜鲜明、坚持原则，又要和风细雨、循循善诱，将正面宣传和批判错误观念相结合，在批判错误的观点中树立正确的理论。

---

① 《邓小平文选》第2卷，人民出版社1994年第2版，第166页。

② 《马克思恩格斯文集》第4卷，人民出版社2009年版，第276页。

③ 《毛泽东文集》第7卷，人民出版社1999年版，第232页。

科学无神论的学科建设和道路

杜继文*

一 现状：不错，但路很长。为什么？

中国无神论学会成立至今已有30余年，《科学与无神论》也走过了12年。要问现在状况如何？我个人认为还不错，但路其漫漫兮大约很长。

说不错，是因为中央一直没有取消对无神论的支持，中国社会科学院近些年对无神论研究加大了扶持力度，特别是设置了专业的研究室和研究中心，有了编制，尽管现在还只有三位同胞，却是从无到有的飞跃。

说路很长，是因为路上的阻力和障碍多得出奇，硬得出奇。鬼神论中国自古有之，但反对之声，什么神灭论、无鬼论，疾虚妄，历代不绝；尤其是到了近现代，几乎没有了鬼神论在光天化日下活动的余地。民初灵学一时嚣张，提出“鬼神之说不张，国家之命遂促”，五四运动的先驱们立即予以迎头痛击：而一旦基督教要进入清华学校举办国际会议，竟然导致“非基督教运动”和“非宗教运动”的激昂兴起，席卷全国。我们从鸦片战争到新中国成立30年，鬼神论从来没有盘踞过主流舆论。但自特异功能问世，却在城乡官民文化人中间时时闪现着神迹鬼影，最后闹出了几个疯狂邪教，不得不动用国家法令去解决问题，仍遗患不断。那些科学家哪里去了？哲学家哪里去了？大牌学者专家哪里去了？此后的宗教热，又呈现新的姿态。其一要用正教抵御邪教，其二要用土教抵御洋教，更绝的是

* 杜继文，中国社会科学院世界宗教研究所博士生导师，荣誉学部委员，中国无神论学会副理事长。

要用鬼神论去挽救世道人心，制止道德滑坡，建设和谐社会，对外可用以显示我们的宗教自由比西方更甚，连国民教育体系和国家研究机构也向宗教开放，西方行么？现在是要求共产党也向宗教开放了。

二 阻力来自哪里？

这种大环境促使价值观和人才观出现畸形。举例说，一批接受国外神学培育的文化人，占据了“宗教研究”、“宗教文化”的国家资源和话语平台；后边跟随着一些学舌的当权者和教授专家，形成一种奇妙的结合。他们有一种共同的声音：无神论作恶多端，绝不可宽容。所列罪状公开的有三：一是“文化大革命”遗绪，极左思潮；二是反对宗教信仰自由政策和国家宪法；三是制造民族矛盾，破坏社会稳定。这么多的政治帽子，加上数不清的文字围攻，外与内协作，上与下交织，权与文互动，无神论还有多少可以活动的空间？——不过这里要交代一句，这股势力不仅针对无神论，也正在分化孤立爱国教会。

我从日常学术活动中感到，中央对无神论一直采取支持态度，要求强化对无神论的宣传和研究工作，并列入长远战略规划。有关机关下发的文件，从六部委到五部局，讲的都非常好，措施也挺到位，给我们送来一阵阵鼓励和信心。遗憾的是，大约都因为“保密”锁到柜子里去了，反正我是没有读到过。我想，党和国家设立那么多的机关单位，发了那么多文件，一定很辛苦，但要向大家保密，不能实行，写它们发它们干什么？大约在2011年年初我才得知，1995年全国人大已经通过并经国家主席令公布的《教育法》中明确规定“国家实行教育与宗教相分离”；新疆师范大学早在公布之后不久就开始有计划地贯彻，而我竟然法盲到了无知的程度，真是惭愧得无地自容。可我们的一些高等院校的领导们呢，国家科研机构的领导者们呢，是他们也如此法盲，还是干脆目无国法？为什么把自己主管的学校和单位——确切些说，是国家委派你承担相应职务的责任人，就聘请外国的神学家当教授——什么兼职教授、客座教授、荣誉教授，让职业传教士作大报告，开办培训班，以至参与或单独进行国情调查？

什么都可以市场化，人不能成为商品，灵魂、国魂、民族魂不可以买卖。钱能通神，所以也有不少学者专家靠神发财。当前谁最有钱？一开印钞机成百成千亿美元就流出来了，除了用于打仗，就用于传教。于是也就有寄生于战争和宗教的文人。古代称文人无行，现下某些文人的行为近乎无耻。为了外国人的那点钱，把国人都目之为智障；而有的国人，也确实利令智昏，为这批洋奴开拓市场。此外还有一种更重要的人，他们并不信仰宗教，甚至还自称是无神论的马克思主义者，但却拼命为鬼神论喊好，而要把无神论——特别是科学无神论，批倒批臭，踏上一只脚，恨不得让它永不能翻身。这不是个别的，在被权力机构奉为专家之中大有人在。

在这样条件下，科学无神论能够生存下来，而且能够举行这么大规模的年会，有几十万字的论文，实在是件了不起的事。

三　信心和真理

钱和权都是好东西，它们诱人又吓人。所以在我们的同仁中有些消极，有点悲观。没钱没势，课题出书评职称难之又难，孩子老婆房子车子没着落，这是现实问题。谁不正视这些问题，谁就不是唯物论者。但我以为我们还有足以骄傲的，那就是我们讲的是实话，不自欺，更不欺人，我们拥有真理，敢于坚持真理，而真理是不可以被驳倒的。鬼神有没有？其实科学发展到今天，连一些神学家也不敢肯定是有，当然也不敢肯定是无，所以学术神学回避正面回答；而文化护教者和吃教者也大都采取这种态度。所以他们绞尽脑汁要把宗教抽象为文化，用文化让人们淡忘甚或淡出鬼神体系，转而隐瞒宗教的信仰内核，并另以文化的名义去发挥社会、道德以至政治等本非宗教所不应发挥的功能。然而宗教若没有鬼神，那它的超越、神圣、奥秘等就成了多余的话，而它的信徒就彻底地失去了信仰对象。一句话，宗教不再是宗教，最多流为普通的社会团体。这是某些文化人在宗教问题上的悖论。

但科学无神论敢于肯定，鬼神及其彼岸世界是没有的；鬼神论没有任何经得住考察的事实根据，有关它的一切理性证明无一能够成立；剩下的是“见证”、宗教经验，但这些恰巧成为畸形心理学和脑科学的研究对象。就是说，没有鬼神及其世界是铁定的事实，肯定这一事实就是真理，就是反映了正确的认识。过去、现在没有鬼神及其世界的存在，未来也肯定不会有。劳动创造了人，也创造了世界；物质财富的生产和人自身的生产，保障着社会的运转和促进历史的发展，也不断地改善民生，带来福祉。世上没有一个人是靠鬼神赐予生活的，指望天上掉馅饼只是痴心妄想。所以我们把希望寄托在科教兴国和依靠劳动创造上。

然而为什么在全国人民致力于科教兴国，建设小康社会之际，鬼神论会一波波不停息地向我们袭来？除了外部原因之外，我想可能与改革开放以来的形势有关。从政治挂帅转到以经济建设为中心，从计划经济转到市场经济，从相对封闭到打开国门，经济基础、社会关系、上层建筑、意识形态，一直到价值观念、道德准则，可以说是另一种意义上的天翻地覆。迄今30多年，仍有许多重大问题等待回答。就我们现在讨论的范围讲，在干部和文化人中至少有两种思潮值得注意：一种叫革命忏悔派，他追悔他所走过的道路，他否定过去的一切。一心想长寿不死，连他教导别人的唯物论和无神论全扔到了一边，热衷于神秘主义。这大约是特异功能流行的原因。另一派是对今天的执政路线失去信心。但他们还特别看重执政，所以就求救或求助于宗教，其理论代表就是著名的《马克思主义宗教观应该与时俱进》——此文的要害是把执政党从为人民服务解读成人民的统治者：人都留有兽性，用人性对待他们不会奏效，所以就得用鬼神吓唬他们，让他们规矩起来——很怪，这篇文章反而受到某些宗教信仰者赞扬。其中还有些人，或许做了亏心事，怀有恐惧，所以要去求神拜佛，一面自慰，一面骗人。由此形成一个思潮，就是把宗教当作维护社会和谐的根本良策。可惜“藏独”、“疆独”的宗教恐怖分子以及基督教反华势力不给他们面子，所以回头来又要用“土教”去制衡“洋教”了。

所有这些神秘主义和宗教倡导者，没有一位认真谈过科学教育，为人民服务，为人民负责，倒是攻击科学，向学校引进宗教表现特殊积极。他们转移主流舆论向人民大众送文化知识，送科学技术，普及教育，提高民族文化和科学素质，而是美化鬼神，丑化科学，搅乱教育，愚民骗人，弄得是非不清，善恶不明。他们夸大社会道德滑坡的公共性，把严峻的现实问题归结为宗教信仰问题。他们代表的是一种什么社会利益？须要观察分析。

无神论的学科建设，是形势的需要，是时代的呼声，也应该是长期的战略布局。我们应该加大力度，与建设和捍卫社会主义核心价值观结合起来，联合全国一切有志于这一事业的学者共同奋斗，争取在较短的时期，写出一些有针对性、有一定分量的论著来，至少能清理一下混乱的思想认识。

（原载《科学与无神论》2012 年第 1 期）

关于少数民族地区党员干部信教问题的思考

——读陈奎元著《西藏的脚步》札记

习五一*

近些年来，关于共产党员信仰宗教问题的讨论，引起人们越来越多的关注。2008 年，由国家宗教事务管理部门委托国家级宗教研究机构，开展对当代中国基督教现状的调查。该课题组公开发表的研究报告，综述“学者们的意见”提出，为“建立适应社会进步的、合作式的新型政教关系”，应采取“‘开放与宽容’的政策处理党员信教问题。”①

由此，这个议题由少数学者的“百花齐放”式的思考，升级为国家级研究机构的政策建议，由学术的边缘地带，进入主流话语圈的核心地带。这个议题不断升级的态势，应当引起人们的重视。

分析该课题组建议采取“‘开放与宽容’的政策处理党员信教问题”的思路，笔者得知，其理论依据是“政治信仰与宗教信仰”“属于不同的价值维度”，“在实际存在中应该和平相处、和而不同”。而其重要现实依据之一是，“党员信教现象”，“在全民信教的少数民族中甚至比较普遍，而信教停止的命令又难见成效”。②

笔者认为，人文社会科学的研究，不只是纯理论的研究，还是实践的研究。即使看似中立，其背后依然存在着相应的价值观。学术研究与实践功能存在共谋的关系，尤其是涉及政策设计的研究课题。

---

* 习五一，中国社会科学院科学与无神论研究中心主任，中国无神论学会副理事长、秘书长。

① 邱永辉执笔：《“中国基督教研究的再研究”报告》，载金泽、邱永辉主编《中国宗教报告（2009）》，社会科学文献出版社 2009 年版，第 218、221 页。

② 同上书，第 222 页。

本文论述的重点不是哲学层面的理论分析，而是关注当代中国的社会实践。笔者选取20世纪90年代的“全民信教的少数民族地区”——西藏自治地区，为典型案例，并以时任西藏自治区党委书记陈奎元同志的自选文集《西藏的脚步》为重要历史文献，来考察这个议题。

一 应当“开放与宽容”共产党员信仰宗教吗？

自改革开放以来，随着社会经济结构、利益格局发生深刻变化，人们思想的多变性和差异性不断增强。其中，引人瞩目的社会现象之一，是信仰宗教的民众日益增多。宗教学研究逐渐由边缘学科发展成为“显学”。

随着“宗教热”的兴起，一种“精心呵护”宗教文化的学术倾向也逐渐升温。有一些人士极力推崇某种宗教文化，将其诠释为“道德的源泉”、“民主的根基”，甚至是“科学的前提”。还有一些权威人士大力倡导“宗教神学”，并积极推动这种“宗教神学”成为国家研究机构和高等院校的学术方向。这种思潮已经开始影响政策制定和舆论导向。

有一位研究当代宗教的学者，在执笔课题组的综述报告中提出，为“建立适应社会进步的、合作式的新型政教关系”，应采取“‘开放与宽容’的政策处理党员信教问题”。① 这位学者论证了该政策建议的理论来源和现实依据。其中说明，在少数民族地区党员信教比较普遍的现象，是这种政策调整的重要现实依据之一。文中这样写道：

“鉴于党员信教现象已经出现，在一些全民信教的少数民族中甚至比较普遍，而信教停止的命令又难见成效，学者们提出要总结越南和古巴等国的经验，创造中国党员‘政治信仰与宗教信仰’不冲突的新模式，做到政治上忠诚与宗教内遵纪守法相结合，有利于传统的‘政主教从’模式下的信息通报、参与式监督和管理，使党员在信教时仍然能够发挥‘联系群众纽带’作用。”②

如何认识当代中国少数民族地区党员干部信教的问题，应当“开放与

① 邱永辉执笔：《“中国基督教研究的再研究”报告》，载金泽、邱永辉主编《中国宗教报告（2009）》，第218、221页。

② 同上书，第222页。

宽容”共产党员信仰宗教吗?“实践出真知。”笔者认为，实际工作者有时比书斋中的“唯美主义者”更有发言权。让我们看一看“全民信教的少数民族地区”——西藏自治地区的社会现实，再读一读来自少数民族地区领导干部的亲身体验。“他山之石，可以攻玉。”

二 来自雪域高原的声音：共产党员必须坚持无神论

西藏可谓典型的“全民信教”的少数民族地区。20 世纪 90 年代，陈奎元同志曾担任西藏自治区党委第一书记。近期，笔者再次阅读了他的自选文集《西藏的脚步》。陈奎元同志不是沉醉在书海中的哲学家，或许他论述的某些学术观点有商榷的空间，但是作为担负西藏自治区第一把手重任的领导干部，这部文集是他工作历程的真实纪录，也反映出他励精图治的艰难探索。

1992 年 1 月 8 日，陈奎元同志在已过知天命之年，奉命从内蒙草原到西藏高原，接替胡锦涛同志担任自治区党委书记。这本文集多半是作者 1992 年至 1998 年在西藏的讲话稿整理而成。正像作者所说，“讲话俱是针对具体的对象与问题，不像学者撰写文章那样条分缕析、层次分明，含蓄深沉。有些言辞观点，意在振聋发聩”。① 作为自治区党委书记，陈奎元同志肩负着发展与稳定两个重任，即一手抓改革开放，加快经济发展；一手抓反分裂斗争，维护社会稳定。落实这两个重任是全书的主线。

1992 年 6 月，刚到西藏不久的陈奎元同志，就旗帜鲜明指出：“共产党员要尊重群众的信仰自由，但是党员自己必须是无神论者，不应朝神拜佛，坚持党的信仰才有资格当党员，求神拜佛就不配当党员。”② 此后，在驻守雪域高原的艰难岁月里，陈奎元同志多次重申：“共产党员不得信仰宗教”，“共产党员必须坚持无神论”。在这部 40 万字的文集中，笔者浏览统计了一下，关于这类论述至少有 30 次以上。

在 20 世纪 90 年代，在党的高级领导干部中，这样大张旗鼓地论述“共产党员必须坚持无神论”，是颇具特色的。陈奎元同志不是书斋里的哲

---

① 陈奎元：《西藏的脚步》序言，中共中央党校出版社 1999 年版。

② 陈奎元：《在反分裂斗争中要注意解决几个问题》，《西藏的脚步》，中共中央党校出版社 1999 年版，第 7 页。

学家，他这样高调地论述“共产党员的世界观必须是无神论”，是因为当时西藏地区复杂的社会形势，即反分裂斗争的局势依然十分严峻。而分裂集团的首领达赖喇嘛，利用藏传佛教，作为分裂祖国的精神工具。

三 分裂主义势力的力量和社会基础不可低估

在走马上任之初，陈奎元同志说：“原以为，刚刚解除戒严，分裂主义势力受到应有的教训，西藏的安定不会有问题，进藏初期，主要考虑的问题是抓紧时机把经济建设搞上去。”① 西藏经济落后于祖国内地，最大的差距在于科技落后，振兴经济首先要重视加速科技进步，大力发展教育。在经济工作中，自治区党委强调制定政策，要“时刻不忘农牧民的利益”，“为他们开拓广阔的生产致富途径”。共产党打天下，管天下，依靠人民，为人民谋幸福，这是大道理，“有必要经常讲，它管着很多小道理”。②

但是，藏独分裂分子举着“雪山狮子旗”不断闹事骚乱，使人民群众难以安居乐业，严重地干扰经济建设的大局。分裂活动不断加剧的严峻形势，使陈奎元同志认识到“与分裂主义的斗争，我们一直是防御作战。分裂主义势力处在主动出击的位置上，主动权操在他们手里”。因此，自治区党委不得不将更多的精力，放在如何争取掌握反分裂斗争的主动权上。陈奎元同志指出：“反分裂斗争要进一步深入，就必须从战略高度出发，全面地在各个领域回击敌对势力，瓦解他的基础，为西藏的长治久安，为国家的安定深谋远虑，把真正的铜墙铁壁牢牢地树立起来。”③

1993 年 10 月，为确保西藏经济繁荣和长治久安，陈奎元同志请求中央召开第三次西藏工作座谈会。1994 年 2 月，他在中央政治局常委会议上汇报工作时说：“政治不稳定的因素始终存在。在新的国际形势下，内外分裂主义势力，加剧分裂活动。长期处在封闭的环境下，人民群众受宗教影响至深，对达赖的迷信源远流长，分裂主义势力的力量和社会基础不可

---

① 陈奎元：《正确地判断形势有效地打击分裂主义势力》，《西藏的脚步》，中共中央党校出版社 1999 年版，第 112 页。

② 陈奎元：《关心农民搞好服务》，《西藏的脚步》，中共中央党校出版社 1999 年版，第 82 页。

③ 陈奎元：《正确地判断形势有效地打击分裂主义势力》，《西藏的脚步》，中共中央党校出版社 1999 年版，第 112—113 页。

低估。”①

历史上，西藏地区曾经长期奉行政教合一的社会制度。藏传佛教与社会和民众的关系，同祖国内地的各种宗教、传统的其他佛教派别相比，大不相同。

西藏地区的原生态宗教是苯教，至今仍在民间生存。公元7世纪，佛教从中原唐朝、尼泊尔和印度传入西藏，其后经历了数百年坎坷起伏。公元13世纪，藏传佛教中的萨迦派法王八思巴，放弃地方割据，将西藏正式归属元朝管理。西藏成为元朝时期全国十三个省之一。在中央政权的支持下，萨迦派在西藏确立了政教合一的制度，佛教才在西藏站稳脚跟。

其后，世代更迭，至明末清初，在明清王朝的支持下，藏传佛教中的格鲁派崛起。由于明、清两代王朝册封和授权，特别是在清朝中央政权的大力支持下，格鲁派势力迅速发展，成为西藏社会占统治地位的教派。清王朝为加强对西藏的治理，于1653年、1713年分别册封五世达赖喇嘛和班禅额尔德尼的封号，确立了他们在西藏政教合一的统治地位。

至1959年3月10日，反动分子在拉萨发动武装叛乱。3月28日，国务院发布命令，宣布即日解散策动叛乱的西藏地方政府，由西藏自治区筹委会行使地方政府的职权。西藏自治区政府筹委会实行社会改革，下令废除达赖统治下的政教合一制度，废除封建农奴社会制度，实行民族区域自治制度。至此，20世纪50年代末，藏传佛教中的格鲁派对西藏实行的政教合一体制被历史终结。②

从17世纪中叶，到20世纪中叶，格鲁派在西藏地区实施的政教合一制度，长达300多年。这在中华民族的大家庭里，是十分特殊的社会历史现象。西藏地区的社会主义建设面临着十分艰难复杂的局面。

四　以达赖喇嘛为首的藏独分裂势力，是西方列强遏制中国的棋子

除藏传佛教长达数百年政教合一的历史传统外，流亡境外的十四世达

① 陈奎元：《西藏的形势和请求中央解决的问题》，《西藏的脚步》，中共中央党校出版社1999年版，第132—133页。

② 参见习五一《西藏问题古今溯源》，《科学与无神论》2008年第4期。

赖喇嘛，在西方列强的支持下，打着民族和宗教的旗号，继续从事藏独分裂活动，成为“图谋乱藏祸教”的现实社会根源。

西藏人民抛弃的政教合一的制度，由逃到国外的达赖，畸形延续下来。在美国中央情报局等外国势力的支持下，达赖集团在印度达兰萨拉建立的“西藏流亡政府”，实行政教合一的体制。达赖主宰政教一切最高权力，任人唯亲，家族专权。“流亡政府”的政治、经济、教育等重要部门的大权，均由达赖兄弟姐妹把持。达赖集团在“流亡政府”中建立的家族专制，具有浓厚的宗教和封建色彩，超过历世达赖喇嘛的权势。

随着国际形势的变化，苏联解体、东欧剧变后，中国成为在西方国家眼中坚持社会主义的唯一大国。西藏问题又成为对中国实行高压的借口。1989 年“六·四”风波之后，西方国家一方面重新给予达赖集团大量资助，一方面把诺贝尔和平奖授给达赖。

冷战后，美国的右翼势力企图独霸全球，在世界推行新干涉主义。这一理论有两个支点：一是捍卫“人类普遍的价值观”，提出西方的“人权”、“法治”等具有“普世价值”；二是“人权高于主权”，提出“人权无国界”。

新干涉主义成为藏独分裂势力发展的支柱。美国国会通过的《2002 年西藏政策法案》，由总统小布什签署成为正式法律。该法案粗暴干涉中国内政，包括提供 275 万美元支持达赖集团；要求在联合国讨论“西藏问题”；确立“西藏事务特别协调员”的法律地位等。该法案使美国以西藏问题干涉中国内政制度化。2002 年到 2006 年，仅“美国国家民主基金会”就向达赖集团提供了 135.77 万美元的专项资金，“作为活动家们应对紧急危险时期的资金”。2007 年 9 月，美国国会授予达赖国会最高民政类奖——国会金质奖章。美国政客们对西藏分裂势力的支持，使其气焰更加嚣张。①

2008 年“3·14”拉萨暴力事件，就是以达赖喇嘛为首的藏独分裂势力，用暴力分裂祖国的恶果。在国际反华势力的支持下，藏独分裂活动始终延绵不断，成为威胁祖国统一的一颗毒瘤。

---

① 参见习五一《西藏问题古今溯源》，《科学与无神论》2008 年第 4 期。

五 在西藏反分裂斗争中，党内不纯是心腹之患

达赖喇嘛为首的藏独分裂势力，不断兴风作浪，企图颠覆西藏的社会主义制度。面对这样严峻的时局，1992 年 6 月，刚到西藏不久的陈奎元同志，就明确地指出："在西藏反分裂斗争中，关键在于各级党组织是否坚强。"

当时，达赖集团利用宗教侵蚀党员干部队伍，态势比较严重，十分令人担忧。根据自治区党委的调查情况，可谓触目惊心。有些党员干部，其中还有厅局级干部的家中供奉达赖、悬挂达赖照片。现在每年外出探亲朝觐达赖的势头有增无减，普通群众这样做，情有可原。严重的是党内，如果我们的党员站不稳立场，在反分裂斗争中有的观望，有的逃避，我们的主力军是一支涣散的队伍，就打不了胜仗。还有群众反映，有些党员干部脚踩两只船，现在做共产党的官，一旦西藏变天，再做达赖的官；有的党员在反分裂斗争中明里一套，暗里一套，站在党和人民的对立面，挂着党员、干部、人民、知识分子招牌，干的是与达赖集团里应外合、破坏民族团结、损害祖国统一、违背人民利益的勾当。①

1993 年 9 月，陈奎元同志指出："当前分裂主义势力的气焰并没有降下来，分裂活动总的趋势是在上升，分裂活动的规模、声势都在扩大，是带有全局性、战略性的进攻。现在我们与达赖集团斗争是被动应付，见招拆招，见式拆式，主动进攻很少，听任达赖集团放肆地进行思想政治渗透，甚至在党内达赖集团也有市场。"

他严肃地指出："中央和区党委明确规定，共产党员不得信仰宗教，这是对共产党员最起码的要求，并不是什么过高的要求。达赖集团靠宗教麻痹群众，欺骗国际舆论，掩护他们分裂祖国的罪恶企图。如果我们党内在这个问题上认识不统一，就不能够有力地同达赖集团斗争。许多同志反映，有些党员干部，参与宗教活动，家中设经堂，挂达赖相片，房顶挂经幡，在马路上转经。当了多年党员还居然以为信宗教有理，不作自我批评，这个问题是严重的。干部队伍在政治立场上不一致，比敌对势力活动的危害

---

① 参见陈奎元《在反分裂斗争中要注意解决几个问题》，《西藏的脚步》，中共中央党校出版社 1999 年版，第 7 页。

更严重，党内思想不统一就不能领导群众同分裂主义势力作斗争。”①

达赖集团的渗透攻势，主要利用宗教为精神武器，重点指向党员干部队伍和知识界。在西藏地区宗教气氛比较浓厚的环境中，党员干部队伍中存在思想混乱、立场不清、组织不纯的问题，已经到了不容忽视的地步。有些党员干部信仰宗教，参加宗教活动，公开悬挂宗教标志，居然以为信教有理。有些教师利用讲坛，灌输“经文”，宣传宗教“有神论”，影响青少年，为“藏独”势力张目。

与此同时，达赖集团加紧对社会基层的渗透和控制。他们认为：“控制一个寺庙，等于控制共产党的一个地区。”相当一部分基层党组织处于瘫痪、半瘫痪状态，难以发挥领导核心和行政领导职能。有些党员长期不过组织生活，却频繁地参加宗教活动，甚至说“今生靠共产党，来生还要靠达赖喇嘛”，思想严重蜕化。有些寺庙人多势众，气焰甚高，压制了基层政权和基层干部。在少数地方出现了不是政府管寺庙，而是寺庙管政府的不正常状况。

必须清醒地看到党员干部中存在的问题。正如陈奎元同志所说：“党内不纯是我们的心腹之患。接班人不纯是我们的后顾之忧。”② 作为西藏自治区党委书记，“心腹之患”是他的燃眉之急。要大力加强党的建设，增强党的凝聚力和战斗力，这是取得反分裂斗争胜利的根本保证。

六 需要中央的权威声音，在党内进行振聋发聩的教育

面对西藏“政教合一”历史传统形成的比较浓厚的宗教气氛，面对有些党员频繁地参加宗教活动的现状，面对有些党员“今生靠共产党，来生还要靠达赖喇嘛”的思想，能够采纳本文开篇时提到的那些“学者们”的建议吗？即：“创造中国党员‘政治信仰与宗教信仰’不冲突的新模式”，“使党员在信教时仍然能够发挥‘联系群众纽带’作用”。

让我们看一看西藏自治区党委的决策和实践。党委决定，要下大力气，纯洁和加强党组织建设。一是“在党内进行振聋发聩的教育”；二是

① 陈奎元：《正确地判断形势有效地打击分裂主义势力》，《西藏的脚步》，中共中央党校出版社 1999 年版，第 111 页。

② 陈奎元：《对第三次西藏工作座谈会的要求与希望》，《西藏的脚步》，中共中央党校出版社 1999 年版，第 195 页。

要严明党的组织纪律。陈奎元同志高屋建瓴地指出，解决这些问题，需要马克思主义无神论的思想武器，“需要中央的权威声音”，“在党内进行振聋发聩的教育”。①

从党的建设角度考察，党员干部信教的问题反映出理想信念的动摇。胡锦涛同志指出：“我们中国共产党人是无神论者，不信仰任何宗教。”②共产党的根本宗旨是以人为本，全心全意地为人民服务。是以人为本，还是以神为本？是服务人民大众，还是敬奉鬼神？这是关系到共产党性质的根本问题。有人要求修改《党章》，“开放与宽容”共产党员信教，如果接受并实施这种建议，将改变党的马克思主义性质。

为坚决抵制宗教势力对党组织的渗透活动，陈奎元同志多次重申党的原则和纪律。1992 年 12 月，在自治区党委扩大会议上，他斩钉截铁地强调：

“共产党员不得信仰宗教，不得参加宗教活动。对参加宗教活动的党员，要耐心进行教育，帮助他们树立正确的世界观，划清无神论和有神论的界限，坚定共产主义信念；对坚持不改的要劝其退党。对那些参与煽动宗教狂热、支持滥建寺观教堂的，要严肃地进行批评教育，经教育仍不悔改的要开除党籍。”③

面对达赖集团咄咄逼人的攻势，陈奎元同志再三强调，要纯洁和加强党组织，必须端正风向，要真正扶正抑邪。对违反党的纪律，丧失立场，参加宗教活动的行为必须禁止。1993 年 9 月，在部署反分裂斗争的战略会议上，他义正词严地说：

“要正视我区党员队伍自身存在的问题。中央明文规定共产党员不得参加宗教活动，不得信仰宗教。党员干部参加宗教活动不予禁止，长此下去，他是站在我们一边，还是站在达赖一边，就很难说得清。纯洁和加强党组织，加强我们干部队伍是根本任务。”“必须把风向端正过来，坚决地宣传党的主张，对违反党的信仰和纪律，丧失立场，参加宗教活动的行为

---

① 陈奎元：《为确保西藏经济繁荣和长治久安请求召开第三次西藏工作座谈会》，《西藏的脚步》，中共中央党校出版社 1999 年版，第 123 页。

② 胡锦涛：《在全国统战工作会议上的讲话》，《十六大以来重要文献选编》（下），中央文献出版社 2008 年版，第 554 页。

③ 陈奎元：《努力贯彻十四大精神促进我区国民经济早上新台阶》，《西藏的脚步》，中共中央党校出版社 1999 年版，第 78—79 页。

必须禁止。”①

1994 年 9 月，自治区党委召开扩大会议，学习贯彻中共中央、国务院第三次西藏工作座谈会精神。中央明确地规定，共产党员不能信仰宗教，必须树立马克思主义的世界观，必须遵照党中央的指示“用马克思主义哲学批判唯心论（包括有神论），向人民群众特别是广大青少年进行辩证唯物论和历史唯物论的科学世界观（包括无神论）的教育”。热地同志代表党委提出具体的要求，这是对党员的政治要求，也是政治纪律，谁不肯遵守，就要受到追究。在那次会议上，陈奎元同志语重心长地说：

“作为一名党员，要有党员的骨气和形象。在党员的行列里他是党员，在教徒行列里他是教徒，这不成了两面派么，怎能分清你是真党员还是真教徒？共产党员要言行如一，表里一致，要敢于并善于用自己的先进思想和先进行为去影响和引导群众。怕有人讥笑就不敢坚持共产党的原则，那不是太软弱了么？懂得道理固然重要，敢于在实践中坚持这些道理，才具有真正的意义。”②

共产党员要有先进分子的骨气和形象，要言行一致，要表里如一，敢于坚持共产党的原则。那种建议党员和教徒兼容的主张，是两面派的作风。在西藏地区的实际工作中，那种表面上敷衍党中央，内心视宗教为神圣的人物，在关键时刻曾严重干扰全局的战略。党员干部责任重大。特别是各级领导班子，决不能允许那些“身在曹营心在汉”的人鱼目混珠。

七 高举还是降下共产主义旗帜的大是大非问题

1995 年 7 月，陈奎元同志在自治区第五次党员代表大会上作报告，强调要高度重视党的建设，切实加强和改善党的领导。他大声疾呼：

“共产党员不得信仰宗教，这并不是新的、过高地要求。拜佛、拜佛，特别是拜反对共产党分裂国家的政治集团头子达赖，与共产党的立场、世界观是对立的。有神论与无神论、唯心主义与唯物主义是不相容的。共产党员信宗教，不能用民族和历史来掩护，这是坚持还是放弃共产党员的政

---

① 陈奎元：《正确地判断形势有效地打击分裂主义势力》，《西藏的脚步》，中共中央党校出版社 1999 年版，第 114 页。

② 陈奎元：《提高领导水平狠抓落实揭开雪域高原向现代化进军的新篇章》，《西藏的脚步》，中共中央党校出版社 1999 年版，第 221 页。

治立场，高举还是降下共产主义旗帜的大是大非问题。”①

无神论是人类社会文明和思想智慧的结晶。近现代科学的发展，是当代无神论思想的继续发展的重要基石。科学无神论只要彻底，必然导向合理的社会制度。马克思主义无神论是科学无神论发展的高级形态。与以往的无神论思想相比，它不仅表现在思想理论的深度上，而且主要反映在科学社会主义运动和共产主义理想的必然联系上。

按照马克思主义的观点，无神论的教育和宣传固然是必要的，不可削弱的，但是，要消除宗教有神论的社会现象，根本的途径是消除这类现象存在的现实社会条件。现实社会是由经济、社会（狭义的社会概念，指社会保障、城市化等）、政治、文化等诸多因素构成的。因此，马克思主义无神论与“简单打倒宗教”的文化主义相反，共产党人要团结各阶层民众，包括无神论者和有神论者，齐心合力地为铲除宗教的社会根源，创造理想的共产主义社会而努力奋斗。在这个相当长的历史阶段中，根据不同的国度和社会发展程度，共产党人要制定相应的纲领和策略，将科学无神论的教育和宣传，纳入整个共产主义事业中。

根据党中央发布的权威指示精神，经过自治区党委坚持不懈地“在党内进行振聋发聩的教育”，全区党员干部的素质不断提高。1996 年 9 月，陈奎元同志在全区干部会议上讲话说：“第三次西藏工作座谈会之后，热地同志代表区党委作报告，提出共产党员不能信仰宗教，并提出具体明确要求。当时在自治区一部分地区、县，有一些干部，包括各种层次的领导干部，不赞同报告中的意见和要求。有人提出不允许党员干部家中设佛龛、挂达赖像，会造成许多家庭离婚。从那时到现在，两年过去了，我们没有听到为贯彻这个精神有一户家庭离散。我们高兴地看到，经过两年的实践，大家认识普遍有了提高。”②

至少从西藏加强和纯洁党组织的实践来看，学者们所说的“信教停止的命令又难见成效”结论，是值得质疑的。事实证明，国家民族的兴衰存亡，党员干部至关重要。保证我国改革开放事业的顺利发展，保证党和国家的长治久安，关键的问题在于教育党员干部。西藏自治区有 9 万名共产

---

① 陈奎元：《深入贯彻第三次西藏工作座谈会精神为实现本世纪末的宏伟目标而奋斗》，《西藏的脚步》，中共中央党校出版社 1999 年版，第 286 页。

② 参见陈奎元《正确判断我区干部队伍现状加强思想、政治、组织、作风建设》，《西藏的脚步》，中共中央党校出版社 1999 年版，第 363 页。

党员，只有党内思想一致、政治坚定，组织纯洁，形成坚不可摧的核心力量，才能带领西藏230万人民大众，开展社会主义建设事业，才能永远脱离残暴的封建农奴制度。

八 精神领域是我们与达赖斗争的主战场

在西藏历史上曾长期实行的政教合一的制度，藏传佛教曾一直是垄断性的社会意识形态，在精神领域对人民群众影响源远流长。达赖集团在西方遏制中国的势力支持下，以藏传佛教为精神武器，“图谋乱藏祸教”。因此，我们和达赖集团斗争的主战场是在精神领域。陈奎元同志指出：“十四世达赖把宗教当作政教合一制度的精神武器，破除它的宗教偶像，是对他复辟阴谋最有力的打击。因此精神领域是我们与达赖斗争的主战场。”①

西藏地区的社会主义精神文明建设，与祖国内地不同，存在着特殊问题。西方敌对势力支持达赖集团，妄图分裂祖国，复辟政教合一的封建农奴制度。以达赖为首的分裂集团，利用宗教的影响，以西方传媒为主要渠道，以寺庙为主要阵地，散布“藏独”思想，制造分裂舆论，策动骚乱闹事，对人民群众具有较强的欺骗性和煽动性。

由于被分裂主义势力利用，藏传佛教中的消极因素恶性膨胀，佛教的宗旨和教义被歪曲，僧规戒律遭到践踏。大量热衷信教的群众，甚至一部分党员干部，沉迷宗教世界观，不以自己的智慧和力量奉献社会，造福人民，徒劳无益地祈求个人的来世幸福；不以有限的资财谋求发家致富，无限制地向寺庙施舍；不让子女接受现代教育，把未成年的幼童和少男少女送到寺庙为僧。

在有些县，寺庙数超过了乡镇数，僧尼人数超过了在校学生人数。如，昌都地区的丁青县，有乡镇15个，学生1702人，却有寺庙55座，僧尼2951人，僧尼竟占全县总人口的5.39%。这样不断攀升的高比例的僧尼，不从事生产，不繁衍后代，长此以往，将会妨碍西藏地区的社会发展和藏民族的兴旺。

这些消极的思想和行为，妨碍科学技术的传播，阻碍生产力发展，贻

① 陈奎元：《牢记小平教导努力走进前列》，《西藏的脚步》，中共中央党校出版社1999年版，第397页。

误民族进步事业。藏独势力在社会精神生活中极力扩大宗教的阵地，企图利用宗教，把人民群众和青少年拉向分裂主义阵营。

面对这样严峻的挑战，共产党人应当自觉地用唯物主义世界观，影响和主导思想文化阵地，教育引导群众，培养青少年一代。特别是在达赖集团利用宗教大力渗透的形势下，共产党人不能放弃精神领域的领导权，否则，既不可能建设社会主义的精神文明，也不可能推动社会的科学发展，更难以实现西藏地区的长治久安。

九　引导人民群众从宗教的严重束缚中得到一定程度的解脱

鉴于这样复杂的社会状况，在西藏的社会主义精神文明建设中，共产党人向人民群众宣传唯物主义世界观，具有举足轻重的作用。1997 年 5 月，陈奎元同志在自治区人大、政协六届五次会议党员负责人会议上指出：

“西藏曾经长期奉行政教合一的制度，藏传佛教与人民、与社会的关系，同其他宗教、同传统的佛教大不相同。由于历史的原因，藏传佛教在西藏政治上的作用，对于社会生活的干预程度，与我国其他任何宗教都是不能相提并论的。在西藏的精神文明建设中，如果放弃对人民群众进行唯物主义世界观的教育，如果不能引导人民群众从宗教的严重束缚中得到一定程度的解脱，就谈不上建设社会主义的精神文明。就没有办法在思想、政治上巩固和发展社会主义制度。这绝不是什么向宗教开战，不是剥夺信教和传教的自由，而是在宗教气氛深深笼罩人民的情况下，正当地行使宣传唯物主义世界观的权力和自由。”①

在西藏地区，藏传佛教长期与政治结缘，在达赖分裂集团的操纵和利用下，它不仅妨碍政治稳定，同时也妨碍科学知识的普及，人民群众的思想束缚至深，对社会主义精神文明建设带来严重的障碍。藏族是有悠久历史的民族，是勤劳智慧的民族。近现代西藏仍处于不发达的社会状态，是与达赖集团长期推行的政教合一的封建农奴制度相关。共产党从西藏人民

---

① 陈奎元：《牢记小平教导努力走进前列》，《西藏的脚步》，中共中央党校出版社 1999 年版，第 404 页。

的福祉出发，对群众进行唯物主义世界观的教育，引导人民群众从宗教严重束缚中得到一定程度的解脱。

1997 年 7 月，在自治区党委常委会议上，陈奎元同志沉痛地指出：

“西藏群众用大量的时间去磕头、转经；很多人放弃生产劳动，成年累月长途跋涉来拉萨朝佛；受宗教误导的一些陈规陋俗不能破除，怎能进行社会主义物质文明和精神文明建设？有些人不赞成我们谈论宗教问题，不赞成政府管理宗教事务，仿佛只有宗教界的领袖才有资格谈论宗教。涉及到宗教问题，党和政府就得闭嘴，照这样的思路，宗教必然要凌驾于社会之上，绝不可能与社会主义社会相适应。”①

宗教是人类社会处在不发达时期形成并延续下来的产物。它经过千百年的历史，与群众的文化生活、意识形态、传统信仰结合在一起，宗教的存在将是长期的历史现象。我们允许宗教信仰自由，目的是照顾群众的信仰。允许群众信仰宗教，决不意味着共产党员也可以信仰宗教。共产党人代表先进的力量，必须坚持科学无神论的世界观。共产党人要善于做群众的工作，经过长期耐心细致的思想工作，逐步减少宗教对群众的束缚，为群众谋得更多的利益，引领人民群众走向幸福的康庄大道。

---

① 陈奎元：《管理寺庙教育僧人保证宗教与社会主义相适应》，《西藏的脚步》，中共中央党校出版社 1999 年版，第 417 页。

马克思主义宗教观中国特色学术话语选评

曾传辉*

纵观我国宗教学半个多世纪以来的发展历程，除了个别情况以外，马克思主义基本理论在构建有中国特色、中国风格和中国气派的学科话语体系方面不仅起到了指导的作用，马克思主义宗教观研究更是构建有中国特色的宗教学话语体系的主体推动力。中国宗教学的主流话语，在借鉴国外学术成果的基础上，用中国特色的理论研究和话语解读中国宗教的实际。在政界、教界、学界三方力量的不断努力下，既不崇洋，也不复古，甚至对马克思主义经典作家的言论和其他马克思主义政党的理论政策，也不是采取机械照搬的办法，而是联系当今国际国内的实际，采取开放融通的态度，逐步发展出具有中国特色、中国风格、中国气派的宗教学话语链条。下面就近年来有重要影响的几个话语进行梳理和评介。

一 “宗教文化”话语的脉动

“宗教是文化” 这个命题最初由毛泽东 1947 年在参观陕北葭县白云寺时口头提出，1952 年他在接见西藏致敬团时再次提到这个观点，说要发展包括宗教在内的西藏文化，并以中央文件的形式下发到西南局和西北局等领导机关。① 1954 年春节期间，毛泽东在登杭州南高峰时一口气读完了一本道书，在与女儿李讷的讲话时指出，“道教、佛教、伊斯兰教和基督教，

---

* 曾传辉，中国社会科学院世界宗教研究所马克思主义宗教观研究室主任，研究员。

① 详见曾传辉《20 世纪 50 年代西藏的政治与宗教》，社会科学文献出版社 2011 年版，第 206—207 页。

都有不少的信徒。我们一定要尊重他们的宗教信仰和习惯。”[①] 1963 年毛泽东关于要成立专门研究世界宗教的研究所时的批示中指示，要成立以马克思主义为指导的宗教研究机构，并创办相应刊物；要批判神学才能写好哲学史、文学史和世界史。1965 年，毛泽东在与复旦大学周谷城和刘大杰谈论学术问题时，再次谈到要研究耶稣教、回教和佛教；不研究就不能懂得文化发展史。[②]

广义的文化概念是与自然相对的范畴，凡是经过人类活动改变和创造的现象都属于文化。宗教是人类特有的创造物，当然是人类文化的组成部分。从字面意思上来看，这个命题本来是句大白话，属于没有什么新知拓展的分析命题。毛泽东提出和反复阐述此命题时，甚至一些闻知有关内容的高层干部、身边工作人员和亲人，还感到不可理解，提出质疑；[③] 由于毛泽东的相关言论没有广泛传达，并没有引起人们的注意。直到改革开放以后，这个命题却被广泛采用和论证，成为 30 年来政教学三界普遍的共识和频繁引用的话语。要探究这句大白话之下的特殊意蕴，只能在那个时代特殊的语境下去理解。统而观之，毛泽东在各种语境下讲的“宗教是文化”这一命题，主要包括以下几层意思：第一，宗教的有形承载形式，如宗教活动场所、宗教经籍等是人类文化的遗产重要组成部分，要加以妥善保护；第二，宗教作为特殊的思维形式与其他思维形式，如哲学、文学和史学等的发展，关系密切，具有重要的学术研究价值，要加强整理和研究；第三，宗教与世界各民族的思想感情、风俗习惯有广泛深刻的联系，影响着世界上大多数人口，一定要尊重和保护；第四，关键的是，没有马克思主义的指导，就不能正确研究和理解宗教文化。可见，毛泽东所讲的宗教文化，主要是宗教的物质文化遗产、宗教神哲学思想及受其影响的风

---

① 孙勇：《在毛主席身边二十年》，中央文献出版社 2010 年版，第 125—128 页，转引自毛胜《论宗教文化性命题的元理论意蕴——基于中国共产党认识宗教与文化关系的思想史考察》，未发表。

② 中共中央文献研究室《党的文献》、《文献与研究》编辑部编：《读史与治国》，中央文献出版社 2008 年版，第 311—315 页，转引自毛胜《论宗教文化性命题的元理论意蕴——基于中国共产党认识宗教与文化关系的思想史考察》，未发表。

③ 在看到毛泽东与西藏致敬代表团谈话文件时，一些党政高层干部对要发展包括宗教在内的西藏文化的提法，感到不可理解，曾质疑是否记录有误，并向毛本人询问，他对此提法的原因进行了解释。参见曾传辉《20 世纪 50 年代西藏的政治与宗教》，社会科学文献出版社 2011 年版，第 208 页。

俗习惯，而非广义文化。

改革开放以后，为了解放思想、摆脱“文化大革命”极“左”路线和前苏联宗教理论政策的影响，宗教界、学术界，甚至科学界人士都大讲宗教是文化，针对的情况是过去看待宗教时过分地局限于宗教的有神论和唯心主义世界观的内核方面，而忽略了在这个内核外面包裹着的还有内容十分丰富和多样的社会外壳。反复地强调这个共识，其政治意义，就在于为恢复宗教信仰自由政策的合法性张目。从执政者的引导意向来看，大讲宗教是文化，就是希望宗教顺应政教分离的现代性路线，尽可能退出政治权力领域，回归社会文化本位，向“文化宗教”、“道德宗教”发展，走一条爱国辅政的健康发展的正路。对学术界而言，大讲宗教是文化，就是要把马克思主义宗教观和我国宗教研究的视野扩展到广阔的社会文化视野中，去研究作为历史和现实有机组成部分的活生生的宗教现象。正是在“宗教文化”这个旗帜下，中国宗教学研究体系完成了重建，研究领域出现了百花齐放的拓展，除了保持对教义、教规和历史等强势分支学科的发展势头以外，什么宗教社会学、宗教人类学、宗教艺术学、宗教心理学、宗教伦理学等在很短时期内如孔雀开屏般地铺展开来。

这个话语兴起以来很少受到挑战，也难见阐述其理论内涵的学术成果，但2005年知名宗教学者方立天进一步提出：“宗教蕴含着丰富的文化内涵，宗教的本质是文化。”① 方立天的观点得到一些赞同的呼应，时任国家宗教局局长的叶小文曾专门撰文进行阐发。他在《增强宗教的文化性，建设“文化宗教”》② 一文中正面引用了方立天的观点，同时又引用了恩格斯颠倒反映论的观点进行补正，主旨在强调利用宗教的文化内涵为社会主义社会服务。2011年4月14日上午，国务院总理温家宝在中南海主持国务院参事、中央文史研究馆馆员座谈会，共有8位学者发言。其中，中央文史研究馆馆员、中国人民大学宗教高等研究院院长方立天教授作了题为《科学认识宗教的本质与功能，提高宗教工作水准》的发言，再次阐述了他的上述观点。③

---

① 参见方立天《走文化宗教之路》，《民族报》2005年9月13日。

② 文见《民族报》2005年9月20日。国家宗教事务局官方网站全文登载了方立天的上述文章。

③ 参见2011年4月20日佛学研究网的报道，http：//www.wuys.com/news/Article_Show.asp？ArticleID=33694。

类似观点却受到一些学者的质疑。有学者认为宗教当然是文化，但不应泛谈宗教是文化。“宗教是文化”这个曾经引起广泛共识的话语的发展趋势，出现了不同观点的深入探讨。马克思主义是从社会根源出发解释宗教的。朱晓明指出：“‘宗教是文化’、‘宗教是一种文化现象’是宗教的属性之一，不是宗教属性的全部，也不是宗教的本质属性。”杜继文指出：“马克思主义无神论的特点是什么？首先，是从唯物史观出发，必须用历史说明宗教，不能用宗教说明历史，由此指明宗教产生的社会基础，挖了有神论的根柢，同时又片面夸大宗教的作用，将宗教泛文化化——即用‘文化’说明宗教和用宗教说明‘文化’的文化主义划清了界限。”①

一些学者对这个命题则给予了更严格的界定，卓新平指出：“中国学者认为宗教只是文化的一种形式，没有任何涵盖一切文化领域的宗教体系存在。各种宗教不过是各种文化的表现形式而已，某一具体宗教都有其具体的文化前提和文化氛围，基于某种具体的文化传统，反映出生动实在的文化内容。从整个人类宗教现象来说，并非一种抽象的宗教观念推演出不同时空的多种宗教，而只能从体现不同地域、不同民族文化特色的各具体宗教如基督教、伊斯兰教、佛教、道教、犹太教、印度教出发来进行不同宗教观念的比较、归纳。因此，不能把文化问题化为宗教问题，而应从文化实质上来分析宗教精神与现象。”②

任杰指出，宗教文化是中华民族文化的一部分，而不是整体甚至不是主导部分。各宗教都服从于国家政权，在统一的国家里，没有“国教”和“异端”之分，各宗教长期共存，促进了中华民族的融合和凝聚。③

笔者认为，从逻辑上来看，“宗教的本质是文化”的命题过分宽泛。一个事物的本质就是将它自身与其他事物区别开来的根本属性。如果宗教的本质是文化，从广义的文化界定来看，除了未改造的自然现象以外的所有东西都是宗教了。这显然不符合历史和现实的实情。这种观点容易导向比某些西方学者更缺乏界定的泛宗教论。西方的泛宗教论者谈信仰是宗教

① 杜继文：《科学无神论和它的社会责任》，《科学与无神论》2010 年第 5 期。

② 卓新平：《宗教的理解》，社会科学文献出版社 1999 年版，第 4—17 页。

③ 任杰：《中国共产党的宗教政策》，人民出版社 2007 年版。

（如威尔弗雷德·史密斯[①]），也谈意识形态是宗教（如汤因比、池田大作[②]），但未有听说讲宗教的本质是文化的。一个概念的内涵太小，则外延就太大，或者与别的概念混同为一，就没有什么独特的指称意义了，也就没有存在的必要了。

“宗教是文化”的话语热络了30年，政教学三界在此话语之下已经做足了文章，学术界在“宗教文化”的旗号下也推出了大量成果，绩效斐然，但对这个命题本身的反思并不够深入。形势促进思想，研究推动学术。近年来，国内外政教动态和学术积累已经发展到对这个命题本身进行反思的时候了。朱晓明《关于“宗教与文化关系”问题的思考》[③] 一文对这个问题进行了综合概括，并将问题引向深入，颇有创见。他认为，仅仅泛泛地谈论宗教是文化是不够的，而是应当仔细地分析宗教是什么样的文化。关于宗教文化的特性，他在引用吕大吉关于宗教文化具有异化性、独尊性、组织化三大特性之外，同时概括了扩张性、包罗性两个特性。他认为，始终不能忘记宗教社会作用的双重性。尽管宗教在社会主义条件下性质和社会作用有了很大的变化和进步，但它作为超现实、超自然的本质没有改变，因此消极作用仍然不可忽视。中国共产党作为执政党，应当尊重、理解、鼓励和支持宗教界关于“宗教是文化”的阐释和研究，但执政党不宜泛谈宗教是文化。执政党有自身的职责和使命，必须上升到政治责任、思想导向、社会管理和国家安全的高度，来清醒认识这一问题，力争做到发扬宗教的积极性，抵制和防止它的消极性。不能“以其昏昏，使人昭昭”。

二 “相适应”话语的脉动

当代中国特色的宗教学话语总离不开如何处理好宗教与社会主义社会的关系这样一个核心问题。“积极引导宗教与社会主义社会相适应”的命

---

① 参见李林《信仰的内在超越与多元统一——史密斯宗教学思想研究》，社会科学文献出版社2011年版。

② 参见二氏对话录《展望21世纪》关于“近代西欧的三种宗教”一节，二十一世纪国际文化出版公司1985年版。他们将科学主义、国家主义和共产主义视为近代西欧与日渐衰退的基督教并行的宗教。

③ 《中国党政干部论坛》2012年第1期。

题，非常集中地表述了执政党在政教关系问题上的主张，过去30多年中逐渐清晰化，成为由政界主导、学术界和宗教界积极参与并贡献了大量智慧的热门话语。这句话最终成为我国党和国家宗教工作的基本方针的组成部分，是从群众中来到群众中去思想路线的一个鲜活的案例。

1982年，在起草党关于社会主义时期宗教问题的基本观点和基本政策的文件过程中，李维汉曾写了书面建议，提出“宗教要与社会主义相适应”。[①] 当时这句话虽然没有能够写进文件，但是却为后来“积极引导宗教与社会主义社会相适应”的正式提出打下了基础。1982年10月，胡乔木在全国哲学社会科学“六五”规划座谈会上提出，要研究宗教现象在中国产生、存在、发展的根据是什么；在中国社会主义社会里，宗教怎样才能同社会主义社会相协调，起到它应起的作用。1984年8月5日，杨静仁在中国基督教“三自”爱国委员会成立30周年的讲话中首次提出，要“使基督教同社会主义社会相适应，发挥它在社会主义现代化建设中应有的作用”。1986年1月16日，习仲勋在接见全国宗教局（处）长会议代表的讲话中提出，“宗教界人士和信教群众保持自己的宗教信仰，积极为四化建设、祖国统一、世界和平服务，这是完全可以协调一致的。把两者对立起来是不对的”。这就明确提出了宗教同社会主义社会是完全可以协调一致的。这个提法立即在学术界得到积极的响应。学者们纷纷撰文著书加以讨论。1986年陈麟书编著高等学校文科教材《宗教学原理》分辟两章阐述社会主义条件下的宗教和宗教政策，采用中央19号文件的提法，未明确提出“相适应”或“相协调”的命题。1988年修订版有专门论述宗教与社会主义相协调的内容，20世纪90年代以后的修订本分专章阐述“宗教与社会主义社会相适应”，以示与中央提法和强调重点在学术上保持一致。在这个话题上，罗竹风主编的专著《中国社会主义时期的宗教问题》于1987年出版，是专门研究这个问题的首部专著，在政教学三界影响甚大。该书第五章集中阐述了“宗教与社会主义社会相协调的问题”，分析了相协调的根据和含义、条件和表现，以及如何克服不协调的现象等问题，是系统化“相适应”理论的前导。

1990年7月14日，以江泽民为核心的第三代中央领导集体在《中共

---

① 这件书面史料还未得直接的文献证据，但多人在文章中均如此记载，如可能亲历其事的黄铸《中国共产党宗教理论、宗教政策的历史回顾和考察》，《中州统战》2002年第7期。

中央关于加强统一战线工作的通知》中提出，“要引导爱国宗教团体和人士把宗教与爱国结合起来，把宗教活动纳入宪法和法律的范围，同社会主义制度相适应”。1993 年 11 月 7 日，江泽民在第十八次全国统战工作会议上第一次明确提出了“积极引导宗教与社会主义社会相适应”的重要命题。至此，在经过政教学三界 10 余年理论和实践探索的基础上，党的宗教工作基本方针臻于成熟。2009 年冯今源主持的中国社会科学院重大课题《积极引导宗教与社会主义社会相适应的理论与实践》的结项成果以同名专著出版，全书 80 余万字，全面系统地梳理了相关理论与实践关系的脉络，体现了主编和参与者们驾驭重大学术话题的能力。

三 “宗教五性论”话语的脉动

宗教五性论是说宗教具有的五个特征，是由我党周恩来、李维汉、汪峰、杨静仁等第一代领导同志在统战工作中逐步提出和完善，以后中央领导集体全面继承，并根据时代需要有所丰富和发展的重要宗教理论。它的内容，在 20 世纪 50 年代前期中央文件和领导干部讲话中，逐步提出了认识和处理宗教问题时必须考虑它的长期性、国际性、群众性和民族性，如 1957 年 4 月，李维汉在第八次全国统战工作会议的总结发言中，强调“宗教界的情况极其复杂，我们对每一种宗教都应当详为了解，加以分析，不可简单对待”，并指出宗教“有它的群众性和长期性。在我国，一部分宗教又带有民族性和国际性”。批评有些人“看不见宗教的群众性、民族性、国际性和它的长期性”。虽然涉及复杂性，但并未与其他“四性”在同一语句中并排罗列。到 20 世纪 60 年代初期，1962 年 6 月，中共中央批转的《关于民族工作会议的报告》中，把忽视宗教问题的民族性、群众性和由此而来的长期性和复杂性作为这几年民族工作中四个主要的缺点、错误和问题之一，增加了复杂性，却没有同时列出国际性。

1980 年 12 月 19 日，刚刚恢复名誉的李维汉在中央统战部部务会议的书面发言中概括了对宗教问题的基本理论观点和政策观点，首次明确全面地用“五性”来概括宗教的特征，指出“宗教有五性：群众性、民族性、国际性、复杂性，长期性”。自此以后，宗教五性论，成为相对固定的提法，但对“五性”的排序和强调的重点，在各个时期又有所变化。1982

年中央 19 号文件虽然没有采用“五性”的名称，但表述它思想内涵，排序是长期性、群众性、民族性、国际性和复杂性。1992 年 5 月，中共中央办公厅转发的中央统战部《九十年代统一战线部门工作纲要》中明确指出，“我国宗教具有群众性、复杂性、国际性、长期性，在一些少数民族中还具有民族性”。江泽民在 2000 年 12 月全国统战工作会议上的讲话中，在论述宗教问题时指出：“宗教问题具有长期性、复杂性、群众性、民族性、国际性等特点。”次年 12 月新中国成立以来第一次以党中央、国务院名义召开的全国宗教工作会议上，江泽民发表了讲话，对 21 世纪的宗教问题、宗教政策、宗教工作等做出了新阐述和新概括。

有人根据这个讲话，把“五性”简称为“三性”，有的解释者将“三性”概括为长期性、群众性、特殊的复杂性，有的则概括为长期性、群众性、国际性。秋实《社会主义的宗教论》① 一文对江泽民讲话的主干思想进行提炼，用“社会主义的宗教论”的概念命名。文中将关于宗教特征的思想概括为“根本是长期性，关键是群众性，特殊的复杂性”，并对它们与宗教工作基本方针的关系进行了对应关联的分析，认为二者“相互联系，相辅相成”，指出“‘根本是长期性’，所以要‘积极引导宗教与社会主义社会相适应’；‘关键是群众性’，所以要‘全面地贯彻执行宗教信仰自由政策’；‘特殊的复杂性’，所以要‘依法管理宗教事务’，‘坚持独立自主自办原则’。这就是社会主义的宗教论的基本架构。”这篇文章出自中央宗教事务主管部门之手，发表以后引起了广泛注意，对党在新时期关于宗教的基本理论和基本政策的大众化、通俗化发挥了重要的作用，但有人认为这样的分析和概括存在着局限，尤其是将“三性”、“四句话”作为因果关系分别对应的作法，容易将它们包含的丰富内涵引向片面和狭隘的理解。

也有人站在传统的角度加以解读，认为江泽民的观点实际上也是宗教五性论，只是采取了新的表述形式，并对这个话语进行了丰富和发展。该文首先总括地指出了宗教具有“特殊的”复杂性，同时把民族性与国际性联系起来论述的，并在每个特点的论述中，都贯穿有复杂性的思想。在长期性前面加了“最根本”的限定词；由于改革开放以来，国际人权斗争的需要，江泽民在论述中放眼世界政治宗教形势，实际上比老一代领导人更

① 秋石：《社会主义的宗教论》，《求实》2003 年第 9 期。

加强调长期性和国际性了。[①]

这个话语由政界领袖所创发，学术界和宗教界随之响应，对它的理论意义给予了阐发，扩展了它深度和广度。一些学者提出，“五性”并不是宗教所特有，所有意识形态甚至文化类型，比如文学、艺术等都有这五种特征，因此“五性论”并未揭示宗教的有神论意识形态的本质。就笔者体会，“五性论”并不是在讲宗教的属性，更不是本质属性，而是在讲宗教社会现象或在社会关系中的五个突出方面，因此不提其虚幻性、阶级性，而强调其复杂性是完全可以理解的。作为执政党讲宗教的五性，首先考虑的是它的社会政治层面，即人群和治理的问题，注重党与广大信教群众的血肉联系，意识形态方面差异倒居于其次的地位。虽然其他文化类型都可以有这些特征，但并不需要强调它的长期性和复杂性，或者说其他文化类型虽然有这五个特性，但并不需要这么集中和突出地表达。一些学者根据19号文件将五性论放在第二部分来讲述的情况，认为它讲的是“宗教国情”。一些人则认为，“五性论”讲的是宗教工作的重要性，以及在宗教工作中应当扬长避短的五个着眼点。中国佛教协会会长赵朴初在1991年7月庆祝建党70周年座谈会上发言说：“五性论科学地揭示了宗教团体和宗教活动作为一种社会实体的基本特征，是中国共产党对马列主义宗教问题理论的重要贡献。五性论深刻地阐明了正确处理宗教问题，做好宗教工作的重要性。五性论告诉我们，决不可简单、轻率、急躁地对待宗教问题，要坚持慎重稳进的方针。五性论还揭示了我国宗教客观存在的某些优势，善于运用这些优势，可以通过宗教工作做好群众工作、民族工作、国际工作。”

宗教五性论是中国共产党领导集体在执政过程中，将马克思主义与中国实际相结合，长期思考和总结形成的。它字面意思虽然讲起来很简单，但内容十分深厚，蕴含了马克思主义宗教观的基本理论的方方面面，也预设了制定宗教工作的基本方针的大致取向，可以说是我国当代宗教话语中微言大义的代表，在世界上独树一帜。长期性意指宗教是一种社会历史现象，有其发生、发展、成熟、衰落和消亡的自然过程，每一个过程都有其存在的合理根源，不能人为地超越。第三代领导集体将长期性放在首位，

---

① 《江泽民文选》第3卷，人民出版社2006年版，第373—381页。

并加上“根本的”修饰词，更增加了它的深刻意义。因为宗教是跨民族、跨国家和跨阶级的社会现象，还牵涉宗教感情和身份认同的非理性因素，它本身没有阶级属性却可以为各个阶级所利用，对社会发展、党的领导和国家政权既有正面的积极作用也有反面的消极作用，因此问题往往非常复杂，不能简单化。作为阶级社会中普遍存在的群众现象，与宗教有关的社会政治问题必定有其阶级性，但中国共产党谈宗教问题并不像苏联共产党那样，特别强调它的阶级性，只是在讲它的复杂性时强调在某些条件下宗教问题与阶级斗争和国家利益交织在一起，必须仔细分析，区别对待。宗教五性论还告诉执政党的干部群众们，应当看到宗教是次生的社会文化现象，社会环境好，政策得当，处理得好，就会对国际国内工作有益，反之就可能使群众离心离德，妨碍社会秩序，拖累社会发展。这就要求执政的马克思主义政党不能从自身意识形态的标准甚至个人好恶来看待宗教现象，而应当从客观存在的社会现实出发，十分重视宗教工作，遇到宗教问题时，要从上面五个方面出发，具体问题具体分析，区分各种现象的性质和利弊，慎重稳进地加以处理。

四 “鸦片隐喻”话语的脉动

马克思“宗教是人民的鸦片”这一著名隐喻出自于1843年《黑格尔法哲学批判导言》，其时马克思还处在由青年黑格尔派的唯心史观向唯物史观过渡过程之中，其中“人民”的概念还没有阶级属性，对宗教的批判的重心还没有转移到其赖以生存的经济基础上来；因为马克思的这个论断是用比喻的修辞手法表述的，意义不十分明确；更为主要的是出于宗教在旧中国不占统治地位的具体国情与西方和苏联不同等考虑，中国共产党中央文件和领导人一直未公开引用此隐喻来支持自己的观点和政策，更未采用列宁关于“鸦片论”是马克思主义在宗教问题上“全部世界观的基石”的观点。这是马克思主义宗教观中国化成果的重要表现。而学术界自新中国成立以来，围绕对马克思这一隐喻的理解，主要就宗教的性质和功能的认识，展开了长期的争论，形成一个特殊的学术话语场域，一直延续至今，热度不减。

早在20世纪50年代，我国就有学者发表文章认为，虽然宗教在根本意义上是落后的或反动的，但是“在一定时期内，它和人们生活中进步的事物相联系，于是又在一定程度上促进了进步事物的发展”[①]。1959 年 7 月，牙含章在《红旗》杂志发表《论宗教信仰自由》一文，并未笼统地谈论宗教的消极作用，而是对消极作用的表现方式做了具体的区别：一是被压迫者把解脱人生痛苦的希望寄托在宗教身上，二是统治者利用宗教作为愚弄和欺骗人民的工具。他还对宗教的积极作用进行了具体的分析，指出：“在历史上，宗教有时也被劳动人民——奴隶或农民用来作为团结自己反抗压迫的旗帜，如太平天国革命运动就是一例。那时由于群众的意识长期被宗教观念所支配，他们的革命思想往往只能是采取宗教的形式或隐藏在宗教形式中。”到 20 世纪 60 年代国内学者进一步用恩格斯“外衣论”来概括历史上宗教曾经为社会进步提供意识形态的事实。[②] 这就肯定了进步阶级曾经利用宗教作为推动社会变革和发展的工具，起到过积极的社会作用。

到“文化大革命”即将来临之际，有的作者为了迎合极左的政治路线，开始将马克思的这一名言看成对宗教本质的揭示，认为将宗教的本质仅仅归纳为它是不能掌握自己命运的人们对现实世界颠倒的幻想的反映还不够，还要“把宗教这一上层建筑的反动本质高度精炼地表述了出来”，就必须揭露其麻醉人民意志的功能。[③]“文化大革命”开始以后，由于宗教活动事实上已经不存在，对宗教的批判似乎也变得没有多大的必要了，那段时间哪怕是用极左观点看待宗教的理论文章也很少看见了。

改革开放初期，在由真理标准大讨论引发的思想解放大背景下，从 1979 年起，学术界围绕如何理解马克思关于“宗教是人民的鸦片”的名言发起了一场重要的学术讨论。由于这场讨论主要是在上海和北京学者之间发生的，它被戏称为“南北鸦片战争”。上海的学者以罗竹风、萧志恬、刘建，以及宗教界领袖丁光训、郑建业等为代表。1987 年，罗竹风主编的《中国社会主义时期的宗教问题》对南方学者观点作了概括：“鸦片”是对宗教在阶级社会一定条件下所起消极作用的形象化的比喻；历史上宗教的作用因时代、社会条件的不同而不同，不能一律用“鸦片”来概括；社会主义社会里宗教的作用更不能用“鸦片”来说明；列宁的“基石”说适

① 夏清洲：《试论宗教在人类历史上的积极作用》，《光明日报》1957 年 6 月 30 日。

② 曾文经：《宗教和唯心主义哲学》，《人民日报》1964 年 3 月。

③ 梁浩、杨真：《宗教从来就是人民的鸦片》，《新建设》1965 年 12 月。

用于“资本主义”，而非“社会主义”。① 北京的学者以吕大吉、唐尧、牟钟鉴等为代表。其基本观点仍然坚持认为，马克思的这句名言虽然是用比喻的方式表述的，但仍然揭示了“宗教最根本的属性，反映了宗教的本质及其社会作用”②，“至今仍是马克思主义在宗教问题上全部世界观的基石”③。

1986 年，时任中国社会科学院副院长的赵复三在《中国社会科学》杂志上撰文参与了这场讨论，使宗教鸦片话语阐释出现了诸多学术新意，发表以来影响颇大。作者考证了这个比喻在马克思以前即在欧洲的著名作者中广泛流行，并查证出马克思名言的德文原文是“das Opiat des Volks”，而不是“das Opiat fur die Volker”，指明原意是鸦片是人民已有的。英译本保留了原文的意思，作“opium of the people”，而不是“opium for the people”。马克思原文没有贬义。列宁引用这句话时，俄文中也没有“麻醉”的字样。文章并引用美国科学哲学家罗伯特·科恩的解释，认为在马克思写下这句话的时候，鸦片是一种贵重的止痛药，穷人用不起，穷人有苦痛就转向宗教，以求解脱。这同后来视鸦片为毒品有一个时代的差距。文章分析这个隐喻为何对中国人如此敏感的原因，认为“十九世纪中叶以来的中国人，经历的第一次奇耻大辱就是鸦片战争，痛恨鸦片，视之为西方殖民主义用以毁灭中华民族的毒剂。这种认识和由此引起的强烈感情反应是很自然的”。④

这场讨论促进了宗教学界的思想解放，从而也对宗教学的繁荣和发展贡献了学术思想资源。进入 21 世纪以后，围绕此话题的讨论还在继续深入地进行。2008 年《中国宗教》第 11 期发表李向平《从“精神鸦片”到“社会资本”——改革开放三十年中国宗教的基本变迁》一文。作者写道：“‘宗教是人民的鸦片’，曾经是中国共产党处理宗教问题、制定宗教政策的基本观念。新中国建国初年，宗教管理是‘内部行政事务’，视宗教为控制性上层建筑，实行了封闭型行政管理方法，视宗教为精神毒品，甚至

---

① 罗竹风主编：《中国社会主义时期的宗教问题》，上海社会科学院出版社 1987 年版，第 169—175 页。

② 唐尧：《关于正确认识宗教的几个问题》，载中国社会科学院世界宗教研究所宗教原理研究室编《宗教·科学·哲学》，河南人民出版社 1982 年版，第 53 页。

③ 吕大吉：《正确认识宗教问题的科学指南：重读马克思〈黑格尔法哲学批判〉导言》，《世界宗教研究》1981 年第 3 期。

④ 赵复三：《究竟怎样认识宗教的本质》，《中国社会科学》1986 年第 3 期。

采用行政手段取消宗教。为此，从中国共产党执政初期，一直到‘文化大革命’期间，‘鸦片论’一直是我国宗教工作和宗教研究的出发点和最终归宿。这种历史情形，只有到了1978年十一届三中全会，开启了中国现代历史新时期之后，才有所改变。”该文因发表在业内关键刊物上、标题宏大新鲜而结论却有仓促草率之弊，而引起多方质疑。2010年第3期《科学与无神论》针对上文发表了部分宗教学者和宗教工作者的谈话记录《有关我国宗教工作方针理论问题的座谈会发言——从“鸦片论”触发的话题谈起》，与会的专家认为，这样的观点将“鸦片论”这个极左的政治帽子扣在新中国成立后前30年我党宗教工作方针和理论上面，是不符合历史事实的；在现实生活中也会引起信教群众对党的反感，起着消极的社会作用。

用“鸦片论”来概括改革开放以前我国宗教政策和宗教理论归宿和宗旨，与史实不符，更与此前和此后业内学者的研究结论相左。中央统战部研究室前主任黄铸早在2002年就撰文对中国共产党的宗教理论和宗教政策进行历史回顾和考察，并做出结论说：“中国共产党对马克思列宁主义宗教观的理解是全面的，决非以鸦片论作为认识宗教的圭臬、对马克思主义宗教观的标准理解和制定宗教政策的基本依据。请看历史事实吧！在整个新民主主义革命时期，中国共产党关于宗教问题的文件从来没有提到过鸦片论，也没有任何领导人讲过鸦片论。党的政教分离、宗教信仰自由、团结广大信教群众参加革命斗争的政策，也决不能说是依据鸦片论制定的。”① 文章并引用周恩来的一次讲话为证。1950年6月，当有同志提出列宁在1909年讲过宗教是鸦片时，周恩来总理就指出：“革命时期是要把原则讲清楚，现在有了政权，有些时候倒不必去强调‘宗教是鸦片了’。”

方立天在2005年撰文认为：“事实上，中国共产党关于宗教问题的文件里从来没有提过‘鸦片说’，更不是以宗教‘鸦片说’作为制定党的宗教方针政策的全部理论根据。”② 冯今源在2008年也写道：“应该指出的是，迄今为止在党中央关于宗教问题的所有文件中，从来没有使用过‘宗教是人民的鸦片’这句‘名言’，也从未以宗教‘鸦片论’作为制定我党

---

① 黄铸：《中国共产党宗教理论、宗教政策的历史回顾和考察》，《中州统战》2002年第7期。

② 方立天：《中国化马克思主义宗教本质观》，《中国社会科学》2005年第6期。

宗教方针政策的理论根据。”①

2011年，张献生进一步考察了我党历史上在宗教问题上的极左做法的原因。他认为，我党在新民主主义革命和社会主义建设时期，从来没有把鸦片论当成宗教工作的指导思想。20世纪50年代后期和“文化大革命”期间宗教信仰自由政策受到极左路线的冲击的原因，不能全部算到鸦片论身上，从根本上讲是由于党在指导思想上犯了“左”的错误，具体分析，是由于“城门失火，殃及池鱼”，是在党的各级领导机关和领导干部普遍受到冲击的情况下发生的，宗教并非重点对象，而且宗教界虽然受到严重冲击，宗教信仰自由的政策却没有改变，在“文化大革命”后期，宗教界的状况就逐步得到改善。②

学术界对此话语逐步深入的探讨，更用大量的史料考证为支撑，丰富了它的学术内涵，增加了它的学术分量，加深了我国知识界对宗教本质和功能的认识。曾传辉在《世界宗教文化》2010年第1期上发表《从历史文化解读鸦片隐喻的多重含义》，综合利用了国内外鸦片史研究的最新成果，结合宗教发展的新动态，以及宗教学的新认识，指出鸦片为人类利用已有长达6千多年的历史，最迟在唐代就已经传入中国，在历史上主要是作为蔬菜、营养品、药品和文人墨客的时尚饮品加以记载。鸦片成为毒品只是最近170多年以来的事情，时间占人类利用史的一点零头。宗教在历史上主要被当成教化的工具、心理抚慰的手段和某种文化时尚，如何定位其性质取决于利用者文化权力的优势地位如何。鸦片当然也会在一定条件下成为精神毒品，但其根本原因在于统治阶级和帝国主义的控制和利用。

同年陈麟书在《关于中国化马克思主义宗教观若干问题的讨论》③一文中指出：“关于宗教的鸦片论，目前在国内已经不被大多数学者所认同，这也符合中国实际的基本情况。”但“我国宗教的鸦片功能现象还是存在的，这一论点目前在特定的境遇中还是符合实际的，因为国内外都存在着宗教的极端主义、分裂主义和恐怖主义。……中国就有‘藏独’和‘疆

① 冯今源：《关于马克思主义宗教观研究的几点思考》，《西北第二民族学院学报》2008年第3期。

② 张献生：《“鸦片论”与坚持发展马克思主义宗教观》，《中央社会主义学院学报》2011年第10期。

③ 文见《马克思主义宗教观研究（2010年专辑）》，曾传辉主编，社会科学文献出版社2011年版。

独'，在这种'境遇'下的宗教从功能上来讲就起到鸦片功能的作用……宗教本身并没有阶级性，但不同阶级的政治集团都会利用宗教来达到其不可告人的政治目的。……这既是不能回避的宗教政治问题，也是不能回避的学术问题。"

张献生针对社会上流行的关于宗教是精神镇痛剂的理解，指出马克思的比喻并不是无明显贬义的，更不是强调"人民对宗教的需要"。它的态度十分鲜明，就是揭露宗教的虚幻性，为人民实现真实的幸福指明方向。我们不能用鸦片论来套用我国社会主义条件下宗教的性质和社会功能，但是宗教的两重性仍然存在，其消极影响也没有完全消除，因此才有引导宗教与社会主义社会相适应的基本方针。①

五 "宗教和谐论"话语

2006年10月，党的十六届六中全会作出了《中共中央关于构建社会主义和谐社会若干重大问题的决定》，号召"发挥宗教在促进社会和谐方面的积极作用"。值得注意的是，这是中央文件首次用明确的字眼肯定宗教具有"积极"的作用。构建和谐社会的理论是以胡锦涛为总书记的领导集体立足于中国实际和中国传统文化特质，对马克思主义的重大发展。和谐社会既与中国传统文化的大同理想及以和为贵的传统价值观一脉相承，又符合马克思主义唯物辩证法、唯物史观和科学社会主义的基本精神。这一号召首先得到宗教工作部门的积极响应，国家宗教事务局负责的国家社科基金2005年度重点研究课题"社会主义宗教论"最终成果《和谐社会的宗教论》约78万字，于2010年出版，是到目前为止有关宗教和谐话题分量最可观的成果。该局现任局长王作安于2009年11月23日在《学习时报》上发表《关于当代中国政教关系》一文，指出当代中国政教关系属于政教分离的性质，但又不止于政教分离，而是具有以政教分离为基础、以政教和谐为价值取向的鲜明特征。作者最后说："能不能把当代我国政教关系称作政教和谐模式呢？希望有更多的宗教研究者、宗教工作者、宗教界人士研究和思考这一问题。"文章带着某种越超西方话语霸权的立意，

① 张献生：《"鸦片论"与坚持发展马克思主义宗教观》，《中央社会主义学院学报》2011年第10期。

既可看作对我国现行政教模式的反思，也可以看作是对中国特色政教模式的期许。王作安于 2010 年 11 月 5 日在北京论坛（2010）“信仰与责任——全球化时代的精神反思”分论坛上发表《宗教和谐：全球化时代的新理念》的演讲，向国际社会表达了宗教和谐的主张。

2010 年 1 月 13 日，《人民日报》刊发国家宗教事务局党组理论学习中心组《宗教和谐：宗教工作的新境界》一文。文章界定了宗教和谐的内容，认为包含四个基本层面，即宗教内部的和谐、宗教之间的和谐、宗教与社会的和谐以及政教关系的和谐。文章指出了促进宗教和谐的几个努力方向：防止宗教狂热和极端主义，反对利用宗教达到不良目的，推动各宗教开展对话与交流，引导各宗教共建和谐美好家园。文章同样保持了剖析和超越西方主导的国际话语霸权的立意，指出在当前国际形势下，宗教与“人权”、“民主”一样，似乎总是代表着“政治正确”、“普世价值”。任何事情只要打出宗教旗号，往往就能获得同情和理解。一些别有用心的组织和个人正是看中了这个特点，不断利用宗教名义企图达到各种不良目的。文章号召我国各宗教应当共同行动起来，保持信仰的纯洁性，反对以宗教名义从事各种违法犯罪活动，反对任何组织和个人利用宗教达到不良目的。事实上，学术界和权力部门掌握了话语权和决策权的人们，更应在国际话语霸权方面保持头脑清醒，一切从实际出发，对每一个问题都分析具体情况，分清国际国内话语场内各种发声者的背后动机和目的，在研究和处理宗教问题时将真正的个人信仰与对宗教信仰的蓄意利用区分开来。这样才能不人云亦云，受人蒙蔽，保护宗教信仰不被滥用。

牟钟鉴在《中国宗教》2012 年第 2 期上发表《探索宗教和谐理论》的文章，主张“宗教和谐是具有普世价值的理论”，在承认宗教信仰自由作为普世价值（“现代文明的通则”）的同时，提出了更高指向的价值呼声。无疑，“和谐”作为中国传统文化的核心理念，又是中国共产党倡导的执政目标，要成为世界上绝大多数人共同奉行和追求的普世价值，不仅仅是一个理论问题，更是一个文明兴替的世界性现实问题，最终实现还有待时日。

六 “宗教生态论”话语

宗教生态论称谓的不是各种宗教关于生态的理论和实践，而是将宗教文化看成一个生态系统，探讨在一定地理空间范围内经过较长时间达成的动态平衡机制及其变化和原因的学说。它是21世纪以来逐渐提出并在最近五六年内迅速热络起来的宗教学术话语。2002年夏天在国家宗教事务局培训中心召开的宗教问题讨论会上，曾传辉作了“构建教态平衡，促进中国宗教健康稳定的发展”的发言，得到回应。2004年3月姜生发表《宗教生态与宗教世俗化》①，6月刘建发表《温州散记：温州的道教、民间信仰和宗教生态》②，是目前能查到最早以“宗教生态”为题公开发表的文章。

这个话语的理论内涵虽然尚且稚嫩，但实实在在地是在当代中国处境下生成的、具有典型的中国特色的宗教学术话语。它是部分中国宗教学者借鉴了生态学的语汇和文化生态学的关怀，对当代中国宗教发展现状和趋势进行反思而形成的学术理解和公共主张。它的兴起明显地受到如下三点宗教发展态势的影响：一是各种宗教在近30年来总体上呈现倍速增长的趋势，二是基督教在城乡社会的异军突起和超常规发展，三是民间信仰在广大农村迅速复苏及政府由清除到容许存在的政策转换。尤其是后两个因素，是刺激宗教生态论兴起的直接原因。

总体来讲，宗教生态论的学术话语内涵还非常单薄。陈晓毅、段琦、陈进国等学者用宗教生态话语构建宗教调研的田野报告，解释某个区域内宗教关系平衡与失衡的原因。③ 张新鹰在《宗教生态话题散议》④ 一文中，分析了传统中国宗教生态的格局及其在近代以降失衡的原因，指出在“西方思想文化载体的基督教在新时期宗教格局中的比重逐渐增大”的形势下，“只有将促使宗教生态平衡机制的自然形成这项系统工程，纳入国家文化战略（包括国民教育）的框架加以通盘规划设计，才有可能从根本上为构建和谐社会铺设一层张力在安全系数之内的‘宗教保护膜’”的文化战略主张。牟钟鉴《宗教生态论》⑤ 系统地论述了该话题的纲要。作者在总结前人相关理论的基础上，指出与其他宗教学分支不同，宗教生态论的

---

① 《中国社会科学院院报》2004年3月23日。

② 《当代宗教研究》2004年第2期。

③ 参见陈晓毅《中国式宗教生态——青岩宗教多样性个案研究》，社会科学文献出版社2008年版。段琦、陈进国：《江西省余干县宗教文化生态调查——以基督教为中心》，世界宗教研究所内部调研报告集。

④ 《世界宗教文化》2010年第4期。

⑤ 《世界宗教文化》2012年第1期。

特质在于注重宗教间及宗教与环境关系的总体发展态势。他认为，宗教生态论“创造性地体现了唯物辩证法的世界观和科学发展观，又补充了宗教人类学、宗教社会学、宗教文化学等学科的不足，也能使宗教史学和宗教现状的研究开出新的境界”。在考察了世界三大宗教生态模式，即亚伯拉罕系统的一元分化式、印度系统的一元多神蝉变式、中国的多元通和模式之后，重点分析了当代中国宗教生态失衡的原因在于：主流意识形态对温和宗教的压制、反复扫除民间宗教与民间信仰的施政行为、反传统的民族虚无主义思潮流行，以及宗教管理体制不能与时俱进。最后作者提出“多元通和，固本化外”文化战略主张。

学术界有一种引人注意的观点，就是用宗教生态失衡来解释改革开放以来基督教超常规发展的原因。早在 20 世纪 90 年代，香港建道神学院院长梁家麟就认为：“基督教得以在‘文化大革命’以后的农村蓬勃增长，其中一个重要原因，是中共自立国以来，一直不遗余力地铲除民间宗教，将基督教在基层社会的农村中传播之最大障碍除去，为其提供了广阔的发展空间。从这个角度看，中共的宗教政策是协助基督教发展的一大助力。”① 段琦援引了梁家麟和刘建的观察，并认为，造成 20 世纪 80 年代以来基督教在中国快速发展的根本原因在于宗教生态失衡。② 牟钟鉴认为，基督教在中国的过度发展会带来一系列不良后果：一是政治上会加剧和平演变与反和平演变的斗争，二是使中国基督教素质下降，三是破坏中华民族文化的主体性和民族性。③ 上述观点得到吕大吉的支持，认为符合社会实情，很有道理，并列举了港台地区宗教生态情况作为反例。④

一些学者对宗教生态失衡是造成基督教近年来超常规发展主要原因的观点提出了质疑。马虎诚《基督教在当今中国大陆快速发展的原因辨析——由“宗教生态失衡”论引发的思考》⑤ 一文指出，即使有宗教生态

① 梁家麟：《改革开放以来的中国农村教会》，香港建道神学院 1999 年版，第 216 页。

② 段琦：《宗教生态失衡与中国基督教的发展》，《当代中国民族宗教问题研究（第 5 集）》，中国社会科学出版社 2010 年版。

③ 牟钟鉴：《基督教与中国宗教文化生态问题的思考》，《当代中国民族宗教问题研究（第 5 集）》，中国社会科学出版社 2010 年版。

④ 吕先生交给“2008 民族宗教问题高层论坛”的发言稿，转引自马虎诚《当代中国民族宗教问题研究（第 5 集）》，中国社会科学出版社 2010 年版。

⑤ 马虎诚：《基督教在当今中国大陆快速发展的原因辨析——由“宗教生态失衡”论引发的思考》，《当代中国民族宗教问题研究（第 5 集）》，中国社会科学出版社 2010 年版。

失衡的现象存在，也不能解释为什么只有基督教抓住了机遇来填补空白，异军突起，而其他宗教包括同样有强大国际背景的宗教，却只保持了平衡发展的态势。“改革开放以后基督教在中国大陆的大规模发展，是多种因素综合作用的结果，宗教生态失衡既不是其主要原因，也不是其内在因素，基本与宗教生态失衡无关。可见，中国宗教生态失衡导致基督教在改革开放后获得大规模发展是个不能成立的命题。”作者进一步指出，除了政策自由宽松、政府管理疏失、社会舆论宽容和社会变动影响等外在条件以外，基督教本身的特点也不可忽视：基督教本身具有作为世界性宗教共有的一些优良品质；它独有的以传教为“神圣的第一使命”教义；西方强势文明增强了它唯我独尊的自信力、排他性和侵略性；在强大的国际政治、经济、文化、军事背景下，以美国为首的西方国家实施了以中国为中心目标的“政教合一”文化扩张战略等；平信徒传教的灵活性与隐蔽性等。

文化生态论者“固本化外”的公共关怀与近年来从美国引进的宗教市场论关于放任自由，使让宗教传播市场化，使弱者自弱、强者自强的文化战略取向发生了观念交锋。针对国内有的宗教生态论学者关于建立“中华教”的学术倡议，有批评者指责是宗教民族主义，是华夷之辨的新版本。[①]学者沈璋指明宗教市场论（具体所指为斯达克和芬克《市场的法则》一书）在鼓吹唯一神教至上，“倡导宗教至上和宗教无政府，以利益原则为动力，鼓动宗教组织不择手段地无限膨胀。客观上则是推动宗教排他、制造文明冲突和社会动乱。因此，它的信徒也在向世俗国家或国家的现代化叫板，尤其不能容忍国家依法治国、国家主权和国家管理”。尽管唯物史观也重经济基础，但这种观点肯定不符合唯物史观。[②]国内追捧宗教市场论的学者虽然在策论上以美国为模板，但似乎他们并不完全排斥宗教生态论的社会关怀，也不希望看到由宗教市场化导致宗教纷争，而是意图踏着美式的政教模板登上中式和谐社会的王道乐土：“如果我们严格依据经济学或生态学的理论作为我们的指导，如果我们相信市场这只看不见的手，那么笔者认为无为而治也许是一种更好的选择。宗教信仰自由离不开政教

① 李向平：《“宗教替代社会”的基督教难题——当代中国基督教社会化的视角》，参见作者博客，http：//lxp0711. blog. hexun. com/41543665_ d. html，2012 年 8 月 19 日登录。

② 可参照沈璋《也谈“宗教市场论”及其在中国大陆“宗教文化”中的卖点》，《科学与无神论》2011 年第 3 期。

分离，政教分离不只要求政府不要建立一种宗教，同时也反对政府干预宗教，国家和教会之间有一堵由宪法所保障的高墙，使得双方不能干预对方领域的事物。这样宗教就变成了人们自愿的选择，人们可以用脚投票来决定宗教的命运。这样宗教问题真正变为一个私人问题和司法问题，宗教市场才能真正依照市场的供求规律良性地发展，从而真正推动我们的和谐社会建设。"①

七 "宗教观教育"话语

20 世纪 90 年代开始，我国西藏等民族地区高校就开展了马克思主义祖国观、民族观、宗教观和文化观为内容的"四观"教育。1996 年 10 月党的十四届六中全会通过的《中共中央关于加强社会主义精神文明建设若干重要问题的决议》明确指出："在加强民族团结、维护祖国统一的教育中，要坚持党的民族政策和宗教政策，宣传马克思主义民族观和宗教观。"与此同时，每年都有少量高校教师零星地就马克思主义宗教观教育撰文发表意见。进入 21 世纪以后，随着"宗教热"在高校校园内逐渐升温，大学师生信教人数越来越多，特别是境外传教势力向大学校园渗透已经成为各方关注的热点问题。自 2007 年以后，以高校"两课"教师为主的学者们相关的研究成果成倍增长，党政高层对此问题的重视程度也空前提高。2011 年 5 月，中共中央办公厅和国务院办公厅下发了中办 18 号文件，即《关于做好抵御境外利用宗教对高校进行渗透和防范校园传教工作的意见》。文件提出："抵御境外利用宗教对高校进行渗透和防范校园传教是一项重要而紧迫的战略任务"；"要毫不动摇地坚持教育与宗教相分离的原则"；"把马克思主义无神论作为抵御渗透和防范校园传教的基础性工作"。是年，中国学术期刊网收录马克思主义宗教观教育相关文章由过去每年几篇上升到 78 篇。学者们讨论的问题主要包括：大学生信教状况及原因，马克思主义宗教观教育的重要性、目的、内容、方法和教育主体等。目前，从事相关问题的研究者主要来自高校思想政治专业，宗教学专业人士着墨者还不多。

---

① 逆风：《宗教生态平衡的迷思》，普世社会科学网：http：//www. pacilution. com/ShowArticle. asp？ArticleID＝1902，2012 年 8 月 19 日登录。

当代中国宗教学话语串珠除了上述列举典型以外，可能还有一些需要总结梳理。它们的共同特点是均以政教交涉为主轴，多数以政界领袖为首倡，以学界为主力，以马克思主义为基调，是地地道道的用中国话语讲中国事情的国货，贯穿着关心国是民瘼的仕人精神。随着中国国际地位的进一步上升，二流国家学人的心态也会改变，可以预见，会有一些关于世界宗教形势的中国话语出现。

[原载《马克思主义宗教观研究》（2011），社会科学文献出版社 2013 年版]

马克思主义宗教观的话语形态

黄　奎[*]

宗教问题，和民族问题一样，也是社会总问题的一部分，不可能孤立地得到解决。当代中国处于社会主义初级阶段，仍然是阶级社会，只是社会矛盾、阶级矛盾的广度、深度、烈度、程度总体上以非对抗性为主而已。

“在阶级社会中，每一个人都在不同的阶级地位中生活，各种思想无不打上阶级的烙印。”① 社会存在决定社会意识，经济基础决定上层建筑，而一定的上层建筑、社会意识形态对于经济基础、对于社会存在又会产生反作用。

抱持不同的阶级立场、观点、方法，会对当代中国的宗教问题、有神无神博弈问题形成不同的看法、话语乃至话语形态。这些基于不同政治经济学立场或考量的话语形态，又会对宗教的存在状态、宗教问题的解决及党和国家的工作大局产生不同的政治经济学效应或后果。

一　统战话语

1. 统战工作是我党在革命、建设、改革的90年奋斗历程中不断从胜利走向胜利的三大法宝之一。强调宗教是人类试图掌握世界的方式之一（马克思语）、是人类社会一种特殊的精神文化现象，强调求同存异、和而不同及中国语境中的“政治上团结合作，信仰上相互尊重”，无疑有助于建立以中华民族伟大复兴为奋斗愿景的新时期爱国统一战线。

---

* 黄奎，中国社会科学院世界宗教研究所副研究员。

① 《毛泽东选集》第1卷，人民出版社1991年版，第283页。

2. 统战工作的成功有助于降低执政党的社会治理成本。在保持主流意识形态刚性底线的前提下，能否以灵活务实的统战话语感召、吸引宗教精英，使之成为国家民族奋进征途上的同路人甚或亲密友人，将会对社会的稳定和谐、国家的长治久安、民族的兴旺发达与否产生重要的政治经济学效应。

3. 历史和现实表明，统战政策和策略的成功与否很大程度上取决于是否善于对宗教组织及相关人群进行适当的必要的阶级阶层分析。统战对象应当仅限于宗教界上层人士，如果扩大至因社会变迁而日益增多的一般信教群众，则统战成本将会越来越高，以致最终无法承受。

4. 我党作为无神论政党，应当最大限度避免“统战者被统战”的现象，始终保持世界观的独立性、意识形态的完整性和足够敏锐的政治鉴别力。

二　法治话语

1. 宗教信仰自由，本质上是一种资产阶级法权。权利和义务的辩证统一以及“西强我弱”的严峻现实，使得尚处于社会主义初级阶段的当代中国的宗教法治话语兼具意识形态属性、爱国主义特征和政治经济学成本收益考量。

2. 宗教信仰自由在实质上是一种消极自由——类似于工人在劳动力市场“自由选择”不同资本家时的那种必然要受剥削的自由——表达的实际上是资产阶级对于各种并未危及其根本利益的宗教信仰的容忍和怀柔。

马克思主义宗教观、科学无神论表达的是一种积极自由。无产阶级政党和劳动人民当家做主的国家，应当致力于弱化以至消除宗教赖以滋生的社会土壤，从人类解放事业的高度，把人们从形形色色的迷信和妖术中解放出来。严峻的现实情况在于，苏联东欧的失败使世界社会主义运动陷入低谷，共产主义的理想信念在当代中国的感召力日趋弱化，为远大理想而奋斗的精神支柱崩塌，社会变迁过程中出现的形形色色的消极负面现象使经济解放、政治解放和精神解放的美好远景显得越来越遥远。尽管如此，对人民群众尤其是党员和广大青少年进行无神论的宣传教育，仍然是马克思主义政党对历史、对人民群众、对国家和民族的前途命运真正负责任的表现。由于千百年来芸芸众生习惯势力、历史惯性和路径依赖的原因，由于国际交往和外部渗透日益加深的原因，更由于社会变迁中层出不穷的负面效应及无法预知的天灾人祸，宗教有神论仍然保有并不断扩大其影响力。宗教信仰自由政策通过制度安排承认并保障宗教存在的合理性、合法性，但是这种合理性、合法性是有限度的。中国作为社会主义国家，与非社会主义国家的重要区别在于，执政者有责任，也有能力通过持续不断的经济、政治、文化等多方面的努力，帮助相关民众逐步超越宗教信仰自由这种“必然王国”意义上的消极自由，在中国乃至全人类文明进步的历史进程中逐步走向与无神论和科学理性精神相联系的“自由王国”意义上的积极自由。

3. 在民族国家作为竞争单元或实体远未过时的当今世界，在宗教事务管理问题上，应当毫不动摇地坚持国家主权原则，抨击所谓“上帝的归上帝，恺撒的归恺撒”之类将“政教分离”绝对化的宗教无政府主义僭妄，解构西方敌对势力的“人权高于主权”的新干涉主义话语霸权，击毁洋奴们的所谓“世界公民”的虚幻优越感，防止“特殊公民”甚或“第五纵队”的出现，最大限度维护国家的文化安全和政治安全。

马克思主义宗教观、科学无神论是形形色色的宗教极端主义、宗教沙文主义、宗教无政府主义的天敌。

4. 马克思主义宗教观要求将宗教信仰变为公民个人私事；中国古代处理宗教问题的“大一统”政治传统，久已形成路径依赖和制度惯性；邓小平倡导的“小道理服从大道理”原则远未过时；当代中国法律体系的根本特征在于“党的领导、人民当家做主和依法治国三者的有机统一”。

在可以预见的将来，中国在宗教法治问题上可能会有持续不断的“帕累托改进”① 式举措，但其总体趋势应该不会偏离法治成本最小化、国家民族利益最大化的方向。

三 意识形态话语

1. 意识形态一般指某个阶级、利益集团甚至国家所持有的世界观及相应的价值观念和行为规范。意识形态可以影响和左右人们的利益综合和利

---

① “帕累托改进”是经济学的一个概念，指在某种经济境况下如果可以通过适当的制度安排或交换，至少能提高一部分人的福利或满足程度而不会降低所有其他人的福利或满足程度。

益表达，影响和左右人们的社会化过程；可以影响和左右一个社会的变迁，节约人们在互动过程中的各种行为费用；可以服务于人们行为的成本收益分析，定义和改变人们的行为取向和偏好。

2. 宗教是一种历史文化现象，更是一种特殊的意识形态。

我们认为，马克思主义宗教观即马克思主义对于宗教的基本看法（“颠倒的世界观”、类似鸦片的麻醉作用）主要是持一种意识形态批判的态度，且主要目的是批判宗教赖以产生和存续的社会制度根源。

3. 世界范围的宗教现状与社会经济基础尤其是私有制呈现正相关的关系。中国晚近若干年的社会变迁，在取得物质层面和精神层面的巨大进步的同时，也伴随着许多消极负面现象。其中，宗教热或宗教乱象得以产生和存续的深厚社会根源，就在于社会经济领域的私有化进程及剥削压迫、阶级分化现象的有增无减。阶级分析法对于认识和处理宗教问题远未过时。

（1）宗教存在的阶级根源及阶级分析法

江泽民 2001 年年底重申了马克思主义对于宗教问题的经典看法：“在阶级社会中，宗教对人类的压迫是社会内部经济压迫的产物和反映，劳动群众受到这种压迫又无法解脱，就往往到宗教中去寻找精神寄托；剥削阶级也利用宗教作为控制群众的精神手段，削弱劳动群众的反抗意志，分散劳动群众的反抗力量。马克思说‘宗教是被压迫生灵的叹息’、‘宗教是人民的鸦片’，就是从这个意思上来讲的。因此，必须进行社会变革，消灭剥削制度和剥削阶级，消除宗教存在的最深刻的社会根源。”①

晚近若干年来，国际国内因素杂糅纠结，阶级话语作为马克思主义核心话语之一日渐淡出，原本并不重要的民族话语、宗教话语日益凸显。

宗教有神论在社会变迁的局部时空中或许能起到某种疑似有助于“维稳”的镇静剂、清凉剂效果（虚幻的心理学效应不可能长久），但在总体上和根本意义上是有利于剥削阶级、非劳动阶级而不利于无产阶级和人类解放事业的。

（2）晚近中国宗教热的主因

在人类改造自然的能力不断增强、科技进步日新月异、国民文化教育

---

① 江泽民：《论宗教问题》（2001 年 12 月 10 日），《江泽民文选》第 3 卷，人民出版社 2006 年版，第 380 页。

水平总体提高的大背景下，晚近若干年来中国的宗教问题非但没有淡化，反而出现信教人数持续增长，甚或“宗教热”的现象。其主要原因究竟是什么?

按照马克思主义宗教观的基本看法，在阶级社会中，宗教得以滋生和存续的根源主要是社会根源，尤其是阶级根源。列宁说：“‘恐惧创造神’，现代宗教的根源就是对资本的捉摸不定的力量的恐惧，而这种力量确实是捉摸不定的，因为人民群众不能预见到它，因为它使无产者和小业主在生活中随时随地都可能遭到，而且正在遭到‘突如其来的’、‘出人意料的’、‘偶然发生的’破产和毁灭，使他们变成乞丐，变为穷光蛋，甚至活活饿死。”①

按照马克思主义宗教观，宗教从根本上说是对于社会现实、社会经济基础的超现实映射或叙事。那么，晚近中国的社会现实、社会经济基础究竟如何？来自学界的某些相关调研及其结论当然值得重视，但在当代中国的政治语境中，更值得我们重视的恐怕还是晚近来自执政者的声音。

中共中央政治局常委、全国人大常委会委员长吴邦国，2011 年3 月10 日在“两会”上强调“从中国国情出发，郑重表明我们……不搞私有化”。“中国特色社会主义法律体系，是以宪法和法律的形式……确立了公有制为主体、多种所有制经济共同发展的基本经济制度和按劳分配为主体、多种分配方式并存的分配制度。坚持中国特色社会主义道路，最重要的是坚持正确的政治方向，在涉及国家根本制度等重大原则问题上不动摇。动摇了，不仅社会主义现代化建设无从谈起，已经取得的发展成果也会失去，甚至国家可能陷入内乱的深渊。”②

全国政协副主席、中国社会科学院院长陈奎元2011 年3 月16 日指出：“当前一个涉及全局的矛盾是分配不公，居民收入在国民经济中的比重偏低、劳动收入在各种要素中的回报率过低，穷人和富人收入和生活水平的差距超过发达资本主义国家。这个问题归根到底是对马克思主义经济理论、社会公平的理论，对在社会主义时期实行按劳分配制度没有足够的重视。”“在向市场经济转轨的过程中，较长时期强调效率优先，将公平放在

---

① 列宁:《论工人政党对宗教的态度》(1909 年5 月13 日),《列宁选集》第2 卷，人民出版社1995 年版，第378—379 页。

② 新华社2011 年3 月10 日电。

次要的位置上，发展经济和改善人民生活没有同步，贫富差距不断拉大，这是当前产生诸多矛盾的主要根源。有一部分劳动人民在改革发展中获益较少，被称为弱势群体，在思想上有失落感，再加上时而发生侵害群众利益的行为，人民群众中易于滋生不满情绪。在国内外有人质疑中国共产党的性质和国家的性质是否发生了改变，决不能认为这样的问题是无须关注的议论。"①

中共中央政治局委员、上海市市委书记俞正声2011年6月12日指出，毛主席"搞'文化大革命'，是真真切切地感觉到，我们国家不能简单地发展生产，要防止新生资产阶级的出现，防止工人农民重新沦为社会的底层，他的动机是无可厚非的。……现在的很多事情也证明他的担心不是没有理由"。②

来自执政者的声音告诉我们，社会变迁中的私有化倾向非常危险，两极分化现象正在引发关于党和国家是否变质的质疑，而阶级阶层分化的严峻现实甚至会影响到对某些历史事件的看法。仅就宗教问题而言，快速增长的信教人数大多来自所谓"弱势群体"或"失败人群"，与"强势群体"或"成功人士"形成强烈反差，这一不争的事实使得风行已久的所谓"宗教存在的阶级根源基本消失"说面临窘境。

4. 当代国际形势的变化、晚近中国社会经济基础的变迁，导致中国上层建筑、意识形态的嬗变。意识形态领域的话语混乱（不问是非对错，只问利弊得失），包括对于宗教问题的混乱认识，所导致的实际后果和现实危害（如西藏、新疆问题中的宗教因素、"家庭教会"问题及"法轮功"邪教问题等），已经和正在对党和国家的工作大局及普罗大众科学世界观的生成产生不利影响。世界观领域、意识形态领域"精神污染"的治理成本上升和危害预期加剧，正使得冷寂多年的无神论宣传教育问题呼之欲出。

晚近中国政治语境中的主流话语是：对外"韬光养晦不出头"，不挑战以美国为主导的现存国际秩序；对内"稳定压倒一切"、"不争论、不折腾、不走回头路"。这一切使得主流意识形态面对现实不得不一再妥协，

① 陈奎元：《信仰马克思主义，做坚定的马克思主义者——在中国社会科学院马克思主义理论学科建设与理论研究2011年度工作会议上的讲话》，《中国社会科学报》2011年4月28日。

② 《听俞正声上党课——"执政者的声音"》，《南方周末》2011年6月24日。

很难再保持原有的意识形态纯洁性。但无论如何，马克思主义宗教观的世界观底线——无神论立场不能放弃。

四　无神论话语

毋庸讳言，如何正确认识和审慎处理宗教有神论和无神论的关系，始终是晚近若干年来一个令人头痛的老大难问题。

1. 如果以鸦片战争或新中国成立为参照性的时间节点，那么我们有理由认为：中国的社会形态，由于晚近若干年剧烈而深刻的社会变迁，已经和正在发生划时代的变化。随着农村人民公社的解散和城市国营企业的转制，近乎无限责任政府暨全能主义治理模式退隐，破私立公的革命传统日渐衰微，国家权威和社会保障无法覆盖之处为宗教有神论的滋生蔓延提供了丰厚的土壤。以20世纪90年代为例，当时的文化热大潮中传统文化糟粕的沉渣泛起、邪教的蠢蠢欲动、异域宗教的乘虚而入，与下岗失业、病无所医的工人，困苦无告的农民，革命意志衰退的老干部，似乎就形成了某种复杂的供需关系。而热衷附庸风雅的某些“肉食者”、“不义而富且贵”的买办权贵、见利忘义的文化乡愿所组成的既得利益集团，却或明或暗地鼓噪“告别革命”、“不走回头路”、拥抱“普世价值”、“与国际接轨”、做“世界公民”，在极力反对无神论宣传教育的同时，极力鼓吹“宗教是个好东西”，企图充分发挥宗教的麻醉作用，以最大限度地维护既得利益格局。

2. 我们认为，在科技进步日新月异、宗教有神论得以产生的自然根源和认识根源不断弱化的时代背景下，当代中国晚近若干年的社会变迁使得宗教有神论得以产生和泛滥的社会根源日趋复杂化，其中的阶级根源如两极分化、贫富悬殊所带来的阶级分化日趋严重，市场经济条件下“看不见的手”和天灾人祸等无所不在的偶然性以及对外开放条件下国外可疑势力的宗教渗透活动，使得形形色色的宗教有神论、封建迷信①甚或邪教在特定时空情境中以巧言令色、蛊惑人心的方式对某些易感人群产生相当的吸

① 在新中国政治语境中一直是贬义词的“封建迷信”近些年来被学界逐步正名为“民间信仰”，但最新的官方文献仍然提出要“弘扬科学精神，普及科学知识，倡导移风易俗，抵制封建迷信”。参见《中共中央关于深化文化体制改革的决定》，新华社2011年10月26日电。

引力，而无神论本身并不能直接有助于社会问题的解决，更无法带来直接的经济效益，因而在“经济挂帅”的年代被边缘化似乎也是并不奇怪的事。

3. 马克思主义宗教观、科学无神论与宗教有神论之间的话语博弈，是晚近若干年来意识形态领域斗争日趋尖锐复杂的一个缩影。以20世纪80年代初“不信仰宗教、宣传无神论的自由”等文字从宪法条文中消失为肇始和标志，宗教有神论话语日渐红火或猖獗，而无神论话语日益陷入疑似鸡肋化困局，从一个侧面反映主流意识形态的话语权和感召力已日弱一日。受党教育多年、一直以“永远跟党走”为人生座右铭的很多人，现在最大的困惑却是不知道党到底要往哪儿走。“来自五湖四海的人们为了一个共同的革命目标走到一起来了”成了一种陌生而遥远的记忆，主流意识形态似乎早已丧失将普通民众日常的生活劳作与未来某个远大目标联系起来的能力，越来越多的人日渐丧失归属感、意义感、方向感，日渐陷入无可名状的生存焦虑。不愿沦为经济动物的普罗大众需要精神文化生活，需要精神支柱，如果主流意识形态提供不了，宗教有神论等非主流意识形态就会乘虚而入，取而代之。有神论和无神论在哲学上、在世界观层面、在意识形态领域的斗争形同水火，不可能有调和的余地——在社会政治层面当然另当别论，宗教信仰自由由执政者提供宪法保障和政策支持——无神论在话语逻辑上的战斗性事实上是被有神论逼出来的，这种战斗性常常因为不合时宜而被和谐愿景的紧箍咒打入冷宫，但是压制能让真理长久沉默吗?

4. 中国在有神无神博弈问题上的特殊之处还在于，无论时空如何变幻，中国文化中“敬鬼神而远之”的“弱无神论”传统对于民众的影响始终不曾衰歇，中国人儒道互补的人格结构和文化传统、心理惯性，使得任何宗教狂热都很难在中国社会真正形成气候。这是中国文化的特点，也是中国文化的优点。但是另一方面，纯粹理论形态的“强无神论”话语，尤其是与唯物史观相关联的科学无神论，其前途命运则与执政者的经济社会政策及其制度安排（如全民社保制度）密切相关。晚近的研究表明，20世纪90年代，集本土文化糟粕之大乘的“法轮功”邪教的蔓延和猖獗与当时剧烈的社会变迁中的“下岗”现象正相关，与医疗产业化政策导致的“看不起病”现象正相关，而异域宗教在华得以非常态扩张的一个重要原因，也是大多数信徒因患病或因家人患病而“看不起病”或“看不好病”，在绝望中向乘虚而入的洋教寻找希望。如果“窥一斑而见全豹”可以成立的话，那么窥此“一斑”而见的或许是如下的“全豹”：解决不好社会经济问题和民生问题或民众的现实苦难问题，削弱不了宗教有神论赖以产生的社会根源和现实土壤，那么无神论宣传教育必然会被边缘化、鸡肋化。

5. 可以断言的是，不致力于解决迫切的现实问题，不致力于削弱以至逐步消除宗教有神论赖以滋生和蔓延的社会土壤，仅仅指望以无神论的宣传教育来遏制宗教有神论的扩张，是不现实的，是不可能成功的，也是不符合马克思主义宗教观的。2011 年 3 月中旬全国范围突发的抢盐风潮表明，如果执政者缺乏强大的物质力量，“无盐（言）以对”，不能向民众提供充足的盐等生活必需品，那么形形色色的“谣盐（言）”满天飞所催生的恐惧感，“无盐（言）的结局”所催生的民众对于“盐王爷”① 的敬畏或迷信，如同历史上一再出现的“恐惧产生神”的现象一样，将会使执政者陷入“哑口无盐（言）”、“有苦难盐（言）”的失语状态。在这个意义上，如果列宁所说的“资本的捉摸不定的力量”作为现代宗教“最深刻的根源”不能被框限和削弱，那么无神论的宣传教育将会丧失最起码的社会基础，而“盐王爷”之类神祇的闪现和流行将会成为再正常不过的宗教发生学范例。无需多言的是，与冷战年代、“自力更生”时代、计划经济时期相比，后冷战年代、全球化时代、市场经济时期的无神论教育面临着更为艰难复杂的局面和前景。

6. 总而言之，无神论在晚近中国陷入疑似边缘化困局的主要原因在于：无神论的前途命运与世界范围社会主义与资本主义两种社会制度、两种意识形态的较量密切相关。无神论的边缘化困局与世界社会主义运动处于低潮有关，而宗教有神论在世界范围的现状则与剥削制度、私有制的广泛存在密切相关。因此，无神论的真正胜利，在逻辑上和事实上有待于“在地球上彻底消灭人剥削人的制度”。

五 结语

1. 在阶级话语（被）隐遁、“从总体支配到技术治理”② 成为时代特

---

① “盐王爷”与“阎王爷”同音，更有可能让弱势群体、心理脆弱者或宗教易感人群不寒而栗。

② 渠敬东、周飞舟、应星：《从总体支配到技术治理——基于中国30 年改革经验的社会学分析》，《中国社会科学》2009 年第6 期。

征的政治语境中，从话语构建的角度而言，应当把马克思主义宗教观基本原理与中国宗教具体实际相结合，推进其统战话语、法治话语、意识形态话语、无神论话语的有机统一，使得宗教问题的“成本收益比”优化解决服从、服务于党和国家的工作大局。

现有的对马克思主义宗教观的某些表述，实际上常常是其统战话语、法治话语、意识形态话语、无神论话语不同比例的混合物。对马克思主义宗教观的不同理解，可能基于或常常源于对其统战话语、法治话语、意识形态话语、无神论话语的不同侧重。而偏重于某一种话语形态，最终难免出现解释力下降、“边际效用递减”① 现象，此时必然会催生出穷则思变、矫枉补偏意义上的思维创新和话语更新。

2. 应当从我党是革命党和执政党的辩证统一体的角度看待当代中国马克思主义宗教观的不同话语形态，以足够的政治智慧优化整合、学以致用；否则，固着于革命党和执政党的简单切割，不仅会失去高屋建瓴、居高临下的话语优势，还会在国内外日益复杂的宗教情境中进退失据、动辄得咎。

3. 宗教问题作为社会总问题的一部分，在毛泽东时代是属于世界观范畴的思想认识问题；在后毛泽东时代则逐渐演变为有可能危及社会稳定和国家安全②的严重的社会问题。能否而又如何对症下药、标本兼治？从“十年树木，百年树人”的角度观察宗教问题，下述判断或许值得特别关注：在全国国民教育系列的各级各类学校，坚持“教育与宗教相分离”原则甚或因地制宜开展无神论宣传教育，帮助青少年学生增强思想免疫力、树立科学世界观，对于国家长治久安、民族兴旺发达具有重要意义；在边疆民族地区，马克思主义宗教观、科学无神论作为反分裂、反渗透斗争的

---

① “边际效用递减”指一个人连续消费某种物品时，随着所消费的该物品的数量增加，其总效用虽然相应增加，但物品的边际效用（即每消费一个单位的该物品，其所带来的效用的增加量）有递减的趋势。在社会管理中，一个政策出台以后，刚开始往往管理或者规范效应很明显，但随着时间的推移，这项政策的功能就越来越弱了，越来越不适宜社会管理的需要了，也就是说政策的管理规范制约或引导效应在不断减弱。

② 关于国家安全问题，最新的官方文献指出：“当今世界正处在大发展大变革大调整时期，世界多极化、经济全球化深入发展，科学技术日新月异，各种思想文化交流交融交锋更加频繁，文化在综合国力竞争中的地位和作用更加凸显，维护国家文化安全任务更加艰巨，增强国家文化软实力、中华文化国际影响力要求更加紧迫。”参见《中共中央关于深化文化体制改革的决定》，新华社 2011 年 10 月 26 日电。

重要思想武器，对于抑制宗教狂热、破除宗教迷妄（如破除对达赖的迷信）具有“破心中贼”的治本作用。

4. 历史和现实一再证明：“实践永无止境，探索和创新也永无止境。世界上没有放之四海而皆准的发展道路和发展模式，也没有一成不变的发展道路和发展模式。我们既不能把书本上的个别论断当作束缚自己思想和手脚的教条，也不能把实践中已见成效的东西看成完美无缺的模式。”①

从历史和逻辑相统一的角度考虑，在风行多年的不少核心话语或时代关键词因时过境迁或“审美疲劳”而淡出或即将淡出的时代语境中，要真正超越利益诉求分野、引领科学发展及包容性发展新时代、推进党和国家工作大局、推进中华民族伟大复兴的历史进程，在“高举中国特色社会主义伟大旗帜，坚持和拓展中国特色社会主义道路，坚持和丰富中国特色社会主义理论体系，坚持和完善中国特色社会主义制度”② 的大前提下，从顶层设计和整体规划的战略高度认识和对待作为社会总问题一部分的宗教问题，以创新思维实现宗教工作和无神论研究宣传教育工作的话语创新、制度创新、管理创新，可能是当务之急、明智之举、马克思主义宗教观中国化时代化题中应有之义。

［原载《马克思主义宗教观研究》（2011），社会科学文献出版社 2013 年版］

---

① 胡锦涛：《在纪念党的十一届三中全会召开三十周年大会上的讲话》（2008 年 12 月 18 日），新华社 2008 年 12 月 18 日电。

② 胡锦涛《在庆祝中国共产党成立 90 周年大会上的讲话》（2011 年 7 月 1 日），新华社 2011 年 7 月 1 日电。

第　二　编

马克思主义基本理论研究

科学的经典　真理的旗帜

——读《共产党宣言》

侯惠勤*

整个共产主义世界观和理论体系是由马克思、恩格斯奠基的，《共产党宣言》（以下简称《宣言》）就是体现这一奠基作用的标志性著作。该著作问世160多年来，至今已译成200种语言出版，版本达几千个，可见其影响之大。但是读《宣言》，读什么？怎么读？至今见仁见智。列宁的下述观点可以为我们提供指导：我们应该像马克思、恩格斯那样称自己为共产党。“我们应该重复说，我们是马克思主义者，我们是以《共产党宣言》为依据的。”① 以共产主义为真谛，以《宣言》的基本思想为依据，是我们把握马克思主义基本原理的可靠路径。

一　确立马克思主义基本原理的文本依据

《宣言》有七个序言，其中1883年恩格斯单独写的德文版序言，完整地概述了《宣言》的基本思想。他和马克思在1872年写的序言中也谈到这个基本思想。《宣言》给我们提供了什么是确认马克思主义基本原理的依据呢？那就是：“贯穿《宣言》的基本思想：每一历史时代的经济生产以及必然由此产生的社会结构，是该时代政治的和精神的历史的基础；因此（从原始土地公有制解体以来）全部历史都是阶级斗争的历史，即社会发展各个阶段上被剥削阶级和剥削阶级之间、被统治阶级和统治阶级之间

---

* 侯惠勤，中国社会科学院马克思主义研究院教授、博士生导师。

① 《列宁全集》第29卷，人民出版社1985年版，第178页。

斗争的历史；而这个斗争现在已经达到这样一个阶段，即被剥削被压迫的阶级（无产阶级），如果不同时使整个社会永远摆脱剥削、压迫和阶级斗争，就不再能使自己从剥削它压迫它的那个阶级（资产阶级）下解放出来。”① 同时马克思、恩格斯一贯强调，这些原理的实际运用，正如《宣言》中所说的，随时随地都要以当时的历史条件为转移。这一基本思想的概括，指明了马克思主义唯物史观的精髓，即经济生产方式的历史基础地位、阶级斗争的历史主线地位和无产阶级专政的历史方向地位，从而完整地构成了原始社会解体以来人类社会发展的客观历史规律。我们的任务，就是把它创造性地运用到当代中国的实践中来，并结合实际进行科学阐发。

1.《宣言》基本思想的精神实质

第一，需要准确领会基本思想的精神实质：关于“每一历史时代的经济生产以及必然由此产生的社会结构，是该时代政治的和精神的历史的基础”，必须指出，这一概括既反映了马克思主义的社会结构理论，也反映了马克思主义的社会过程理论。说它是社会结构，因为它反映了经济基础和上层建筑的关系。经济生产所形成的社会结构就是经济基础，它所决定的该时代的政治的、精神的历史，就是上层建筑，这就是基本的社会结构。说它是社会过程，因为有“历史”两字，政治、精神的上层建筑不是静止的，而是历史变化的过程，社会结构也是在相互作用中变化的过程。所以这一思想既是结构性的又是过程性的，不能把它仅仅理解为建筑学意义上的静态“房屋”说。正因为如此，这一概括才表达了马克思主义关于历史基础的思想。

第二，“因此，（从原始土地公有制解体以来）全部历史都是阶级斗争的历史”，这一概括从原著的叙述上看是关于上一思想原理的逻辑演绎，但把社会结构、社会动力和阶级斗争有机地联系在一起，对于今天的人们来说却并不是顺理成章的事。这样，我们首先就要弄清为什么在马克思、恩格斯看来这是不言而喻、合乎逻辑的。概括起来，他们认为：（1）原始社会解体以来的任何社会形态都是由特定的阶级来统治、来代表的，所以我们就可以把这些社会形态依次命名为奴隶社会、封建社会、资本主义社会、社会主义社会，其特定阶级代表则依次是奴隶主阶级、地主阶级、资

① 《马克思恩格斯选集》第1卷，人民出版社1995年版，第252页。

产阶级和现代无产阶级。(2）任何社会形态的更替都要通过阶级斗争，都要经过社会革命来实现。资产阶级取代封建地主阶级是一场革命，封建地主阶级取代奴隶主阶级也是一场革命，社会主义取代资本主义更是一场革命。每个社会的革命阶级都代表了新的生产关系，体现了新的生产力的发展要求，如果没有这样的革命阶级及其进行的阶级斗争，社会形态是不可能变更的。(3）任何社会形态的内部调整和变革都和阶级斗争状况密切联系。邓小平把生产关系对生产力的作用概括成两种：一种叫做解放生产力，一种叫做保护和发展生产力。解放生产力就是生产关系的更替，保护和发展生产力就是生产关系的自我调整。这个调整在阶级社会里直接地和社会的阶级组成、各阶级状况、各阶级力量之间的对比紧密联系在一起。

以资本主义社会工人的工资为例。马克思之所以批判拉萨尔的观点，是因为拉萨尔认为工人的工资是由人口数量自然决定的，是由劳动力的供求关系、市场关系决定的。拉萨尔的观点是站不住的：一方面，资本主义社会始终保持着失业大军，不存在劳动力绝对缺乏的局面；另一方面，等到市场上找不到劳动力的时候再去鼓励生育，还来得及吗？因此，“拉萨尔并不懂得什么是工资，而是跟着资产阶级经济学家把事物的外表当做事物的本质”。[①] 在马克思看来，“雇佣劳动制度就是奴隶制度”，它决定了工人被残酷剥削的命运，但直接决定工人报酬波动的就是劳资关系、就是无产阶级的组织程度及其可能对于资产阶级施加的压力。这说明在阶级社会里面，阶级力量对比和阶级斗争对生产关系的调整具有直接的作用。因此，这一概括表达了马克思主义关于阶级社会发展的历史主线思想。

第三，“这个斗争现在已经达到这样一个阶段，即被剥削被压迫的阶级（无产阶级），如果不同时使整个社会永远摆脱剥削、压迫和阶级斗争，就不再能使自己从剥削它压迫它的那个阶级（资产阶级）下解放出来”，这就清楚地表明，无产阶级如果不能消灭一切阶级和剥削，自己就不能得到最后的解放。必须指出，这一表述虽然是从需要的角度加以论断的，但其蕴含着可能的前提，即无产阶级不仅需要，而且可能自己解放自己。所以无产阶级的阶级意识就是消灭阶级，它是无产阶级对自己历史地位和历史使命的自觉表达。共产主义革命的基本任务就是通过无产阶级专政创造出消灭阶级、进入无阶级社会的历史前提。因此，无产阶级专政是引领实

---

① 《马克思恩格斯文集》第3卷，人民出版社2009年版，第441页。

现共产主义的政治形式，体现了当代人类文明的趋势和方向。无疑，这一概括表达了马克思主义关于历史方向的思想。

从今天的情况看，除了经济生产方式的基础地位表面上争议不大，其他两条则存在着公开的分歧。由于社会主义国家在其实践中发生过阶级斗争扩大化的错误，因而阶级斗争的历史主线地位就必然是首先遭受否定和攻击的基本理论。一些人从阶级斗争已经不是今天我国的主要矛盾，推广到阶级斗争从来就不是人类社会发展的主要矛盾，而偏离这一主线去“重写历史”已经成为一种时髦。科学地阐明马克思主义阶级斗争学说的当代价值，已经刻不容缓。

2. 马克思主义阶级斗争学说的当代价值

从今天的情况看，对于马克思主义阶级斗争理论的价值，是否能够作以下三点阐发：第一，从历史叙述看，它是我们分析有文字记载以来历史的基本方法和根本性话语。历史领域历来充斥着无数相互冲突的意志、无数杂乱无章的事实、无数堆积如山的史料，只有寻找到其变化绵延的客观依据，历史才能成为科学。如果说唯物史观开创了历史科学的航道，那么其阶级斗争理论就是这一航道上的航标灯。正如列宁指出的：“某一社会中一些成员的意向同另一些成员的意向相抵触；社会生活充满着矛盾；我们在历史上看到各民族之间，各社会之间，以及各民族、各社会内部的斗争，还看到革命和反动、和平和战争、停滞和迅速发展或衰落等不同时期的更迭……这些都是人所共知的事实。马克思主义提供了一条指导性的线索，使我们能在这种看来扑朔迷离、一团混乱的状态中发现规律性。这条线索就是阶级斗争的理论。”[①] 由于我们今天远远没有超越阶级社会的历史，因此，历史的叙述必须以社会经济形态为依据，以阶级斗争为主线展开，而不能用某些局部的、例外的情况来模糊以至根本否定这一叙事方式。

第二，从当今现实看，运用马克思主义的阶级斗争理论必须内外有别。就我国大陆今天的社会现实而言，阶级斗争已经不是主要矛盾，但阶级斗争在一定范围内还将长期存在，如果处理不当，还有重新激化的可能性；就当代世界的整体格局而言，不是所谓“文明的冲突”，或所谓“全

---

① 《列宁选集》第2卷，人民出版社1995年版，第425—426页。

球性问题”决定历史的方向，而是社会主义和资本主义两条道路、两种社会制度的斗争依然决定着当代人类的命运和出路，因而依然是当代世界的主要矛盾。现在几乎可以肯定，西方资本主义将长期陷入经济和社会危机，表明当代资本主义的寄生性、腐朽性在增加，蕴含着其冒险性和侵略性在积累和上升。马克思主义关于帝国主义本性的判断依然是我们观察当代世界变动的锐利思想武器。

第三，从我国实际的运用上看，必须着眼于坚持和丰富中国特色社会主义理论体系。作为马克思主义中国化第二次历史性飞跃的理论成果，中国特色社会主义理论体系运用马克思主义的基本原理，创造性地回答了在中国这样一个十几亿人口的发展中大国如何摆脱贫困、加快实现现代化、巩固和发展社会主义的一系列重大问题，是指导党和人民沿着中国特色社会主义道路不断前进，不断巩固、改革和完善中国特色社会主义基本制度的正确理论。马克思主义的阶级斗争理论在这一理论体系中的实际运用，至少表现在以下方面：一是从剥削阶级作为一个阶级在我国已不复存在的国情出发，在慎提慎用“剥削阶级”以及“剥削”、“压迫”一类提法的同时，不仅不能削弱而且要强化工人阶级的领导地位及其阶级意识，在不断扩大中国共产党的群众基础的同时，不断强化其作为中国工人阶级先锋队的阶级基础；二是从阶级斗争已经不是我国主要矛盾的实际出发，在强调具体矛盾具体分析、着眼于化解人民内部矛盾、慎将社会矛盾上纲为“阶级斗争”的同时，在重大社会矛盾（例如防腐倡廉建设）的观察分析上，不放弃马克思主义的阶级分析方法；三是从坚持和推进中国特色社会主义的大局出发，牢牢把握社会主义现代化的政治方向，在不断推进改革开放、允许一部分人先富起来、不轻言贫富差距过大或存在分配不公现象为“两极分化”、“阶级分化”的同时，坚定不移地防止两极分化、贯彻共同富裕方针，不断实践社会主义的本质、体现社会主义制度的优越性。

二　提升马克思主义理论自觉的生动范本

我们对于共产主义的信仰，不仅在于其美好，而首先在于其科学。读《宣言》之所以能够帮助我们坚定共产主义理想，就在于这一经典著作通过三大科学成果有力地支撑起共产主义思想体系：一是对于资本主义的科学批判；二是对于现代无产阶级的科学分析；三是对于共产党的科学定位。西方意识形态对于马克思主义的攻击和消解，主要就集中在这三个问题上，最典型的就是所谓马克思对资本主义批判的“浪漫”论、对现代无产阶级分析的“神化”论和对共产党定位的“威权”论。

1. 驳斥马克思对于资本主义批判的所谓“浪漫”论观点，自学树立共产主义的信念

写《非共产党宣言》的罗斯托认为，马克思、恩格斯在写《宣言》的时候，只有英国一国完成了工业革命，经济处于起飞阶段，而其他国家还都是处在经济起飞的准备阶段，马克思在这个时候就得出了否定资本主义的结论，显然其依据不是事实、不是科学，而是一种道德浪漫情绪。在他看来，马克思没有考虑到，任何经济起飞都要付出社会和经济成本，任何国家的经济起飞都会出现社会贫富分化，就像一个马鞍形，分化到一定程度就会回落。马克思没有看到这点，所以错了。在我们看来，马克思主义的科学性和真理性，首先表现在他对资本主义的批判方式并不是简单依据当时的一些贫富分化事实，更不是道德愤慨的情绪宣泄，而是立足于揭示资本主义的客观本性。

其一，从人类历史发展的客观规律出发批判分析资本主义。与空想社会主义不同，马克思不是从“邪恶”而是从“革命作用”上分析资本主义，从而把批判建立在对资本主义否定封建主义历史规律的准确把握上。这就是说，马克思把对于资本主义的否定，建立在历史的客观必然性而不是人类理性的所谓“迷误”上。资本主义通过对生产工具以及相应的生产关系的革命变革，促进了生产力的迅猛发展；通过开拓世界市场，促进了社会交往的世界化；通过城市化聚集，扩大了财富的生产。“资产阶级在它的不到一百年的阶级统治中所创造的生产力，比过去一切时代创造的全部生产力还要多，还要大。”这是资本主义能够取代封建主义的最根本的原因。资本主义对于封建主义不可遏止的胜利，证明了生产关系一定要适应生产力的历史发展规律。而资本主义的被否定，不过是封建主义被否定的这一历史规律的再表现。“资产阶级的生产关系和交换关系，资产阶级的所有制关系，这个曾经仿佛用法术创造了如此庞大的生产资料和交换手段的现代资产阶级社会，现在像一个魔法师一样不能再支配自己用法术呼唤出来的魔鬼了。几十年来的工业和商业的历史，只不过是现代生产力反抗现代生产关系、反抗作为资产阶级及其统治的存在条件的所有制关系的历史。只要指出在周期性的重复中越来越危及整个资产阶级社会生存的商业危机就够了。”“资产阶级用来推翻封建制度的武器，现在却对准资产阶级自己了。”①

马克思批判资本主义所依据的人类社会发展的客观规律表明，任何生产关系都只具有历史的合理性，而不具有永恒的合理性，因而随着生产力的发展，新的生产关系取代原来的生产关系就具有历史的必然性。资本主义的辩护者把资本主义生产关系看成是自然的、永恒的社会秩序，而马克思则把其视为人类历史发展的一个必然要被超越的阶段。这是马克思批判资本主义的根本科学依据。

其二，资本主义设定了自身的发展极限，表现为自我否定的过程。马克思批判资本主义的又一个原则，是内在否定原则，即自我否定。内在矛盾是事物变化的根据，资本主义的最终否定力量来自资本本身。《宣言》中有这样一个判断：“资产阶级除非对生产工具，从而对生产关系，从而对全部社会关系不断地进行革命，否则就不能生存下去。”② 马克思后来在《资本论》中进一步发挥了这一观点，指出资本的本性和生命力就在于，通过追逐超额利润而获取最大值的剩余价值，因而需要永不停步地自我扩张，而使其止步的不可逾越的界限却又恰恰就是资本自身。

一是资本设定了有限的市场容量。本来，资本的无限扩张需要无限的市场，借此资本才能保持活力。正如《宣言》所描述的那样，由于扩大产品销路的需要，“驱使资产阶级奔走于全球各地。它必须到处落户，到处开发，到处建立联系”。③ 资本促使世界市场的形成，并需要其具有无限拓展的空间。它需要无限容量的市场、不断地扩大财源、不断开拓创新的源泉，以便获取最大限度的剩余价值。但另一方面，资本自己设定了市场的有限的容量。这个市场有限容量就是在剥夺无产阶级、剥夺广大人民过程中而造成的市场萎缩。当今就是实行所谓福利资本主义的国家，也仍然存在财富上的人口99%和1%的矛盾对立，所以大众不能形成有效需求，又何谈市场的无限容量？大众不是没有需求，而是没有满足这个需求的购买力，所以就不是有效需求，不是市场容量。今天西方有很多市场不正常现

① 《马克思恩格斯选集》第1卷，人民出版社1995年版，第276—278页。

② 同上书，第275页。

③ 同上书，第276页。

象，商品经常打折。圣诞节打折，商店门一开人们一哄而入都跑去抢便宜的商品。这说明什么？有需求，没有购买力。这是资本主义永远解决不了的一个问题，是自己给自己设定了有限的市场容量，在不可能无限地扩大市场的同时也窒息了生产的发展空间。“资本的发展程度越高，它就越是成为生产的界限，从而也越是成为消费的界限，至于使资本成为生产和交往的棘手的界限的其他矛盾就不用谈了。”①

二是资本设定了有限的创新主体。本来，资本无限发展的另一可能就是通过不断的创新获取超额利润。马克思揭示出利润是资本的活力，但资本是不满足于获得平均利润的，而是通过各种手段来获得超额利润。但利润有平均化的规律和趋势，而一旦达到平均利润的时候，资本就没有活力了，资本的活力在于获得超额利润。“资产阶级除非对生产工具，从而对生产关系，从而对全部社会关系不断地进行革命，否则就不能生存下去。”② 有趣的是，奥地利经济学家熊彼特以另一种方式表达了类似的意思。他认为，资本主义是建立在一种毁灭性创新基础上的经济，要不断地通过生产要素的重新组合以及技术创新才能得以发展，而当创新“均衡化”后，资本主义将走向毁灭。但资本主义要创新，就需要能够创新的人。而真正具有无限创新能力的人，应该是全面发展的人。资本主义面临的又一个危机就是人的片面化对资本主义发展造成的限制。矛盾在于，资本主义一方面要了解人，要开发人性化的产品；但另一方面，资本主义又造成了人的单面化、异化。所以人的片面化是限制资本主义发展的又一个界限。从这一点来说，资本主义是不能长久引领创新的，因为它无力造就具有无限创造力和健康需求的人。

三是资本设定了有限的发展空间。资本的无限扩张的趋势需要人与自然的真正和谐，以此才能提供不断扩展的发展空间和发展领域。但是，资本由于其获利的本性，导致对自然和其他空间的开发带有掠夺和占有的性质，在造成生态危机的同时，也扼杀了自身的发展空间。马克思在《宣言》中通过“消灭城乡差别”、《1844 年经济学哲学手稿》中通过“自然和人相异化”指出，资本对自然界的基本态度是掠夺和占有，是纯功利地对待自然界，这注定了它不可能真正地开拓人类发展所必需的自然空间，

---

① 《马克思恩格斯全集》第 30 卷，人民出版社 1995 年版，第 397 页。

② 《马克思恩格斯选集》第 1 卷，人民出版社 1995 年版，第 275 页。

导致了自然和人道的对立，造成了自然的破坏和人自身的贫乏。这是资本为自己设置的又一个界限。马克思从资本自己给自己设定了发展的历史界限，得出了资本自我否定的结论。资本不可能突破这个历史界限，因而必然要被取代。“资本不可遏止地追求的普遍性，在资本本身的性质上遇到了限制，这些限制在资本发展到一定阶段时，会使人们认识到资本本身就是这种趋势的最大限制，因而驱使人们利用资本本身来消灭资本。”①

其三，马克思依据当时资本主义暴露的典型事实，揭示了资本主义发展的基本规律和基本矛盾。第一个是经济危机这一典型事实。自 1825 年英国爆发了资本主义第一次经济危机，以后每经过七八年，就爆发一次。马克思通过研究这一周期性的经济危机现象，揭示出资本主义所固有的社会化生产和私人占有之间的基本矛盾。第二个典型事实是当时发生在英、法、德的三大工人反抗运动。马克思从中不仅看到了工人阶级和资产阶级的对抗，而且发现了工人阶级逐渐联合及其阶级斗争日渐趋向自觉的发展趋势，从而揭示了资本主义“首先生产的是它自身的掘墓人”即工人阶级这一历史规律。第三个典型事实是“雇佣劳动”这一基本事实。资本主义是一种以雇佣劳动为基础的社会制度，这是一个在“自由买卖、自由交易”形式下的现代奴隶制，它使得“资本具有独立性和个性，而活动着的个人却没有独立性和个性”。因此，“共产主义并不剥夺任何人占有社会产品的权力，它只剥夺利用这种占有去奴役他人劳动的权力”。② 马克思对雇佣劳动的深入分析，揭示了超越资本主义的历史必然性，指明了共产主义的光明前景：“代替那存在着阶级和阶级对立的资产阶级旧社会的，将是这样一个联合体，在那里，每个人的自由发展是一切人的自由发展的条件。”③

现在我们党面临的最主要的危险是后共产主义现象。什么叫后共产主义？用这一用语发明者布热津斯基的话就是：“那些声称共产主义理论是他们的政权……之本的共产党人，那些口头上说实践共产主义理论而实际上却在背离其实质的共产党人，那些毫无顾忌地公开否定共产主义理论的共产党人，所有这些自称‘共产党人’的人，都不再认真地将共产主义的

① 《马克思恩格斯全集》第 30 卷，人民出版社 1995 年版，第 390 页。

② 《马克思恩格斯选集》第 1 卷，人民出版社 1995 年版，第 287—288 页。

③ 同上书，第 294 页。

理论作为指导社会政策的方针。这些就是后共产主义体系中的现象。”[①] 这里包括两种人，一种是表面上讲共产主义，实际上不信的共产党人；另一种是公开否定共产主义，但可能还自称为马克思主义者的共产党人。后共产主义现象使得我们不能不指出，在今天如果仅仅承认马克思主义、社会主义而不承认共产主义，或者仅仅口头上承认共产主义，那还不是真正的马克思主义，真正的共产党人必须努力实践共产主义。后共产主义从理论上割裂马克思主义和共产主义的内在统一，从学风上倡导言行不一的两面人格，其危害性极大。我们现在的主要危险不是教条主义，而是后共产主义的心态。

要在马克思主义理论的信仰和学习上做到口心一致、言行一致，首先要从理论上弄清，什么是马克思主义、什么是共产主义。邓小平关于共产主义有个很简单的解释，即“马克思主义的另一个名词就是共产主义”。[②] 这个解释虽然简单但非常准确，抓住了马克思主义的实质。所以共产主义信仰就是马克思主义的信仰，信仰共产主义就是信仰马克思主义。而信仰马克思主义，首先要信仰马克思主义的思想体系，信仰马克思主义这个真理体系，信仰马克思主义的基本原理是真理。马克思主义是唯一的科学批判和超越资本主义思想体系与制度的思想体系。

2. 驳斥马克思对于现代无产阶级的所谓“神化”论观点，自觉站稳工人阶级立场

对“无产阶级”这一概念有很多误解：一是把“一无所有”视为其根本特征，因而以“有恒产者有恒心”为由指认现代无产阶级只具破坏性，不可能担负“建设新世界”的使命，以致人们在使用“无产阶级”这一术语时往往有所顾忌。实际上，在马克思那里，无产阶级和工人阶级是通用的，现代无产阶级本身是一个科学的概念，有着充分的历史和学理依据，有着明晰的理论界定。二是局限于目前某些工人群体的状况断言无产阶级不先进，从而否定工人阶级的历史使命。实际上，马克思关于现代无产阶级分析的基本方法论，就是要突破主观性评价，即不仅不以其他阶级、阶

---

① 布热津斯基：《大失败》，军事科学院外国军事研究部译，军事科学出版社 1989 年版，第 298 页。

② 《邓小平文选》第 3 卷，人民出版社 1993 年版，第 173 页。

层和个人的评价为依据，甚至也不以无产者当下的自我感受为依据，而是从人类历史发展的客观过程中来定位现代无产阶级，从资本主义社会的矛盾体系中来客观地确定无产阶级的历史地位。马克思在《神圣家族》中回答对于现代无产阶级的质疑时说："问题不在于某个无产者或者甚至整个无产阶级暂时提出什么样的目标，问题在于无产阶级究竟是什么，无产阶级由于其身为无产阶级而不得不在历史上有什么作为。"[①] 因此，马克思关于现代无产阶级的分析首先是一个世界观、方法论问题，西方关于"神化无产阶级"论也因此而起。

最为极端和普遍的攻击是将马克思的分析归结为"上帝的选民"说及"犹太幻想"："马克思的历史的必然性作为全能的上帝来代替耶和华，以近代西方世界内部的无产阶级来代替犹太人。无产阶级的专政就是弥赛亚的王国。"[②] 然而这些判断似乎忘记了，宗教是不需要论证的，而马克思主义注重的恰恰是科学论证。马克思精辟地指认资本主义的劳动方式为"雇佣劳动"，受制于这种劳动的工人不能不成为作为资本人格化的机器及产品的附属物，不能不成为资本增值的工具。"这些雇佣工人不得不把自己的劳动力转化为日益增长的资本的日益增大的增殖力，并且由此把他们对自己所生产的，但已人格化为资本家的产品的从属关系永久化。"[③] 更为重要的是，这种"现代奴隶制"披着"自由、公平"的外衣，让实际上处于奴隶状态的人们浑然不觉。"在雇佣劳动下，甚至剩余劳动或无酬劳动也表现为有酬劳动。在奴隶劳动下，所有权关系掩盖了奴隶为自己的劳动，而在雇佣劳动下，货币关系掩盖了雇佣工人的无偿劳动。"[④] 把一种历史地产生的剥削关系转化为"永恒的自然关系"，使得资本主义生产关系对于社会化大生产的破坏必然以强积压的方式猛烈地爆发，造成空前深重的灾难，同时也决定了工人阶级的觉悟必定建立在对于历史规律的高度自觉上。

马克思学说的科学性还在于科学论证了关于工人阶级阶级意识的形成上。在西方意识形态看来，这是一个真正的两难推理：如果坚持唯物主义

---

① 《马克思恩格斯文集》第1卷，人民出版社2009年版，第262页。

② 汤因比：《历史研究》，转引自卡尔·波普尔《开放社会及其敌人》，台北桂冠图书公司1986年版，第1010页。

③ 《马克思恩格斯文集》第5卷，人民出版社2009年版，第710页。

④ 《马克思恩格斯选集》第2卷，人民出版社1995年版，第224页。

反映论，处在“物化”状态中的无产阶级就不可能产生“当家做主”的统治意识和实践；如果坚持无产阶级能够产生自觉的阶级意识就必须承认这其中的思辨性和神秘性。但是，问题在于，资本主义社会的两极化趋势及其造成的阶级对立究竟是马克思的主观臆造还是资本在自身的增殖、积累和集中过程中必然形成的？马克思一再强调工人阶级不同于其他劳动阶级之处的两个重要方面（即从资产阶级那里获得了教育和文化手段，与先进的社会化大生产相联系）究竟是不是事实？无产阶级与资产阶级的最大区别在于，资产者由于垄断生产资料而形成了狭隘的既得利益，而无产者由于完全丧失了与生产资料的直接联系而在根本利益上与社会化大生产保持一致，这又是不是事实？如果这些都是事实，那么起码就要承认工人阶级具有认识历史发展规律的客观条件，加上形成以先进理论武装的政党这一主观条件，它就能够从自在阶级成为具有自觉阶级意识的自为阶级。

3. 驳斥马克思对于共产党的所谓“威权”论观点，自觉坚持共产党的领导地位

《宣言》为我们提供了坚持共产党领导的充分理论依据，这是其遭受对手诟病的重要原因，因而也是我们需重点加以研读的问题。该著作对于共产党的论述突出地强调了三点：第一，共产党的阶级性及其道义性。共产党没有自己特殊的利益诉求，不是独立的利益主体，原因就在于“共产党人不是同其他工人政党相对立的特殊政党。他们没有任何同整个无产阶级的利益不同的利益”。共产党是以工人阶级的历史追求为追求，以工人阶级所代表的绝大多数人的利益为自己奋斗的利益。而工人阶级的阶级利益之所以代表绝大多数人，就在于存在阶级剥削和压迫的社会，总是大多数人受奴役的社会，因而“消灭阶级”这一工人阶级的要求就表达了大多数人的根本利益。由此可以断言：“过去的一切运动都是少数人的或者为少数人谋利益的运动。无产阶级的运动是绝大多数人的、为绝大多数人谋利益的独立的运动。”在新的历史条件下，强调共产党没有自己的利益，强调共产党的阶级性和人民性的一致性十分重要。如果共产党有了其自身的利益，就不但不能够代表绝大多数人，而且必然脱离广大人民群众并与之对立；如果工人阶级利益和广大人民利益不一致，那么向全社会开放的执政党就必须放弃自己的阶级基础。在这两种情况下，共产党都要改旗易帜，搞多党制就是不以人的意志为转移的必然选择。可见，共产党的道义

性来自其阶级性，从根本上说，越是工人阶级的就越是人民大众的。坚持党的工人阶级性质不能动摇。

第二，共产党的理论优势及其先进性。在阶级社会，不仅存在着严重对抗的阶级利益，而且被压迫阶级本身的利益也是分化的。马克思发现，共产党的力量就在于能够始终代表广大劳动者的利益，成为全体人民团结一致的核心。值得注意的是，共产党之所以能够在实践中代表最广大人民的利益，始终站在无产阶级解放运动的前列，推动运动前进，就因为“它了解运动的进程、条件和结果”。就是说，实践中的先进性来源于思想理论上的科学性、先进性。这也就构成了后来中国共产党的建党第一原则，即坚持思想建党，始终把思想理论建设摆在党的建设的首位。

从现实针对性来看，党在今天所面临的四大危险，根子都在于思想理论上。一些人精神懈怠，理想信念不坚定，对中国特色社会主义没有信心，根子在理论不彻底、不成熟；在实践中能力不足、办法不多、不思进取，甚至高高在上、养尊处优、脱离人民，首先是思想的僵化、腐化；在行动上不顾大局、各行其是，甚至阳奉阴违、另搞一套，盖源于思想上的离心离德。无数事实表明，“没有革命的理论，就没有革命的运动”，只有用先进理论武装的党，才能成为进步事业的领导者和组织者。从这个意义上说，思想领导权是实现党的领导作用的根本保证。

第三，共产党的阶级性及其统一性。共产党只能有一个，不能有多个，根本原因是只有一个无产阶级。不仅某个国家的无产阶级只有一个，而且全世界的无产阶级都是统一的。无产阶级不仅代表了民族的统一，还代表了走向未来的全人类的统一，这就是消灭阶级、消灭私有制，最终实现共产主义。《宣言》关于“工人没有祖国”，“全世界无产者联合起来”的思想只能从这一角度解读，而不能视为工人阶级不能同时是民族的。归根到底，共产党只能有一个，不能搞多个，不能分裂工人阶级，也不能分裂共产党。虽然从今天的情况看，工人阶级的民族性还是明显的，但阶级性不但和人民性，而且和民族性还是可以统一的。从历史发展长远趋势看，工人阶级的国际性、世界性会日益显现，共产主义这一“国际的理想”一定会实现。中国共产党的显著特点和力量源泉就在于从其诞生的那天起，就始终肩负着双重使命：一是中华民族伟大复兴的使命，二是人类解放、实现共产主义的使命。作为中国工人阶级先锋队的阶级性，不仅没有妨碍，而且支撑着中国共产党成为民族复兴的领导核心；反过来，领导中华民族的伟大复兴，也不仅没有阻碍，而且有力地促进了人类文明向共产主义方向坚实地迈进。

三 培育马克思主义理论自信的红色经典

《宣言》中有两个“必然”（即“资产阶级的灭亡和无产阶级的胜利是同样不可避免的”）、两个“彻底决裂”（即“共产主义革命就是同传统的所有制关系实行最彻底的决裂；毫不奇怪，它在自己的发展进程中要同传统的观念实行最彻底的决裂”）的论述，是我们理解该著作基本精神的一个非常重要的着眼点。再加上1858年马克思在《〈政治经济学批判〉序言》里面讲的两个“决不会”，即“无论哪一个社会形态，在它所能容纳的全部生产力发挥出来以前，是决不会灭亡的；而新的更高的生产关系，在它的物质存在条件在旧社会的胎胞里成熟以前，是决不会出现的”，共同构成了马克思主义关于历史未来的完整判断，成为我们坚定共产主义理想信念的理论支点。

今天，往往有人用两个“决不会”去否定两个“必然”和两个“彻底决裂”，并借以否定十月革命及其开创的社会主义道路，鼓吹资本主义不可超越，否定共产主义的光明前景，因此，我们必须对两个“必然”、两个“决不会”和两个“彻底决裂”三者间的关系有一个透彻的理论把握。笔者认为，两个“必然”是马克思主义的战略思想，也就是说，从战略上、从历史的发展规律和当今历史的总趋势上，资本主义的灭亡和社会主义的胜利的确同样是不可避免的。这是一个战略分析，表明了历史不可逆转的大潮流、大趋势。两个“决不会”是一个战术思想，就具体的国家或地区以及具体的历史发展阶段而言，资本主义不但还有自我调整的空间，而且在科技和经济上的优势地位也不会立即丧失。社会主义还需要走艰难的道路，社会主义取代资本主义需要经历一个较漫长的历史过程，不能指望速战速决，要有应对困难的充分准备，这是必须遵循的战术原则。

但是，需要指出，战略管全局、大势、本质和结局，因而是我们信念的依据；而战术管局部、现状、细节和过程，因而是我们行动的依据。战略和战术从一定意义上看也是“务虚”和“务实”的关系。务虚不是空谈，而是看清大形势、厘清大思路、把握大方向、奠定大依据，达到提高信心的目的，因而是实事求是、求真务实的重要组成部分。我们党在重大的战略转折关口，总要进行理论务虚，充分证明了其重要性。与之相对的务实，并非求真务实的大务实，而是具体组织实施的行动方案，因而必须充分依据当下的主客观条件，必须充分认识当前的艰难险阻，必须善于处理发展和收缩、坚持和妥协、优势和劣势的关系，以达到不断有所改善、有所突破、有所进展的目的，争取现有条件下的最好结果。

两者不能错位。如同毛泽东所讲，在战略上要藐视敌人，在战术上要重视敌人。我们在战略上一定要有共产主义的胜利和资本主义的灭亡是必然的信心，借以确立我们的战略目标和理想信念。但是在具体的实践中我们必须重视对手，要看到资本主义在今天还有较大的调节空间，在今天和今后的一个时期还具有优势地位，战胜资本主义是一个很长的历史过程。如果把战略变成了战术，就可能犯超越历史阶段的错误；而如果将战术变成战略，则可能犯迷失方向、悲观失望的错误。用“两个决不会”去否定“两个必然”，就是犯了用战术思想取代战略思想的错误。

关于两个“彻底决裂”的思想，笔者认为这是无产阶级政党如何掌握和实现自己的领导权的理论依据，因而是关于领导权的思想。任何阶级要成为统治阶级，必须具备两个条件：一是掌握国家经济命脉，二是掌握社会的精神生产，即思想领导权。为什么？根据一，从马克思主义的观点看，国家政权属于上层建筑，它依托于一定的经济基础，同时也通过保护和发展相应的经济基础发挥自身的服务功能，没有巩固的经济基础的政治权力是脆弱的。根据二，精神生产服从服务于物质生产，因此，物质生产和再生产在生产物质资料的同时，也不断生产和再生产着人们的社会关系和思想观念。“思想的历史除了证明精神生产随着物质生产的改造而改造，还证明了什么呢？任何一个时代的统治思想始终都不过是统治阶级的思想。”①

这样，一般说来，要推翻一个政权，建立新的阶级统治，除了必须瓦解旧经济基础、建立新经济基础，还必须破除旧观念、形成新思想。特殊地说，共产主义革命由于其社会变革的空前深刻，在所有制和思想观念上实行两个“彻底决裂”就在所必然。领导这一变革的工人阶级及其政党，只有在两个“彻底决裂”的过程中才能发挥自己的领导作用。就今天而言，我们要不断推进中国特色社会主义建设，确保以工人阶级为领导、工

① 《马克思恩格斯选集》第1卷，人民出版社1995年版，第292页。

农联盟为基础的国家性质，就必须坚持和发展以公有制为主体、多种所有制经济共同发展的基本经济制度，坚持和发展以马克思主义为指导、以共产党为领导核心的人民代表大会制度这一根本政治制度。毛泽东在新中国成立初期就讲过，领导我们事业的核心力量是中国共产党，指导我们思想的理论基础是马克思列宁主义。这就是领导权和领导作用。因此，贯彻两个“彻底决裂”就是要思考无产阶级政党如何实现领导作用的问题，在今天就是把中国共产党建设成坚持和发展中国特色社会主义的坚强领导核心。

总之，“两个必然”侧重战略，“两个决不会”侧重于战术，上述两条都是着眼于党所领导的事业，而“两个决裂”侧重于党的作用，着眼于党自身的建设。在推进党所领导的事业中同时推进党自身的伟大建设工程，就是中国共产党对于以上三条创造性的当代解读。

（原载《马克思主义研究》2012 年第 12 期）

文本视阈中的马克思

魏小萍*

马克思一生著述颇丰，以马克思命名的马克思主义事业在几乎整个20世纪的时间里被全世界1/3左右的人所信奉、所践履，这在人类文明史上是绝无仅有的现象，至今没有一个哲学家、思想家的理论能够跨越国家和民族的界限发挥如此巨大的社会效用。这一方面体现了马克思主义创始人的理论，与其他思想家、哲学家的理论不同，在思想、观念与现实之间构筑了实践的桥梁，另一方面也体现出马克思主义创始人的理论形成本身与人类社会历史发展进程的内在关联性，它本身是人类探索自身发展模式的结晶。从国际视野来看，20世纪末的苏东剧变在一定程度上动摇了人们对这一理论的信念，21世纪初发端于美国而在世界范围内蔓延开来的金融危机，又在一定程度上将人们的视线重又引向马克思。马克思不仅没有随着历史的进程和变迁而离我们的时代渐行渐远，相反，历史的变迁与时局的动荡，使马克思重又成为我们这一时代的炙热话题。如何理解和认识马克思及其哲学思想，比以往任何时候都为人们所关注。在这里，我们一方面以时代境遇为背景，另一方面借助于《马克思恩格斯全集》历史考证版（$MEGA^2$）的编辑出版机遇，通过对马克思与恩格斯、马克思与马克思主义关系的初步分析，对马克思哲学思想及其理论的基本发展路径做一些最初步的梳理。

一　马克思与恩格斯

马克思和恩格斯是马克思主义的共同创始人，两人共同践行着对资本

---

* 魏小萍，中国社会科学院哲学研究所研究员。

主义社会的批判和对社会主义、共产主义的理论探索，为了将这一批判和向往能够付之于实践的理论研究奉献了自己毕生的精力。正是从这一方面来说，两人具有着高度的一致性，并且在理论研究活动中始终存在着高度的默契。然而两人之间在基本观点上的高度一致和理论研究中的高度默契，并不是说两人之间就不存在着差异了，无论从哲学思维方式还是从研究知趣，以及由这一知趣而形成的研究领域方面来说，马克思和恩格斯之间是有着区别的。

从两者之间的一致性方面来看：当马克思和恩格斯因《德法年鉴》（1844 年）而相互了解时，就发现他们对当时激进的批判家青年黑格尔派的批判路径存有异议，与之不同，马克思和恩格斯认为对资本主义社会的批判不应该从其观念、思想意识和道德层面出发，而应该从其现实的社会关系、经济关系出发。并且借助于共同撰写《德意志意识形态》（写作于1845—1846 年）的机会，在其第一章《费尔巴哈》中，一方面厘清了自己与青年黑格尔派的关系，另一方面阐述了自己的观点。而在随后的《共产党宣言》（1848 年）中，鲜明地表达了自己对共产主义的信念是建立在废除私有制、改变生产关系，构建以生产资料公有制为基础的社会关系上的，这与他们批判资本主义社会的思路是一致的。

从两者之间的区别来看：马克思和恩格斯两人不仅在具体的哲学思维方式上存在着差异，例如马克思更加受着德国古典哲学的影响，而恩格斯则更多地受着英国唯物主义的影响，而且除了早期共同创作的《神圣家族》、《德意志意识形态》、《共产党宣言》，两人的研究知趣、研究领域也是非常不同的。

恩格斯在很早就撰写了《国民经济学大纲》（1844 年），并且这一文章对马克思的影响很大，然而，当马克思全身心地投入到政治经济学批判研究的工作中去以后，恩格斯就放弃了政治经济学的批判性研究工作。这一方面是由于恩格斯所从事的商业性活动（这既是继承家业的一种活动，也是出于经济上支持马克思的需要）使其难以全力以赴地从事理论研究；另一方面恩格斯认为，既然马克思已经全身心为他们共同事业的理论基础进行研究，他就可以腾出手来从事更加广泛的、适合自己兴趣的哲学研究（《自然辩证法》写作于 1873—1883 年），同时也可以应对当时的理论纷争（《反杜林论》1878 年）。马克思去世以后，恩格斯在自己的余生放弃了个人的哲学研究兴趣，为了完成马克思的遗愿，在马克思研究手稿的基础上撰写了《家庭、国家和私有制的起源》（1884 年），全力以赴地整理马克思的政治经济学批判手稿，编辑出版《资本论》第二卷、第三卷，同时又承担起了捍卫和宣传马克思主义的重任（《路德维希·费尔巴哈和德国古典哲学的终结》1886 年）。但是恩格斯对马克思主义哲学的解释和宣传工作，却同时使马克思主义哲学带有了自己的特色。

与恩格斯在论战和兴趣研究中所涉及的广泛哲学问题有所不同，马克思一生的研究视阈更加集中、深刻，并且主线明确：人类解放作为一种理念支撑着马克思和恩格斯共同的学术研究和政治活动生涯，但是马克思在其一生的学术生涯中更加有意识地、自觉地主导着研究思路从抽象到具体的进展。从早期的《论犹太人问题》（1844 年）、《〈黑格尔法哲学批判〉导言》（1844 年）、《1844 年经济学哲学手稿》到 1857—1858 年的《政治经济学批判》，直至耗费了其毕生精力的《资本论》。然而马克思的这一研究主线由于被苏联模式分别置于哲学和政治经济学两个不同领域而体现不出其内在的逻辑关系，尤其是在哲学领域，恩格斯的哲学著作占据的分量明显要重于马克思个人文本的分量，而《德意志意识形态》和《共产党宣言》作为两人的合著，其合作情况比较复杂，由于史料的欠缺，至今并没有明确的解释。

这一现象在某种程度上能够解释为什么苏联模式的马克思主义哲学教科书体系缺乏马克思哲学思想的问题意识了。这一现象并不仅仅局限于东方世界，在一定程度上，由于马克思本人著作编辑、出版的相对滞后（《1844 年经济学哲学手稿》20 世纪 30 年代才出版），即使在西方世界，一些马克思主义者们也是通过马克思主义式的宣传来理解马克思主义的，对马克思本人的哲学思想路径知之不多，这使得另一些西方的马克思学者常常将马克思与马克思主义区别对待。

二　马克思与马克思主义

马克思与马克思主义的关系比马克思与恩格斯的关系要复杂得多，马克思主义是一个集合概念，以马克思主义创始人的思想为核心，还包含后来在不同时间和地域范围中马克思主义的继承者和发展者的思想，例如在国际范围内获得广泛认可的列宁的哲学思想，毛泽东的哲学思想等，不过马克思主义继承者的思想在很大程度上结合着当时的时代和地域，具有各自的时代、地域特征和立足于本国情况的发展。

苏联的情况就是一个例子，在初建社会主义制度之后，为了构建无产阶级意识形态的需要，马克思主义的宣传和教育成为首要的任务。列宁在恩格斯《反杜林论》的基础上对马克思主义进行的三个组成部分即哲学、政治经济学和科学社会主义的区分，成为苏联建立马克思主义学科的基础。根据这一区分我们看到，马克思主义政治经济学与马克思有着最为直接的关联，科学社会主义中恩格斯阐述的内容多一些，马克思主义哲学的内容从其创始人的角度来看，恩格斯的哲学著作占据着很大分量，从继承者的角度来看，列宁的哲学思想也占据着相当的分量。

苏联模式马克思主义体系的三个组成部分和马克思主义哲学的基本内容，是与苏联当时的普及教育和宣传的需要相适应的。苏联作为世界上第一个社会主义国家，需要构建与资产阶级意识形态相对立的无产阶级意识形态，我们姑且不论是否既往的哲学思想都属于资产阶级的范畴，把世界是物质的、物质是运动的、运动是有规律的辩证唯物主义基本观点作为马克思主义哲学的基础以教育广大人民群众，抵御当时非常浓厚的宗教色彩，本无可厚非。但是马克思对资本主义社会分裂现象的批判及其深层次的分析，在普及性的马克思主义哲学教科书体系中难以得到体现，以马克思命名的马克思主义的核心问题意识已经发生了转移，而问题本身并没有因此而消失，数十年后的历史剧变就是最好的说明。

苏东剧变后，更多的人们从反思的意义上意识到历史唯物主义理论在马克思主义哲学中的分量，马克思主义哲学是辩证唯物主义还是历史唯物主义的争论也在更大的范围内展开。辩证唯物主义的内容在很大程度上是恩格斯文本的体现，历史唯物主义的内容体现在马克思和恩格斯共同创作的文本中，马克思在1859年的《〈政治经济学批判〉序言》中对历史唯物主义的基本原则集中加以经典性地概述。

历史唯物主义是马克思主义哲学的核心，目前，这一观点在很大的范围内为人们所认可，但是马克思主义是人道主义还是科学主义的争论，说明历史唯物主义的概括似乎也不能完全统一人们对马克思主义哲学思想的理解，强调历史主体和人的价值的学者倾向于前者，而强调历史的客观性和规律性的学者倾向于后者。当人们热衷于对马克思的哲学思想进行某个主义的定性时，恰恰忽略了马克思的主题问题意识。

马克思一生的研究路径其主题清晰、明确，马克思的哲学思想丰富、深刻，早期德国古典哲学对马克思有着很大的影响，但是马克思在某种意义上叛逆了德国古典哲学，19 世纪 50 年代以后，英国的经验唯物主义通过政治经济学的领域对马克思有着一定的影响，所以我们很难用某个单一的哲学派别来界定马克思的哲学思想。

今天的国际大背景能够唤起人们怀念马克思的正是马克思批判资本主义的问题意识。那些所谓超前的“后现代”，以前卫的方式通过夸大马克思话语中的 19 世纪特征来体现马克思主义哲学理论的过时；那些所谓的现实派，则通过夸大马克思和恩格斯话语中描述未来社会的浪漫成分来强调其乌托邦因素及其不切实际的成分；那些所谓的务实派，则通过将马克思主义哲学归类为斗争哲学而因其与时代之“音”的不协调而加以敬而远之，这些观点实际上都忽略了或者规避着马克思的问题意识。

然而，马克思意识中的问题不仅没有消失，而且还在世界性的范围蔓延开来。全球化的发展趋势将资本的逻辑带到这个世界的每一个角落，在推动全球文明和现代化进程的同时，也使原民族、国家范围内的矛盾在国与国之间的规模上再现出来。与此同时，这一趋势也将马克思的话语推向全球，回到马克思和重读马克思的呼声在 20 世纪末已经悄然兴起，21 世纪初肇始于美国的金融危机及其向世界范围的扩展，在西方世界从更加广泛的范围使人们回想起马克思对资本逻辑的经济学—哲学批判，寻求不同于资本主义世界的替代模式，成为萦绕在世界上空的幽灵。

三　文本语境中马克思的哲学思想及其问题意识

由于历史、地域、政治、文化等各方面的原因，使得人们所理解的马克思主义具有非常广义而又复杂的内涵，在一些情况下被庸俗、被贬义，在另一些情况下被从不同的哲学话语语境中进行解读，这种现象在一定程度上遮蔽了马克思的问题意识。早在 20 世纪 80 年代，为了从西方马克思主义学者那里“理析”出马克思，英国的马克思主义学者撰写了《马克思主义之前的马克思》（大卫 · 麦克莱伦，1980 年）；21 世纪初，为了从苏东的解体中“拯救”出马克思，美国的马克思主义学者又撰写了《马克思主义之后的马克思》（汤姆 · 洛克莫尔，2002 年）。这两位作者的“马克思”虽然撰写于不同的历史时期，但其共同之处是以马克思的文本和马克思的研究路径为依据来解读马克思。

马克思早期是一个理想主义者（idealist），这体现在他的中学毕业论文中，并非唯心主义者（idealist），在大学期间的教育中受着德国古典哲学观念论（idealism）的影响，但是并不同意德国古典哲学家黑格尔对现实社会的解释方式，也不同意黑格尔的叛逆者青年黑格尔派对现实社会的批判方式。在《论犹太人问题》中马克思将政治解放与人类解放的概念区别开来，体现出自己的志在高远，在《〈黑格尔法哲学批判〉导言》中形成了从一个社会的经济关系去解释法的关系，从市民社会去解释国家、政治的基本观点。在《1844 年经济学哲学手稿》中明确了自己对资本主义社会的批判靶的在于资本主义社会的异化劳动及其社会分裂现象，并且向自己提出了这样的问题：即资本、工资与土地三者的分离以及在这一分离基础上形成的社会分裂①是如何形成的。这一问题意识从历史程序的视角将马克思的视线进一步引向政治经济学领域，又从历史发生学的视角将马克思的视线引向历史人类学领域。

首先，从第一个方面来看，从异化劳动及其异化了的社会关系的角度来批判资本主义社会，马克思已经将自己的批判思路与青年黑格尔派的批判思路区别了开来，即从哲学、道德观念的批判转向对现实社会经济关系的批判。但是在《1844 年经济学哲学手稿》时期，虽然将社会关系的分裂与劳动的异化联系起来思考问题，并从这一角度论证人与人之间关系的异化、人的自由自在类本质的异化，至于这一异化是如何发生的，并没有任何论证。因此，这一批判只能针对异化劳动或者剥削关系的现象，但是并不能解释这一现象在信奉自由、公正和平等的资本主义社会关系中是如何发生的。

对这一社会现象发生原因的关注，以及当时政治经济学研究正在成为一门显性科学，马克思的研究视野转向了政治经济学领域。我们从 MEGA^2 第 IV 部分呈现的马克思的阅读资料中能够看到，仅仅以《政治经济学原理》冠名的著作，马克思就读了不下 4 位作者的作品，有些作品是在读了法文版之后，再读英文原版。然而与这些政治经济学家不同，马克思的关注焦点并不仅仅是去理解和认识兴盛中的资本主义经济关系及其经济的增长机制，而是尝试着去理解与资本主义经济增长相伴而行的社会分裂现象

---

① 《马克思恩格斯全集》第 3 卷，人民出版社 2002 年版，第 266 页。参见 MEGA^2，I/2，第 363 页。

的形成和发展。

其次，从第二个方面来看，对于马克思在晚年在没有完成《资本论》第二卷、第三卷的情况下而去关注和研究当时新发现的人类学资料，学者们给出了各种不同的解释。在这里，我们给出的另一种解释是，这是马克思研究思路的逻辑需要，而且这一情况并不仅仅发生于马克思的晚年。其实，无论在早年的《德意志意识形态》中，还是在不同时期的政治经济学批判手稿中，马克思都很关注当下经济关系的源头进展，我们或许可以用经济关系的历史发生学来解释马克思的这一理论兴趣，这与马克思那追根寻底的研究品格有一定的关系。在马克思的人类学研究笔记中所关注的问题与政治经济学手稿中所讨论的问题具有历史的连贯性。

马克思对资本主义经济关系是从自然的、历史的角度去理解的，但是与前资本主义的经济关系在形式上不同，通过中介手段（货币）、资本的力量（积累劳动）而发展起来的资本主义经济关系，是在文明和合法的形式下运行的，用今天的话语也可以说是在体制和规范的程序中进行的，在形式上并没有违反自由、公正、平等的理念。

但是在现实中，社会剩余劳动在资本一段的积累以及由此所产生的贫富分化、社会分裂这一现象又是如何在普遍的平等交换的原则下发生的呢？马克思通过对政治经济学的批判性研究，在斯密和李嘉图已经提出的剩余劳动、剩余价值概念的基础上，形成了自己的剩余价值理论，论证了在现有劳动（工人的劳动）与既往劳动（资本）的交往中，剩余价值是活劳动创造的，资本通过占有剩余价值的途径，积累着社会财富。

这样的研究思路已经在1857—1858年的《政治经济学批判大纲》手稿中形成，并且在这部手稿中，马克思已经逐步构建了自己的政治经济学概念谱系，这部手稿也被看作是《资本论》的雏形。但是马克思显然并没有满足于这一手稿的写作，为了更好地清理和阐述自己的研究思路，马克思此时又再次重读了黑格尔的《小逻辑》。1861—1863年及其随后的经济学手稿和《资本论》，严格说来，都没有突破这一基本的研究思路。

马克思的基本研究思路、概念谱系虽然都已经在《大纲》中形成，但是在1861年马克思打算重起炉灶的政治经济学批判性研究思路中，他逐渐根据叙述的逻辑需要调整自己的写作，在《资本论》中，这样的逻辑已经体现为：资本的生产、流通、资本的总过程（生产与流通的结合）和剩余价值理论史这样几个阶段。在这里，一方面我们看到，马克思的早期问题意识在研究和叙述的过程中被日益消融于更加广泛和深入的问题之中，另一方面，由于马克思生前只是完成了《资本论》第一卷的编辑出版工作，这使得恩格斯编辑出版的《资本论》第二卷、第三卷实际上形成于马克思自己编辑出版的《资本论》第一卷之前。

由于恩格斯的主要任务是编辑、整理，而这些编辑整理的某些对象资料有可能已经为马克思在第一卷中有所超越、修改甚至放弃，因而有可能与第一卷衔接不上，具有百年之争的价值与价格的转型问题，在某种程度上也是这样的问题。当然，这一问题首先是我们人类自身的认识、思维问题，抽象的哲学概念与量化的经济学概念在什么意义上是能够相提并论的？没有价值概念，价格问题只能从边际效用的角度来理解，而没有价格概念，剩余价值如何能被政治经济学所论证？

综上所述，本文通过对马克思与恩格斯、马克思与马克思主义之间的关系进行梳理，无非是想阐述这样一个观点，无论是“马克思主义之前的马克思”还是“马克思主义之后的马克思”，无论是“回到马克思”还是“重读马克思”，提出或者追求这些思潮的人们并不是在有意识地制造什么对立论，而是在时代的语境中，强调以马克思哲学思想为核心的马克思主义问题意识，强调这一问题意识与当下世界和人类自身命运的休戚相关。

平均利润率趋向下降的规律及其争议研究

余　斌*

一　平均利润率趋向下降的规律

马克思在《资本论》第三卷中指出，由于资本主义生产内部所特有的生产方法的日益发展，一定价值量的可变资本所能支配的同数工人或同量劳动力，会在同一时间内推动、加工、生产地消费掉数量不断增加的劳动资料，机器和各种固定资本，原料和辅助材料——也就是价值量不断增加的不变资本。从而可变资本同被推动的总资本相比，会相对减少，这是资本主义生产方式的规律。可变资本同不变资本从而同总资本相比的这种不断的相对减少，和社会资本的平均有机构成的不断提高是一回事。这只是劳动的社会生产力不断发展的另一种表现，而这种发展正好表现在：由于更多地使用机器和一般固定资本，同数工人在同一时间内可以把更多的原料和辅助材料转化为产品，也就是说，可以用较少的劳动把它们转化为产品。与不变资本价值量的这种增加——虽然它只是大致地表现出在物质上构成不变资本的各种使用价值的实际数量的增加——相适应的，是产品的日益便宜。每一个产品就其本身来看，同较低的生产阶段相比，都只包含一个更小的劳动量，因为在较低的生产阶段上，投在劳动上的资本比投在生产资料上的资本大得多。

于是，资本主义生产，随着可变资本同不变资本相比的日益相对减少，使总资本的有机构成不断提高，由此产生的直接结果是：在劳动剥削

* 余斌，中国社会科学院马克思主义研究院研究员。

程度不变甚至提高时，剩余价值率会表现为一个不断下降的一般利润率。因此，一般利润率日益下降的趋势，只是劳动的社会生产力日益发展在资本主义生产方式下所特有的表现。这并不是说利润率不能由于别的原因而暂时下降，而是根据资本主义生产方式的本质证明了一种不言而喻的必然性：在资本主义生产方式的发展中，一般的平均的剩余价值率必然表现为不断下降的一般利润率。因为所使用的活劳动的量，同它所推动的对象化劳动的量相比，同生产中消费掉的生产资料的量相比，不断减少，所以，这种活劳动中对象化为剩余价值的无酬部分同所使用的总资本的价值量相比，也必然不断减少。而剩余价值量和所使用的总资本价值的比率就是利润率，因而利润率必然不断下降。①

针对这一规律，不少学者尝试着测算利润率尤其是平均利润率的历史变化来加以研究，但是这需要获得足够的经验数据，而这是一件不可能完成的任务，因为没有一个资本家会想到对自己的企业进行符合理论研究的结论和适应理论研究的需要的计算。而国家统计部门也无法并且一般也不会去要求企业提供相关的数据。而且国家相关部门和社会调查所获得的企业数据也往往是以企业“自己的未经核实的报告为根据”②。而由于税收原因或为了证明低工资的合理性，资本家的公司总是尽其所能地向政府或工人低估利润；同时为了提升股票交易值和借入能力，却又经常向股东高估利润③。因此，在这样的数据上进行实证研究，就使我们至多只能粗略地进行考察平均利润率的变化。

不过，除了勉强用几乎不能用的数据进行计算分析外，还可以从一些资本家和企业管理层的感受这个侧面来了解利润率的变化情况。比如说，资本家在使用加成定价方法时，如果所加的成数与几十年前不同，就可以说明几十年来一般利润率水平发生了变化。再比如，如今有个词叫“微利时代”，是指整个世界在经济上进入了一个利率低微、利润单薄、回报有限的微利时代。④ 西方国家企业管理层感到现在的压力比几年前重多了，

---

① 《资本论》第3卷，人民出版社2004年版，第236—237页。

② 同上书，第90页。

③ ［英］克里斯·哈曼：《利润率和当前世界经济危机》，丁为民、崔丽娟译，《国外理论动态》2008年第10期。

④ 张俊喜：《微利时代举步维艰》，《新财经》2003年第2期。

不得不拼命工作去达成收入指标。[①] 这些来自生意场上的感受其实足以说明一般利润率水平下降了。

二 关于平均利润率趋向下降规律的争论

日本学者置盐信雄（Okishio）对一般利润率趋向下降的规律提出了质疑，他认为，资本家考虑是否引入一项新技术的准则，不是这项技术是否提高劳动生产率，而是它是否降低生产成本。因此，除非实际工资率有足够高的上升，否则资本家引进的技术创新不会降低一般利润率。置盐信雄的这个结论被称为置盐定理。

其他一些质疑利润率趋于下降规律的学者认为，一般情况下，提高资本有机构成和提高剩余价值率是同步进行的。在资本有机构成提高的背后，隐藏着资本的积累过程，在这里同时存在着一些压低和抬高利润率的力量。存在一些阻止利润率下降的因素，如劳动生产率比工资提高更快、节约、技术引进以及对外贸易等。资本积累和技术进步不一定意味着每人所用资本的增加，技术革新不一定都是资本密集型的，而且在劳动生产率提高的情况下，虽然实际工资不变，但商品价值的下降降低了可变资本的价值，剥削率随之提高，这有助于抑制利润率的下降。马克思忽视了资本周转速度的加快和不断加大的非生产领域投资比重等因素，而这些因素在现代社会对利润率下降的抑制作用越来越明显。单从资本有机构成的提高不足以导出利润率趋于下降的结论，除非资本有机构成上升没有限度，而剩余价值率上升存在一个限度。由于竞争的压力，劳动生产率加速提高，尽管生产资料的数量可能有所增加，但其价值也会不变甚至会减少。用不变资本和可变资本的增量相对于剩余价值的增量独立的所谓数学模型，可以证明在不变资本和可变资本的增加超过剩余价值的相应增加的情况下，利润率会下降，因而马克思关于资本有机构成不断提高的前提在利润率下降的情形中并不必要。[②] 资本的技术构成是逐渐提高的，但这并不意味着以价值表示的资本的有机构成也会提高，因为前述的劳动生产率的提高降

---

① ［美］亚德里安·斯莱沃斯基、理查德·怀斯：《微利时代的需求创新》，《英才》2006 年第 7 期。

② 朱奎：《利润率的决定机制及其变动趋势研究——基于劳动价值论的新解释》，《财经研究》2008 年第 7 期。

低了机器的价格，因而抵消了其数量增长。[①] 对于新投资，没有任何理由证明它将采取“资本密集”而不是“劳动密集”的形式。如果在体系中存在剩余劳动力，认为资本家应投资于机器而不是劳动似乎是没有根据的。[②]

还有学者认为：琼斯曾经认识到，产业部门的多样化起着刺激资本积累的作用。马克思在《资本论》第三卷的一个不引人注意的角落引证了琼斯的这个意见，但他并没有将这一点正式列入利润率下降的抵消因素。这大概不是偶然的疏忽，因为一旦引入由产品创新带来的部门多样化，马克思的利润率下降理论的方法论基础就会为之动摇。[③]

支持利润率趋于下降规律的一些学者则认为，资本有机构成提高是20世纪50—70年代利润率下降的主要原因。[④] 资本主义资本积累收益下降造成了20世纪二三十年代“大萧条”这个事实，说明马克思资本有机构成提高造成利润率下降论断的正确性。由于存在反作用趋势，利润率下降不是线性的，某些时期只是以潜伏的形式出现，而在其他时期则表现得或强或弱，并以一个危机周期的形式表现出来。资本主义不能克服现有劳动时间的限制，因此利润率在长期中必然是下降的。[⑤] 马克思已认识到，生产率的提高会降低用于生产劳动力价值的时间在工作日中的比重，从而对他所表述的规律形成“抵消影响”。资本家可以攫取更多的用于生产利润的工人劳动，形成一个增加的“剥削率”，而不必削减工人的实际工资。但是，这种反向影响的作用是有限的。通过提高生产率，维持工人生存的劳动时间可由每天的四小时缩短为三小时，却不能由四小时缩减为负一小时。与此相反，将工人的过去劳动转化为生产资料的更大的积累则没有限制。随着剥削程度的提高，越来越多的利润流向资本，为未来的积累增加了潜能。另一个支持马克思理论的思路是：当工人的劳动一无所获，即在

① 周思成：《欧美学者近期关于当前危机与利润率下降趋势规律问题的争论》，《国外理论动态》2010年第10期。

② ［英］克里斯·哈曼：《利润率和当前世界经济危机》，丁为民、崔丽娟译，《国外理论动态》2008年第10期。

③ 张宇、孟捷、卢荻主编：《高级政治经济学》，中国人民大学出版社2006年版，第411页。

④ 谢富胜、李安：《美国实体经济的利润率动态：1975—2008》，《中国人民大学学报》2011年第2期。

⑤ 朱奎：《利润率的决定机制及其变动趋势研究——基于劳动价值论的新解释》，《财经研究》2008年第7期。

“剥削率最大化”的假设下，人们将会看到，它最终仍然不能阻止投资利润率的下降。如果第一个资本家由于采用新技术而得到超过其他资本家的竞争优势，这将使他得到超额利润，但一旦这一技术普遍化，这个超额利润就会消失。生产率的提高有可能在一年后降低购买机器的成本，但不能减少资本家在今天为购买机器而支出的金额。如果技术进步使得这些投资的现值只是以前的一半，那么，资本家必须支付自己的利润去抵消那笔损失。像利润率的直接下降一样，由于过时而引起的资本贬值也是令资本家头痛的大事。美国在 1991 年到 1999 年的投资翻了一番。当泡沫破裂时，人们才发现，在实体经济的巨大投资，如已经开展的光纤通信网络，可能从未获利。每个大型公司为了获得投机利润，都在故意夸大自己的利润，实际上，它们宣布的利润要比真实利润高出 50% 左右。资本家为了保持在竞争中的领先地位，会不断寻求技术创新，其中某些创新可能要采取技巧而不是资本密集的形式，但势必有另一些创新需要更多的生产资料。经验表明：对物质资料的投资在事实上要比对劳动力的投资增长得快。例如，自 1948 年到 1973 年，美国雇员每人运用的净股本（净基本资本）每年增长 2%—3%。目前，中国的很多投资就是“资本密集型”的。尽管中国农村有大量的劳动力，但每年劳动力的就业大约仅增长 1%。中国的利润率从 1984 年的 40% 下降到 2002 年的 32%，而资本有机构成却增长了 50%。①

三　有关争论的简评

第一，置盐定理并不成立。其主要问题是，置盐信雄以所谓的成本准则取代利润准则，完全忽略了资本家对于利润的追逐。实际上，奢侈品的生产成本高于同类的普通商品，但资本家也会去生产奢侈品，因为其价格也高，利润并不低。而由于过于关注成本，置盐信雄忽略了有酬劳动和无酬劳动的区分，忽略了商品中所包含的剩余价值和商品价值本身的变动。实际上，个别资本家引进技术创新主要是为了降低商品的个别价值，获得超额剩余价值，然而竞争会导致其他资本家相继跟进技术创新，进而导致

① ［英］克里斯·哈曼：《利润率和当前世界经济危机》，丁为民、崔丽娟译，《国外理论动态》2008 年第 10 期。

超额剩余价值的消失和利润率的下降。

第二，资本有机构成的提高会导致一般利润率下降，并不意味着前者就是后者的唯一原因。因此，用列举其他导致利润率下降的原因的方式不能从逻辑上否定一般利润率趋于下降规律。尤其是价格变动不能作为利润率变动的原因，这是因为价格是因变量，不是自变量。

第三，考察资本有机构成的提高时，不能只看固定资本，而不看流动不变资本。如果等量的可变资本不能用来加工更多的流动不变资本即原材料，从而生产出更多的商品，是很难让人信服劳动生产率有了较大的提高的。

第四，资本家追求的是剩余价值的量或利润量，而不是剩余价值率或利润率。剩余价值率高并不意味着利润量大或利润率高。低剩余价值率可以有高利润率，而高剩余价值率的利润率却较低。在一个国家中从不发达到发达的发展阶段上，以及在发达国家与不发达国家的对比上，我们都可以看到这样的现实。

同样的，如果利润的量能增加，利润率低一些也无妨。对于理性的资本家来说，新积累的少量资本要是不能在达到原有一般利润率水平的方式下使用，那么在较低利润率水平上使用这些资本，也比零利润率地闲置它们强。因此，即便这些新积累的少量资本采用劳动密集型的方式，它们的利润率通常也是低的，否则大量的资本就会挤进来竞争。正是由于这些新积累的资本因为没有积累到一定的程度而不能像原资本一样有效地使用，因而它们并没有真正参与利润率的平均化。从而这样使用的新资本与资本有机构成的提高导致一般利润率下降的规律无关，尽管它的确拉低了利润率。

第五，如果竞争会迫使生产资料的数量在增加的同时，其价值不变甚至会减少，那么这个竞争也一定能够迫使利润率下降。其实，正好相反的是，正是“因为利润率的下降和资本的生产过剩产生于同一些情况，所以现在才会发生竞争斗争”。①

第六，即便存在剩余劳动力，资本家仍然会主要投资于机器而不是劳动。否则当资本主义社会出现失业大军后，机器就不会有什么改进了。而历史事实是，机器的不断改进即资本家不断地投资于新机器，从而将大量

---

① 《资本论》第3卷，人民出版社2004年版，第281页。

的工人不断地抛入失业大军，才得以形成大量相对过剩的剩余劳动力。

第七，关于琼斯的产业部门的多样化的观点，琼斯只是以此表明，尽管利润率下降，积累的欲望和能力仍然会增加。[①] 而琼斯甚至认为，在利润率低时，积累的速度通常会比人口增加的速度快；在利润率高时，积累的速度通常会比人口增加的速度慢。因此，这里根本谈不上产业部门的多样化可以抵消利润率的下降。实际上，当前这种多样化所带来的非生产性劳动使利润率下降得更快了。赛克和图纳克认为，在 1948 年到 1989 年间，“马克思所讲的利润率几乎下降了 1/3；公司的利润率下降得最快，甚至高于 57%。利润率迅速的下降可以用非生产劳动与生产劳动比例的相对提高来解释”。莫斯利的结论是：“从战后到 20 世纪 70 年代末，美国经济中的传统利润率要比马克思的利润率下降得更快”，前者是 40%，后者是 15%—20%。他认为，在 20 世纪 90 年代，非生产性劳动水平的提高是阻止利润率充分恢复的主要原因。[②]

四　平均利润率趋向下降规律的一个模型

假定在资本有机构成提高前，预付的总资本为 C_1+C_2+V，其中，C_1，C_2和 V 分别代表固定不变资本、流动不变资本和可变资本。相应的单个商品的成本价格为 c_1+c_2+v，产品数量为 n，剩余价值率为 m'，固定资本的损耗率为 α（$\alpha<1$）。于是，我们有 $nc_1=\alpha C_1$，$nc_2=C_2$，$nv=V$，剩余价值（利润）$=nvm'$。资本有机构成指数

$$C_v=\frac{C_1+C_2}{V}=\frac{\frac{nc_1}{\alpha}+nc_2}{nv}=\frac{\frac{c_1}{\alpha}+c_2}{v}$$

利润率

$$p'=\frac{nvm'}{\frac{nc_1}{\alpha}+nc_2+nv}=\frac{vm'}{\frac{c_1}{\alpha}+c_2+v}$$

现在由于采用机器，节省了劳动力的使用而提高了生产效率。假定原

① 《资本论》第 3 卷，人民出版社 2004 年版，第 295 页。

② ［英］克里斯·哈曼：《利润率和当前世界经济危机》，丁为民、崔丽娟译，《国外理论动态》2008 年第 10 期。

材料的价值以及原材料与产品之间的技术关系不变，也就是说，单个商品中所包括的 c_2 不变。单个商品的成本价格中固定资本转移的价值部分的变化为 $c_1+\Delta$（$\Delta\geqslant 0$）。由于“对资本说来，只有在机器的价值和它所代替的劳动力的价值之间存在差额的情况下，机器才会被使用”①。因此，单个商品的成本价格中可变资本部分的变化为 $v-\Delta-\delta$（$\delta\geqslant 0$ 且 $v-\Delta-\delta>0$）。假定新的产品数量为 n'，剩余价值率为 m''。通常情况下新的固定资本损耗率会低于原固定资本损耗率，这里假定两者相等。

于是，机器采用后，单个商品的成本价格 $=c_1+\Delta+c_2+v-\Delta-\delta=c_1+c_2+v-\delta$；新的预付总资本为

$$\frac{n'(c_1+\Delta)}{\alpha}+n'c_2+n'(v-\Delta-\delta)$$

新的资本有机构成指数

$$C_v'=\frac{\frac{c_1+\Delta}{\alpha}+c_2}{v-\Delta-\delta}=C_v+\frac{\frac{v\Delta}{\alpha}+(\Delta+\delta)\left(\frac{c_1}{\alpha}+c_2\right)}{(v-\Delta-\delta)\ v}>C_v$$

新的利润率

$$p''=\frac{n'(v-\Delta-\delta)\ m''}{\frac{n'(c_1+\Delta)}{\alpha}+n'c_2+n'(v-\Delta-\delta)}=\frac{(v-\Delta-\delta)\ m''}{\frac{(c_1+\Delta)}{\alpha}+c_2+v-\Delta-\delta}$$

可见，资本有机构成由于采用机器而得到了提高。不妨假定

$(v-\Delta-\delta)\ m''=vm'=m$

这时，

$$m''=\frac{v}{v-\Delta-\delta}m'>m'$$

即剩余价值率提高了。

在这里，$(v-\Delta-\delta)\ m''=vm'=m$ 的假定实际上存在高估 $(v-\Delta-\delta)\ m''$ 从而高估新的利润率的问题。这是因为，“不管机器生产怎样靠减少必要劳动来提高劳动生产力，而以此扩大剩余劳动，它只有减少一定资本所使用的工人人数，才能产生这样的结果。机器生产使以前的可变资本的一部分，也就是曾转变为活劳动力的资本的一部分，转化为机器，即转化为不生产剩余价值的不变资本。但是，例如从两个工人身上榨不出从 24 个工

① 《资本论》第 1 卷，人民出版社 2004 年版，第 451 页。

人身上同样多的剩余价值。24 个工人每人只要在 12 小时中提供一小时剩余劳动，总共就提供 24 小时剩余劳动，而两个工人的全部劳动只不过是 24 小时"①。因此，即便剩余价值率会因为生活消费品变得便宜了而有所提高，但是与工人人数的相对减少相伴随的剩余价值量也会有所下降。由于这里要考察的是资本有机构成的提高会导致利润率的下降，因此，我们不妨高估一下新的利润率，只要这个高估的新利润率相比原利润率也是下降的，那么我们的模型就能够说明利润率下降的结论。

根据上面的计算结果，我们有

$$p'' - p' = \frac{m}{\frac{(c_1 + \Delta)}{\alpha} + c_2 + v - \Delta - \delta} - \frac{m}{\frac{c_1}{\alpha} + c_2 + v}$$

$$= \frac{-m\left(\frac{1-\alpha}{\alpha}\Delta - \delta\right)}{\left(\frac{c_1 + \Delta}{\alpha} + c_2 + v - \Delta - \delta\right)\left(\frac{c_1}{\alpha} + c_2 + v\right)}$$

因此，当

$$\delta < \frac{1-\alpha}{\alpha}\Delta \tag{1}$$

时，我们有

$p'' - p' < 0$

即利润率下降。

显然，α 越小，Δ 越大，式（1）成立的可能性越大。另一方面，δ越是大到使式（1）有可能不成立时，前面关于（$v - \Delta - \delta$）$m'' = vm'$的假定越难以成立，而当新的剩余价值量（利润量）由此小于原资本有机构成下的剩余价值量时，即便式（1）不成立，利润率也是可以下降的。而如果 $m'' = m'$即资本有机构成提高的生产部门生产的产品与工人的消费无关，从而不能降低工人的生活消费品的价值和工人的必要劳动时间，因而在工作日长度和劳动强度不变的情况下，剩余价值率不变时，则无论式（1）是否满足，我们都有 $p'' - p' < 0$ 即利润率下降。这一结论留给读者自证。

① 《资本论》第 1 卷，人民出版社 2004 年版，第 468 页。

五 平均利润率必然下降的根本原因

上述基于某个资本的分析对于具有平均资本有机构成的部门从而对于社会总资本来说也是适用的，因而可以用于说明一般利润率下降的规律。下面我们从另一个角度来说明只要资本主义生产方式发展下去，全部资本的利润率从而一般利润率必然会向下趋于零，或者在某些时候降到零以下。

否则，不妨假定利润率始终大于某个极小的正数，我们取这个正数的一个固定部分记为 a 作为积累率。积累或规模扩大的生产，是剩余价值生产不断扩大，从而资本家发财致富的手段，是资本家的个人目的，并且包含在资本主义生产的一般趋势中，而且，由于资本主义生产的发展，它对于任何单个资本家都成为一种必要。① 当然，对于单个资本家来说，一个极小的积累额不足以用于扩大再生产，但是对于社会总资本来说，一个极小的积累率也足以用于扩大再生产。

记初始社会总资本为 C_0（$C_0>0$），这样经过 n 年积累以后，社会总资本将会达到

$$C_n = C_0 (1+a)^n$$

由于 $a>0$，因而我们有

$$\lim_{n\to+\infty} C_n = +\infty$$

例如，即便初始总资本只有 1 吨黄金的规模，只要不肯下降的利润率使得积累率能够达到 1% 的水平，那么在 3000 年后，它也将增长到这样一个水平，即按 60 亿人口来算，人均将使用超过 1500 吨黄金价值量的资本。但这可能吗？

既然不能阻止或延缓时间的流逝即不能阻止或延缓 n 的增长，那么能够阻止或延缓 $C_n\to+\infty$ 的就只能是降低 a 和毁掉部分 C_0。在资本主义制度下，这恰恰就意味着："降低利润率，使现有资本贬值，靠牺牲已经生产出来的生产力来发展劳动生产力。"② 而现有资本的贬值当然是要归入平均利润率下降的范畴的。

---

① 《资本论》第 2 卷，人民出版社 2004 年版，第 92 页。

② 《资本论》第 3 卷，人民出版社 2004 年版，第 278 页。

利润的这种下降，既然意味着直接劳动同由直接劳动再生产出来以及新创造出来的物化劳动量相比减少了，所以，资本就想尽一切办法，力图通过减少必要劳动的份额，并且同所使用的全部劳动相比进一步增加剩余劳动的量，来弥补活劳动同资本总量之比的减少，从而弥补表现为利润的剩余价值同预先存在的资本之比的减少。因此，在现存财富极大地增大的同时，生产力获得最高度的发展，而与此相适应，资本贬值，工人退化，工人的生命力被最大限度地消耗。

这些矛盾会导致爆发，灾变，危机，这时，劳动暂时中断，很大一部分资本被消灭，这样就以暴力方式使资本回复到它能够继续发挥职能的水平。

（原载《经济纵横》2012 年第 9 期）

论马克思恩格斯对“自然疆界论”的剖解

于逢春　冯建勇*

一　引言

早在16世纪末17世纪初，法国国王亨利四世（1553—1610年）在其助手絮利公爵（1560—1641年，Sully，Maxmilien de Bethune）的帮助下，便描绘了一幅“使哈布斯堡王室降低到比利牛斯半岛一个国君的地位，把土耳其人和鞑靼人赶到亚洲去，重建拜占庭帝国，然后再重画整个欧洲地图。欧洲将分为六个世袭君主国家、五个选举的君主国家和五个共和国。在这一切国家之上，设置一个专门的议政府，负责维护普遍和平并审理国与国之间、国君与国君之间的一切纠纷。基督教国家的这种特种共和国的首脑是教皇，其首相则为法国代表”① 的《宏伟的规划》（*Le grand Dessin*）。在此背景下，亨利四世于1601年曾对新征服的比热（Bugey）和布雷斯（Bresse）等地区的居民说了一段对后世影响深远的话：“既然你们历来都讲法语，你们理应是法兰西王国的臣民。使用西班牙语或德语的地方，我赞成分别留给西班牙和德国，但使用法语的地方应归我所有。”② 肖忠纯认为这是法国“自然疆界论”的肇端。③ 张世明认为总体上而言，“亨利四世以及絮利的对外政策仍基本上属于现实主义，致力于为本国获取自然疆界而非沉溺于奄有诸国的辽阔梦想”，到了其后继者——法国枢

---

* 于逢春，中国社会科学院中国边疆史地研究中心马克思主义国家边疆理论研究室主任，研究员，博士生导师。冯建勇，中国社会科学院中国边疆史地研究中心副研究员。

① ［苏］波将金：《外交史》第1卷上，生活·读书·新知三联书店1979年版，第341页。

② 转引自 Auguste Longnon，*La Fomation de L'uuit. fran*，Aise，1922，p. 325。

③ 肖忠纯：《论近代法国对外政策的扩张性》，《世纪桥》2007年第4期。

机主教、首相黎塞留（1585—1642 年）执政时，法国对自然疆界的要求才“有了大致的界线，而且自然疆界的概念日趋明晰”①。黎塞留在其《政治遗书》中留下了有名的政治遗言：“我秉政之目的在于：为高卢收回大自然为它指定的疆界，为高卢人找回高卢人国王，将法国置于高卢的位置上，在原属古代高卢的地方建立新的高卢。”② 张世明认为真正地“更明白地诉诸于自然疆界论”者，当属步黎塞留后尘的马扎然（Gard inal Mazarin），具体体现在 1659 年签署的《比利牛斯和约》之中③。

迨至法国大革命时期，自然疆界论作为一种意识形态，伴随着丹东的“我肯定地说，用不着害怕过分扩大共和国的版图。大自然早已精确地为它划出了国界。我们从地平线的四个方位来限定它：莱茵河、大西洋、阿尔卑斯山脉和比利牛斯山脉。我们共和国的国界应当定在这里，没有任何力量能阻挠我们到达这里”④ 的演说词，后来又搭乘着拿破仑大军横扫一切的气势，成为法国攻城掠地，拓展疆土的利器。然而，20 多年以后，随着拿破仑兵败滑铁卢，法国在大革命时期的一切所获，顿时冰消瓦解。

从 1814 年到 1870 年，法国先是复辟王朝主政，中间掺杂了拿破仑“百日政权”，接着是七月王朝，继之以短命的第二共和国，最后是第三帝国。期间，随着法国工业革命的完成，文化的快速发展，法国的国际地位也相应得到提升。面临着东北、东南方分裂的德意志与意大利，从来以阻止这两个国家统一为己任的法国，又祭起了“自然疆界论”这杆大旗，以期渐次分化、分割这两个国家。于是，该理论伴随着学校教育的展开、普及性历史读物的推广，得到了更为广泛的流播。同时，“自然疆界”的获得与稳固，既是既定的军事战略目标，也是法国对邻国政策展开的方向。1860 年，作为拿破仑三世帮助皮蒙特（皮蒙特－撒丁）王国的酬报，法国获得了北意大利的萨瓦与尼斯。作为吞并该领土的根据，就是法国拥有沿其“自然疆界”阿尔卑斯山获得军事保障、领土安全的权利。与此同时，德国、沙俄、奥地利等国也祭起了“自然疆界”话语，作为其推行霸权主义的理论根据。

另一方面，此时也是欧洲革命风起云涌，各国各色执政人物纵横捭

① 张世明等：《自然疆界论的话语建构与时空延异》，《中国边疆史地研究》2009 年第 4 期。

② ［苏］波将金：《外交史》第 1 卷上，生活·读书·新知三联书店 1979 年版，第 345 页。

③ 张世明等：《自然疆界论的话语建构与时空延异》，《中国边疆史地研究》2009 年第 4 期。

④ Abbé G régoire, cite par Charles Rousseau, *Les Frontières dela France*, 1954, p. 12.

阖，马克思、恩格斯非常关注欧洲局势时期，那么，他们是如何看待、评价与剖析这个在当时非常引人注目的“自然疆界论”的呢？以下，我们以马恩著作文本为中心，辅之以相关资料，予以分析。

二 “中欧大国”语境下的德意志式“自然疆界论”

法兰西第二帝国皇帝拿破仑三世不但一直以“民族原则”为旗号，致力于法兰西民族的复兴事业，而且对当时欧洲一些分裂国家中出现的建立民族联邦的趋向也很感兴趣。相对咄咄逼人的德国人而言，法国人更同情意大利人，而拿破仑家族也与意大利有较深的关系。所以，拿破仑三世对意大利统一问题很感兴趣。他认为应在意大利半岛上建立一个由皮蒙特王国主导的意大利联邦。1858 年 7 月，拿破仑三世与皮蒙特王国首相加富尔在位于法国东部的温泉胜地普隆比埃举行会谈，签署了一份将奥地利从意大利驱逐出去、帮助意大利统一的秘密协议。作为出兵的条件，法国将因此获得皮蒙特西北部的萨瓦与西南部的尼斯。嗣后，法、皮两国随即以各种方式向外界暗示这一协议。是年底及翌年初，意大利已是风声鹤唳，冲突一触即发。

在此背景下，恩格斯认为有必要在此时此刻明确昭告其对意大利及德国统一问题所应采取的立场，并揭穿欧洲各国统治集团用来为其侵略和掠夺政策辩护的“自然疆界论”等沙文主义理论，“并证明这些理论从战略的观点来看都是不能成立的”①。1859 年 2 月，恩格斯着手准备素材；至 3 月 9 日，撰就了后来影响深远的《波河与莱茵河》。那么，在这篇受到了马克思高度评价的力作中，恩格斯是如何展开其思想、剖白“自然疆界论”的荒谬的呢？

文章首先以“应当在波河上保卫莱茵河”这一当时德国大部分报刊的口号为切入点，开始层层剖析德国要到遥远的异国——意大利的波河去保卫本国的莱茵河的内在机理：“在所有这些场合所提出的主要论据全都是政治性的，说什么意大利根本不能独立；意大利不是应当由德国统治，就是应当由法国统治；如果今天奥地利人被赶出意大利，明天在艾契河流

① 恩格斯：《波河与莱茵河》（1859 年 2 月底—3 月初），《马克思恩格斯全集》第 13 卷，人民出版社 1962 年版，第 249 页，译者注释。

域，在的里雅斯特的大门口，就会出现法国人”，接着德国整个南部边境就会暴露于“宿敌”之前。因此，“奥地利是代表整个德国而且是为了整个德国的利益而控制伦巴第的”①。

而德国上述的这个荒诞的机理，事实上来源于当时的所谓“中欧大国”论。根据这个理论，奥地利、普鲁士及德国其他各邦应当在奥地利的霸权下形成一个联邦制的国家：“对于匈牙利和沿多瑙河的斯拉夫——罗马尼亚各国应当用殖民、办学校和怀柔的方法使它们德意志化；从而使这个国家集合体的重心逐渐转向东南方，转向维也纳；此外，还应当重新夺取亚尔萨斯和洛林。”这个“中欧大国”应当是德意志民族神圣罗马帝国的复活，并且除了其他的目的以外，似乎还要兼并原奥属尼德兰以及荷兰作为藩属。“这样一来，德意志祖国也许几乎要比现在操德语的范围扩大一倍；如果所有这一切真正实现了，德国就要成为欧洲的仲裁者和主宰。命运已经在设法使所有这一切得以实现。”②

那么，德国为了本身的防御到底需不需要永远统治意大利，特别是需不需要在军事上全完占领伦巴第和威尼斯省呢？恩格斯在接下来的论述中，像剥笋一样层层剖开了此事。

首先，恩格斯并不否认在整整数个世纪之中，北意大利较之比利时在更大程度上是法国人和德国人逐鹿的场所。接着，他依据历史事实，向读者展示了其发现的战略要地攻守转换的节点：自 1525 年法兰西国王弗朗斯瓦一世（1515—1547 年在位）在帕维亚被德国皇帝查理五世击败以降，在波河流域的战场上，则变成间接地决定着法国和德国的命运，而直接地决定着意大利的命运。之所以如此，是因为在 1756—1763 年七年战争之前，军队作战的区域还仅限于一个省份，军队的运动在整整几个月里都围绕着个别的要塞、阵地或个别的作战基地进行，而到了 18 世纪末期以后，由于近代式大规模的常备军的出现，只有很大的要塞群、很长的河流线或高而险峻的山脉才具有战略意义。从这个视角来看，像波河流域的明乔河和艾契河这样的一些河流线的战略价值才凸显了出来，其战略意义就要比以前大得多了。也就是说，我们决不否认“放弃明乔河和艾契河线德国就

① 恩格斯：《波河与莱茵河》（1859 年 2 月底—3 月初），《马克思恩格斯全集》第 13 卷，人民出版社 1962 年版，第 250 页。

② 同上书，第 251 页。

会失去一个非常强大的防御阵地”。但“认为这个阵地对南德边境的安全必不可少，那我们是坚决地反对的”[①]。当然，如果从一个假定出发，“认为随便哪一支德国军队不管在什么地方出现，总是要被击败的，那就可以设想艾契河、明乔河和波河对于我们是绝对必要的”[②]。

接下来，恩格斯提出了问题的关键所在：“你有权要求的，别人当然也有权要求。如果我们与其说是为了抵御意大利人不如说是为了抵御法国人而要求取得波河和明乔河，那末，如果法国人为了抵御我们同样也要求取得一些河流的话，我们就不应当奇怪了”[③]。

基于地理态势与历史遗产的原因，法国的经济、政治、文化重心处于该国北部，比如塞纳河、巴黎等地。反拿破仑同盟的军队分别于 1814 年 3 月、1815 年 7 月占领巴黎则整个法国便投降的事实表明，“只要巴黎一陷落，整个法国也就要陷落了”。换言之，“法国疆界形势的军事意义首先在于这些疆界所起的防护巴黎的屏障作用”[④]。对此，恩格斯有过精确的计算：“由巴黎到里昂、巴塞尔、斯特拉斯堡、洛特布尔的直线距离几乎相等，大约都是 55 德里。”但“自洛特布尔起，法国疆界即离开莱茵河，与它成直角转向西北；自洛特布尔到敦克尔克，法国疆界几乎是一条直线”。因此，“我们以巴黎—里昂为半径经过巴塞尔、斯特拉斯堡和洛特布尔划出的圆弧，到洛特布尔即中断；法国北部疆界简直成了这一圆弧的弦，弦那边的弓形地区不属于法国。由巴黎到北部疆界最短的交通线，即巴黎—蒙斯线，只有巴黎—里昂或巴黎—斯特拉斯堡半径的一半”。所以，“很难想象有比法国与比利时接壤的疆界更为薄弱的国境了”[⑤]。

法国与比利时、卢森堡、德国等国接壤之处，地势平缓，没有任何天然屏障，首都巴黎就位于这一马平川之地。法国人坐拥这四战之地，可谓尝尽苦头。且不说古代（公元前 2 世纪末）罗马人轻松地越过阿尔卑斯山占领高卢，对其实施了长达 500 多年的统治；即使到了中世纪，各支蛮族部落或集团更是屡屡饮马莱茵河畔，数十次进入法国；更令法国人难堪的

---

① 恩格斯：《波河与莱茵河》（1859 年 2 月底—3 月初），《马克思恩格斯全集》第 13 卷，人民出版社 1962 年版，第 277 页。

② 同上。

③ 同上书，第 282 页。

④ 同上。

⑤ 同上书，第 282—283 页。

是近代，德国人在130多年时间里竟6次从北面突破法国人防线，其中4次让巴黎人亲眼看到了德国军人的皮靴如何践踏其街道。对此，法国著名地理学家阿勒贝尔·德芒戎不无自我揶揄地说：“法国肯定是欧洲各国中最少与世隔绝、最不‘闭塞’的国家之一。”① 法国原总统查里斯·戴高乐在二战前曾撰写过《建立职业军》的著作，他认为：英国孤悬海中，是天然的堡垒；德国的政治中心和工业中心分散多处，难以一举全毁；西班牙与意大利分别有比利牛斯山、阿尔卑斯山作为屏障；惟有法国，不但四周边境缺乏天然屏障，而且首都巴黎集政治、经济与文化中心于一体，并且无险可守，对任何来犯之敌都敞开着大门。②

不幸的是，法国不仅拥有一个脆弱的地缘环境，还在于在其周边自中世纪以降便有强敌环伺。就像阿喀琉斯之踵一样，法国的这个天然的缺陷屡屡被外敌利用，这个强敌便是哈布斯堡王朝。该王朝崛起于11世纪，到了13世纪70年代，哈布斯堡公爵鲁道夫一世成为德意志国王。嗣后，哈布斯堡皇室统治奥地利长达600余年。15世纪20年代，哈布斯堡家族的阿尔布雷希特五世因联姻成功而使得其家族始终把持着神圣罗马帝国皇位（1742—1745年除外），直至1918年帝国覆亡。1477年，哈布斯堡皇室的马西米连通过联姻将法国南部至荷兰的原勃艮第公国领地并入哈布斯堡皇室领域。1496年，马西米连之子通过联姻开创了西班牙哈布斯堡王朝。迨至16世纪初，马西米连之孙查理五世（西班牙称卡洛斯一世）即位时，当时的西班牙全国、意大利南部（西西里岛、萨丁岛、那不勒斯王国）、西属美洲殖民地、奥地利和阿尔萨斯等地，都成了哈布斯堡王朝的管治领域。所以，当15世纪后期法国逐步成为一个统一的中央集权国家时，业已处于哈布斯堡王朝的夹缝之中。③

为了弥补这个天然的地理缺陷，早在1678年，塞巴斯蒂安·勒普雷斯特雷·沃邦（1633—1707年）被国王路易十四任命为“筑城总监”，设计并改建了几百座防御性要塞，部署在法国西部、北部及东部边境线上，为法兰西王国装备上了一道缓冲带——“铁腰带”。1929年，在时任陆军

---

① ［法］菲利普·潘什梅尔：《法国》上册，叶闻法译，上海译文出版社1980年版，第19页。

② Charles de Gaulle, *VersLarm de m tier Beyrouth Les Lettres fran*, Aises, 1971, p. 14.

③ 详参［美］亨利·基辛格《大外交》，顾淑馨、林添贵译，海南出版社1997年版，第43页；郭华榕、徐天新《欧洲的分与合》，京华出版社1999年版，第128页。

部长马其诺的主持下，法国政府开始在沿东北部边境修建绵亘防线，至1940年最终建成。整个工程耗资达50亿法郎，土方工程量达1200万立方米，这就是历史上著名的“马其诺防线”。尽管如此，所谓的“沃邦防御工事”，正如恩格斯所言，“1814年和1815年攻入法国的敌军几乎毫不介意地通过了三层要塞带。谁都知道，1815年在受到仅仅一个普鲁士军的攻击并经过空前的短期围攻和炮击之后，要塞便一个接着一个投降了”①。而“马其诺防线”亦没有发挥其想象中的防御效用，1940年5—6月，德国人从法比边界的阿登高地突破，然后从马其诺防线左翼迂回，在蒙梅迪附近突破达拉弟防线，占领了法国北部，接着进抵马其诺防线的后方，使防线丧失了作用。

面对这种独特且难以改变或弥补的地理条件缺陷所造成的千年历史灾难，除了在技术层面予以修补以外，法国历代的统治者更是在战略层面寻求改弦更张之策。从加佩王朝的路易十一（1461—1483年在位）开始，法国便形成了危如累卵的生存危机感及思维定式，尤其是查理五世称霸欧洲时期（1519—1565年），更是如此。嗣后，将维护法国本土安全的前线向外伸展，直至遇到天然屏障为止的意识，渐次渗入历代法国最高统治者的脑际，并进而成为衍生“自然疆界论”的温床。

在此，恩格斯运用“以子之矛，攻子之盾”的方法，向德国统治者发出了诘问：正如“中欧大国”（德国）的理论家在意大利寻找河流一样，“法国人也正在他们北部疆界的那一边寻找一条河流充当良好的防御阵地。那末这能是哪一条河流呢?”② 恩格斯以幽默的口吻表述，“现在我们再把圆规的一脚放在巴黎，以巴黎—里昂为半径由巴塞尔到北海划一弧线。这时我们就会发现，莱茵河由巴塞尔非常准确地沿着这一圆弧流到它的河口。莱茵河上的各要点与巴黎的距离都相等，相差仅数德里。这也就是法国企图获得莱茵河疆界的真正的现实的理由”③。

因为，首先，“如果莱茵河属于法国，那末在同德国作战时，巴黎就真正成为国家的中心了”。而且“如果法国人占有了莱茵河疆界，法国的防御体系，就自然的条件而论，就将属于按维利森将军称为‘理想的’、

---

① 恩格斯：《波河与莱茵河》（1859年2月底—3月初），《马克思恩格斯全集》第13卷，人民出版社1962年版，第283页。

② 同上书，第285页。

③ 同上书，第286页。

再好不过的那一类疆界了”[①]。但“以莱茵河作为疆界河流仅有一点不足之处。只要莱茵河的一岸完全属于德国而另一岸完全属于法国，那末两国人民谁也不能控制这一河流。无论在什么地方都不能阻止较强的军队（无论它属于哪一个国家）渡过莱茵河；这种事情我们已见过几百次，而且战略也告诉我们，为什么这种情形是不可避免的”[②]。

所以，“法国人只有当我们不仅把莱茵河而且把莱茵河右岸的桥头堡都让给他们时，他们才能完成自己的职责，正如在拉多维茨、维利森和海尔布隆纳尔看来，我们德国人要保住艾契河和明乔河以及这两条河上的桥头堡培斯克拉和曼都亚，才算完成自己的职责。但是，那时我们就会使得德国对法国完全无能为力，就像目前意大利对德国一样”。但那时，俄国就会像在1813年那样，成为德国的当然“解放者”（正如目前法国，或者更正确地说，法国政府成为意大利的“解放者”一样），而且为了补偿它的大公无私的行为，它一定会只要求一些“小块”领土——如加里西亚和普鲁士——以便使波兰的版图完整，“因为经过这些省份不是也可以‘迂回’波兰吗?”[③]

恩格斯接着又连续提出几个反诘：“自然疆界论”使德国有权要求波河，“同样也使俄国有权要求加里西亚和布柯维纳，并且在波罗的海方面整化领土，至少把普鲁士的维斯拉河右岸地区全部囊括进去。再过几年，俄国又可以同样有权利提出要求说：俄属波兰的自然疆界是奥得河”；同时，“自然疆界”论如用于葡萄牙，“这个国家也可以要求把领土扩大到比利牛斯山并把整个西班牙划入葡萄牙”；而且，“如果考虑到永恒正义的法则，罗伊斯·格莱茨·施莱茨·罗宾斯坦公国的自然疆界至少应当扩展到德意志联邦的疆界或者甚至更远些——到波河，也可能到维斯拉河。要知道罗伊斯·格莱茨·施莱茨·罗宾斯坦公国和奥地利一样，同样都有实现自己权利的要求!”[④]

实际情况亦是如此，在国际关系的无政府状态下，具有扩张动力的各大国间为了寻求最大的安全和利益，往往会通过扩张和霸权的行动来实现。

① 恩格斯：《波河与莱茵河》（1859年2月底—3月初），《马克思恩格斯全集》第13卷，人民出版社1962年版，第286页。

② 同上书，第287页。

③ 同上书，第288页。

④ 同上书，第293—294页。

然而，任何一个国家都追求“自然疆界”，都追求绝对的安全，这是不可能的，因为这种追求是以其他国家的不安全为前提的。譬如法国，拿破仑横扫欧洲大陆时，已然实现了法国数百年来追求的“自然疆界”之梦，当时的欧洲，甚至包括英国都默许了这个既成事实，但这并没有给法国带来和平。因为既有的“自然疆界”实现了，新的“自然疆界”又会隐现，如此循环往复，永远不会停歇。对于这样一种进与退的悖论，勒费弗尔的评说可谓一语中的：“只要法国超越它的自然疆界，就不可能有持久的和平，如果法国不超越的话，大陆列强是否会因此让它保有自然疆界呢?”① 对此，法国的“空论家”多笃曾表述过大致同样的意见。原来，早在1793年，法兰西共和国宪法便规定：不得割让任何一块土地。但此时的法国已经占领了莱茵河左岸的地区，这就意味着莱茵河左岸地区已经成为法国疆界的一部分，不可分割。尽管在将波拿巴推上统治地位的过程中不遗余力，多笃对“自然疆界”却颇有微词，他在《哲学旬刊》上宣称：共和国宪法固定的疆界等于宣告了没完没了的战争和全体法国人同归于尽。②

之所以能产生如此后果，是因为“在整个欧洲，没有一个大国境内不包括有一部分其他民族。法国有佛来米族的、德意志族的、意大利族的地区。英国是唯一真正具有自然疆界的国家，可是它走出这个疆界向四面八方扩张，在各国进行征服”；“德国有半斯拉夫族的地区，有居住着斯拉夫族、马扎尔族、瓦拉几亚族和意大利族的附属地。而彼得堡白帝又统治着多少种操其他语言的民族啊!”所以，“谁都不能肯定说，欧洲的地图已最后确定。但是一切改变，如果希望能长期保持，就应当从下列原则出发，这就是应当愈来愈多地使那些大的、有生命力的欧洲民族具有由语言和共同感情来确定的、真正自然的疆界”。而“军事观点在这里只能具有次要的意义”③。

实际上，类似的观点，恩格斯在《奥地利如何控制意大利》一文中也说过：“奥地利人借口明乔河线是德国南方的自然疆界，企图以此证明他们侵占意大利是有理由的，而德国南方疆界这样的间接防御正好驳斥了这种论调。如果情况真如这种论调所说的那样，那末莱茵河就应当是法国的

---

① ［法］乔治·勒费弗尔：《拿破仑时代》上卷，商务印书馆1978年版，第75页。

② 同上书，第74页。

③ 恩格斯：《波河与莱茵河》（1859年2月底—3月初），《马克思恩格斯全集》第13卷，人民出版社1962年版，第298页。

自然疆界。在一种场合有效的一切论据，在另一场合也可能完全适用。但是，幸而法国既不需要莱茵河，德国也不需要波河或者明乔河。谁要从翼侧迂回别人，他也会被别人迂回。”因为“归根到底，在战争中，谁能够更持久、更成功地进行野战，谁就有更大的可能获得胜利。让德国紧紧握有提罗耳吧，那样，它便完全可以让意大利在平原上为所欲为。只要德军能够进行野战，威尼斯省是否在政治上从属于德国，那是没有多大意义的。从军事观点看来，德国的阿尔卑斯山疆界控制着威尼斯省，这对于德国说来，应当是很够了”①。

最后，恩格斯所得的最后结论是，“我们德国人如果以波河、明乔河、艾契河以及所有意大利的废物换得德国的统一，那就是作了一桩漂亮的生意，因为统一会使我们不蹈华沙和布隆采耳的复辙，只有统一才能使我们在国内和国外强大起来。一当我们取得了这个统一，我们就可以不再防御了。那时我们就不再需要什么明乔河了”②。

三 “民族原则”背景下的法兰西式“自然疆界论”

19 世纪中期，法国和皮蒙特（皮蒙特—撒丁）联合发动了对奥地利的战争。这场战争在拿破仑三世主导下进行的，其初衷在于，期望在“解放”意大利的旗帜下（在战争宣言中，拿破仑三世蛊惑性地答应把它“一直解放到亚得利亚海”），通过对外冒险，以掠夺领土、巩固法国波拿巴政权。意大利的大资产阶级和自由派贵族则有自己的算盘，他们希望通过战争，在皮蒙特的萨瓦王斯的统治下，实现意大利的统一。战争始于 1859 年 4 月 29 日，至 6 月 24 日，双方在索尔费里诺发生决战，奥军遭到失败，并退到明乔河。随后，拿破仑三世害怕战争的节节胜利促使意大利民族解放运动的进一步高涨，同时，其初意即不愿促使建立一个统一、独立的意大利国家，为此，拿破仑三世在没有知会皮蒙特王国的情况下，与奥皇在维拉弗兰卡城进行了会谈，并签订了初步和约。根据这一和约，威尼斯仍然归奥地利统治，伦巴第转到了法国手里。维拉弗兰卡条约所规定的条件

① 恩格斯：《奥地利如何控制意大利》，《马克思恩格斯全集》第 13 卷，人民出版社 1962 年版，第 219—220 页。

② 恩格斯：《波河与莱茵河》（1859 年 2 月底—3 月初），《马克思恩格斯全集》第 13 卷，人民出版社 1962 年版，第 298—299 页。

成了1859年11月10日在苏黎世签署的最后和约的基础。

1860年3月，法国与皮蒙特王国在都灵签订条约，法国将伦巴第转交给皮蒙特，作为交换，皮蒙特王国决定把萨瓦和尼斯交给法国。至此，法国终于如愿以偿。之所以说“如愿以偿”，是因为在此之前的1792年，大革命时期的法国军队曾攻占过萨瓦、尼斯以及莱茵河左岸的部分地区。当时的法国政治家、著名将领卡诺（Carnot）就曾声称：“莱茵河、阿尔卑斯山和比利牛斯山是法国古老的自然边界，从这天然范围中离弃的各部分，仅仅是非法篡夺的结果。”① 1797年，法国与奥地利签订的《坎波—佛米奥和约》规定，奥地利承认法国对比利时、莱茵河西岸的占领以及在北意大利建立的山内共和国。这实际上是承认了法国占有其几个世纪以来梦寐以求的以莱茵河、比利牛斯山以及阿尔卑斯山为界的“自然疆界”。拿破仑曾不无得意地宣称，法国已经成功地建立了伟大的国家，它的领土疆界就是自然向它提供的疆界本身。然而，好景不长，伴随着拿破仑帝国的瓦解，法国的领土范围又被迫回复到1792年以前的疆界。

拿破仑三世通过与皮蒙特王国的联合对奥作战，获得了萨瓦和尼斯两块疆土，在某种程度上往自己的“自然疆界”梦想靠近了一步，但就总体而言，这场战争获得的结果与其设想的目标并不一致，反而有弄巧成拙之虞：最初，拿破仑三世发起这场战争的口号即是为了“解放”意大利而战，他怎么好意思考虑莱茵疆界呢！最终法国不得不将割让给它的伦巴第又慷慨地“赠给”了皮蒙特；意大利民族主义者高举拿破仑三世所拥护的“民族原则”，趁机将中大意利暂时并入皮蒙特，皮蒙特王国立即成为当时颇为可观的力量；拿破仑三世要求奥地利放弃威尼西亚，遭到拒绝；英国认为法国并吞萨瓦及尼斯，是又一个拿破仑征服时代的开始；德国人趁机推动其国家统一大业。所有这些，显然不是波拿巴政府所乐见的。

为此，拿破仑三世大声疾呼：“法国人现在不能容许，并且将来也不会容许意大利统一。”在此过程中，法国人一边高举独立和自由的“民族原则”，一边试图将意大利的独立和自由扭曲为以法国霸权代替奥地利霸权。所谓的“民族原则”，是拿破仑三世统治法国30多年时间里一直高举

---

① Denis Richet, Natural Borders, *A Critical Dictionary of the French Revolution*, Franois Furet, 1989, p. 759，转引自张世明等《自然疆界论的话语建构与时空延异》，《中国边疆史地研究》2009年第4期。

的旗帜。他曾依靠这个口号，一边致力于法兰西民族的复兴事业，一边调解欧洲的民族纠纷，对欧洲民族国家的形成及欧洲近代历史产生过重大影响。该原则的基本内涵，是在有争议的由多民族聚居的混合边界区域，应以“语言”划分。有如法王亨利四世所宣称的“让说西班牙语的地方归西班牙人，让说德语的地方归德国人，而让说法语的地方归我”①。当“语言”无法解决问题时，则诉诸民族“感情”，即依照民族愿望，通过全民投票的方式，让混合边界内的居民决定他们的归属。② 但“民族原则”在实施过程中，经常被以“民族的保卫者”自居的拿破仑三世滥用，他利用被压迫民族的民族利益进行投机，以便巩固法国的霸权并扩大其疆域，从而使得“民族原则”与承认民族自决权之间产生了乖离，乃至于毫无共通之处，成为其挑拨民族不和，把民族运动特别是弱小民族的运动变成互相竞争的大国霸权政策的工具。

那么，究竟应如何看待法国再次获得萨瓦、尼斯这个问题呢？对此，恩格斯于1860年2月撰就了《萨瓦、尼斯与莱茵》一文，以期揭露拿破仑三世要求占有萨瓦和尼斯的实质。该文系恩格斯另一著作《波河与莱茵河》的续篇。恩格斯利用他在军事科学、历史学和语言学方面的渊博知识，揭穿了波拿巴对萨瓦、尼斯以及莱茵河左岸地区的要求是没有根据的。恩格斯写这一著作的另一个目的是根据对奥意法战争的经过和结果的分析，证明马克思和他在对外政策问题上所坚持的革命无产阶级的立场的正确性。③

恩格斯在文章的起首，提出了“问题将起于提契诺河，但最后将在莱茵河结束。一切波拿巴战争的最终目的，只能是夺回法国的‘自然疆界’——莱茵河疆界”的议题。事实上，拿破仑三世上述那种前后矛盾、口是心非的政策，伴随着皮蒙特王国渐次统一北意大利以后，亦随之明显，同时，法国进行这次战争所追求的“观念”亦暴露无遗：原来，法国

---

① 恩格斯：《暴力在历史中的作用》，《马克思恩格斯全集》第21卷，人民出版社1965年版，第506页。

② 1860年4月15日和22日，尼斯和萨瓦两地的居民经过公民投票，赞成并入法国。萨瓦和尼斯的全体公民投票还带动了摩纳哥问题的解决。1860年5月，早在1815年《维也纳条约》签订后就强制进入摩纳哥的撒丁驻军不得不撤离。原被撒丁兼并的芒托纳和罗卡布津纳的人民经过公民投票，绝大部分赞成和法国的结合。这样，法国和意大利的混合边界不但得到解决，摩纳哥也得以永久地保存下来。

③ 恩格斯：《萨瓦、尼斯与莱茵》，《马克思恩格斯全集》第13卷，人民出版社1962年版，第635页注释。

的初意，即是要把萨瓦和尼斯并入其疆域。正如恩格斯所说，“尼斯和萨瓦是路易·拿破仑同意威尼斯和伦巴第归并于皮蒙特而要求的代价，他之所以要求以这个为代价而同意中意大利并入皮蒙特，是因为目前不能取得威尼斯”。而法国之所以要合并尼斯和萨瓦，是因为“阿尔卑斯山是法国的自然疆界，法国有权占有这些山脉”①。

所谓的“自然疆界”有其存在的道理吗？恩格斯认为，从军事方面来看，法国即使获得了萨瓦，其北部疆界仍然是完全暴露的。事实上，在巴塞尔和勃朗峰之间的那段疆界，没有一处是用自然界线划分的；确切地说，这里的“自然疆界”是沿着到埃克留斯堡垒的汝拉山脉这一条线走的，并自然地形成了一个凹形的圆弧。也就是说，按照法国人主观观望与自我利益来界定的“自然疆界”，这条天然的直线不能完成它的任务，这个真正的“自然疆界”也就不再是法式“自然疆界”了。于是，恩格斯幽默地顺着法国人的逻辑问道：“既然如此不自然地使我们的疆界向里弯进去的这个凹曲的弓形地带的居民在‘语言、风俗和文化’方面说来又都是法国人，那末难道就不应当改正自然界所造成的错误，实际上恢复理论所要求的外凸形状或者至少使它成为一条直线吗？难道住在自然疆界那一边的法国人就应当作为 lusus naturae（自然界恶作剧）的牺牲品吗？”② 看来，在某种意义上说，所谓的“自然疆界”是强者肆意兼并他人领土而不问所有者，特别是当地居民是否同意的强权者的霸权话语。

实际上，即使是“最完善的疆界也有可以修正和改善的缺陷；如果不是需要节制一下的话，这种兼并可以无止境地继续下去。至少从上述论据可以得出这样的结论：无论从民族成分方面或者从法国的军事利益方面来说，为吞并萨瓦而制造的一切说法，实际上也同样适用于瑞士法语区”③。因为“所谓自然疆界和民族疆界恰恰相合而且同时又非常明显的国家并不很多”④。显然，“欧洲没有一个国家不是不同的民族处于同一个政府管辖之下”⑤。

---

① 恩格斯：《萨瓦、尼斯与莱茵》，《马克思恩格斯全集》第 13 卷，人民出版社 1962 年版，第 643 页。

② 同上书，第 647 页。

③ 同上书，第 647—648 页。

④ 恩格斯：《波河与莱茵河》（1859 年 2 月底—3 月初），《马克思恩格斯全集》第 13 卷，人民出版社 1962 年版，第 278 页。

⑤ 《马克思恩格斯全集》第 21 卷，人民出版社 2003 年版，第 224 页。

彼时，法国人为了获得萨瓦和尼斯，还提出了语言问题。萨瓦位于阿尔卑斯山北侧，据当时的法国报纸说，萨瓦在语言上和风俗上和法国接近。但据恩格斯观察，"虽然如此，在战前并没有听到过任何同情并入法国的说法"。"在1792年到1812年期间曾受法国统治的那些地区中，没有一个有丝毫想要回到法国鹰的卵翼之下的愿望。虽然它们已尝到了第一次法国革命的果实，但是它们极端厌恶严格的集权统治、地方长官的管辖以及巴黎派来的文明传教师永无过错的说教。"① 这是因为，法国对萨瓦等地区的进口贸易大都采取了中国式的闭关自守政策，"除了把商业和工业关闭在它那关税壁垒的大牢狱之内，第二帝国没有给它们带来任何东西，最多不过是给它们一个可以自愿滚开的权利"。所以，"尽管种族上血统亲近、语言上有共同性，并且还有阿尔卑斯山脉，但是萨瓦居民似乎没有半点愿望想要人家用伟大的法兰西祖国的各种帝制设施去为他们造福"②。

另外，在萨瓦人的脑际里，普遍存在着这样一种传统意识："不是意大利征服了萨瓦，而是萨瓦征服了皮蒙特。"该地"强悍的山民以下萨瓦为中心，联合起来组成了一个国家，后来又下山进入意大利平原，采用各种军事和政治措施，依次兼并了皮蒙特、蒙费拉托、尼斯、洛美利纳、撒丁和热那亚。这个王朝建都于都灵，成为意大利王朝，但是萨瓦仍然是这个国家的发源地，并且萨瓦的十字徽号到现在还是由尼斯到里米尼、由桑德里奥到锡耶纳的北意大利的国徽"③。历史上，法国曾于1792年征服了萨瓦，并且将这种统治一直延续至1815年3—6月拿破仑"百日"帝制时期。嗣后，法国将其归还给皮蒙特。恩格斯分析，当下的情况是，"根本不存在任何想要使萨瓦与皮蒙特分离的要求"④。

事实上，法国人执意要并吞萨瓦，乃是因为"占有萨瓦，首先就会使法国获得一个进攻意大利时必不可少的地区，不然，它就得预先夺取它"⑤。对此问题，恩格斯作了进一步的分析。他指出，萨瓦由于它的地理位置，特别是由于它那些通过阿尔卑斯山的山口，如作为法国的一个省，

---

① 恩格斯：《萨瓦、尼斯与莱茵》，《马克思恩格斯全集》第13卷，人民出版社1962年版，第644页。

② 同上书，第645页。

③ 同上书，第645—646页。

④ 同上书，第646页。

⑤ 同上书，第654页。

能够使法军甚至在数量优势不大的情况下占领阿尔卑斯山在意大利境内的山坡，并向谷地出击，因而会发挥比本身力量大得多的作用；不仅如此，小圣伯纳德山口还会迫使意军向很远的地方派出掩护部队，那时法军在某些情况下就可以利用这个山口进行决定性的攻击。① 基于此，恩格斯断言道："萨瓦在法国手中，与在意大利手中相反，只能成为进攻的武器。"②如此一来，从瑞士的利益来看，北萨瓦对瑞士来说等于丹瑙人的礼物。不仅如此，"这种礼物还包藏着一种威胁。在这种场合下，法国将在军事上控制整个瑞士法语区，使它无法进行任何积极的防御。法国兼并南萨瓦以后，就会立刻提出把瑞士法语区也归并于它的要求"③。

下面我们再来看看尼斯的情况。尼斯则位于阿尔卑斯山脉的意大利一侧，其西部操普罗凡斯方言，东部则操意大利方言，城里则法语和意大利语不相上下。故其居民在种族、语言、习惯上更接近于意大利人。所以，法国想在尼斯博得同情，似乎比在萨瓦还要难些。至于在皮蒙特防务上的价值，尼斯比萨瓦具有更巨大的意义，"把尼斯让给法国，在军事上就等于把意大利军队的集结地点向后移到亚历山大里亚，并放弃皮蒙特本土的防御，因为整个说来，只有在萨瓦和尼斯才能够防守皮蒙特"④。

实际上，法国在尼斯这段边界上拥有很好的屏障，握有这样一些防御手段来对付最软弱的意大利，实际上是无需乎扩充领土了。但"如果波拿巴主义正好看中了这一点，才借口法国没有自然疆界便无法进行防御而提出所谓自然疆界的要求，那它为占有莱茵河的要求找根据就不知要容易多少倍！"⑤

基于上述分析，恩格斯提出，在围绕尼斯和萨瓦问题进行的这场交易中，亟应关注法国公开宣扬的"自然疆界论"。恩格斯对此问题作了深入阐述，他指出，"由于对这两个省份的领土要求，使法国人重忆起了自然疆界论的观点；欧洲人不得不再习惯于听这个口号，就好像习惯于听 10 年来不同时期所宣布而后又被抛弃的一些波拿巴的口号一样，——这些就

① 恩格斯：《萨瓦、尼斯与莱茵》，《马克思恩格斯全集》第 13 卷，人民出版社 1962 年版，第 648 页。

② 同上书，第 654 页。

③ 同上书，第 659 页。

④ 同上书，第 664 页。

⑤ 同上书，第 668 页。

特别同我们德国人有关了。在‘国民报’的共和主义者们十分卖力地继续使用的第一帝国的语言中，所谓法国自然疆界 par excellence〔主要〕是指莱茵河。就是今天，一谈到自然疆界，任何一个法国人都不会想到尼斯或者萨瓦，而只会想到莱茵河。哪一个政府，并且是依仗自己国家的侵略野心和侵略传统的政府能有权重新宣布自然疆界的原则，却建议法国满足于尼斯和萨瓦呢?”[①] 显然，在恩格斯的理解，法国重提“自然疆界论”，是对德国的一个直接威胁，其远景目标是恢复所谓莱茵河“自然疆界”。

恩格斯还认为，路易·拿破仑在意大利独立问题上布局亦有其深远意义，它服务于法国所追求的“自然疆界论”:“意大利至少被分裂为三个或者甚至四个国家；威尼斯属于奥地利；法国由于占领萨瓦和尼斯而控制着皮蒙特。教皇国在罗曼尼亚分出去以后将把那不勒斯同北意大利王国完全分割开来，从而使北意大利王国无法向南方作任何扩张……同时，对北意大利王国来说，威尼斯仍然是一种诱饵，意大利的民族运动也就会以奥地利为直接的和主要的敌人……这便是波拿巴主义在意大利布下的阵势，一旦发生争夺莱茵河疆界的战争，这种阵势可以代替它整整一个军团。”[②]

四　结语

历史上，由于边界的开放性，法国的安全环境和生存状况一直饱受困扰。为了寻求绝对的安全，自法王亨利四世以降，迄至拿破仑三世时代，历代法国统治者多以追求“自然疆界”为己任，即不断以征服者或霸主的身份来获得最大的安全。红衣主教黎塞留的一段话或许可以为此作为一段注脚，他说：“就国事而言，有权力者便有权利，弱者仅能勉力顺应强者之意见。”[③] 或许，法国人自己认为，为了维护国家的安全，对“自然疆界”的向往无可非议，但现实却是，过于执着地追求“自然疆界”，往往异化为侵略和霸权，以至于在许多欧洲国家看来，“自然疆界原则”已成为法国外交政策的一把标尺。早在 19 世纪初，英国资深外交大臣帕麦斯顿时常站出来提醒英国人民说：法国的势力已突破它的“自然疆界”——

① 恩格斯:《萨瓦、尼斯与莱茵》,《马克思恩格斯全集》第 13 卷，人民出版社 1962 年版，第 671—680 页。

② 同上。

③ 转引自亨利·基辛格《大外交》，顾淑馨、林添贵译，海南出版社 1997 年版，第 46 页。

即以居民语言为界限的边界，这说明它的目的并不是要维持欧洲“均势”，而是要称霸整个欧洲。[①] 史学家安东尼·亚当斯维特更是深刻地指出，“对法国来说，安全和霸权是同义词……只有霸权才能确保持久的安全”。[②] 之后，在不同时期，这种“自然疆界原则”为一些有领土野心的资本主义强国所接受。德国、俄国等不同时期在欧洲历史上占据过主导地位的野心勃勃的国家，先后主张各国应该以大山、大河等天然障碍作为它们的分界线，认为没有这种疆界的，但有扩张能力和动力的国家“有权”取得这种疆界。譬如19世纪中叶俄国人谈到《中俄瑷珲条约》时，竭力强调“阿穆尔河（黑龙江——引者注）是一条无疑义的最好的天然边界”，妄图以此证明条约的“合理性”。显而易见，这正是恩格斯批判过的“自然疆界”论的旧调重弹。

与此同时，法国在追求所谓“自然疆界”的过程中，为了师出有名，经常会以“解放者”的名义在欧洲大陆纵横捭阖，征伐异己。于是，“民族原则”经常会挂在法国统治者的嘴边。亨利四世时期，他有一句名言：“让说西班牙语的地方归西班牙人，让说德语的地方归德国人，而让说法语的地方归我。”[③] 稍作解读的话，亦即应以语言作为一个民族和国家的认同和归宿，这也是最初“民族原则”使用的一个典范。1792年法国大革命时期，掌权的吉伦特派和雅各宾派先后以“民族原则”作为旗帜，试图将民族解放运动的烽火蔓延至整个欧洲大陆，以对内减轻来自国内反动贵族势力的压力，对外消解其他欧洲国家干涉法国革命的力量。1853—1856年的克里木战争使法国成了欧洲的领导者，也使得在农民的帮助下当上了总统的路易·拿破仑成了伟人。有了这些资本，由以实现叔父遗愿为己任、相号召的拿破仑三世所建立的拿破仑第二帝国，自然而然地要将法国扩张到莱茵河地区的梦想付诸于实际，以实现法国沙文主义的传统夙愿。但占领莱茵河地区并不是拿破仑三世力所能及的。况且，法国在这方面的每一次尝试，必然都会遭致欧洲一次次结成反法同盟。于是，拿破仑三世便祭起了“民族原则”这面大旗，当然，其中亦夹杂着“自然疆界”的私

① 辛晓谋、宫少鹏编著：《外交家》，晨光出版社1995年版，第158页。

② Alan Sharp and Glyn Stone, *Anglo-French relations in the twentieth century: rivalry and cooperation*, London and New York: Routledge, 2000, p. 122.

③ 恩格斯：《暴力在历史中的作用》，《马克思恩格斯全集》第21卷，人民出版社1965年版，第506页。

货。之后，所谓“民族原则”，更是被俄国人挪用，频繁地应用于对欧洲大陆诸国内政的干涉。

追溯这段历史，彼时有论者指出：“踩着民族和自然疆界这副高跷，可以从日内瓦湖走到阿尔河，最后走到博登湖和莱茵河——只要两腿足够硬实。”① 事实的确如此，恰如本文研究所展现的那样，“自然疆界原则”与“民族原则”在18世纪以降，尤其在19世纪中后期的欧洲史上产生了深远的影响，两者对于彼时欧洲民族国家的构建和领土疆域的划分影响至深。如果要对两者的作用与关系做一个比较的话，发端于法国的“自然疆界原则”才是影响彼时欧洲政治格局与领土疆域的霸道；而所谓“民族原则”从来都是一个幌子或一种话语，它可以被法国、俄国等欧洲大国用来号召意大利、德意志、巴尔干半岛等诸小国投入到民族解放运动的洪流中去，然而，一旦这种运动超越了法、俄等国所能控制的范围，这些大国一般会从自身的利益考量出发，对所谓的“民族原则”予以淡化，直至渐渐地隐去。对此，马克思有过深刻的洞察，他说：“在战争前夜，也和在战争中一样，双方通常都力图占领每一个可以威胁敌人和挫伤敌人的有利阵地，而不从道德原则方面去考虑这是否合乎永恒的正义或者民族原则。那时大家都只顾维护自己的私利。”② 从这一层面考量，或许可以得出这样一个结论：所谓“民族原则”只是一种想象，“自然疆界”才是实质；“民族原则”绝大多数时候要服从于、服务于“自然疆界原则”，换言之，如果说，追求“自然疆界原则”只是欧洲大国统治者的一种想象的疆域的话，那么，挪用“民族原则”则是经常被用来实现其现实领土需求的一个工具。

① 《马克思恩格斯全集》第19卷，人民出版社2006年版，第276页。

② 恩格斯：《波河与莱茵河》（1859年2月底—3月初），《马克思恩格斯全集》第13卷，人民出版社1962年版，第249—250页。

马克思恩格斯对东方国家民族解放运动的分析展望

孙应帅*

19世纪中叶，在世界范围的民族解放斗争中，发生了1856—1857年的英国—波斯战争、1839—1842年和1856—1858年的两次对华鸦片战争、1857—1859年的印度民族解放起义等事件，马克思恩格斯对此十分关注，进行了持续的跟踪研究、分析和展望，期间所表达的思想观点，反映了他们对印度、中国这类殖民地半殖民地东方民族国家“革命”和“民族解放运动”的阶级分析和展望。

这一期间，他们发表了大量的相关文章，如对于“中国革命”，有1853年5月的《中国革命和欧洲革命》、1857年3月的《俄国的对华贸易》、1857年3月的《英人在华的残暴行动》、1857年4月的《英人对华的新远征》、1857年5月的《波斯和中国》、1858年8月的《鸦片贸易史》、1858年9月的《英中条约》、1858年10月的《中国和英国的条约》、1858年10月的《俄国在远东的成功》、1859年9月的《新的对华战争》、1859年11月的《对华贸易》等。

而对于“印度革命”，同一时期，马克思恩格斯写的文章也有数十篇，如，1853年6月的《不列颠在印度的统治》、1853年7月的《不列颠在印度的统治的未来结果》，以及《印度军队的起义》、《印度问题》、《来自印度的消息》、《印度起义的现状》等。他们还专门用《东方问题》的题目写文章关注中印问题。这些都表明了他们在这一时期对东方被压迫民族斗争的高度关注。

实际上这一时期，马克思在为发展他的经济学说，写作《资本论》而

---

* 孙应帅，中国社会科学院马克思主义研究院马克思恩格斯思想研究室主任，副研究员。

从事紧张理论工作，但同时就在这一时期，他们还写了大量的政论文章，对国际生活和欧洲乃至中印各国的一切重大问题做出反应。革命的政论作品是马克思和恩格斯在整个革命时期进行政治活动的主要形式之一。这两位无产阶级领袖正是利用它作为主要手段来对无产阶级施以革命影响，培养他们的阶级觉悟，阐明他们作为资本主义掘墓人的具有世界历史意义的作用，以及他们在未来对旧社会进行革命改造中所应完成的任务以及无产阶级战略和策略的基本原理。今天我们关注他们对中印阶级状况的分析方法、中印革命的原因和展望，也是要从中得到这些经验和启示。

一　抨击殖民扩张成就世界资本主义体系的“金字塔”

在这些文章中，马克思恩格斯抨击英国在亚洲的殖民扩张，揭露英国在中国和印度等东方民族国家推行殖民政策的方法。指出英国资本主义正是用公开的抢劫和暴力或者用收买和欺骗来实现它在亚洲大陆各国的侵略和掠夺，才建立起世界资本主义体系的“金字塔”，取得了19世纪中叶英国在这一体系中的垄断地位。

马克思和恩格斯抨击英国殖民主义者所惯用的和典型的外交方法，不过是英国殖民扩张和侵略的主要手段之一。他们常常给当地国家的政府加上莫须有的罪名，说它违背了条约的义务或者没有遵守某些外交礼节上的无关紧要的规定。这些都被当做武装侵略、强占领土和缔结新的不平等条约以使这种占领及其他对英国侵略者有利的条件合法化的借口。

在分析鸦片贸易和鸦片战争的原因和目的时，马克思指出，英国侵略者在基督教伪善的文化传播者的假面具下面，使他们所垄断的鸦片走私贸易成了他们发财的最重要的源泉之一。英国政府口是心非地宣布自己反对鸦片贸易，实际上却在中国和印度推行并取得了鸦片生产的垄断权，使得向走私商人出售鸦片合法化。马克思指出：“装出一副基督教的伪善面孔、利用文明来投机的英国政府所具有的一个明显的内部矛盾。作为帝国政府，它假装同鸦片走私贸易毫无关系，甚至还订立禁止这种贸易的条约。可是作为印度政府，它却强迫孟加拉省种植鸦片，使该省的生产力受到极大的损害。”① 但是，因为“中国人不能同时既购买商品又购买毒品；在目

① 《马克思恩格斯文集》第2卷，人民出版社2009年版，第635页。

前条件下，扩大对华贸易，就是扩大鸦片贸易；而增加鸦片贸易是和发展合法贸易不相容的。”① 因此，贸易越扩大，越会助长走私贸易而损害合法贸易，而英国政府在印度的财政，不只是依赖对中国的鸦片贸易，且正是依赖这种贸易的走私性质。

对于这种贸易的结果，马克思则嘲笑欧洲人在通过鸦片战争强迫中国政府签订条约后，由此便“幻想取之不尽的市场”，因而将鼓励投机事业，结果却是“可能在世界市场刚刚从不久以前的普遍恐慌中逐渐复元的时候，又加速酝酿一次新的危机。除了这个消极后果以外，第一次鸦片战争还刺激了鸦片贸易的增长而使合法贸易受到损失，只要整个文明世界的压力还不能迫使英国不用强制办法在印度种植鸦片和不用武力在中国推销鸦片，那末这第二次鸦片战争将会产生同样的后果”。② 因此，马克思预言，“在中国，在这块活的化石上，就开始闹革命（指太平天国）了”，这种“运动发生的直接原因显然是：欧洲人的干涉，鸦片战争，鸦片战争所引起的现存政权的震动，白银的外流，外货输入所引起的经济平衡的破坏，等等。看起来很奇怪的是，鸦片没有起催眠作用，反而起了惊醒作用”。③ 而在合法贸易受损、世界市场受到殖民地人民的反抗而缩小的情况下，欧洲的经济危机和社会危机同样会加速酝酿。

当然，由于资本的积累和扩张本性，使“现代世界资本主义体系”不管是“文明”地还是“野蛮”地，都会不以人的意志为转移地推进，而这也就必然会遇到相应的抵抗。马克思在分析中国革命（太平天国起义）的原因时，即指出：“不管引起这些起义的社会原因是什么，也不管这些原因是通过宗教的、王朝的还是民族的形式表现出来，推动了这次大爆发的毫无疑问是英国的大炮”④，它“迫使天朝帝国与地上的世界接触。与外界完全隔绝曾是保存旧中国的首要条件，而当这种隔绝状态通过英国而为暴力所打破的时候，接踵而来的必然是解体的过程，正如小心保存在密闭棺材里的木乃伊一接触新鲜空气便必然要解体一样”⑤。这仍然反映了《共产党宣言》中所表明的，现代资本主义社会必定要将“最野蛮的民族”也纳

① 《马克思恩格斯文集》第 2 卷，人民出版社 2009 年版，第 630 页。

② 同上书，第 629 页。

③ 《马克思恩格斯全集》第 15 卷，人民出版社 1963 年版，第 545 页。

④ 《马克思恩格斯文集》第 2 卷，人民出版社 2009 年版，第 607 页。

⑤ 同上书，第 609 页。

入到“文明”中来，进而从“民族历史”走向“世界历史”的过程。当然，最初伴随这一进程的却是暴力、侵略和血泪。即资本主义来到世界，从头到脚，每一个毛孔都带着“血和肮脏的东西”。

二 深切同情和支持东方民族国家反抗压迫、争取民族解放的运动

马克思恩格斯揭露资产阶级在东方殖民主义行径中的暴行，指出了资本主义为了资本积累和垄断，一定会进行对外扩张和侵略的本性。“中国皇帝为了制止自己臣民的自杀行为，既禁止外国人输入这种毒品，又禁止中国人吸食这种毒品，而东印度公司却迅速地把在印度种植鸦片以及向中国私卖鸦片变成自己财政系统的不可分割的部分。半野蛮人维护道德原则，而文明人却以发财的原则来对抗。”在这场决斗中，“陈腐世界的代表是激于道义原则，而最现代的社会的代表却是为了获得贱买贵卖的特权——这的确是一种悲剧，甚至诗人的幻想也永远不敢创造出这种离奇的悲剧题材”①。

马克思和恩格斯在谈到鸦片战争的历史和说明它们的海盗式掠夺性质的时候，揭露了英国侵略者对他们所占领的中国领土上的和平居民横施的暴行，表达了深切同情和支持被压迫民族的斗争的态度。“广州城的无辜居民和安居乐业的商人惨遭屠杀，他们的住宅被炮火夷为平地，人权横遭侵犯，这一切都是在‘中国人的挑衅行为危及英国人的生命和财产’这种荒唐的借口下发生的！英国政府和英国人民——至少那些愿意弄清这个问题的人们——都知道这些非难是多么虚伪和空洞。”② 然而“英国报纸对于旅居中国的外国人在英国庇护下每天所干的破坏条约的可恶行为真是讳莫如深！”这也表明了资产阶级宣传工具的虚伪和欺骗本性。这种情况下，马克思指出，在鸦片战争时燃起的仇英火种，在中国就“爆发成了愤怒的烈火，任何和平和友好的表示都未必能扑灭的愤怒烈火”③。

当然，斗争还需要注意策略的运用，如马克思提到，因为当时的咸丰

---

① 《马克思恩格斯全集》第 12 卷，人民出版社 1962 年版，第 587 页。

② 《马克思恩格斯文集》第 2 卷，人民出版社 2009 年版，第 620 页。

③ 同上书，第 621 页。

皇帝“把吸食鸦片当做邪教一样来取缔，从而使鸦片贸易得到了宗教宣传的一切好处”①，这也说明采取正确应对措施的重要性。

三 提出资本主义国家的革命运动和东方各国人民的民族解放运动这两种因素互相影响的思想

从这一时期的文章可以看到，早在19世纪50年代初，马克思就提出了关于殖民地半殖民地东方民族国家“革命”和民族解放运动与欧洲革命前景之间存在着相互联系和相互依赖的关系的思想。

按照“两极相联（黑格尔的辩证法）”的规律，“当英国引起中国革命的时候，便发生一个问题，即这场革命将来会对英国并且通过英国对欧洲发生什么影响?”②

对此，马克思指出，市场的扩大赶不上英国工业的增长，则不可避免地将引起欧洲新的危机。这时，“如果有一个大市场突然缩小，那么危机的来临必然加速，而目前中国的起义对英国正是会起这种影响”③。他预见到，“中国革命将把火星抛到现今工业体系这个火药装得足而又足的地雷上，把酝酿已久的普遍危机引爆，这个普遍危机一扩展到国外，紧接而来的将是欧洲大陆的政治革命”④。马克思幽默地描述了这一“奇观”：当西方列强将“秩序”送往中国的时候，中国却把“动乱”送往西方世界。而对于印度1857—1859年的民族解放起义，马克思也认为它牵制了英国的大量武装力量并加深了英国金融危机、激化了国内矛盾，因而在一定的条件下能够促使英国卷入即将到来的革命。

因此，在对待远东各被压迫民族反对英国统治的斗争中，他们要求欧洲的工人阶级以无产阶级国际主义的精神，坚决支持波斯、中国、印度、爱尔兰的民族解放运动，以东方殖民地民族解放运动的风起云涌促进欧洲革命前景。

总之，在展望东方民族革命和世界革命的前景时，马克思指出：“英国资产阶级将被迫在印度实行的一切，既不会使人民群众得到解放，也不

① 《马克思恩格斯全集》第12卷，人民出版社1962年版，第590页。

② 《马克思恩格斯文集》第2卷，人民出版社2009年版，第609页。

③ 同上书，第610页。

④ 同上书，第612页。

会根本改善他们的社会状况，因为这两者不仅仅取决于生产力的发展，而且还取决于生产力是否为人民所有。但是，有一点他们是一定能做到的，这就是为这两者创造物质前提。”①

因此可以看到，从某种角度上说，“资产阶级历史时期负有为新世界创造物质基础的使命：一方面要造成以全人类互相依赖为基础的普遍交往，以及进行这种交往的工具；另一方面要发展人的生产力，把物质生产变成对自然力的科学支配”。而马克思恩格斯客观地看到了资本主义历史时期的两重性，指出资产阶级的工业和商业正为新世界创造这些物质条件，“在伟大的社会革命支配了资产阶级时代的成果，支配了世界市场和现代生产力，并且使这一切都服从于最先进的民族的共同监督的时候，人类的进步才会不再像可怕的异教神怪那样，只有用被杀害者的头颅做酒杯才能喝下甜美的酒浆”②。这就指出了在资本主义用野蛮、暴力和掠夺的方法建立“文明秩序”和“现代体系”，而被压迫阶级、被压迫民族顽强抵抗的拉锯战之后，人类终会在科学发展、和谐相处的前提下，展现共同进步的前景。

而对于“19 世纪中叶中国革命”的前景，马克思则预计：“世界上最古老最巩固的帝国 8 年来在英国资产者的大批印花布的影响之下已经处于社会变革的前夕，而这次变革必将给这个国家的文明带来极其重要的结果。如果我们欧洲的反动分子不久的将来会逃奔亚洲，最后到达万里长城，到达最反动最保守的堡垒的大门，那末他们说不定就会看见这样的字样：

REPUBLIQUE CHINOISE
LIRERTE. EGALITE. FRATERNITE
中华共和国
自由，平等，博爱”。③

尽管这种预计今天看起来较为乐观，但后来的实践仍然证明了马克思、恩格斯对事物发展规律的把握和发展趋势的展望。

---

① 《马克思恩格斯文集》第 2 卷，人民出版社 2009 年版，第 689 页。
② 同上书，第 691 页。
③ 《马克思恩格斯全集》第 7 卷，人民出版社 1959 年版，第 265 页。

分工决定阶级

——马克思恩格斯的未竟之论

彭才栋*

“分工决定阶级”，是马克思、恩格斯关于阶级成因的观点。这一观点一度被斯大林关于“生产资料所有制决定阶级”的这种上层建筑决定论的观点所取代。为了解释阶级现象在生产资料所有制社会主义改造之后重新出现，以及论证阶级现象存在的长期性，当代中国部分学者重提“分工决定阶级”的观点，在阶级成因分析上恢复了历史唯物主义；但由于不能理解复杂劳动对简单劳动的剥削，他们或者在“分工导致剥削”这一关键点的论证上以所有权收入这种派生性的剥削收入敷衍了事，这实际上是半截子所有制决定论，或者回避甚至否定剥削问题。本文强调：应该从少数人对复杂劳动的垄断论证“分工导致剥削”；从财产继承制度、暴力对阶级关系的干涉作用、家族企业制度等因素着手，解释“分工决定阶级”与按生产资料所有关系划分阶级之间的逻辑矛盾；还应该正视生产力决定生产关系、经济基础决定上层建筑的矛盾运动对人类历史的解释限度。

一 马克思恩格斯关于“分工决定阶级”的论述

在阶级成因方面，马克思、恩格斯曾经明确提出并初步论述过“分工决定阶级”的观点。早在《德意志意识形态》中，他们就明确地提出了“我们以后将要阐明的”“由分工决定的阶级”的命题①，又说：“在分工

* 彭才栋，中国社会科学院政治学研究所助理研究员。

① 《马克思恩格斯选集》第1卷，人民出版社1995年版，第84页。

的范围内，私人关系必然地、不可避免地会发展为阶级关系，并作为这样的关系固定下来。”① 在《共产主义原理》中，恩格斯再次强调：“阶级的存在是由分工引起的。”② 在《孟德斯鸠五十六》中，马克思又说：“在我们这个时代也有劳动和分工，因此也就有阶级，其中一个阶级占有全部生产工具和生活资料，另一个阶级只有出卖自己的劳动才能生存，而出卖劳动也只有能使雇主阶级发财时才有可能。”③ 在《反杜林论》中，恩格斯又指出：“只要社会总劳动所提供的产品除了满足社会全体成员最起码的生活需要以外只有少量剩余，就是说，只要劳动还占去社会大多数成员的全部或几乎全部时间，这个社会就必然划分为阶级。在这被迫专门从事劳动的大多数人之外，形成了一个脱离直接生产劳动的阶级，它掌管社会的共同事务：劳动管理、国家事务、司法、科学、艺术等等。因此，分工的规律就是阶级划分的基础。”④ 在《家庭、私有制和国家的起源》中，恩格斯又说：氏族制度过时了，“它被分工及其后果即社会之分裂为阶级所炸毁”⑤。

为了准确理解马克思、恩格斯所强调的“分工决定阶级”的思想，还必须注意这样几点：

1. 马克思、恩格斯所说的决定阶级的分工决不是指行业分工。

马克思在《道德化的批评和批评化的道德》一文中批评了“把阶级矛盾变成了‘各行业之间的争吵’”的错误，并指出：“现代的阶级差别绝不建立在‘行业’的基础上；相反，分工在同一阶级内部造成不同的工种。”⑥ 从恩格斯在《反杜林论》中的论述来看，他们所说的决定阶级的分工应该是指直接劳动者与管理劳动者、技术劳动者的分工。

当然，也不是没有例外。在《家庭、私有制和国家的起源》中，恩格斯不仅直接使用了雅典的提修斯关于贵族、农民、手工业者三个阶级的提法，而且指出：第三次社会大分工“创造了一个不再从事生产而只从事产品交换的阶级——商人”。“它根本不参与生产，但完全夺取了生产的领导

① 《马克思恩格斯全集》第 3 卷，人民出版社 1960 年版，第 513 页。
② 《马克思恩格斯选集》第 1 卷，人民出版社 1995 年版，第 242 页。
③ 《马克思恩格斯全集》第 6 卷，人民出版社 1961 年版，第 221 页。
④ 《马克思恩格斯选集》第 3 卷，人民出版社 1995 年版，第 632 页。
⑤ 《马克思恩格斯选集》第 4 卷，人民出版社 1995 年版，第 169 页。
⑥ 《马克思恩格斯全集》第 4 卷，人民出版社 1958 年版，第 343 页。

权，并在经济上使生产者服从自己；它成了每两个生产者之间的不可缺少的中间人，并对他们双方都进行剥削。”① 应当说，“商人阶级”这个提法是值得推敲的，它容易产生将全体商业从业者视为一个阶级的歧义。固然，在商业兴起的早期，由于竞争的缺乏，商业剥削其他行业的可能性是存在的；但既然当时已经处在“文明时代的门槛”上了，就不能排除商人使用奴隶或雇用人员的可能性，总不能将商人使用的奴隶或雇用人员与商人划归同一阶级吧？

2. 直接劳动者与管理劳动者、技术劳动者的分工决定阶级的关键，是管理劳动者、技术劳动者凭借着对复杂劳动的垄断，可以剥削简单劳动者（直接劳动者），对此马克思、恩格斯都是有所论述的。

在人类思想史上，社会分工往往被剥削阶级思想家用作抹杀阶级斗争、阶级冲突的依据；而强调阶级斗争、阶级冲突，特别是强调对立阶级之间的剥削与被剥削的关系，是马克思主义阶级观与其他阶级观的一个重要区别；因此，对于马克思主义者来说，论述“分工导致剥削”，对于论证“分工决定阶级”具有至关重要的意义。

在《德意志意识形态》中，马克思、恩格斯指出：“与这种分工同时出现的还有分配，而且是劳动及其产品的不平等的分配（无论在数量上或质量上）；因而产生了所有制，它的萌芽和最初形式在家庭中已经出现，在那里妻子和儿女是丈夫的奴隶。家庭中这种诚然还非常原始和隐蔽的奴隶制，是最初的所有制，但就是这种所有制也完全符合现代经济学家所下的定义，所有制是对他人劳动力的支配。其实，分工和私有制是相等的表达方式，对同一件事情，一个是就活动而言，一个是就活动的产品而言。”② 这里的不平等分配显然不是指多劳多得、少劳少得，而是指一部分人占有另一部分人的剩余劳动；否则的话，劳动贡献较少的人仍将拥有剩余产品，并有可能将剩余产品转化为生产资料，这样形成的是个体劳动者的私有制，而不是“对他人劳动力的支配”的私有制。

在《资本论》第三卷第二十三章中，马克思实际上提出了企业主收入——平均利润（剩余价值的转化形式）扣除利息（资本所有权收入）之后的余额——不是资本所有权收入，而是资本家作为管理劳动者剥削所得

① 《马克思恩格斯选集》第4卷，人民出版社1995年版，第108、166页。
② 《马克思恩格斯选集》第1卷，人民出版社1995年版，第83—84页。

的思想。“执行职能的资本家不是从他对资本的所有权中，而是从资本同它只是作为无所作为的所有权而存在的规定性相对立的职能中，得出他对企业主收入的要求权，从而得出企业主收入本身。一旦他用借入的资本来经营，因而利息和企业主收入归两种不同的人所得，这种情形就会表现为直接存在的对立。企业主收入来自资本在再生产过程中的职能，也就是说，是由于执行职能的资本家执行产业资本和商业资本的这些职能而从事活动或行动得来的。但作为执行职能的资本的代表，就不像生息资本的代表那样领干薪。在资本主义生产的基础上，资本家指挥生产过程和流通过程。对生产劳动的剥削也要花费气力，不管是他自己花费气力，还是让别人替他花费气力。因此，在他看来，与利息相反，他的企业主收入是某种同资本的所有权无关的东西，不如说是他作为非所有者，作为劳动者执行职能的结果。”“同资本所有者相区别的产业资本家，就不是表现为执行职能的资本，而是表现为甚至与资本无关的管理人员，表现为一般劳动过程的简单承担者，表现为劳动者，而且表现为雇佣劳动者。”①

恩格斯在《反杜林论》中也指出：分工的规律是阶级划分的基础，这并“不妨碍统治阶级一旦掌握政权就牺牲劳动阶级来巩固自己的统治，并把对社会的领导变成对群众的剥削”②。不过，恩格斯这里的说法有值得商榷的地方：分工作为阶级划分的基础，它应该在政权产生之前已经导致剥削现象产生了，而不是要等到统治阶级掌握政权之后；否则，无异于说先有国家后有阶级。

3. “分工决定阶级”的观点与按生产资料所有关系划分阶级的标准之间存在着逻辑缺环。

马克思、恩格斯虽然没有像后来列宁那样明确强调按照与生产资料的关系划分阶级③，但他们实际上是这样做的。上文引述的马克思在《孟德斯鸠五十六》的那段话就是一个例证。恩格斯在《共产党宣言》1888 年英文版的注释中这样定义资产阶级和无产阶级：“资产阶级是指占有社会

---

① 《资本论》第 3 卷（下），人民出版社 1975 年版，第 426—427、429 页。

② 《马克思恩格斯选集》第 3 卷，人民出版社 1995 年版，第 632 页。

③ 列宁在《社会革命党人所复活的庸俗社会主义和民粹主义》一文指出：“阶级差别的基本标志，就是它们在社会生产中所处的地位，因而也就是它们对生产资料的关系。占有这部分或那部分社会生产资料，把它们用于私人的经济，用于出卖产品的经济，——这是现代社会中的一个阶级（资产阶级）同没有生产资料、出卖自己劳动力的无产阶级的基本不同点。”（《列宁全集》第 7 卷，人民出版社 1986 年版，第 30 页）

生产资料并使用雇佣劳动的现代资本家阶级。无产阶级是指没有自己的生产资料，因而不得不靠出卖劳动力来维持生活的现代雇佣工人阶级。”①

当然，更准确地讲，他们是主张按照法律意义上的生产资料所有关系划分阶级，因为人与生产资料的关系可以从两个层面上加以理解：一种是法律层面上的，就是对生产资料有没有所有权。奴隶主、地主、资本家对生产资料有所有权，而奴隶、农民、无产者对生产资料没有所有权。另一种是生产过程中实际发生的人与生产资料的关系，就是人们使用劳动工具作用于劳动对象的活动，也就是劳动。其中，直接使用劳动工具作用于劳动对象的活动，是直接劳动；通过调节直接劳动而间接与生产资料发生关系的活动，是间接劳动；间接劳动又分两种情况，管理劳动侧重于调节人与人之间的关系，而技术劳动侧重于调节物与物之间的关系。显然，经典作家这里所说的人与生产资料的关系是指前一种。

这就产生了一个问题：既然他们认为直接劳动者与管理劳动者、技术劳动者的分工决定阶级，为什么不按照在这种分工中的地位划分阶级，却要按照法律意义的生产资料所有关系划分阶级？

4. “分工决定阶级”在马克思、恩格斯那里远不是一个成熟的结论。

最能说明问题的是马克思在《资本论》第三卷第五十二章留下的“什么事情形成阶级”的疑问。在这里，马克思只是否定了“收入和收入源泉的同一性”“使雇佣工人、资本家、土地所有者成为社会三大阶级”的设想，只字未提“分工决定阶级”的问题。②

而且，就整个体系而言，《资本论》也并不支持“分工决定阶级”的论断。《资本论》的体系可以说是以所有制为核心构建的，因为《资本论》的核心假设是工人与生产资料的分离，或者说原始积累，对此马克思在《资本论》第一卷第四章“货币转化为资本”和《资本论》第一卷第二十四章“所谓原始积累”中有明确的阐述。③

但也必须强调的是，尽管《资本论》体系是以所有制为核心构建的，尽管马克思、恩格斯按照生产资料所有关系划分阶级，甚至他们在《共产党宣言》中还提出了“共产党人可以把自己的理论概括为一句话：消灭私

① 《马克思恩格斯选集》第1卷，人民出版社1995年版，第272页。

② 《资本论》第3卷（下），人民出版社1975年版，第1001页。

③ 《资本论》第1卷（上），人民出版社1975年版，第192页；《资本论》第1卷（下），人民出版社1975年版，第781页。

有制"[①] 的著名论断，但他们的确不曾提出"生产资料所有制决定阶级"的观点。《共产党宣言》中的这个论断并不是"生产资料所有制决定阶级"的推论；相反，就在这个论断之前，马克思、恩格斯指出所有制不过是阶级的表现或结果，"现代的资产阶级私有制是建立在阶级对立上面、建立在一些人对另一些人的剥削上面的产品生产和占有的最后而又最完备的表现"[②]。

二 "分工决定阶级"被"生产资料所有制决定阶级"取代

"生产资料所有制决定阶级"的观点形成于斯大林，但发端于列宁。

列宁起初无疑也是持分工决定阶级的观点的，突出地表现为他在《布尔什维克能保持国家政权吗?》、《苏维埃政权的当前任务》等文中提出的，只有实现全民（先由工人开始）的计算和监督才能彻底消灭资本主义和资产阶级的思想。[③] 全民的计算和监督，实质上就是打破少数人对管理职能的垄断，进而消灭直接劳动者与管理劳动者的分工。

但是，他关于阶级的定义，可以说已经为"生产资料所有制决定阶级"的观点打开了缺口。"所谓阶级，就是这样一些大的集团，这些集团在历史上一定生产关系中的地位不同，对生产资料的关系（这种关系大部分是法律上明文规定的）不同，在社会劳动组织中所起的作用不同，因而领得自己所支配的那份社会财富的方式和多寡也不同。所谓阶级，就是这样一些集团，由于它们在一定社会经济结构中所处的地位不同，其中一个集团能够占有另一个集团的劳动。"[④] 这里作为剥削起因的几个"不同"都可以理解为直接劳动者与管理劳动者、技术劳动者的分工，但不包括"对生产资料的关系不同"，因为括号里的几个字——"这种关系大部分是法律上明文规定的"——难免让人将它理解为法律层面上的生产资料所有关系。

---

① 《马克思恩格斯选集》第1卷，人民出版社1995年版，第286页。

② 同上。

③ 《列宁全集》第32卷，人民出版社1985年版，第301页；《列宁选集》第3卷，人民出版社1995年版，第476、479页。

④ 《列宁选集》第4卷，人民出版社1995年版，第11页。

到了俄共（布）九大，列宁已经明显地转向了生产资料所有制决定论。在俄共（布）九大中央委员会政治报告中，为了化解主张集体管理制的人们对推行“一长制”的阻挠，列宁放弃了全民的计算和监督比没收资本家财产更重要的观点，提出了所有制才是阶级统治的体现的观点，“现在的阶级统治表现在什么地方呢？无产阶级的统治表现在废除了地主和资本家的所有制。以前所有一切宪法，以至最民主的共和宪法的精神和基本内容都归结在所有制这一点上。我们的宪法之所以有权在历史上存在，所以争取到了这个权利，就是因为废除这一所有制不是仅仅在纸上写写而已。获得胜利的无产阶级废除并彻底破坏了这一所有制，阶级统治也就表现在这里。首先就表现在所有制问题上。我们实际解决了所有制问题，这样也就保证了阶级统治”①。

其实，列宁的这种转变对于调和“一长制”与“无产阶级的统治”之间的逻辑矛盾并非是必需的；对于这种矛盾的调和，完全可以参照他本人调和社会主义的国名与过渡时期的定位之间逻辑矛盾的经验。在《论“左派”的幼稚性和小资产阶级性》一文中，针对一些“左派”对苏维埃俄国存在资本主义成分大加指责的言论，列宁争辩说：“社会主义苏维埃共和国这个名称是表明苏维埃政权有决心实现向社会主义的过渡，而决不是表明新的经济制度就是社会主义制度。”② 同理，“无产阶级的统治”也可以这样解释：它只是表明苏维埃政权有决心向全民的计算和监督过渡，并不意味着现在就已经真正实现了全民的计算和监督。

“生产资料所有制决定阶级的观点”在《联共（布）党史简明教程》第四章第二节“论辩证唯物主义和历史唯物主义”中已经得到了比较充分的体现③，在斯大林关于生产关系的定义中被进一步理论化了。在《苏联社会主义经济问题》中，斯大林写道：“政治经济学的对象是人们的生产关系，即经济关系。这里包括：（一）生产资料的所有制形式；（二）由此产生的各种社会集团在生产中的地位以及它们的相互关系，或如马克思所说的，‘互相交换其活动’；（三）完全以它们为转移的产品分配形式。

① 《列宁全集》第38卷，人民出版社1986年版，第281页。

② 《列宁选集》第3卷，人民出版社1995年版，第521页。

③ 《联共（布）党史简明教程》，联共（布）中央特设委员会编，外国文书籍出版局（莫斯科）1953年版，第155—159页。

这一切共同构成政治经济学的对象。”① 斯大林对生产关系的这个定义是一个可以适用于阶级社会和无阶级社会的抽象概念，但如果将这个概念应用到阶级社会，这里的三要素就可以具体化为：（一）一部分人拥有生产资料，另一部分人不拥有生产资料或仅拥有少量生产资料；（二）由此产生的一部分人在生产中处于管理、支配地位，而另一部分人处于被管理、被支配的地位，一部分人在另一部分人指挥、监视下进行劳动；（三）一部分人占有另一部分人的剩余劳动。这正是生产资料所有制决定阶级的完整表述。

应当指出的是，斯大林的“生产资料所有制决定阶级”的观点并没有完全排除分工对阶级的影响，因为生产中的管理、支配关系对一部分占有另一部分人的剩余劳动还是有决定作用的，只不过这种决定作用相对于生产资料所有制的决定作用来说是次要的；但是，在此后相当长一个历史时期内，“分工决定阶级”的观点的确鲜为人知。

“生产资料所有制决定阶级”的观点是站不住脚的。首先，它无法揭示小生产者发生两极分化的内在机制，因而在逻辑上不能自圆其说。“生产资料所有制决定阶级”的逻辑起点是一部分人拥有生产资料，另一部分人不拥有生产资料或仅拥有少量生产资料，这个逻辑起点往往需要通过小生产者的两极分化来得到说明。众所周知，以雅典为代表的奴隶社会起源于小生产者的分化，而不是暴力掠夺；资本主义最初也产生于小生产者的分化，以在海外进行暴力掠夺闻名的西班牙人、葡萄牙人并没有率先走上资本主义道路，而欧洲的封建主转向资本主义是资本主义已经发展到相当程度时才出现的现象；我国改革开放以后的所产生的资本主义成分，最初也是由小生产者分化而来。对于小生产者的两极分化，“分工决定阶级”论可以用劳动技能差异（其中一部分小生产者比较懂经营或善于利用先进技术）来解释，而“生产资料所有制决定阶级”论不可能提供一种能够自圆其说的解释。逻辑起点成问题，很可能像牛顿的“第一次推动”、资产阶级经济学家的私有制迷信那样，将整个体系引向反辩证法的歧途。

其次，它与社会现实越来越相冲突。在资本主义早期，所有者与管理者往往是两位一体的，说生产资料所有关系决定在人们在生产中的地位，从表面上来看还是过得去的。但是，经营管理权与所有权分离的出现对这

① 《斯大林选集》下卷，人民出版社 1972 年版，第 594 页。

一说法形成了严重的挑战。两权分离这一现象早在马克思的时代就已经出现了苗头。20世纪20年代以后，由于科学管理在西方的推行，两权分离的趋势就更加明显了，所有者日益从生产过程中退出，经营管理权越来越由拥有专门技能，但未必拥有企业所有权的人员承担。虽然主要所有者往往还保留着主要人事任免权和重大决策权等权力，但事实已经足以说明：社会化大生产客观上要求拥有专门技能的管理者、技术人员，而不是所有者，在生产中处于支配地位。在社会主义公有制内部，人们对生产资料的所有关系是平等的，但高层管理者、高级技术人员却可以凭借对复杂劳动的垄断而享有特权，在苏联东欧甚至形成官僚特权阶层，最后在20世纪90年代初的剧变中窃取国有资本，蜕变为官僚资产阶级。官僚特权阶层向官僚资产阶级的蜕变，生动地说明了人们在生产中的地位相对于生产资料所有关系的能动作用。

再次，它违背了经济基础决定上层建筑的历史唯物主义基本原理，是一种上层建筑决定经济基础的观点。根据经济基础决定上层建筑的原理，应该是：人们在生产中的不平等地位决定他们在生产资料所有关系上的不平等，或者如马克思所说的“分工决定私有制”，“分工和私有制是相等的表达方式，对同一件事情，一个是就活动而言，另一个是就活动的产品而言”。[①] 至于分工这种“活动”是如何生产出私有制这种“产品”的，苏联东欧的官僚特权阶层通过窃取国有资本实现向官僚资产阶级的蜕变，只是一种极端形式。更常见的形式是：管理劳动者、技术劳动者凭借他们对复杂劳动的垄断，在生产过程处于支配地位，在分配中可以获取剥削收入，这种劳动的垄断收入（相当于马克思所说的“企业主收入”）除了一部分会被挥霍以外，另一部分会被投入再生产，从而形成受法律保护的生产资料所有权，而简单劳动者所得收入仅够实现劳动力的再生产，无法通过投资形成生产资料所有权。

而根据斯大林的生产关系概念，是法律意义上的生产资料所有关系的差别，决定一部分人在生产过程中管理、支配另一部分人，在分配中剥削另一部分人。这是典型的上层建筑决定经济基础的观点。这里需要指出的是，生产资料所有制，生产资料归谁所有，这本来就是一个地地道道的法律概念。不过，从马克思本人开始，马克思主义者中间的确存在着将它解

---

① 《马克思恩格斯选集》第1卷，人民出版社1995年版，第84页。

释为现实中的生产关系的主张。[①] 但是，在斯大林的生产关系概念中，“各种社会集团在生产中的地位以及他们的相互关系”就是现实中的生产关系，而且是最重要的生产关系；除此之外，现实中的生产关系就是指在生产中处于相同地位的人们相互竞争的关系，与“各种社会集团在生产中的地位以及他们的相互关系”相区别的生产资料所有制显然不是指这种关系，而只能回归它作为上层建筑范畴的本来含义。

当然，不能简单地说，斯大林视野中的阶级完全是由上层建筑决定的，因为作为“生产关系”核心的生产资料所有制还是要受到生产力制约的。但是，斯大林在生产力和阶级之间横插进了一个上层建筑意义上的生产资料所有制，这不能不弱化生产力对阶级的决定作用，从而为脱离生产力水平消灭私有制和阶级留下了隐患。

虽然斯大林开创的社会主义模式在客观上适应了经济文化落后却率先走上社会主义道路的国家，在其初创时期恶劣的国内外环境下，集中国力建立工业体系和国民经济体系，并维护国家军事政治安全的需要，但由强调上层建筑的能动作用走向上层建筑决定论，毕竟是严重的理论失误，后来社会主义体制趋于僵化不能不说与斯大林的这种理论失误有很大关系。

三　当代中国学者对“分工决定阶级”的论证

当代中国学者重提并论证“分工决定阶级”观点，主要是为了解释阶级现象在生产资料所有制社会主义改造之后的再现，以及论证阶级现象存在的长期性。李怀指出：根据“分工决定阶级”的观点，“阶级的消亡只能沿着生产力→社会分工→生产关系→阶级关系的线索前进”，也就是说，只有在生产力发展、消灭旧式分工的基础上，才能消灭阶级；企图单纯依靠政治革命、通过所有制改造消灭阶级，是一种空想，“设想私有制和阶级可以先于旧式分工被消灭，实在是一种倒因为果的空想。它不仅违反了马克思主义的基本原理，而且同中国的社会主义的实践相脱节”。李怀还指出，“分工决定阶级”的观点之所以可以防止任意改变所有制的错误，

① 参看林岗《并存与竞争中的协调发展——公有制为主体的多种经济成分并存》，陕西人民出版社 1991 版，第 11—25 页；许兴亚《马克思主义经济学与中国经济问题探索》，社会科学文献出版社 2005 年版，第 17—18 页。

是因为分工集自然性和社会性于一体，是联系生产力和生产关系的中间环节；有了这种中介，就可以减少生产关系脱离生产力发展水平的错误。① 吴英指出："分工—阶级理论"在当代中国的意义，就是赋予改革开放中崛起的各种新社会群体以意识形态上的正当性。改革开放中崛起的私营企业主、民营科技企业的创业人员、个体户、从业于外资企业的管理技术人员，以及各种服务业组织的从业人员等，对生产力发展起到了重要的作用，也受到了法律的保护。但是由于长期受苏联式马克思主义理论的影响，尤其是所有制——阶级——阶级斗争理论的影响，在许多人心目中，这种保护只是权宜之计，只是暂时利用其促进经济的发展。这就造成我们在意识形态和主导理论上一直无法给予这些多种所有制的主体以真正的认同，造成在现实生活中无法给予它们以真正的合法地位。"分工—阶级理论"有助于排除这种意识形态困扰。②

关于决定阶级的分工，当代中国的学者与马克思、恩格斯的理解基本上是一致的，不过他们具体提法多倾向于脑体分工。蔡俊生对《德意志意识形态》中的"分工只是从物质劳动和精神劳动分离的时候才开始成为真实的分工"③ 这句话作出解释说："因为只有这种分工，才确立了恩格斯所说的专门从事'社会的共同事务'的少数人与从事直接物质生产的社会大多数成员之间，在生产中社会地位的不同，而这种不同又规定着人们对生产资料的关系不同，在社会劳动组织中所起的作用不同，因而参与产品分配的方式和多寡也不同。就是说，只有这种分工才是'阶级划分的基础'。"④ 李怀指出：分工包括劳动分工（从客体方面对劳动活动本身的分解）、劳动者分工（职业分工）和社会基本分工（即人类历史上几次社会大分工），真正导致阶级分野的是这样一种劳动者分工，即脑体劳动者与体力劳动者的分工。⑤ 吴英根据马克思、恩格斯的有关论述，将分工分为技术性分工（生产机构内部的分工）、社会分工（行业和部门的分工）、

---

① 李怀：《再论分工与阶级》，《绥化师专学报》（社会科学版）1990 年第 2 期。

② 吴英：《对马克思分工—阶级理论的再解读》，《史学月刊》2004 年第 5 期。

③ 《马克思恩格斯选集》第 1 卷，人民出版社 1995 年版，第 82 页。

④ 蔡俊生：《试论社会分工与消灭阶级的关系》，《南京师范大学学报》（社会科学版）1980 年第 4 期。

⑤ 参看李怀、李凤芝《分工与阶级——兼论我国目前的阶级状况》，《绥化师专学报》（社会科学版）1988 年第 2 期；李怀《再论分工与阶级》，《绥化师专学报》（社会科学版）1990 年第 2 期。

脑体分工（直接生产者与管理者、劳心与劳力的分工）。他认为，前两者是阶级划分的背景，而脑体分工是阶级划分的直接基础。在前资本主义社会，由于技术性分工不发达，社会分工居于主导地位，因此从事社会公共管理的人成为社会主导阶级；而在资本主义社会，技术性分工地位上升，社会分工地位下降，生产机构中劳动组织和管理者成为主导阶级。[①]

稍微例外的是1992年出版，由赵家祥、李清昆、李士坤主编的《历史唯物主义原理》一书，该书认为这样解释“分工的规律是阶级划分的基础”：“首先，有了分工就必然有产品交换，而有了产品交换，就会加剧财产的积聚和集中，使财富日益掌握在少数人手中，从而促进私有制的形成和发展。有了生产资料私有制，就把社会成员一分为二，即分为占有生产资料的剥削阶级和不占有生产资料的被剥削阶级。其次，分工的进一步发展，出现了脑力劳动和体力劳动的分工和对立。由于这种分工，出现了只消费不生产、只享受不劳动的人”[②]。这无疑是说，决定阶级的分工不仅有脑体分工，而且有行业和部门分工。

至于对“分工决定阶级”的论证，由于不能理解（至少是不能充分理解）“分工导致剥削”这个命题，当代中国的学者主要是沿着两种逻辑路径展开的：一种是“分工间接决定阶级”，即分工通过决定所有制从而决定阶级，试图用所有权收入来解释阶级剥削，实际上是半截子“生产资料所有制决定阶级”；一种虽然坚持“分工直接决定阶级”，即分工对阶级的决定作用不需要借助所有制这个环节，但却回避甚至抹杀了剥削。

关于“分工间接决定阶级”，李怀指出：分工对阶级的决定作用是通过这样的逻辑链条实现的：生产力决定分工，分工决定生产关系（包括决定所有制、决定人们的社会地位及其相互关系、决定产品分配关系），生产关系决定阶级关系。[③] 胡建兰一方面强调了马克思关于分工决定所有制、恩格斯关于分工的规律是阶级划分的基础的观点，另一方面又指出：“所有制结构直接决定阶级结构”，“由生产力最终决定的所有制结构系统是阶

---

① 参看吴英《对马克思分工—阶级理论的再解读》，《史学月刊》2004年第5期。

② 赵家祥、李清昆、李士坤：《历史唯物主义原理》（新编本），北京大学出版社1992年版，第219页。

③ 参看李怀、李凤芝《分工与阶级——兼论我国目前的阶级状况》，《绥化师专学报》（社会科学版）1988年第2期；李怀：《再论分工与阶级》，《绥化师专学报》（社会科学版）1990年第2期。

级阶层存在和分化的直接原因"[1]。就连对斯大林的"生产所有制决定阶级"观点提出了尖锐批评的吴英，实际上也认为分工通过决定所有制而间接决定阶级。

吴英把"生产资料所有制决定阶级"的观点归咎于斯大林，认为该理论存在这样一些缺陷：(1) 陷入了所有制决定阶级、阶级又决定所有制的循环论证。(2) 排斥或至少是淡化了生产力是历史发展根本动力的观点。(3) 不能充分说明中国为什么在已经基本上废除了私有制之后还要重新给生产资料私有制以法律的地位，也不能解释民营企业家为什么是积极参与社会主义建设的一个阶层，而不是与工人阶级对立的一个阶级。(4) 无法认清当代西方社会中崛起的"白领"阶层或所谓"新中间阶级"的社会属性以及与之相应的经济、社会、政治和文化变迁，也很难解释清楚当代西方资本所有制为什么会出现股份制的普遍推行、各种社会基金投资机构拥有的"社会资本"的比重的巨大增长，资本所有权和经营权的普遍分离等现象。(5) 由于前述原因，它无法回应西方阶级阶层理论的挑战。

但是，他对"分工决定阶级"的论述明显地表现出了对所有制这一中间环节的依赖。他指出：在前资本主义社会，从事社会公共事务管理工作因而在社会中处于主导地位的阶级，拥有土地这一当时最重要的生产资料，"并据此而享有直接生产者所生产的剩余产品"；在资本主义社会，从事劳动组织和管理工作因而在社会中处于主导地位的资本家获得了对资本这一最重要的生产资料的所有权，"并由此而获得对剩余产品的控制权"。[2]

"分工间接决定阶级"论强调"分工决定所有制"，无疑是向克服"生产资料所有制决定阶级"的上层建筑决定论错误迈出了重要一步；但如前所述，如果分工不能导致剥削的话，其结果只能是形成个体劳动者的私有制，而不是形成具有剥削关系的私有制，因此用所有权收入来解释阶级剥削是一种本末倒置的做法。

"分工直接决定阶级"论者主要是吴浩。吴浩认为，按生产资料划分阶级，是"由于马克思、恩格斯系统阐释阶级理论原稿的流失或残缺（马克思、恩格斯阐述分工思想的重要著作《德意志意识形态》直到20世纪30年代才被发现；马克思《资本论》关于阶级的一章是残稿）以及各国

① 胡建兰：《马克思恩格斯论所有制与阶级阶层关系》，《当代经济研究》2010年第2期。

② 吴英：《对马克思分工—阶级理论的再解读》，《史学月刊》2004年第5期。

共产党人为了适应本国无产阶级暴力革命的需要，对马克思、恩格斯的言论断章取义”的结果。他还以资本主义社会经营管理权与所有权的分离为依据，断言“生产资料占有上的对立关系并不是阶级划分的基础，只有社会职能的分工才是阶级划分的基础”。吴浩对剥削采取了回避态度。①

陆国梁事实上也持“分工直接决定阶级”的观点。他指出：“在分工、阶级和私有制三者的关系中，只有分工才是内容和原因，而阶级和私有制都只是形式和结果。因此，那种试图通过消灭私有制来消灭阶级的观点和实践，不能不是一种治标不治本的导向。”他从“分工决定阶级”的观点出发否定了剥削，“本质上，阶级关系是一种分工关系，而不是一种剥削关系”。“既然价值以及剩余价值不能为社会中的某一部分人单独创造，那么，在资本主义社会中区分所谓的生产阶级与非生产阶级（或者说剥削阶级与被剥削阶级），也就失去了意义。其实，在这种社会中，存在的只是不同种类的劳动分工，以及人们根据当时的认识水平对其不同的评价。真正意义上的无产阶级，即所谓能够创造剩余价值的阶级，过去、现在和将来都不存在。”②

剥削并不等于不劳而获，它也表现为获大于劳，因此将分工与剥削对立起来是不成立的。否定了剥削关系，这就不是马克思主义的阶级观点了。

另外，还有一些学者摇摆在“分工间接决定阶级”和“分工直接决定阶级”两种观点之间。蔡俊生一方面认为，只要还存在脑力劳动和体力劳动的分工，就必然存在着“把对社会的领导变成对群众的剥削”的危险，即使是在社会主义公有制条件下也是如此，并认为斯大林 1936 年宣布苏联旧的剥削阶级已经消灭、发生新剥削的危险也不存在了的论断是片面的，这显然是“分工直接决定阶级”的观点；另一方面，他又认为毛泽东发生了另一种理论偏向，“就是把某些人利用职权破坏社会主义公有制和按劳分配所造成的经济剥削事实，误认为社会主义经济结构本身不可避免的现象，把已不存在剥削和被剥削的经济关系的社会分工等同于旧社会的阶级存在”，社会主义公有制和社会主义经济结构可以克服分工导致剥削

① 吴浩：《如何理解“分工的规律是阶级划分的基础”》，《株洲师范高等专业学校学报》2004 年第 3 期。

② 陆国梁：《阶级理论再考察》，《江汉论坛》2000 年第 4 期。

的危险，这显然是“分工间接决定阶级”的观点。① 从上文引用由赵家祥、李清昆、李士坤主编的《历史唯物主义原理》的那段话，不难看出，该书实际上持这样一种观点，行业分工、部门分工通过所有制间接决定阶级，而脑体分工直接决定阶级。

对于分工决定阶级论，特别是吴英的分工决定阶级论，张兴茂曾提出过批评。他除了强调马克思主义经典作家一贯主张按生产资料所有关系划分阶级以外，还指出了“分工决定阶级论者”犯了三个方面的错误：（1）引用马克思对海因岑的批评，批评分工决定论者将阶级矛盾变成了行业间的争吵。（2）认为恩格斯关于“分工的规律是阶级划分的基础”的论述，仅仅说明政治意义上的统治阶级和被统治阶级的区分与社会分工有吻合之处，而不能说明分工决定经济意义上的阶级划分，“而要具体分析一个社会的阶级结构，则必须看生产资料的所有制关系”。（3）认为“阶级是一个生产关系的范畴，分工是生产力的范畴，联系生产力的发展水平分析阶级问题是对的，正像联系生产力分析生产关系一样，但把分工作为划分阶级的标准就难以判断不同社会的特定阶级的本质属性。比如，地主阶级和资产阶级作为封建社会和资本主义社会的统治阶级，具有大致相同的社会分工，如何分析他们各自的阶级特性？如果用生产资料的所有制关系来区分就很清楚，他们不过是在‘手推磨’和‘机器大工业’不同的生产力背景下土地所有制和资本所有制的人格化代表而已。”②

张兴茂的批评基本是站不住脚的。第一点纯属误会，第二点未免牵强，这从前面我们对经典作家有关论述的梳理就不难看出。说分工是生产力范畴，这也是不成立的，不同劳动者分别承担不同性质的劳动并相互协作，或者发生支配与被支配的关系，这分明是生产关系。至于说分工不能解释地主阶级和资本家的区别，这个批评是中肯的。可惜的是，用“土地所有制和资本所有制的人格化代表”来解释，也是含糊不清的，两者真正的区别在是否对直接劳动者实施人身强制；况且，奴隶主阶级与地主阶级同为土地所有制的人格化代表，他们之间又如何相区别？也只有借助人身强制程度。不能有效解释奴隶主、地主、资本家之间以及奴隶、农奴、无

---

① 蔡俊生：《试论社会分工与消灭阶级的关系》，《南京师范大学学报》（社会科学版）1980 年第 4 期。

② 张兴茂：《坚持与发展马克思主义的阶级划分理论——兼论“中产阶级”的阶级属性》，《社会主义研究》2008 年第 2 期。

产者的区别，不是“分工决定阶级论”的问题，只能说明研究阶级问题无法回避暴力因素对阶级关系的干涉作用。

不过，在同一篇文章中，张兴茂在无意中帮了“分工决定阶级”论者而且是“分工直接决定阶级”论者一个大忙。他指出：“掌握了现代科学技术和文化知识的经理阶层，拥有现代社会最先进的生产资料，他们以其具有垄断性的专业知识参与经济活动，分割了物质资本的产权束，取得了对于资本的支配权，并据此获取了比工人阶级高得多的个人收益。当然，在这个过程中，他们对自己持有的知识生产资料的产权也变得不完整了，资本家也同时分割了他们的产权束并用以获取收益。这实际上是一种合作双赢的生产资料的产权结合。如此，我们就不难理解为什么有的人能单纯地以技术入股，甚至掌握了独门绝技的人还要占有多数或相对多数股份的原因了。也正因为如此，他们在与资产阶级的关系中，并不总是处于被动的、从属的地位。在实际的经济生活当中，‘炒老板鱿鱼’的现象也是屡见不鲜的。他们和资本家的关系，究竟是处于主动还是被动、主导还是从属的地位，不能像赖特那样一概而论，这取决于双方掌握的生产资料力量的大小。”如果放弃把复杂劳动往资本（所谓知识资本、人力资本）上附会的做法，还原复杂劳动作为活劳动的本来面目，不难看出，他实际上是在说，复杂劳动者由于对其劳动技能的垄断，他们被雇佣只具有形式的意义，他们甚至可以参与对简单劳动者的剥削。

四　进一步推进“分工决定阶级”研究的几点思考

“分工决定阶级”的观点，不仅是马克思、恩格斯本人多次强调的观点，而且是在阶级形成问题上贯彻历史唯物主义的必然结论。因此，继续推进对这一命题的论证，当属深化马克思主义阶级理论研究的首要任务。在此提出以下几点想法供参考：

1. 从少数人对复杂劳动（管理劳动、技术劳动）的垄断着手，论证复杂劳动者（管理劳动者、技术劳动者）对简单劳动者（直接劳动者）的剥削。

抽象地讲，复杂劳动者（管理劳动者、技术劳动者）对简单劳动者（直接劳动者）的剥削可以这样论证：分工的另一面是协作，也就是“互相交换其活动”；复杂劳动者因为对其劳动技能的垄断，会在这种交换中处于主动地位，而简单劳动者因为面临激烈的竞争，会在这种交换中处于不利地位；因此，复杂劳动者所得到的决不只是加倍的简单劳动收入，它还要剥夺简单劳动者的剩余劳动。

但为了增强说服力，论证还应该进一步具体化，具体论述复杂劳动者（管理劳动者、技术劳动者）对简单劳动者（直接劳动者）的剥削方式。在进行这种具体论证时，为了排除所有权收入的干扰，最好以生产资料公有制或生产资料所有状况等同的个体劳动者私有制为背景。恩格斯提到的氏族首领由社会公仆蜕变为社会主人的例子，就以公有制为背景成功地排除了这种干扰。公有制企业内部管理者对普通职工利益的侵害，也属于这种情况。这里假设某一行业只有生产资料所有状况等同的个体劳动者（他们同时也是商品生产者），以此为基础论述分工是如何导致剥削，从而导致阶级产生的。

由于大家都是小生产者，因此也不存在管理劳动者、技术劳动者与直接劳动者的分工。但是我们可以假设一部分小生产者比较懂经营，或者善于利用比较先进的技术；无疑，他们生产某种商品或提供某种服务的个别劳动时间低于社会必要时间，在出售商品或提供服务可以转移生产效率较低的同行的劳动价值。但如果仅仅是这样的话，他们的较高收入不过是其全部劳动中的复杂劳动那个要素得到了加倍的报偿，这里是没有剥削的。但是，如果他们凭借着自己成本较低的优势，进行恶意的降价促销，就有可能迫使效率较低的同行减产甚至完全停产，或者使后者陷入滞销的困境。总之，抢占后者的市场份额，剥夺原本属于后者的那部分收入，剥削就这样产生了。长此以往，这些高效率的小生产者一方面不断积累财富、增加雇工而上升为资本家，另一方面脱离直接劳动而成为专职的管理劳动者、技术劳动者；与此同时，那些效率较低的同行日益丧失生产资料，沦为雇工。

当然，应指出的是，在过去高度集中的计划经济条件下，分工导致剥削的趋势受到了计划经济体制（不是公有制，或者笼统的“社会主义经济结构”）的抑制，没能导致阶级分化的产生，但这并不是常规，而且有牺牲效率之嫌。

2. 从财产继承制度、暴力对阶级关系的干涉作用以及家族企业制度着手，解释经典作家主张按生产资料所有关系划分阶级的必然性。

对复杂劳动的垄断所带来的剥削收入，除了一部分会被用于提高劳动技能以外，另一部分往往转化为生产资料，获取所有权收入；因此，凭借生产资料所有权获取所有权收入，与垄断复杂劳动以获取垄断性劳动收入，是互为表里的。但这仅足以说明生产资料所有状况与在分工中的地位一样适合作为阶级划分的标准，是不足以让持“分工决定阶级”观点的经典作家选择前者的。

经典作家选择生产资料所有关系作为阶级划分标准的关键在于：在当时，财产继承制度、暴力对阶级关系的干涉作用、家族企业制度严重地稀释了分工对阶级地位的影响。财产继承制度可以使个人财产状况与个人收入状况、个人劳动能力的产生脱节，甚至使完全脱离劳动的食利者获取财产性剥削收入；暴力对阶级关系的干涉作用在于，它可以强行改变财产所有状况，使个人财产状况与个人收入状况、个人劳动能力之间的联系更加模糊；在家族企业制度下，往往所有管理职位或绝大多数管理职位为所有者承担，单纯凭借一技之长而跻身管理层的希望渺茫；这些因素都可以稀释分工对阶级关系的影响。在马克思恩格斯乃至列宁的时代，由于不存在财产税、遗产税，财产的代际传递几乎是没有任何障碍的，因此最大限度发挥了使个人财产状况与个人收入状况、个人劳动能力相脱节的作用。同时，它在当时还起到了一个特殊作用，即把原始积累时期暴力掠夺财产的后果最大限度地传承下来。况且，当时还处于旧殖民主义时期，西方国家明火执仗地掠夺外国财富的现象还很普遍，许多人因此一夜暴富。再加上家族企业制度盛行，在这种情况下，生产资料所有关系往往比人们在分工中的地位更能反映现实中的阶级关系。

第二次世界大战以后，由于旧殖民主义的终结，由于超额累进的财产税、遗产税的实行，西方发达资本主义国家在一定程度上消除了财产拥有状况与个人劳动能力错位的现象。同时，随着生产过剩的问题日益突出，对市场的争夺日益惨烈，利用先进技术、实行科学管理的客观需要也日益突出，因此，阶级关系越来越受分工支配。在这种情况下，如果不考虑在分工中的地位，就不可能准确界定诸如职业经理之类的新中间阶层的阶级性质。但只要私有制还占据主导地位，按照生产资料所有关系划分阶级的标准仍然是适用的。

说到暴力对阶级关系的干涉作用，不能不指出的是：由于马克思主义将人类社会发展的历史视为生产力与生产关系、经济基础与上层建筑的矛盾运动，由于恩格斯系统地批判了杜林关于暴力创造私有制和阶级的观点，后世的马克思主义者就不敢再提暴力在人类历史中的地位了（只有在谈到暴力革命和无产阶级专政时例外），这实在是对经典作家的严重误解。就在《反杜林论》中，恩格斯在讲完“分工的规律就是阶级划分的基础”那番话之后紧接着就说：“但是，这并不妨碍阶级的这种划分曾经通过暴力和掠夺、欺诈和蒙骗来实现，这也不妨碍统治阶级一旦掌握政权就牺牲劳动阶级来巩固自己的统治，并把对社会的领导变成对群众的剥削。”① 当然，在《路德维希·费尔巴哈和德国古典哲学的终结》中，恩格斯也提出过暴力干涉阶级关系的现象仅出现于前资本主义社会、资本主义社会阶级关系与暴力无关的观点。② 然而，马克思在《资本论》第一卷第二十四章《所谓原始积累》中，却用了整整一章讲述暴力在资本主义原始积累中的作用，并指出：“大家知道，在真正的历史上，征服、奴役、劫掠、杀戮，总之，暴力起着巨大的作用。”③

3. 论证“分工决定阶级”，必须要勇敢地面对一个尖锐的问题，即生产力与生产关系、经济基础与上层建筑矛盾运动对人类历史的解释限度问题。

分工决定阶级的观点，虽然在阶级成因上贯彻了历史唯物主义，但却遭遇了与经典作家阶级划分标准的逻辑冲突，不得不借助财产继承制度、暴力对阶级关系的干涉作用、家族企业制度等因素加以解释。财产继承制度、家族企业制度属于上层建筑范畴，还可以在生产力决定生产关系、经济基础决定上层建筑的逻辑框架中得到解释，但暴力就不一定了。暴力不等于以国家的名义实施的政治暴力，它还包括自发的个人暴力或群体暴力，例如马克思提到的英国圈地运动中牧场主对自耕农和租地农民实施的暴力掠夺，在自亨利七世以来150年内一直是被法律禁止的④，这显然不能用上层建筑来解释。

其实，我们越是回溯人类历史，就越是发现“分工决定阶级”的解释相对乏力，就越是发现暴力因素的活跃。在欧洲的封建社会，封建主的土地所有权最初往往来自战争掠夺，通过巧取豪夺将自由民变为农奴的现象也屡见不鲜，加上嫡长子继承制、土地世袭制（禁止买卖）、身份等级制

① 《马克思恩格斯选集》第3卷，人民出版社1995年版，第632页。

② 《马克思恩格斯选集》第4卷，人民出版社1995年版，第250页。

③ 《资本论》第1卷，人民出版社1975年版，第781—782页。

④ 同上书，第787页。

的实行，个人劳动能力与阶级地位很难挂钩。在奴隶社会，不仅土地来自掠夺，而且奴隶也往往来自掠夺。暴力掠夺土地，掠夺奴隶，对奴隶、农奴实施人身强制，都很难说是上层建筑的作用，而只能说是一种与生产力平行，对生产关系（包括阶级关系）和上层建筑发生影响的因素。

当然，自发的暴力虽然在逻辑上与生产力平行（地位平等），但两者并非不发生联系。事实上，两者之间存在着一种此消彼长的关系：在原始社会，由于没有剩余产品，人们随时面临饥饿威胁，战俘往往被处死，甚至被吃掉；在奴隶社会，由于有了剩余产品，战俘被用作奴隶，在严密监视下集体劳作；在封建社会，由于生产工具的改进，以家庭为单位的劳动得以实行，奴隶因此转化为农奴；到了资本主义时期，由于社会化大生产本身的锁链已经足以保证对雇佣工人的控制，劳动者终于获得了人身自由（在这里，阶级社会共同利益的从属性、剥削阶级利益的至上性得到了最完美的表现）。

另外，在《家庭、私有制和国家的起源》中，恩格斯以无可辩驳的事实告诉我们，在原始社会内部，社会结构演变的根本动力在于人自身的生产，而不是物质生产。到了未来社会，在生产力高度发达（相对于资源和环境的承受能力而言）的情况下，物质生产范畴的生产力也不可能继续充当社会形态演变的终极动力。因此，不妨设想：生产力与生产关系、经济基础与上层建筑矛盾运动主要适合于解释阶级社会的历史，主要适合解释阶级社会有序的一面。此外，人类社会还存在无序的一面，需要通过与生产力平行，但与生产力存在此消彼长关系的暴力得到解释。

4. 考虑到所有制对于分工的反作用，考虑到暴力因素的干涉作用，决不应当低估所有制对阶级的影响。

分工是阶级形成的决定性经济因素，但也应看到，人们在分工中的地位也在很大程度上受所有制影响。人们在分工中的地位的客观依据是劳动技能；在古代社会，复杂劳动者的劳动技能主要来自经验积累；但是随着社会的发展，它越来越依赖于受教育的程度，而受教育的程度与家庭的财产状况是不无联系的，因此人们的劳动技能也在一定程度上依赖于家庭的财产状况；人们在分工中的实际地位同样深受家庭财产状况的影响，虽然社会大生产客观上要求具有专门技能的人在生产中处于管理者、支配者的地位，但实践中总是不乏纨绔子弟、无能之辈乃至败家子，凭借着法律对所有者的保护在生产中霸占着最重要的位置。这一点是许多“分工决定阶级”论者所忽视的，因此他们往往低估了剥夺剥夺者的意义。

当然，由于人相对于社会环境的能动作用，人们在分工的地位，人们的劳动技能的形成，乃至人们的受教育程度，与家庭财产状况并无必然联系。正因为这样，我们才可以理直气壮把分工视为历史唯物主义视野下阶级形成的决定性因素。否则，我们将陷入这样一个逻辑循环：“分工决定于受教育差别，受教育差别决定于财产差别，财产差别由剥削导致，剥削产生于分工。”

如果一个社会的所有制结构不完全是分工的结果，而是在某种程度上产生于暴力掠夺，那么这个社会的所有制结构相对于该社会的分工状况无疑具有了更大的独立性。毫无疑问，这也为通过暴力手段改变现有所有制状况提供了正当性辩护。说到这里，不能不指出的是，我们的教科书在肯定暴力革命的同时却在极力回避历史本体论意义上的暴力论，特别是暴力因素对阶级关系的干涉作用，这是自相矛盾的表现。

列宁加强执政党思想理论先进性建设的思想与实践

刘志明*

列宁一贯强调先进理论对党的先进性建设的重要意义。以列宁为代表的俄国社会民主工党从成立初就一直努力从俄国人民奋斗的历史活动的实践和比较中，不断寻找、揭示和发展指导自己前进的真理，真是“饱经苦难才找到了马克思主义这个唯一正确的革命理论”①。俄共（布）成为执政党后，列宁始终坚持把捍卫和发展马克思主义作为党的思想建设的根本任务，并在加强党的思想理论的先进性建设的全部实践中，始终强调坚持这样三条基本原则或者说基本经验：第一，加强马克思主义理论的宣传教育，以马克思主义理论武装全体党员的头脑；第二，正确开展“两条路线的斗争”，维护党在马克思主义理论基础上的团结统一；第三，努力研究新情况、新问题，以理论创新的实际成果把马克思主义这门科学推向前进。列宁加强执政党思想理论先进性建设的思想及其实践，对我们正确贯彻始终把党的思想理论建设放在首位的党建工作方针；对我们正确坚持一切从实际出发，理论联系实际，实事求是，在实践中检验真理和发展真理的马克思主义思想路线；对我们在新世纪新时期继续深入推进马克思主义中国化、时代化、大众化，更好地建设马克思主义学习型政党，以及不断开辟马克思主义理论的新境界，具有重要意义。

---

* 刘志明，中国社会科学院马克思主义研究院列宁斯大林思想研究室主任，副研究员。

① 《列宁专题文集（论无产阶级政党）》，人民出版社2009年版，第246页。

一 列宁关于加强执政党马克思主义理论教育的思想与实践

列宁非常重视党的马克思主义理论教育尤其是共产主义教育。在他主持召开的俄共（布）十大通过的《关于党的建设问题的决议》规定："党内总的任务不是在数量上扩充党的队伍，而是改善它的质量，提高全体党员的觉悟，加强他们的共产主义教育。"① 为加强马克思主义理论的宣传教育，列宁采取的主要举措有：

一是大力支持收集、整理、翻译、出版马克思恩格斯的著作和创办马克思主义理论刊物。在列宁的高度重视和大力支持下，苏维埃俄国出版了马克思恩格斯重要著作的翻译本和书信集。同时，鉴于"用俄语最好地诠释了马克思主义哲学的理论家"普列汉诺夫所写的全部哲学著作"是整个国际马克思主义文献中的优秀作品"，"不研究——正是研究——普列汉诺夫所写的全部哲学著作，就不能成为一个自觉的、真正的共产主义者"，② 列宁从1920年起还多次要求出版普列汉诺夫的哲学著作。在列宁的强烈要求和大力支持下，俄共（布）中央还于1922年1月在莫斯科创办了颇有影响的哲学和社会经济理论刊物《在马克思主义旗帜下》。马克思恩格斯著作、书信集，普列汉诺夫哲学著作的出版，以及马克思主义理论刊物的创办，无疑为俄共（布）全党学习、研究和宣传马克思主义创造了有利条件。

二是通过创办各级各类党校和成立国家政治教育总委员会，建立健全马克思主义理论宣传教育的组织机构。在列宁的坚持下，1919年3月俄共（布）第八次代表大会通过的党纲明确规定："展开最广泛的共产主义思想的宣传工作，并为此利用国家政权的机构和资财。"③ 为了贯彻落实这一规定，俄共（布）第八次代表大会通过的决议责成党中央委员会："（1）建立中央委员会直属高级党校；（2）制定地方党校的统一的教学大纲和教学

① 《苏联共产党代表大会、代表会议和中央全会会议决议汇编》第2分册，人民出版社1964年版，第54页。

② 《列宁选集》第4卷，人民出版社1995年版，第419—420页。

③ 《苏联共产党代表大会、代表会议和中央全会会议决议汇编》第1分册，人民出版社1964年版，第540页。

计划；（3）派有关的讲课人帮助地方党校。"① 1921 年 3 月，列宁主持召开的俄共（布）第十次代表大会明确作出在全国各地建立各级各类党校的决定。到 1922 年，全国（乌克兰除外）从中央到地方，共建有各级各类党校 242 所，在校学员 22000 人。②

为进一步加强对马克思主义理论宣传的领导，列宁认为，必须成立国家政治教育总委员会，健全党的理论宣传与教育组织机构。1920 年 10 月 28 日，列宁专门就成立国家政治教育总委员会起草了决定草案。正是根据这一决定草案，人民委员会通过了《关于共和国政治教育总委员会的法令》，决定在教育人民委员部社会教育司的基础上成立国家政治教育总委员会。该委员会是教育人民委员部的总局级机构，在行政上和组织上归它领导，但在涉及工作的思想内容的问题上则直接归俄共（布）中央领导。国家政治教育总委员会统一和指导全国的政治教育和宣传鼓动工作，领导群众性的成人共产主义教育（学校、俱乐部、图书馆、农村阅览室）以及党的教育（共产主义大学、党校）。同时，根据人民委员会的法令，各级地方人民政府也建立了政治教育委员会。

三是通过党课、研究班、训练班等形式，大力推动党内学习活动，努力提高全党的马克思主义理论水平。列宁非常重视党课对提高党员领导干部尤其是新党员马克思主义理论水平的重要作用，他还率先垂范，亲自到各类党校去讲课。比如，1919 年 7 月 11 日和 8 月 29 日，列宁就两次到被誉为"中央苏维埃工作和党务工作学校"的斯维尔德洛夫大学作了《论国家》的重要演讲，在这一完全可以被称作是党课教育的重要演讲中，列宁阐明了马克思主义关于国家问题的基本原理，批判了在国家问题上的各种历史唯心主义观点，揭露了资产阶级国家所谓"自由"、"平等"、"民主"的实质。鉴于新入党的党员中很多人只有"往往会把人引入地狱"的"善良的愿望和美好的意图"，③ 列宁非常重视党校教材和党课教育内容的通俗性。在 1919 年俄共（布）八大通过新党纲后，为了配合新党纲的学习、宣传和对全体党员尤其是新党员进行系统的共产主义基本理论教育，列宁要求尼・布哈林、叶・普列奥布拉任斯基共同撰写了理论通俗读物《共产

---

① 《苏联共产党代表大会、代表会议和中央全会会议决议汇编》第 1 分册，人民出版社 1964 年版，第 568 页。

② 转引自魏泽焕《学习列宁办党校的思想》，《中共中央党校学报》2005 年第 1 期。

③ 《马克思恩格斯全集》第 37 卷，人民出版社 1971 年版，第 441 页。

主义 ABC》这一本被列宁誉为“篇幅不大但极有价值的书”，此书 1919 年 10 月出版后，立即入选为各级党校的必修教材。1919 年 12 月初召开的党的第八次全国代表会议在列宁坚持下通过的决议中，规定党课应该为新党员通俗地讲解如下题目的内容：

第一，“什么是共产主义”（详细而通俗地说明共产主义制度，解释分配、“消费的共产主义”、生产的共产主义，没有国家管理的制度，共产主义制度下的生产力等问题，与无政府主义划清界限等）。

第二，“走向共产主义的道路”（帝国主义战争、无产阶级专政、过渡时期的基本措施和纲领性的要求）。

第三，“为什么我们生活困难？”（解释我国经济被破坏的情况和发展前途）。

第四，“我们的党”（说明党的组织、党的发展、党章、共产党员的“权利和义务”）。①

列宁还重视各种专题研究班、训练班对提高全党马克思主义理论水平的作用。1921 年 3 月，列宁主持召开的俄共（布）第十次代表大会建议指派中央委员会、共产主义大学、政治教育总局和社会主义学院的代表组成一个委员会，负责在社会主义学院设立一个系统研究马克思主义理论、历史和实践的研究班，并动员必要数量的年轻党员干部参加这个班。1923 年，在列宁和俄共（布）中央的大力推动下，以及在全国苏维埃党校会议精神的指导下，全国各省、县苏维埃党校举办了为期 2 个月的训练班，有 1800 多人参加学习。②

二 列宁关于加强执政党思想作风建设的思想与实践

列宁从来都非常重视党的思想作风建设。俄共（布）成为执政党后，列宁更是把党的思想作风建设摆在党的建设工作的突出位置，并使党的思想作风建设始终围绕正确坚持马克思主义的思想路线而展开。

第一，坚决反对教条主义地对待马克思主义，反对生搬硬套“理论”

---

① 《苏联共产党代表大会、代表会议和中央全会会议决议汇编》第 1 分册，人民出版社 1964 年版，第 601 页。

② 转引自魏泽焕《学习列宁办党校的思想》，《中共中央党校学报》2005 年第 1 期。

和脱离实际的“革命空谈”，强调执政党必须理论联系实际。列宁一再强调马克思主义是行动指南而不是需要死记硬背的“公式”，在新的历史情况和新的实践面前，共产党人绝不能“公式”化地或者说“教条主义”地对待和“运用”马克思主义，绝不能把马克思主义当作一种“包治百病的丹方”。正如他指出的，“如果要开一张包治百病的丹方，或者拟订一个适用于一切情况的一般准则（‘不作任何妥协’！），那是很荒谬的”。[①] 他认为，恰恰相反，任何一个抽象的真理，如果把它套用在不管什么样的具体场合，那就会变成脱离实际的教条主义，就会从“左的”或右的方面给党的事业带来危害。因此，他一贯强调“具体问题具体分析”这一马克思主义理论的活的灵魂，并坚决反对被他比作“疥疮”这种折磨人的疾病的“革命空谈”，“我们应当反对革命空谈，必须反对革命空谈，一定要反对革命空谈”。他还以“左派共产主义者”是否应该在签订《布列斯特和约》问题上提出反对签约和主张革命战争的口号为例，阐明了“革命空谈”的本质，正如他所说，“左派共产主义者”提出的“口号很漂亮，很诱人，很醉人，但是毫无根据，——这就是革命空谈的本质”。因为在他看来，“左派共产主义者”提出的口号虽然非常“革命”，但却脱离了当时国际国内革命条件的实际，也完全不符合当时俄国无产阶级革命力量的实际，因而只不过是毫无意义地“生搬硬套”所谓针锋相对作斗争的“理论”和“真理”。因此，列宁号召全党坚决反对这种只知“一味重复口号、空话和战斗叫喊，却怕分析客观实际情况”的“革命空谈者”，号召“打倒空喊家！”并表示相信，“在这艰难的道路上，俄国无产阶级和俄国革命一定会纠正装腔作势和革命空谈的作风”。

列宁还提出了两条有效祛除“空谈疥疮”的重要举措。一是着力提高党和苏维埃各级领导机关和工作人员的思想政治素质和业务能力，培养并提高他们管理国家事务和组织经济建设的实际本领；二是整顿国家机关，精简机构，并通过建立健全党内民主制、工作责任制和严格的法律、监察制度，去“有效地监督、检查”各地、各部门的工作。

第二，坚决反对骄傲自大和神化领袖，强调执政党必须正确地开展批评与自我批评。1920 年 4 月 23 日，列宁在俄共（布）莫斯科委员会庆祝自己 50 寿辰大会上发表讲话时指出，一些政党在思想作风上如果“有了

① 《列宁选集》第 4 卷，人民出版社 1995 年版，第 177—178 页。

骄傲自大的可能，这往往就是失败和衰落的前奏”，因此，他恳切地表示，“希望我们决不要使我们的党落到骄傲自大的地步”。他还指出：“过去所有灭亡了的革命政党之所以灭亡，就是因为它们骄傲自大，看不到自己力量的所在，也怕说出自己的弱点。”1921年10月17日，在全俄政治教育委员会第二次代表大会上所作的报告中，列宁还把“共产党员的狂妄自大”、“文盲”和“贪污受贿”视作共产党人必须坚决加以反对的“三大敌人”。鉴于革命的胜利往往容易使人过分“自负和骄傲”，不断取得建设成就也容易使人“陶醉”，也鉴于执政党的领袖如果不克服骄傲自满情绪容易导致个人崇拜，列宁还特别告诫全党，党的领袖虽然是党内“最有威信、最有影响、最有经验、被选出担任最重要职务”的人，但并非永不犯错的“圣人”、“天使”和“英雄”，因此党的领袖人物尤其“不要陶醉于胜利，不要骄傲”，要坚决反对针对自己的歌功颂德和神化自己的个人崇拜。

列宁认为，为了防止共产党员的“狂妄自大”和“骄傲自满”，执政党特别需要积极正确地开展批评与自我批评。在列宁看来，批评与自我批评是党抵御各种政治灰尘和腐朽思想侵蚀、纠正自身错误、清除党内不良作风的尖锐武器。无产阶级的执政党只有正确开展批评与自我批评，进行积极的思想斗争，才能分清是非、统一思想，坚持真理、修正错误，才能巩固和发展党的团结和统一，带领人民群众完成党在各个时期的历史任务，正如他指出的：“不怕承认自己的错误，不怕三番五次地作出努力来改正错误，这样，我们就会登上山顶。”因此，他在1920年四五月期间完成的《共产主义运动中的“左派”幼稚病》一书中指出：“一个政党对自己的错误所抱的态度，是衡量这个党是否郑重，是否真正履行它对本阶级和劳动群众所负义务的一个最重要最可靠的尺度。公开承认错误，揭露犯错误的原因，分析产生错误的环境，仔细讨论改正错误的方法，——这才是一个郑重的党的标志。”列宁是身体力行开展批评与自我批评的模范，他经常率先垂范地作自我批评。比如，因为意识到《共产主义运动中的“左派”幼稚病》一书中对荷兰共产党“左”倾思想方面的批评有不准确的地方，列宁在特地为该书写的《增补》中公开作了这样的自我批评：“在本书俄文版中，关于整个荷兰共产党在国际性的革命政策方面的行为，我说得有点不正确。因此，我乘这个机会把我们荷兰同志关于这个问题的一封来信发表在下面，并且把我在俄文版中所用的‘荷兰论坛派’一词，改为‘荷兰共产党的某些党员’。”类似这样的事例当然还有很多，兹不详述。列宁这样多地开展自我批评，不仅丝毫没有降低他的威信，反而大大提高了他在广大人民群众中间的威信。当然，列宁也是敢于和善于在全党开展批评的模范，这样的事例也是举不胜举，兹不赘述。

三 列宁关于正确开展“两条战线的斗争”思想与实践

应该说，列宁1910年在《政论家札记》一文中就首先提出了“两条战线的斗争”的概念。当时列宁所谓“两条战线的斗争”其实是指反对党内“召回派”和“取消派”这两种分别表现为“左”倾和右倾的错误思潮的斗争。列宁认为，对于从根本上危害党的团结统一的党内“左”倾和右倾错误思潮，如“召回派”和“取消派”，必须进行不可调和的思想斗争，在这一涉及维护党的团结统一的重大原则问题上，那种希望“社会民主党人少搞内部斗争”之类的话，在列宁看来，其实只不过是“一种善良的、天真的愿望”而已。建党之初，对党内原则性的是非问题，列宁从来是不含糊的，也从来不害怕进行必要的党内斗争。不仅不害怕党内斗争，列宁还充分肯定包括思想理论斗争在内的党内斗争的积极意义。列宁在《怎么办？——我们运动中的迫切问题》这一充分阐述自己思想建党原则的光辉著作的开篇就摘录了拉萨尔1852年6月24日给马克思的信中这样的一段话：“党内斗争给党以力量和生气。党本身模糊不清，界限不明，是党软弱的最大明证。党是靠清洗自己而巩固的……”

十月革命胜利后，在党已经成为执政党的情况下，列宁是如何开展“两条战线的斗争”的呢？

第一，他一以贯之自己在十月革命前提出的必须“通过党章来保证采取党的方式进行党内斗争”和坚决反对“那些没有原则的、粗暴的、机械的斗争手段”的原则，竭力避免把对党内错误思想倾向的斗争变成对某些党员的无情斗争。列宁也反对在党内思想斗争中借口原则分歧任意把持不同意见者定性为有错误倾向的人。比如，1921年9月29日，列宁在致格·叶·季诺维也夫的信中，就批评他说：“不应当借口‘原则分歧’说他们有倾向。应当谨慎地进行思想领导，真正使新的多数成为多数并进行管理。”不仅如此，列宁还认为应对犯错误倾向的同志加以“关心”，他于1920年10月26日还专门建议监察委员会“承担一项特殊任务”，即“对在苏维埃或党的工作中遭受挫折而产生心理上的危机的所谓反对派的人们分别加以关心，甚至往往要像医治病人那样对待他们。应尽力安慰他们，同志式地给他们讲明情况，给他们安排（不能用命令方式）适合他们心理特点的工作”。

第二，他坚持实事求是、区别对待的原则。列宁认为，正确开展“两条战线的斗争”，必须坚持实事求是，从客观实际出发，善于识别当时的主要错误倾向是“左”还是右，这是正确开展“两条战线的斗争”的前提和基础。列宁《共产主义运动和“左派”幼稚病》这部光辉著作中指出，鉴于“机会主义在1914年彻底变成社会沙文主义，彻底倒向资产阶级方面反对无产阶级”，右倾机会主义是布尔什维克党的主要敌人，“现在这个敌人在国际范围内也仍然是主要敌人。对于这个敌人，布尔什维主义过去和现在都给予极大的注意”。列宁虽然在当时也看到并指出“工人运动内部布尔什维主义的另一个敌人”即“左”倾错误思潮给国际共运造成了不利影响和危害，但他认为，当时的主要错误倾向是右倾机会主义。这就为当时的俄共（布）和国际共运内部开展的“两条战线的斗争”指明了主攻方向或者说“主要战线”。但是，列宁也指出，也决不能忽视党内存在的小资产阶级革命性，即“左派”幼稚病，决不能忽视开展对“左”倾错误思潮这样另外一条战线的斗争。

第三，他科学把握革命的辩证法，在重点反对一种错误倾向时，也注意可能被掩盖着的另一种错误倾向。鉴于党内的“左”、右倾错误思潮或者说机会主义有着共同的阶级根源，即它们都是工人阶级内部非正统工人的产物；鉴于“左”、右倾两种机会主义有着形而上学这一共同的理论根源（右倾机会主义把历史进程中的进化方面绝对化而否定革命方面，而“左”倾机会主义把历史进程中的革命方面绝对化而否定进化方面）；鉴于“左”、右倾两种机会主义都危害革命；也鉴于“左”、右倾两种机会主义在一定条件下可以互相转化和“互相补充”，列宁认为，自觉地开展“两条战线的斗争”的俄国党，当然既要反右，又要反“左”，但也必须掌握革命的辩证法，就是说，在反右时要防“左”，在反“左”时要防右。

正因为坚持和贯彻了开展党内“两条战线的斗争”的上述基本原则与方法，列宁缔造和领导的俄共（布），在十月革命后顺利解决了成立所谓“清一色的社会党人政府”、缔结《布列斯特和约》、“左派共产主义者”集团、“工人反对派”、“民主集中派”、工会和对外贸易垄断等对俄共

（布）奠定在马克思主义这一先进的理论基础上的团结统一、利害攸关的重大问题，取得了俄共（布）在“两条战线的斗争”的一个又一个胜利，并使俄共（布）在艰辛探索经济文化落后的俄国“如何认识社会主义，怎样建设社会主义”的具有世界开创性意义的实践中初步形成了具有鲜明俄国特点的社会主义建设理论，丰富和发展了马克思主义的东方理论和社会主义理论。

（原载《中国社会科学院研究生院学报》2012 年第 1 期）

国际因素对斯大林社会主义建设理论与实践的影响

苑秀丽*

近年来，一些研究者对中国特色社会主义理论和实践与斯大林社会主义建设理论和实践进行了对比研究，有研究者在肯定中国特色社会主义顺应了和平与发展的时代潮流的同时，指出斯大林时期封闭地进行社会主义建设对苏联造成了不良影响，从而对斯大林的社会主义建设理论与实践做出了基本否定的评价。全面地理解和评价斯大林，不能脱离当时的国际环境，不能忽视国际因素的影响。斯大林的社会主义建设理论与实践存在失误甚至错误，对苏联及世界社会主义事业造成了极大的负面影响，但是，脱离当时的国际因素评价斯大林，难以全面认识。斯大林执政长达30年之久，期间国际风云不断变幻，国际共产主义运动的高潮与低落、国际局势的和平与紧张状态、西方资本主义与苏联的关系状态、资本主义世界的经济危机、苏联国际影响力的变迁都对斯大林的思想与实践产生了重大影响。

一　世界革命转入低潮时期的“一国建成社会主义”

在十月革命胜利的影响下，欧洲许多国家爆发了无产阶级革命和民主革命，东方殖民地、半殖民地国家则爆发了民族民主革命，掀起了一场蔚为壮观的世界革命运动高潮。但是，从1919年秋天起，各国无产阶级革命的发展开始变得很缓慢、很艰难，到1921年革命高潮渐趋消退。1923年保加利亚、德国和波兰武装起义的失败，宣告欧洲无产阶级革命转入低

* 苑秀丽，中国社会科学院马克思主义研究院副研究员。

潮，这表明国际共产主义的革命风暴已经过去，世界革命进入低潮。此时，资本主义也出现了变化，英国、法国、美国等国家逐渐摆脱危机，进入了相对稳定的发展阶段，而且，在武装干涉苏俄失败后，这些国家暂时不再企图凭借武力颠覆和扼杀苏联。

国际局势的一系列新变化意味着，社会主义革命在多国的胜利不可能在短期内实现，苏联不可能依靠世界革命或欧洲革命来巩固自己的社会主义阵地。在一个较长的时期内，苏联将是处于世界资本主义包围下的唯一的无产阶级专政的社会主义国家。现实就这样将一个尖锐的问题摆在布尔什维克面前：是继续推进世界革命？还是靠自己的力量独自建设社会主义？处于资本主义包围之中的苏联能不能依靠自己的力量单独在一个国家内建成社会主义？一个国家单独进行社会主义建设的前景如何？斯大林对这些难题做出了自己的回答。

起初，斯大林和布尔什维克党的基本看法是，俄国单独一国可以首先夺取政权，建立苏维埃政权，俄国革命的胜利应当激起西方无产阶级进行夺取政权的斗争，而西方革命的胜利将给俄国革命以大力支援，使俄国易于建立社会主义经济，取得社会主义的最终胜利。世界革命转入低潮使斯大林调整了目标，开始从追求多国胜利转变为致力于“一国社会主义”建设，虽然斯大林有时依然表现出了对世界革命的追求，但是，他不得不把世界革命的胜利寄希望于未来。没有其他国家社会主义的胜利，没有胜利了的西方无产阶级在技术和设备方面的援助，在资本主义包围下的苏联，一国有没有可能建成社会主义呢？斯大林的回答是：有，不仅有可能、有必要，而且是必须的。

1924 年 12 月，斯大林在《十月革命和俄国共产党人的策略》一文中批判托洛茨基的“不断革命论”时指出：“在其他国家（即使这些国家的资本主义比较发达）还保存着资本主义的情况下，社会主义在一个国家（即使这个国家的资本主义不太发达）内胜利是完全可能的，是可以肯定的。”① 斯大林认为，“能用我国内部力量来解决无产阶级和农民间的矛盾，在其他国家无产者的同情和支援下，但无须其他国家无产阶级革命的预先胜利，无产阶级可能夺得政权并利用这个政权来在我国建成完全的社会主

---

① 《斯大林选集》（上），人民出版社 1979 年版，第 285 页。

义社会”[①]。斯大林认为，无产阶级革命的根本任务就是要消灭资本主义，战胜资产阶级，既然当前还没有条件战胜国际资产阶级，那么就应该先在苏联一国战胜本国资产阶级，苏联应该集中力量进行“一国社会主义”建设。斯大林多次强调，在一个建立了无产阶级专政、拥有丰富的资源并且受到全世界无产者支持的国家里，是能够而且必须建成社会主义的，即使西方不能及时发生胜利的革命而给俄国以援助，工人阶级和劳动农民结成联盟也能彻底打败国内的资本家，来建成完全的社会主义社会。斯大林认为，在欧洲革命已经明显处于低潮的情势下，苏联必须坚定一国建成社会主义的信心，“不知道应该往哪里走，不知道前进的目标，我们就不能前进。没有前途，没有既已开始建设社会主义经济就能把它建设成功的信心，我们就不能建设。没有明确的前途，没有明确的目标，党就不能领导建设”[②]。斯大林指出，把革命胜利的着眼点放在“无产阶级世界革命舞台上”，把国内矛盾看作要靠世界革命才能解决的问题，这是对本国工人和农民革命力量的忽视，必然导致对革命前途的悲观失望。如果世界无产阶级革命迟迟不来，苏维埃政权岂不是只有在同农民的矛盾中“苟延残喘”或在等待世界革命中“连根腐烂”！

在斯大林的领导下，苏联人民以高度的热忱和献身精神展开了一场气势恢宏、规模浩大的工业化建设运动。在“一国建成社会主义”的鼓舞下，苏联人民相信：他们不必依靠外国力量，而是要依靠自身的努力，向西方和全世界指明人类前进的道路。为了保卫苏联的独立和生存，必须抢时间、争速度，奠定强大的社会主义的经济基础。斯大林的“一国建成社会主义”理论尽管存在着不足，但是在当时，一国能否单独建成社会主义的问题不仅仅是一个理论问题，更是一个重大的现实政治问题。“一国建成社会主义”理论适应了国际国内形势的要求，当时欧洲革命已明显处于低潮，一些人对于处在资本主义包围之中的苏联能不能依靠自身力量来建设社会主义产生了怀疑，当时广大党员和群众需要有明确的奋斗目标，社会主义可以在一国建成，给予了苏联人民极大的希望和精神慰藉，鼓舞了苏联人民建设社会主义的信心和热情。斯大林提出苏联一国可以建成社会主义，在当时对于坚持社会主义道路、坚信社会主义发展方向、巩固和捍

① 《斯大林选集》（上），人民出版社 1979 年版，第 438 页。

② 《斯大林全集》第 8 卷，人民出版社 1954 年版，第 248 页。

卫十月革命的成果都具有重要意义。

二 执政初期西方资本主义与苏联的关系状态对斯大林的影响

斯大林执政初期，苏联与资本主义世界的关系，特别是苏联与美国的关系、苏联与英国的关系对斯大林产生了直接的影响。有研究者认为，从布尔什维克党在俄国取得胜利起，它便把自己置于资本主义的对立面，把消灭资本主义当成自己的历史使命。斯大林更是极力渲染资本主义包围的国际环境，不断宣传和夸大资本主义国家对苏联武装干涉的危险。斯大林看不到世界各国的共同利益，过分强调两种制度的对立性。斯大林的政策加深了西方国家对苏联的不信任，造成了两制对峙的紧张局势，对苏联造成极大的负面影响。本文认为，斯大林对于国际局势的判断的确存在一些偏差，但是国际局势的紧张氛围、西方资本主义对苏联的敌视与对立也不容轻视，并对斯大林产生了相当大的影响，斯大林怀有强烈的危机意识。

1925 年被称为是世界承认苏联之年，但是，事实上，以英、法、美为代表的资本主义国家依然对苏联持敌视对立立场。尤其是美国，在整个 20 年代，美国政府不仅在外交上拒绝承认苏联，而且阻挠其他国家与苏联改善外交关系，要求这些国家在对苏政策上追随美国。一些美国学者认为，美苏“冷战”从 1917 年已开始。美国曾想办法破坏 1920—1921 年苏联和英国的贸易谈判。1923 年 12 月，即在英国承认苏联前不久，美国总统柯立芝还在宣称美国政府不打算同苏联政府进行往来，还继续向英国和已经开始与苏联建立外交关系的国家施加压力。1924 年 2 月，英国和苏联建立了外交关系，但是英国和苏联之间关系的发展并不顺利，同年 8 月，苏英签订了条约，两国的相互要求问题在条约中基本得到解决。但是由于美国政府从中作祟，1924 年年底上台执政的鲍尔温政府拒绝批准英苏条约。从 1926 年夏天起，两国关系不断恶化，当时美国政府竭力促使英国与苏联断绝外交关系，一些人制造舆论怂恿英国工商界对苏联采取更强硬措施。1927 年 5 月，英国宣布与苏联断绝外交关系与商务关系。

美国还阻挠苏联与中国建立外交关系。1924 年，苏联打算和中国建立外交关系。美国统治集团担心，苏中接近会加强这两个大国在远东的地位，削弱美国在中国的影响力。于是，美国政府对苏中谈判公开进行干涉。在美国的阻挠下，本来已经同苏联签订初步协定的中国政府停止了谈判，美国报刊宣扬苏中谈判将彻底失败。美国的干涉引起中国民众的强烈反感，在民众的压力下，中国政府不顾美国的反对，同苏联建立了外交关系。

1924 年，在苏联与法国进行外交谈判之际，美国政府也从中作梗，竭力阻挠苏法关系正常化。美国国务院向法国政府暗示，法国承认苏联将是一种“错误”。《人道报》在谈到美国政府对这一问题的立场时说，国务卿休斯毫不含糊地声称，法苏接近的任何尝试都是美国所不喜欢的。1924 年夏，休斯还亲自前往法国，干预苏法建交谈判。①

20 世纪 20 年代，维护和巩固苏德关系是苏联的一个重要目标，但是苏德关系的稳定性由于欧洲局势的变化，由于英美对德国的政策的影响而经常受到冲击。英、美对苏德合作十分不安。1924 年 8 月在伦敦会议上通过的《道威斯计划》，显示出英美等国对苏联的险恶用心。道威斯计划力图把苏联沦为给资本主义国家提供原料的附属地，使苏联的工业依附于西欧，不让苏联工业化。他们认为苏联应该从德国和其他国家购入工业品，而苏联则向它们提供原料和粮食，继续成为一个农业国。美国和英国的垄断集团希望借助于德国经济力量的增强，使它反对苏联。

1925 年 10 月，在英国倡议下召开的洛迦诺会议和签订的《洛迦诺公约》明显显示出对苏联的威胁。英国希望通过给予德国一些让步和诺言，把它拉入反苏联盟，这一公约事实上规定了这些参加国在进行反苏战争时互相给予援助。洛迦诺会议的召开使苏德两国的合作关系受到重大挑战。

美国在阻挠苏联同拉丁美洲国家关系正常化方面也表现得非常积极。在美国的压力下，本来已经和苏联建立外交关系的墨西哥和乌拉圭政府于 1930 年年初同苏联断绝了外交关系。

在这一时期，从表面上看，资本主义国家想建立和平解决争端、调节冲突的机制，但事实并非如此。比如，1928 年 8 月 27 日，英、法、美、德、意、日等 15 国签订的《白里安—凯洛格公约》（这一公约又叫《非战公约》），签字国一致谴责用战争手段解决国际争端，并同意在相互关系中“放弃以战争作为执行国家政策的工具”，但是，由于公约不反对防卫性战

① 伊凡诺夫、列昂尼扬：《为了两国人民的利益：关于 1933 年苏联同美国建立外交关系的问题》，北京编译社译，商务印书馆 1965 年版，第 13 页。

争，各国又作了重大保留，因此，《非战公约》并未能像其所宣称的那样意在消除战火、维持和平。

在这一时期，尽管未爆发大规模反苏战争，但英美对苏联的敌视行为并未停止，国际上常常是反苏高潮迭起。英国张伯伦政府发起了美、法、德、日、意等六国外长会议，提出“和共产国际作斗争”的口号。1927年，苏联面临的国际环境趋于紧张，苏联多个驻外使馆和商务机构受到袭击，5月，英国同苏联政府断绝外交关系；6月，苏联驻波兰大使在华沙被刺身亡；12月，中苏关系破裂。这一系列事件的发生使斯大林的危机感不断加强。到20世纪30年代初期，英国继续坚持对苏联的敌对立场，美国则一直持不承认苏联的立场，并采取敌视对立政策。

西方资本主义与苏联的关系紧张状态还反映在经贸关系中，即使在1929—1933年西方资本主义世界发生大规模的经济危机期间，苏联与西方资本主义之间的往来也不怎么顺利。1930—1931年，西方国家掀起了一股抵制苏联货物之风，他们说苏联实行“低价倾销”、“强迫劳动”和“财政破产”等。

西方资本主义世界与苏联的持续紧张关系，使斯大林始终具有一种迫切的危机感和严重的孤岛意识。1927年下半年，当英国同苏联断绝外交关系后，斯大林立即认为这是武装干涉苏联趋势加强的表现，认为“和平共居”的时期正在过去，而让位于对苏联进行袭击和准备对苏联进行武装干涉的时期。斯大林认为世界已经进入了一个国际形势极为紧张的新时期，存在着一般新战争特别是反苏战争的真正的实在的威胁，强调苏联随时都有可能遭到武装干涉的现实危险，认为资本主义国家对苏联的战争已经成为不可避免。斯大林的结论是：战争的危险正在增长，必须准备应付一切危险，要准备好自己的军队，这就是国际形势要求苏联做的事。这在一定程度上促使斯大林以非常手段在国内开展国家工业化和农业集体化以加快一国社会主义的建设，增强应付不测事件的能力。斯大林始终认为苏联的安全受到威胁，他认为国际资产阶级“不会平心静气地看着一个正在建设社会主义的国家发展的”。为了应付外部的威胁，斯大林坚决实行高度的集中，苏联始终处于备战状态，斯大林需要的不是争论，而是绝对的服从和迅速的行动，不如此，他的方针政策就不能顺利地推行——对斯大林来说，这将意味着苏联的灾难。

三 1929—1933年资本主义经济危机增强了斯大林的信心

1929—1933年，资本主义世界爆发了有史以来持续时间最长、波及范围最广、破坏最严重的经济危机。经济危机的爆发对资本主义世界造成了巨大影响，资本主义的岌岌可危、资本主义政府的新变化及苏联社会主义建设的成就增强了斯大林的信心。

1929年爆发的史无前例的经济危机给资本主义世界以致命的打击，这场危机波及整个西方的银行业、商业以及本来就处于困境中的农业。由于工业危机、农业危机和信贷危机同时并发、相互交织，导致资本主义各国的生产和生活状况更加恶化。严重的经济危机激化了社会矛盾和阶级矛盾，大规模的罢工运动不断发生，资本主义制度面临巨大的危机。据统计，危机期间整个资本主义世界的工业生产下降40%以上，几乎倒退到19世纪末20世纪初的水平。

在西方世界面临巨大危机之时，苏联则向全世界表明，社会主义制度拥有巨大的活力和潜力，并为人类开创了新的通向未来的道路。与危机期间美国和其他资本主义国家的经济状况形成鲜明对比的是，社会主义国家苏联正在以资本主义国家前所未有的速度快速发展国民经济。1928年，苏联开始实行发展国民经济的第一个五年计划，并只用了四年零三个月的时间就顺利完成。在五年计划期间，社会主义工业化取得了巨大成就，先后建立了车里雅宾斯克、库兹涅次克和第聂伯河水电站，车里雅宾斯克铁合金企业，马格尼托哥尔斯克和库兹涅次克冶金联合企业，斯大林格勒、捷尔任斯基、哈尔科夫拖拉机厂，罗斯托夫农业机器制造厂，莫斯科和高尔基汽车厂等一批大型重化工业企业。五年计划期间，苏联对西方资本主义国家的先进技术和设备，特别是工业设备需求强劲。苏联成为世界市场上西方技术和机器设备的最大买主。例如，1931年苏联购买的机器设备约占世界机器设备出口总量的30%，到1932年这一比重上升为50%。[①] 美国是苏联所需的机器和设备的主要提供者之一。1929—1930年，美国有36个州的几百家企业参与制造苏联的订货。据统计，1931年苏联所购买的美

① 苏联科学院经济研究所编：《苏联社会主义经济史》第3卷，周邦新等译，生活·读书·新知三联书店1982年版，第399页。

国机器设备约占美国机器设备出口总量的50%，其中拖拉机出口总额的77.3%、金属加工机床的57.3%、其他金属加工机器的46.3%和采矿设备出口的近1/4，都输往苏联。

随着第一个五年计划完成，苏联的经济、政治和军事实力不断增强，国际地位有了很大提高，对比资本主义经济危机的频发及危害，苏联集中国家财力物力进行工业建设的计划经济显示出独特的优越性，让计划经济备受关注。西方一些有识之士对计划经济给予了研究，1929年美国经济学家弗·曼·泰勒在《社会主义国家生产指南》一文中，提出了“指导性计划”这一概念。他提出，资本主义国家如果采用“指导性计划”来对市场经济加以宏观调控会大有好处。

斯大林的理论和政策对资本主义政府产生了重大影响，资本主义国家在面临诸多危机之时开始借鉴苏联，在资本主义内部进行一些调整和改良，以挽救其制度危机。1933年年初罗斯福就任美国总统后推行了“新政”，开始实行一系列政府干预经济的挽救措施，并对工人阶级和其他劳动人民进行了一些让步，这一系列措施被称为“罗斯福新政”。罗斯福采取政府干预经济的办法，运用一系列财政手段，控制和引导经济活动，刺激经济发展，增加就业机会，调节收入分配，逐步把美国引出了困境。在此之前，按照传统的经济学理论，资本主义经济受市场规律自发调节，由所谓“看不见的手”来支配，国家一般不介入经济生活。在苏联成功经验的影响下，一些资本主义国家通过国有化、计划性，加强国家干预和宏观调控，出台了一系列社会福利政策，遏制了经济危机的势头，缓和了社会矛盾和阶级矛盾。1945年英国进行的改革也仿效了苏联的一些做法，主要有：实行国有化，将矿山、银行、交通运输、钢铁生产等收归国家所有，使经济领域中国有成分达到20%；实行高额累进税，使总收入的2/5通过税收由国家再分配；实行社会保障制度，提供免费医疗，实行失业、伤残、生育、年老、死亡等多方面的社会保障。资本主义国家的干预政策及社会福利政策，在一定程度上改善了工人和广大劳动人民的生活和工作环境，从而在一定程度上促进了资本主义的文明化。

在资本主义世界陷于经济危机之时，苏联显示出的生命力有力地证明了社会主义制度的优越性。资本主义虽然有短暂的发展与繁荣，但经济危机和战争频发，市场经济的生产无政府状态所造成的一系列危机，让斯大林、让苏联、让全世界的社会主义者认识到，应当摒弃市场经济，实施计划经济。苏联借助强大的国家政权力量，以高度集中的计划方式配置资源的新的发展模式在西方资本主义的危机年代中显示了独特的优越性。苏联社会主义建设的巨大成就告诉人们，社会主义的发展模式作为资本主义的替代方案不仅是可行的，而且具有资本主义制度无法比拟的优越性。

四 战争的阴云与斯大林对经济发展方式的选择

1929—1933 年世界经济危机之后，战争的阴云开始逐渐扩大。经济危机使国际政治经济形势发生了根本性变化。经济危机使一些国家的法西斯主义开始滋生，为转嫁危机，德国、日本及意大利等国家的民族沙文主义和军国主义情绪迅速发展，国家经济日益转向军事化。日本率先走上了军国主义的扩张道路，发动了蓄谋已久的侵华战争。在欧洲，希特勒法西斯势力在德国上台执政，逐步走上了对内实行恐怖统治，对外积极扩张的道路，对美国和欧洲的安全构成了现实的威胁。在帝国主义包围下，在战争的现实威胁下，斯大林提出了告诫：现在又像 1914 年那样，新的战争显然逼近了，苏联应当采取一切措施保障国家以防止突然的事变。斯大林的危机感最终为第二次世界大战的爆发、德国法西斯疯狂入侵苏联的历史事实所证明。第一次世界大战后世界的短暂和平，又被战争所取代了。

战争对于斯大林是挥之不去的阴云。斯大林一方面担心帝国主义者随时会发动对苏联的武装战争，一方面又担心世界战争的爆发。受到战争笼罩的国际环境的影响，为了国家的安全和生存，斯大林认为必须集中一切力量来快速发展重工业，来加强国防力量。1925 年，斯大林在联共（布）第十四次代表大会上提出："把我国从农业国变成能自力生产必需的装备的工业国——这就是我们的总路线的实质和基础。"① 斯大林认为处于资本主义包围之中的第一个社会主义国家要生存下来，必须要自己武装自己，尽快建立自己足够强大的经济和国防！这就是斯大林的决定，这是关系国家前途命运的重大问题。高速度地发展国民经济，这就是斯大林为了迅速增加国家的经济实力和国防实力而确立的发展目标。在 1927 年前后，苏联领导人最担心的可能爆发的反苏侵略战争并未爆发，在这难得的喘息时期，斯大林也曾想过改变搁置轻工业的方针，同时加速发展重工业和轻工

① 《斯大林全集》第 7 卷，人民出版社 1958 年版，第 294 页。

业。但20世纪30年代初日德两大战争策源地的形成又构成对苏联的现实威胁，使斯大林又一次感到战争的逼近，使得这一转变最终没有实现。可以说，由于处于资本主义包围和随时可能爆发的反苏战争的威胁之中，联共（布）多数领导人是支持斯大林基于备战而确立的经济发展战略的。

斯大林对苏联的基本认知是："我们比先进国家落后了50年甚至100年。我们应当在10年内跑完这一段距离。或者我们做到这一点，或者我们被打倒"，如果不愿意被打倒，那就必须抓紧时间、抓住时机发展自己，"延缓速度就是落后，而落后是要挨打的"[①]。因为"我们不能知道帝国主义者究竟会在哪一天进攻苏联，打断我国的建设。他们随时都可以利用我国技术上经济上的弱点来进攻我们，这一点却是不容置疑的。所以，党不得不鞭策国家前进，以免错过时机，而能尽量利用喘息时机，赶快在苏联建立工业化的基础，即苏联富强的基础。党不可能等待和应付，它应当实行最高速度的政策"[②]。正是这种对随时可能面临战争的危险处境的高度戒备使斯大林的许多政策都带有战时色彩。斯大林也看到从发展轻工业开始，然后逐步发展重工业的工业化道路的优势，但是，苏联不能走这条道路。因为，战争日益逼近，没有重工业就无法保卫国家。1929—1933年世界经济危机之后，战争的阴云又开始逐渐扩大，使斯大林再一次坚信，要取得战争胜利必须有强大的工业，特别是重工业，因为这是发展一切经济部门、加强国防力量和不断提高劳动人民福利的可靠基础。这对国家是生与死的问题。在斯大林看来，高度集中的计划体制更便于国家在临战或战时调动一切必要的人力、物力以应对战争。

第二次世界大战的胜利，苏联在战争中的伟大表现，也对斯大林的建设社会主义思想产生了重大影响。在斯大林看来，战争胜利结果表明，在最初几个五年计划中，共产党和苏联政府执行的国家社会主义工业化、农业集体化是正确的和英明的。斯大林把战争的胜利归结为苏维埃社会制度的优越性。他在1946年2月9日《在莫斯科市斯大林选区选举前的选民大会上的演说》中指出："苏维埃社会制度比非苏维埃社会制度更有生命力，更稳固，苏维埃社会制度是比任何一种非苏维埃社会制度更优越的社

① 《斯大林全集》第13卷，人民出版社1956年版，第37—38页。

② 同上书，第168页。

会组织形式。”[①] 斯大林在这个演说中，还列举了战前1940年苏联可以用来进行战争的经济基础，苏联之所以能在短短的13年取得这些物质条件，在斯大林看来最为重要的是两条：一是依靠了苏维埃的国家工业化政策；二是依靠了农业集体化政策。战争证明，重工业是苏联国防力量和苏联武装部队强大的基础。苏联在前所未有的短促的时期内实现了国家工业化、农业集体化和文化革命，才抵挡住了法西斯德国及其盟国的进攻。苏联在伟大卫国战争中取得的胜利鲜明地显示出社会主义相对于资本主义的极大优越性，这一胜利意味着，苏联的社会主义制度和国家制度取得了胜利，它光荣地经受住了战争的严重考验，并显示出它的不可战胜的生命力。

五 社会主义从一国走向多国的胜利推进对斯大林的鼓舞

在第二次世界大战后，国际共产主义运动取得了辉煌胜利，社会主义由一国走向多国，特别是中国革命的胜利，进一步改变了国际力量的对比，扩大了社会主义的影响，一度形成了世界社会主义高歌猛进的大好形势。一系列社会主义国家和人民民主国家的胜利造成的革命形势鼓舞了斯大林。1917年，社会主义的人口占全球人口的7.4%，领土占全世界领土的15.9%；第二次世界大战后，各社会主义国家的人口约占全世界的35%，领土占全世界的26%。社会主义国家在消除战争创伤、恢复生产、提供充分就业、发展经济、提高人民生活水平等方面，取得了举世瞩目的成就，与资本主义世界中出现的低发展、高失业率以及接连不断的经济危机形成鲜明对照。1956年，世界社会主义体系的采煤量占全世界的37%以上，钢铁产量约占1/4，棉花产量约占1/3。社会主义各国的谷物收获量约占世界的40%。[②] 世界各国社会主义建设成就谱写的辉煌显示出了社会主义制度的优越性，提高了社会主义的国际声望。

苏联积极援助东欧和亚洲新生的社会主义政权，积极促进社会主义国家和人民民主国家的联合，斯大林强调：“我们应该竭尽全力使我国成为经济上独立自主而依靠国内市场的国家，成为能把其他一切逐渐脱离资本

---

① 《斯大林选集》（下），人民出版社1979年版，第492页。

② 伊·费·伊瓦辛：《苏联外交简史》，春华等译，商务印书馆1995年版，第389页。

主义而进入社会主义轨道的国家吸引到自己方面来的基地。”① 在斯大林的领导下，苏联通过实施一系列措施，签订一系列友好互助条约，加强社会主义国家间的关系，推动社会主义的国际联合。1947 年苏联和东欧各人民民主国家同法国、意大利共产党和工人党成立欧洲九国共产党工人党情报局；1949 年 1 月苏联与保加利亚、匈牙利、波兰、罗马尼亚、捷克斯洛伐克共同决定成立经济互助委员会（简称经互会）。1950 年 2 月 11 日，斯大林与毛泽东在莫斯科签署了为期 30 年的《苏中友好同盟互助条约》。

1949 年北大西洋公约组织的成立，标志着以美国为首的帝国主义阵营形成，对苏联和东欧各人民民主国家构成了严重威胁，为此，斯大林积极促成社会主义国家之间的联合。最终，在斯大林逝世后，1955 年 5 月，苏联与民主德国、波兰、捷克斯洛伐克、保加利亚、匈牙利、罗马尼亚以及阿尔巴尼亚八国在波兰华沙签署《华沙条约》，形成统一的政治军事同盟——华沙条约组织，以苏联为首的社会主义阵营最终确立。

社会主义在多国的胜利大大增强了社会主义的力量，苏联不再仅仅依靠自身的力量与西方世界对垒，而是依靠联合起来的社会主义阵营的力量来反对西方资本主义阵营。斯大林高度评价社会主义国家之间建立的合作互助关系，他认为，“这个合作的经验表明，没有一个资本主义国家能像苏联那样给予各人民民主国家以真正的和技术精湛的帮助。问题不仅在于这种帮助是极度便宜的，技术上是头等的。问题首先在于这种合作的基础，是互相帮助和求得共同经济高涨的真诚愿望。结果，在这些国家中便有了高速度的工业发展。可以满怀信心地说，在这样的工业发展速度之下，很快就会使得这些国家不仅不需要从资本主义国家输入商品，而且它们自己还会感到必须把自己生产的多余商品输入他国”②。斯大林认为，社会主义从一国胜利走向多国胜利，显示着资本主义对苏联的包围崩溃了，苏联摆脱了国际孤立状态，以苏联为首的社会主义阵营的力量大大超过了帝国主义阵营的力量。世界社会主义力量的发展与联合使斯大林进一步深化和发展了关于世界资本主义体系的总危机理论。他认为，世界资本主义体系的总危机，“是既包括经济也包括政治的全面危机。这种危机的基础，一方面是世界资本主义经济体系的瓦解日益加剧，另一方面是脱离资本主

① 《斯大林全集》第 7 卷，人民出版社 1958 年版，第 247 页。

② 《斯大林文选》（下），人民出版社 1962 年版，第 594—595 页。

义的国家——苏联、中国和其他人民民主国家的经济实力日益增长”①。他认为，战后社会主义力量的增长和联合，使资本主义的统一市场瓦解，出现了两个平行的、彼此隔绝的世界市场；西方的经济封锁使社会主义的世界市场更加巩固，它不仅不需要西方国家的商品输入，而且自己还有大量的剩余产品输往他国；由于社会主义市场的存在与发展，资本主义世界市场日益缩小；由于日益狭窄的国际市场，资本主义各国的国内经济危机和资本主义体系的总危机逐渐加强，内部矛盾进一步激化，大战不可避免，而且完全可能在资本主义阵营内部首先爆发。

六 冷战的对峙格局对斯大林的影响

有研究者认为，第二次世界大战后，世界上出现了一系列社会主义国家，苏联已经不存在来自外部的现实威胁了，而斯大林仍然固守着充满弊端的经济政治模式，严重阻碍了社会主义建设。的确，第二次世界大战后斯大林的发展战略存在问题，但此时的苏联不再有外部威胁了吗？是苏联以整个资本主义世界为对手，走上了与整个资本主义世界相抗衡的道路吗？是苏联还是美国发起了冷战呢？在如何看待这些问题上，理论界存在着争议。本文认为，无论是谁发起了冷战，冷战的对峙格局影响着斯大林。

第二次世界大战使苏联遭受了极为惨重的损失，经济受到严重破坏。苏联在战后希望以最大精力用于恢复和发展经济，并希望在经济上与美国继续合作。然而这时的美国为了全球霸权主义的需要，已下决心与苏联走向公开对抗。战后初期，斯大林主张保持苏联同西方国家之间在战时结成的联盟，提出不同社会制度的国家应和平共处，加强各方面的合作。1947年4月，斯大林在同美国共和党活动家哈罗德·史塔生的谈话中指出，社会制度的差别对美苏合作来说并没有什么妨碍，“德国和美国的经济制度是相同的，然而它们之间却发生了战争。美国和苏联的经济制度是不同的，但他们彼此并未作战，而且在战时还相互合作。两种不同的制度既然在战时能够合作，在和平时期又为什么不能合作呢？”② 不仅如此，在承认

---

① 《斯大林文选》（下），人民出版社1962年版，第616页。

② 同上书，第491页。

不同社会制度国家之间存在着各方面差别的基础上，斯大林还提出了一种非常宝贵而且迄今也不失其价值的思想：共处的各方“不应醉心于批评彼此的制度。每一国的人民都维持着它所愿意维持和可能维持的制度。哪一种制度更好——历史会证明的。应该尊重人民所选择和赞同的制度。美国的制度究竟是好还是坏——这是美国人民的事。合作并不需要各国人民具有同样的制度。应该尊重人民所赞同的制度。只有在这种条件下，才有合作”①。斯大林在战后初期提出的处理两制关系的思想是正确的，符合苏联的现实利益。

然而，能否真的和平相处并不只取决于苏联和斯大林，还取决于以美国为首的西方国家。苏联在第二次世界大战中取得的辉煌胜利，苏联对世界被压迫阶级和被压迫民族革命斗争的声援和支持，社会主义从一国走向多国，使社会主义制度的吸引力、苏联在国际上的政治影响力达到了空前的高度，这却是西方资本主义不愿看到的。第二次世界大战结束后，一股极端反共情绪在一个时期内席卷美国等国家，在一些人眼中，苏联的强大实力是共产主义威胁的具体表现。1946 年 3 月，英国首相丘吉尔在美国的富尔敦发表演说，攻击中东欧大陆已经“被苏联用铁幕笼罩起来”，呼吁英美结成联盟，有效遏制苏联的扩张，这场演说正式拉开了东西方冷战的序幕。随着冷战的开始，斯大林很快改变了自己以前的看法，开始强调帝国主义战争的不可避免性和两种制度对立和斗争的不可调和性。1947 年苏联拒绝参加马歇尔计划，苏联与美国的关系完全破裂。以美国为首的西方国家开始对社会主义各国实行遏制封锁政策。1948 年，美国对出口到社会主义国家的一切商品实行个别许可制。1949 年 11 月，在美国提议下建立了巴黎统筹委员会，作为西方 15 国对社会主义各国经济禁运的协调机构，禁运物资一度多达 1000 多项。同年，美国国会还制定了“出口管制法”，禁运商品达 2800 种，1951 年美国国会又通过《共同防务援助控制法》，规定禁止向社会主义国家输出的战略物资达 313 种，还规定美国将对向苏联提供禁运物资的国家停止经济、军事和财政援助。另外，马歇尔计划出笼以后，美国政府还修改了《约翰逊债务违约法》，只对社会主义国家进行私人信贷的限制。1951 年的《贸易协定延长法》又规定对社会主义各国的商品实行进口限制。一系列行动之后，世界最终形成了以苏美为首的

① 《斯大林文选》（下），人民出版社 1962 年版，第 493 页。

两种体系、两个阵营和两个对立的经济集团和军事集团，两制国家进入以美国和苏联为首的全面对峙时期。

冷战的对峙局面，影响了斯大林对苏联及社会主义阵营中各国经济联系途径和经济发展方式的判断。如何保证苏联本国安全和既得利益，同时保证新解放的人民民主国家不被帝国主义颠覆，成为斯大林关心的重要问题。1952 年，斯大林在《苏联社会主义经济问题》中明确提出了世界已形成两个平行市场的论断，可以说，两个平行的世界市场的提出首先是对西方国家对社会主义国家实行经济封锁的回应。斯大林认为第二次世界大战后，统一的无所不包的资本主义世界市场已经瓦解，出现了社会主义阵营与资本主义阵营对立的局面，而这种阵营对立的经济结果就是有了两个平行的也是相互对立的、互不往来的市场。斯大林实际上否认了社会主义国家与资本主义国家发展经济联系的必要性，他指出，是“美国、英国及法国自己促成了这个新的平行的世界市场的形成和巩固，当然这不是出于它们的本意。它们对于没有加入‘马歇尔计划’体系的苏联、中国和欧洲各人民民主国家实行经济封锁，想以此窒杀它们。事实上并没有窒杀得了，反而巩固了这个新的市场”①。

斯大林提出“两个平行的世界市场”理论，反映了第二次世界大战后初期世界经济与政治关系中资本主义与社会主义两大不同社会制度的基本格局，并充分地肯定了社会主义国家之间开展经济技术和贸易往来的必要性和重要性。把社会主义和资本主义看成两个相互独立的、平行的世界市场，这一理论在冷战环境中出现是合乎逻辑的，在当时的历史条件下，对粉碎西方的遏制封锁和加强社会主义阵营团结统一以及经济恢复发展，起到了积极的作用。但这一理论又存在致命的缺陷，就是它并没有正确认识世界经济发展的客观规律。社会主义国家属于生产力相对落后的国家，而战后发达资本主义国家的生产力在科技进步的带动下取得了空前的发展，而斯大林的“两个平行的世界市场”理论，实际上是把社会主义排除在世界经济和资本主义最新科技进步成就之外。这一理论在一定时期发挥了积极的作用，在一定程度上解决了社会主义国家的生存问题，但不能解决社会主义国家的发展问题，这一理论违背了世界经济国际化的发展趋势，对苏联和其他社会主义国家造成了负面影响。

---

① 《斯大林文选》（下），人民出版社 1962 年版，第 594 页。

可以看到，国际因素对斯大林的社会主义建设理论与实践产生了很大的影响，在当代，我们在反思和批判斯大林时，不应该忽视国际因素、时代条件对他的影响。当时世界正处于战争与革命的时代，资本主义的发展性危机，引起了两次世界大战，战争又引起了一系列革命，斯大林领导苏联开展的社会主义建设就是在这样的国际背景下进行的。在斯大林的领导下，苏联曾经取得过轰动世界的成就。俄国这个欧洲最为落后的国家之一，在短短十几年时间里变成国民生产总值居欧洲第一位、世界第二位的国家。在第二次世界大战期间，苏联的国民经济遭到极大的破坏，但战后苏联仅用几年时间就恢复到了战前的水平。斯大林时期的苏联在社会主义建设和反法西斯卫国战争中建立了不可磨灭的历史功勋，对于新生的社会主义国家恢复经济、初步建立工业基础，也起过积极的历史作用。第二次世界大战后，在世界社会主义凯歌高奏的时期，苏联代表着现实社会主义的形象，在全世界产生了巨大的影响力和吸引力。当然也应当看到，社会主义国家的发展模式的选择应当随着现实的变化而及时调整。第二次世界大战后，随着第三次科技革命的兴起和扩展，各主要资本主义国家的生产力获得巨大的发展，经济增长较长时期保持较高速度，西方资本主义进入了新的发展阶段，社会经济政治形势较为稳定，而战后斯大林继续推行高度集中的经济政治体制，没有跟上国际国内新形势的新要求，当时代已经开始从战争与革命转向和平与发展时，斯大林及其后的党和国家领导人的停滞，最终给苏联社会主义事业的发展造成了危机，这一教训应当深入总结并记取。

（原载《马克思主义研究》2012 年第 5 期）

马克思列宁主义关于防止“公仆”变“主人”的重要思想

朱峻峰[*]

防止“公仆”变“主人”是马克思主义发展史上的一个重要思想，也是马克思主义政党和社会主义国家政权保持先进性和纯洁性、防止其“改色变质”的重大战略。马克思恩格斯在总结世界上第一个人民民主制度的政权巴黎公社经验时，第一次提出了这一重要原则。列宁在十月革命前阐述了马克思恩格斯关于坚持公仆原则的重要思想，在十月革命胜利后则在实践中总结了防止执政党和人民政权变质的重要经验。中国共产党人继承和发展了马克思列宁主义，在理论和实践上坚持和发展了防止“公仆”变“主人”的原则，特别是习近平总书记履新百日彰显人民公仆精神。

一　马克思、恩格斯对巴黎公社“公仆原则”的阐述

1871 年 3 月 18 日，法国巴黎工人阶级发动了惊心动魄的起义，英勇地从资产阶级反动政府手中夺取了政权，奇迹般地创建了世界上第一个工人阶级自己的政权。3 月 26 日，经过选举产生了巴黎公社。3 月 28 日，巴黎公社正式宣告成立。由于敌我力量悬殊等原因，世界上第一个工人阶级的政权，历经 72 天，于 5 月 28 日失败。但就在短短 72 天的时间里，巴黎公社通过并实行了许多规定和措施，创造了无产阶级专政、人民民主制度的伟大业绩。巴黎公社失败了，但它的原则是永存的。

巴黎公社的原则，包括用革命的暴力推翻资产阶级的反动统治，建立无产阶级专政，实行人民民主制度。今天对我们仍具重要现实意义的，就

---

* 朱峻峰，社会科学文献出版社马克思主义理论编辑室特聘顾问，《求是》杂志社原副总编辑。

是巴黎公社实行的人民民主制度和“公仆原则”。巴黎公社的实践是伟大的，对巴黎公社经验总结的理论是辉煌的。这一辉煌的理论成果集中地体现在马克思在巴黎公社期间就写成的《法兰西内战》一书，同时也体现在恩格斯在20年后为出版《法兰西内战》一书所写的导言中。

马克思、恩格斯详尽地论证了巴黎公社人民民主政权的实质及其特征：①巴黎公社是“帝国的直接对立物”，是“新的真正民主的国家政权”，“公社给共和国奠定了真正民主制度的基础”，是“通过人民自己实现的人民管理制”。②公社不是压迫性的机关，而是工人阶级自己的政府。③公社的领导成员不是骑在人民头上作威作福的老爷，而是由人民选出、受人民监督、废除了一切特权的人民的“勤务员”、“公务员”、“公仆”。④公社不是官僚、腐败机构，不是吸血鬼，它取消庞大的军费开支和官吏高薪，是“廉价政府”。⑤公社对农民决不去“敲骨吸髓地压榨”，“决不靠农民劳动以自肥”，而要免除他们的一切血税，要给农民直接带来重大益处。⑥马克思、恩格斯高度评价巴黎公社的如下三项措施：一是普选产生公职人员；二是一切公职人员的工资相当于熟练工人的工资；三是人民群众监督并可随时罢免公职人员。恩格斯认为，正是这些措施，就可以可靠地“防止国家和国家机关由社会公仆变为社会主人”，“也能可靠地防止人们去追求升官发财”。这两个“防止”是何等精辟深刻！

二　列宁在十月革命前对“公仆原则”的探索

十月社会主义革命前，俄国发生了两次反对沙皇统治的资产阶级民主革命。一次是1905年的革命，在这次革命中，布尔什维克领导人民成立了工人代表苏维埃。苏维埃，即会议或代表会议或委员会。工人代表苏维埃是一个广大工人阶级的群众政治组织。列宁为首的布尔什维克党认为它是工人阶级革命政权的萌芽，相当于当年的巴黎公社。这次革命终因力量对比悬殊，遭到失败。1917年2月，爆发了俄国第二次资产阶级革命，起义的工人和士兵推翻了沙皇专制统治，建立了工兵苏维埃，二月革命取得了胜利。但二月革命后，俄国出现了一个非常特殊的情况，即两个政权并存的局面，一个是工兵代表苏维埃，一个是资产阶级临时政府，而工兵代表苏维埃的领导权又主要由孟什维克和社会革命人占据。但两个政权并存的局面是不能长期维持下去的。一方面，列宁领导的布尔什维克党，决心要将革命进行到底，要把民主革命转向社会主义革命，建立无产阶级的政权。另一方面，资产阶级临时政府的反动本性也是不可改变的，它血腥镇压人民的游行示威，解除首都的工人武装，捣毁布尔什维克中央委员会的办公处，封闭了布尔什维克的报纸，砸烂了《真理报》编辑部，并大肆逮捕布尔什维克党人，监禁布尔什维克的许多重要活动家，并下令通缉列宁，用反革命暴力镇压革命运动。

正是在这样的情势下，无产阶级夺取政权的问题提到日程上来，用革命暴力推翻资产阶级统治，武装夺取政权，成为布尔什维克党当时最迫切的任务。正如列宁在《国家与革命》一书第一版序言中第一句话所说："国家问题，现在无论在理论方面或在政治实践方面，都具有特别重要的意义。"也正如列宁在这篇序言的最后一段所说："无产阶级社会主义革命对国家的态度问题不仅具有政治实践的意义，而且具有最迫切的意义。"

但是，恰恰在国家和革命这样一个根本问题上，第二国际伯恩施坦、考茨基机会主义者肆意歪曲马克思主义国家学说，反对暴力革命和无产阶级专政，美化资产阶级议会制。在俄国，普列汉诺夫等机会主义也散布种种谬论，反对暴力革命，反对党关于武装起义的路线。而俄国的资产阶级和小资产阶级政党非常害怕布尔什维克掌握国家政权，极力维护其反动统治，他们在报刊上攻击和恐吓布尔什维克，说"布尔什维克永远不敢单独夺取全部国家政权"，"即使夺到了政权，连一个短暂的时期也保持不住"等。在无产阶级即将夺取政权的紧急关头，布尔什维克究竟要不要夺取政权，要不要通过暴力革命夺取政权，能不能夺取和保持政权，无产阶级革命所要建立的政权到底是什么样的政权？对于这些问题，必须从理论上作出明确回答。

于是，列宁在十月革命前写了一系列重要文章，特别是在十月革命前夕相继写的《国家与革命》、《布尔什维克能保持国家政权吗?》（以下简称《保持国家政权》）等文章，回答了上述问题，并阐述了新型国家政权及其公务人员实行"公仆原则"的重要问题。

列宁在《国家与革命》中详尽地阐明了马克思恩格斯的国家学说，特别是无产阶级专政学说，深刻地论述了无产阶级必须通过暴力革命打碎资产阶级国家机器，建立无产阶级专政和关于国家消亡条件等重要问题，还阐述了巴黎公社实行"社会公仆"的经验和原则，主要是：

1. 一切旧国家，不仅在君主国，而且在资本主义民主共和国，其国家机构都是压迫机构，都是社会寄生物，都把公职人员、“社会公仆”、社会机关，变成社会的主人。

列宁根据马克思恩格斯的国家学说指出，“国家是阶级矛盾不可调和的产物”，“国家是阶级统治的机关，是一个阶级压迫另一个阶级的机关，是建立一种‘秩序’来抑制阶级冲突，使这种压迫合法化、固定化”。国家“是从社会中产生但又居于社会之上并且日益同社会相异化的力量”。这种力量主要是常备军、警察、监狱和官吏。列宁还指出，国家不仅是压迫人民，而且也是剥削人民的工具，“即使在最民主的资产阶级共和国里，人民仍然摆脱不了当雇佣奴隶的命运”。即人民只能是奴隶，是奴仆，是资产阶级的仆人。因此，反复地讲，旧国家是“寄生物”，是“寄生赘瘤”，是“祸害”，它使少数剥削者、压迫者“享有特权”，议会也是“贪污腐败”的机构，议员享有“特权地位”，“资产阶级议会制的真正本质就是“每隔几年决定一次究竟由统治阶级中的什么人在议会里镇压人民、压迫人民”。列宁还根据恩格斯为马克思的《法兰西内战》一书所写的导言的思想指出：“不仅在君主国，而且在民主共和国，国家依然是国家，也就是说仍然保留着它的基本特征：把公职人员、‘社会公仆’、社会机关，变为社会的主人。”

为了进一步证明，政府官吏的贪污腐败是资产阶级国家的根本剥削制度造成的，列宁指出，在资本主义制度下，“由于雇佣奴隶制和群众贫困的整个环境，民主制度受到束缚、限制、阉割和弄得残缺不全。因为这个缘故，而且仅仅因为这个缘故，我们（引者注：指无产阶级）政治组织和工会组织内的公职人员是受到了资本主义环境的腐蚀（确切地说，有被腐蚀的趋势），是有变为官僚的趋势，也就是说，是有变为脱离群众，站在群众之上、享有特权的人物的趋势”。列宁接着还强调说：“这就是官僚制的实质，在资本主义被剥夺以前，在资产阶级被推翻以前，甚至无产阶级的公职人员也免不了在一定程度上‘官僚化’。”这就指明，产生贪污腐败，使社会公仆变成社会主人，这是资本主义的剥削制度和资本主义民主制度的残缺不全造成的。因此，列宁认为，要消除贪污腐败，防止社会公仆变成社会主人，就要摧毁资产阶级国家机器，代之以人民当家做主、公职人员没有特权、民主制度健全的巴黎公社那样的新型国家机器。

2. 唯有巴黎公社式的民主制度才能把颠倒了的主仆关系重新颠倒过

来，防止社会公仆变为社会主人。

列宁在《国家与革命》中引用和肯定了马克思和恩格斯关于巴黎公社所采取的防止社会公仆变为社会主人的措施。

如何防止社会公仆变为社会主人，列宁非常强调以下几条原则：

（1）铲除特权原则

列宁说，巴黎公社取消支付给官吏的一切办公费，把国家所有公职人员的薪金减到“工人工资”的水平，这是取消“一切金钱上的特权”，是要把国家职能中的“任何特权制、‘长官制’的痕迹铲除干净”。列宁在阐述巴黎公社的代表机构时指出：代表机构仍然存在，然而议会制这种特殊的制度，这种立法和行政的分工，这种议员们享有的特权地位，在这里是不存在的。

（2）人民管理原则

人民不仅有对国家工作人员的选举权、监督权和罢免权，而且有管理国家的权力。马克思在总结巴黎公社曾采取的一些民主措施时说：这“表明通过人民自己实现的人民管理制的发展方向”。“人民管理”是马克思提出来的，列宁在《国家与革命》中突出地强调了这个思想。他说：“在社会主义下，人民群众在文明社会史上破天荒第一次站起来了，不仅独立地参加投票和选举，而且独立地参加日常管理。在社会主义条件下，所有的人将轮流来管理。”列宁还从民主是国家形式，是一种国家形态的高度指出：“民主意味着在形式上承认公民一律平等，承认大家都有决定国家制度和管理国家的平等权利。”因为确认大家都有管理国家事务的权力，那些国家工作人员就不能自视特殊并追求特权，因而对防止公仆变主人具有重要意义。列宁还进一步指出了人民管理国家的深远意义，他说：“当所有的人都学会了管理，都来实际地独立地管理社会生产，对寄生虫、老爷、骗子等等‘资本主义传统的保持者’独立地进行计算和监督的时候，逃避这种全民的计算和监督就必然会成为极难得逞的、极罕见的例外，可能还会受到极迅速严厉的惩罚……以致人们对于人类一切公共生活的简单的基本规则就会很快从必须遵守变成习惯于遵守了。”这就是从共产主义社会的第一阶段过渡到高级阶段的大门已经打开，国家也会随之消亡。

（3）人民民主原则

“民主”，顾名思义就是人民当家做主，因此，巴黎公社实质上是工人阶级的政府，也就是人民的政府，因此对人民来说首先是民主的政府。列宁在《国家与革命》第三章中阐述了这个思想：

这一章的第一节，列宁讲的是巴黎公社战士的英雄主义精神，第二节就讲“用什么东西来代替被打碎的国家机器呢?”，这也是第二节的标题。列宁一开始就从马克思恩格斯《共产党宣言》中关于民主的那句话来回答：“‘以无产阶级组织成为统治阶级’来代替，以‘争得民主’来代替，这就是《共产党宣言》的回答。”列宁说，这个回答还十分抽象，只是指出了任务，而没有指出解决任务的方法。为什么？因为历史条件还不成熟，还没有巴黎公社这样的经验。接着列宁说：“无产阶级组织成为统治阶级会采取什么样的具体形式，究竟怎样才能组织得同最完全最彻底地‘争得民主’这点相适应，对于这个问题，马克思并没有陷于空想，而是期待革命运动的经验来解答。”列宁就根据马克思对巴黎公社的经验作出分析，巴黎公社是帝国的直接对立物，是指法国第二帝国的对立物，帝国纯粹是压迫性的统治机器，公社是消灭阶级统治本身的共和国的一定形式，列宁说，这是无产阶级社会主义共和国，这种国家形式到底怎么样呢？列宁引马克思的话，公社的第一个法令是废除常备军而用武装的人民来代替它，接着又引马克思讲的巴黎公社是普选产生的代表组成的，对选民负责，随时可撤换，代表又是工人，或公认的工人阶级代表，又引用马克思说的公社的一切公职人员，都领取相当于工人的薪金，法官也是选举产生，对选民负责，并且可以撤换。列宁引用马克思的这些话后，总结说：“由此可见，公社用来代替被打碎的国家机器的，似乎‘仅仅’是更完全的民主：废除常备军，一切公职人员完全由选举产生并完全可以撤换。但是这个‘仅仅’，事实上意味着两类根本不同的机构的大更替。在这里恰巧看到了一个‘量转化为质’的例子：民主实行到一般所能想象的最完全最彻底的程度，就由资产阶级民主转化成无产阶级民主。”这就指明，巴黎公社是无产阶级民主，这与资产阶级民主不仅有量上的区别，又有质的区别，性质完全不同了，它是最彻底最完全的民主。这是列宁根据马克思对巴黎公社经验的分析得出的结论。这个结论，就是民主，民主制度。

列宁在引用恩格斯关于巴黎公社采取了“防止国家和国家机关由社会公仆变为社会主人”的两个正确的办法后说：“恩格斯在这里接触到了一个有趣的界限，在这个界限上，彻底的民主变成了社会主义，同时也要求实行社会主义。”“彻底发展民主，找出彻底发展的种种形式，用实践来检验这些形式，等等，这一切都是为社会革命进行斗争的基本任务之一。任何单独存在的民主制度都不会产生社会主义，但在实际生活中民主制度永远不会是‘单独存在’，而总是‘共同存在’的，它也会影响经济，推动经济的改造，受经济发展的影响，等等。这就是活生生的历史辩证法。”这一长串话，是说明发展社会主义民主，是社会主义革命的一个重要任务，这个任务也不是单独的，而是与经济的发展相互依存的，民主既会影响经济，推动经济的发展，同时也受经济发展的制约。这些都是重要的民主思想、民主理论。

关于民主的论述，列宁在《国家与革命》中并没有到此为止，在后面的章节中，在讲到从资本主义到共产主义的过渡时，列宁进一步指出："极少数人享受民主，富人享受民主，——这就是资本主义社会的民主制度。”“而无产阶级专政，即被压迫者先锋队组织成为统治阶级来镇压压迫者，不能仅仅只是扩大民主。除了把民主制度大规模地扩大，使它第一次成为穷人的、人民的而不是富人的民主制度之外，无产阶级专政还要对压迫者、剥削者、资本家采取一系列剥夺自由的措施。”这里列宁使用了“穷人的、人民的民主制度”这个概念，同时又与专政结合在一起。我们中国的国体不叫“无产阶级专政”，而叫“人民民主专政”，这完全是从我国的国情出发的，原来这与列宁在这里的思想完全一致、完全吻合。

在《保持国家政权》这篇文章正文前，附有列宁在十月革命后写的“再版序言”，指明这本著作要说明的中心是工农政府的生命力问题，也就是布尔什维克能否保持国家政权问题，列宁说，十月革命已经把书中提出的理论变成了实践，现在，无产阶级的任务是在实践中用行动来证明工农政府的生命力。列宁在《保持国家政权》一文中一再指出，根据马克思总结的巴黎公社的经验，无产阶级不能简单地掌握并运用资产阶级国家机器，而是要打碎这个国家机器，用新的国家机器来代替它，列宁说，这一点他在《国家与革命》中已经做了阐述，接着列宁说：“巴黎公社创造了这种新型的国家机器，俄国工兵农代表苏维埃也是这一类型的‘国家机构’。”

往下列宁分析了为什么苏维埃是新型的国家机构，他说：“苏维埃是新型的国家机构，第一，它有工农武装力量，并且这个武装力量不是像过去的常备军那样脱离人民，而是同人民有极密切的联系……第二，这个机构同群众，同大多数人民有极其密切的、不可分离的、容易检查和更新的联系，这样的联系从前的国家机构是根本没有的。第三，这个机构的成员不是经过官僚主义的手续而是按照人民的意志选举产生的，而且可以撤换，所以它比从前的机构民主得多。第四，它同各种各样的行业有牢固的联系，所以它能够不要官僚而使各种各样的极深刻的改革容易实行。第五，它为先锋队即被压迫工农阶级中最有觉悟、最有毅力、最先进的部分提供了组织形式，所以它是被压迫阶级先锋队能够用来发动、教育、训练和领导这些阶级全体广大群众的机构，而这些群众向来都是完全处在政治生活之外，处在历史之外的。第六，它能够把议会制的长处和直接民主制的长处结合起来，就是说，把立法的职能和执法的职能在选出的人民代表身上结合起来。同资产阶级议会制比较起来，这是在民主发展过程中具有全世界历史意义的一大进步。”列宁分析的这六条，是回答无产阶级为什么能够保持苏维埃政权的原因和理由，这六条讲的是苏维埃是新型的国家机器新型在哪？这六条也是防止公仆变主人的重要原则，从而也是列宁对巴黎公社原则的继承和发展。这六条，第一条讲工农武装力量，第二条讲苏维埃机构，第三条讲这个苏维埃机构的人员，第四条讲各行各业，第五条讲党，第六条讲职能机构。每一条都是讲公仆与主人的关系，每一条都讲到人民群众，包括联系人民，同群众极密切的联系，国家机构的工作人员即公仆，又是按照人民的意志由人民的代表选出来，而且可由人民的代表将其撤换，立法和执法人员也是由人民代表选出的，这样就把党、苏维埃和人民群众之间的关系讲得简略而又透彻。

三　列宁在十月革命后对“公仆原则”的实践和探索

十月革命胜利了，列宁领导的俄共（布）党成了执政党。列宁有执政6年零2个月的经历，最后近2年在病中度过，由于时间短，在防止公仆变主人的实践中，总的来说，还是一个探索的过程，但列宁在这方面思想还是很丰富和深刻的，可以说弥足珍贵。

1. 警惕“执政党的引诱力”，防止脱离群众的危险

党执政地位的变化和工作任务的转移，“执政”、“掌权”的引诱力是客观存在的，这会使这样那样的人员混进党内“捞好处”，也使党员队伍和干部队伍发生蜕变。列宁一再揭示并要求警惕这一现象。他指出：“必须注意到，参加执政党的引诱力在目前是很大的……小资产阶级分子和十

分敌视整个无产阶级的分子涌进党里来的势头就会更猛烈。”列宁还说：“我们的党是执政党，因而自然也就是公开的党，是加入之后就有可能掌权的党，我们在这个时期不得不进行斗争，防止坏分子，防止那些旧资本主义的渣滓钻进和混入执政党里来。”这是属于混进来的。还有是我们自己的人执了政，当了官，高高在上，脱离群众，滋长了官僚主义，严重的，在剥削阶级腐朽思想侵蚀下，逐渐蜕化变质。执了政，容易脱离群众，产生官僚主义，似乎是一条规律，谁也逃脱不了，列宁一开始就高度警惕脱离群众的危险，对官僚主义现象深恶痛绝。对于脱离群众，他说：对于一个执政党来说，对一个作为工人阶级先锋队来领导一个大国向社会主义过渡的共产党来说，“最严重最可怕的危险之一，就是脱离群众”，就是先锋队没有同人民群众保持牢固的联系。对于官僚主义，列宁有一系列的论述，分析了它产生的根源，它带来的危害以及反对官僚主义应采取的一些措施。他把官僚主义称作“祸害”、“毒疮”，是“我们内部最可恶的敌人”。他尖锐地指出：“共产党员成了官僚主义者。如果说有什么东西会把我们毁掉的话，那就是这个。”对于犯了官僚主义过错的人，列宁采取的措施还是相当严厉的，轻者教育、警告、党内和行政的处分，情节严重的撤职、开除党籍，甚至交法庭审判。当然，列宁也意识到根本的措施是进行机构改革，并实行了一些改革措施。他说：“如果不进行有步骤的和顽强的斗争来改善机构，那我们一定会在社会主义的基础还没有建成以前灭亡。”

2. 反对特权，对党员的惩处严于非党员

为了防止某些党员利用党的执政地位和自己掌握的权力谋私利，搞特权，列宁提出要反对特殊，反对特权，他指出：我们不给执政党的党员任何特殊，我们也不向他们许愿，说入党有什么好处，我们只号召他们承担更多困难的任务。他还说：“让党员享有优先权是一种弊端，因为这样做，骗子就会混进党内来。同志们，我们无论现在和将来都要同这种现象作斗争。”

由列宁主持，人民委员会于1917年11月18日通过了由列宁起草的《关于人民委员、高级职员和官员的薪金额的决定》强调：“必须采取最坚决的措施，毫无例外地降低一切国家机关、社会团体、私人机构和企业中的高级职员和官员的薪金”，并具体规定：“人民委员每月最高薪金无未成年子女者为500卢布，有未成年子女者每个子女另增100卢布。家庭成员的住房每人不得超过一间。”工资相当于中等工人工资水平。列宁带头执行这一规定。人民委员会办公厅主任弗·德·邦契—布鲁耶维奇觉得列宁的工资太低，有点过意不去，就擅自把列宁每月工资从500卢布提高到800卢布，列宁以人民委员会主席的名义向他宣布，“鉴于您不执行我的坚决要求……擅自提高我的薪金这一公然违法行为，我宣布给您以严重警告处分”。但后来允许资产阶级专家提高了工资，给了较高报酬，其他科技人员也跟着上去了。但党内、国家公职人员也控制不住，列宁看到在实际上行不通了。1922年8月，俄共十二次全国代表会议作出两个决定——《改善俄共党员物质状况》和《关于党的领导干部的物质状况》，从物质、工资上改善了几万领导干部和部分党员的物质、医疗、子女教育的现状，这已是高薪制和特权制的萌芽，客观上刺激了投机钻营分子追逐官位，但对高薪部分采取抑制政策，扣除25%—50%作为互助金。尽管这样，列宁针对资产阶级专家的高薪制时就指出，这是对巴黎公社和任何无产阶级政权原则的背离。还说：“高额薪金的腐化作用既影响到苏维埃政权……，也影响到工人群众，这是无可争辩的。”

为了制止干部利用特权搞任人唯亲、裙带关系等，人民委员会于1918年7月27日专门颁布了由列宁亲自修订的《不容许亲属在苏维埃机关共同供职的法令》规定：“三亲等以内的血亲和姻亲不能在同一中央机关或地方苏维埃机关中任职”，并要求苏维埃机关的所有领导人都应从他们负责的部门中解除那些违反这一法令的职员的职务。1920年9月，俄共（布）第九次全国代表会议重申党员不能有特权，规定：“党员负责工作人员没有权利领取个人特殊薪金、奖金以及额外的报酬”，并且要求军事机关也不能搞特权，批评了某些军事机关不顾工人极困难的居住条件和其他生活条件而过分扩大自己需求的倾向。不久后召开的俄共（布）第十次代表大会的决议强调：“代表大会认为1920年全俄党代表会议的决定是正确的，并责成中央委员会和监察委员会对党员滥用自己的地位和物质特权的现象进行坚决的斗争。代表大会认为使党员在物质待遇方面趋于平等的方针是完全正确的。”

列宁明确要求对共产党员的腐败行为，应加重处罚，严厉惩办。1922年3月，根据人民群众对莫斯科市苏维埃中央房产局滥用职权和徇私舞弊行径的大量申诉，列宁亲自派在人民委员会办公厅工作的同志对该处进行调查，调查结果证实，该处一些负责人伙同莫斯科公用事业局党员、局长索韦特尼柯夫滥用职权，但在3月14日俄共莫斯科市委常委会召开的莫斯科市苏维埃主席团参加的会议，竟否决了上级的调查结论，并决定将此案转交新的常委会复查，想就此了结此案。列宁得知此事后，立即写信给俄共中央政治局，建议取消莫斯科市委宽纵罪犯的错误决定，认为这个错误决定"危险性极大"，要求将罪犯交法庭审判，并建议对包庇党员罪犯的莫斯科市委员会以"严重警告处分"，要求"法庭对共产党员的惩处严于非党员"，并向所有省委重申"凡试图对法庭'施加影响'以'减轻'共产党员罪责的人，中央都将把他们开除出党"。还提出"凡不执行此项规定的人民审判员和司法人民委员部部务委员应予撤销职务"。列宁在信的最后还非常气愤地指出："执政党竟庇护'自己的'坏蛋!! 真是可耻和荒唐到了极点。"

3. 坚持体制改革，健全权力制约和权力监督机制

权力得不到制约和监督，势必产生腐败，这是一条规律。列宁在这方面保持十分清醒的政治头脑，不仅有理论自觉，而且有实践自觉。列宁确立的党中央的体制是：党代表大会是党的最高权力机关，中央委员会是党代会的执行机构，政治局、组织局和书记处是党中央的常设机构，总书记是书记处的头，党代会每年开一次；党的中央监察委员会与中央委员会平行，监督中央委员会及其常设机构的工作。在人事安排和担任职务上，列宁也反对权力过分集中，以便于互相制约并发挥集体领导的作用，列宁是政治局委员，主持中央委员会和政治局的工作，并担任苏俄的人民委员会主席，而苏维埃中央执行委员会主席、军事委员会主席和1922年后设置的总书记等重要领导职务均由其他领导人担任。列宁主张，要健全权力制约和监督机制，就首先必须有党内监督、国家监督，这是党和国家专门机构的监督，此外还有社会监督体系，包括工会的监督、群众性的监督、舆论的监督。还有一个是法律监督，还实行一条原则，即必须坚持公开性。

（1）党内监督，建立各级监察委员会

根据列宁的意见，1920—1921年俄共（布）建立了中央和地方监察委员会。党的第十和第十一次全国代表大会作出《关于监察委员会》、《关于监察委员会的任务与目的》、《监察委员会条例》等决议（以下简称《决议》），对监察委员会的任务、组织原则、职权及其与中央委员会的关系，作出了如下明确规定：

关于任务，《决议》规定："同侵入党内的官僚主义和升官发财思想，

同党员滥用自己在党内和苏维埃中的职权的行为，同破坏党内的同志关系、散布毫无根据的侮辱党或个别党员的谣言以及其他诸如此类的破坏党的统一和威信的流言蜚语的现象作斗争。”

关于组织原则，《决议》规定：监察委员会由各级党的代表大会选举产生，向本级党的代表大会负责并报告工作。

关于职权，《决议》规定：监察委员会同党的委员会是平等的，监委的决议党委必须执行；监委委员享有同级党委委员的同等权利，有权出席本级党委和苏维埃的一切会议。

关于中央监委与中央委员会的关系，《决议》规定：为确保中央监委的独立性，没有全国党的代表大会的批准，中央委员不得参加中央监委；参加中央监委的中央委员，在监委会专门讨论他主管的部门或工作范围相关的问题时，不能参加表决。

（2）国家监督，建立国家监察部（后改为工农检查院）

1918 年苏维埃建立了国家监察部，第二年 5 月决定在国家监察部下设立中央控告检查局，接受审理群众对国家机关工作在滥用职权、渎职和违法行为的控告和检举。1920 年 2 月，在原国家监察部的基础上成立了工农检查院。列宁晚年又提出改组工农检查院，要求扩大工农检查院中工农群众的人数。最后又建议党的中央监察委员会与工农检查院合并（因为当时工农检查院机构臃肿、人浮于事、效率不高、缺乏权威性等）。

（3）工会监督

工会是工人阶级的群众性组织，便于组织并代表工人群众参与国家社会事务的管理。列宁十分重视工会组织在国家政治生活中的作用。他指出：“我们现在的国家是这样的：组织起来的全体无产阶级应当保护自己，而我们则应当利用这些工人组织来保护工人免受自己国家的侵犯，同时也利用这些工人组织来组织工人保护我们的国家。”在十月革命胜利不久，列宁就起草了《工人监督条例》，把工会作为工人阶级监督厂主的主要组织者和主要执行者。还成立全俄工人监督委员会，作为最高工人监督机关，与其他国家机关是平行的，独立行使罢免权和监督权。列宁认为“罢免权，即真正的监督权”。

（4）群众性监督

列宁重视群众监督，建立和健全以下制度：非党工农代表会议制度，广泛吸收非党工农群众参与国家管理和监督；信访制度，列宁在 1918 年

12月起草的《关于苏维埃机关管理工作的规定草案》中规定，实行定时公开接待，实行来访登记制度，设立星期日也能保证接待的问事处，对于人民群众来信来访揭发、控告的案件必须认真调查研究并迅速加以处理；公职人员报告制度，即党和国家机关的所有负责的公职人员都要定期向工农群众作切实的工作报告。列宁自己的国务活动极其繁忙，还抽出时间亲自接待群众来访，批示处理来信，要求人民委员会办公厅主任必须在24小时内向他报告一切书面控告，在48小时内向他报告口头控告。据列宁的秘书统计，仅在1922年10月到12月16日这两个半月中，列宁亲自接待125次共171人。美国进步记者艾伯特·里斯·威廉斯说：列宁在斯莫尔尼宫以及后来在克里姆林宫的接待室，“是世界上最大的接待室”。在1921年2月初，俄共（布）中央政治局决定，由列宁负责起草关于用农业税代替余粮收集制的文件，准备从战时共产主义转到实行新经济政策。这一年二三月，列宁先后接见了大批来访的工人、农民和士兵。农民一致要求取消余粮收集制。在农民代表中，伊·阿·切库诺夫向列宁提出了实行粮食税的办法，进一步启发了列宁考虑农村经济政策的新思路。列宁对他评价很高，当即写信推荐他到农业人民委员部工作，并建议吸收几个经验丰富并有威信的农民到农业部工作。

（5）舆论监督

列宁主张利用报刊来宣传法律法令，报道党和国家的有关活动，揭露党和国家机关工作中的官僚主义、违法犯罪等行为，也主张对某些公开审判的违法犯罪案件，作公开报道。经列宁审定的俄共（布）八大“关于党和苏维埃的报刊”的决议指出：“党的和苏维埃的报刊的最重要任务之一，是揭发各种负责人员和机关的犯法行为，指出苏维埃组织和党组织的错误和缺点。”1921年3月，俄共（布）十大的决议指出：为了活跃党的生活，必须“使党的舆论对领导机关的工作进行经常的监督”。1923年4月，俄共（布）十二大召开，列宁因病未出席，但大会贯彻了列宁的上述思想，决议指出：“工农检查院和中央监察委员会应当有系统有计划地利用苏维埃的和党的报刊来揭发各种犯罪行为（懈怠、受贿等）。”

（6）法律监督

上边所说的各项监督，都必须依照法律规定，并按照一定的法定程序来实施，这就是法律监督。要健全法律监督，在列宁领导下，新生的人民政权做了以下工作。第一，设立国家专门法律监督机关。检察机关不仅是公诉机关而且是法律监督机关。在苏维埃政权建立之初，就组建了司法人民委员部，负责法律的编纂、宣传和监督法律的实施。第二，监督的程序合法化，以维持司法程序的正当性，防止监督权力自身的滥用。列宁认为，各种调查委员会的活动，应当在司法人民委员会的直接参加下进行，它有权检查各种调查委员会的工作是否符合法定程序。十月革命后不久，反革命活动猖獗，为了打击反革命势力的各种破坏活动，苏维埃政权成立了全俄肃反委员会这一新型的国家安全机关。肃反委员会的工作很重要，很必要，它直接行使人民政权对敌实行专政的职能。正因为这样，就得十分谨慎，不能滥用这种权力。为了防止这个特殊机构滥用权力，列宁亲自修改定稿的有关决议中规定：肃反委员会的工作，应在司法人民委员部、内务人民委员部和彼得格勒苏维埃主席团的监督下进行。同时又规定，革命法庭的调查委员会受司法人民委员部和彼得格勒苏维埃主席团的监督。第三，法律监督机关与法院、检察院既分工合作，又相互制约。列宁的这一思想首先得到全俄中央执行委员会的确认，而后体现在 1922 年制定并通过的《检察条例》中，从而使监督活动纳入法制化轨道，确保了监督活动的合法有效性。这个《检察条例》是由司法人民委员部提交第九届全俄中央执行委员会第三次常会审议并通过的，并经颁布法令后施行的。

（7）公开性原则

列宁强调，作为人民自己的国家政权，国家事务管理必须实行公开性原则，这是为了保障人民参与管理国家事务的权力。列宁在十月革命前早就说过：“没有公开性而谈民主制是很可笑的。”还说，新政权，作为人民的政权，“它完全是靠广大群众的信任，完全是靠不加任何限制、最广泛、最有力地吸引全体群众参加政权来维持的。丝毫没有什么隐私和秘密”。十月革命胜利后，列宁坚持了国家公务公开的原则，因为他坚信，只有让人民群众知道国家的重大事情，才能发挥人民群众建设新国家的积极性和主动性，用他的原话来说就是：“一个国家的力量在于群众的觉悟。只有当群众知道一切，能判断一切，并自觉地从事一切的时候，国家才有力量。”为此，列宁提出了一系列主张：实行公职人员工作报告制；公开举行党和苏维埃机关的会议，吸引并吸收群众参加或旁听；将国家重大问题交人民公开讨论。他还主张，要公开揭露和处理官僚主义和各种腐败现象，甚至可以公开审判腐败分子，只有这样才能“使每次审判都成为有政治影响的事件”，才能使广大干部群众产生巨大的教育作用。他还认为，这样公开审判腐败分子“具有特殊意义”，与不公之于众而由党中央少数人私下了结可恶案件的愚蠢做法相比，这种公开审判的“社会影响”，“要大一千倍”。

四　加强法制，从严执法

依靠法制防止和惩治腐败是反腐理论的核心思想，也是列宁防止和惩治腐败、防止社会公仆变社会主人、惩治公仆变成主人这一思想的核心内容。

1. 首先要制定反腐法律，做到有法可依

在苏维埃政权建立不久，针对俄共（布）党内和苏维埃政府内出现的腐败现象，列宁就明确要求：“必须雷厉风行地立即提出一项法令草案，规定对行贿受贿者（受贿、行贿、为行贿受贿拉线搭桥或有诸如此类行为者）应判处不少于10年的徒刑，外加强迫劳动10年。”列宁还明确要求：要把各种防止和治理腐败的措施，“详细地记载下来，加以研究，使之系统化，用更广泛的经验来检验它，并且定为法规”。根据列宁的提议，人民委员会通过了《关于惩办受贿的法令》，规定：“在俄罗斯社会主义联邦苏维埃共和国担任国家职务或社会职务的人员……利用进行其职权范围内的活动或协助进行其他部门公职人员职权内的活动而犯有受贿罪者，应判处不少于5年的徒刑，服刑期间强迫劳动并没收其全部财产。”在列宁领导下，人民委员会相继制定并通过了《关于惩办受贿》、《关于贿赂行为》、《关于肃清贿赂行为》等一系列反腐治腐的法律和法令，仅在《俄罗斯联邦法令汇编》中，就收入了相关法令16个。1922年通过的《苏俄刑法典》，其中专门有一章是“职务上的犯罪”，规定：凡公职人员滥用职权，逾越职权，玩忽职守，贻误工作，损害政权机关威信，侵犯公民权益，贪污受贿，伪造文件，泄露机密等，视其情节轻重给予免职处分或判处一定徒刑。

2. 从严执法，无情惩治腐败

列宁要求对腐败分子从严惩处，执法要从严，坚决禁止对罪犯特别是对党员、干部重罪轻罚、袒护包庇的行为。

1918年5月，莫斯科革命法庭审理关于莫斯科侦查委员会4名干部贪污受贿案件，最后仅判6个月徒刑，列宁得知后非常气愤，他立即致函俄共（布）中央说："不枪毙这样的受贿者，而判以轻得令人发笑的刑罚，这对共产党员和革命者来说是可耻的行为。"在列宁的坚持和催促下，全俄中央执行委员会重新审理了这个案子，结果加重了处罚，其中3名被告各判处10年徒刑。

3. 司法机关独立行使司法权，党组织不得干预

列宁提出并非常强调司法独立的思想，他主张法院应依法独立地对腐败分子进行审判，党组织不应干涉。1921年6月16日，俄共（布）中央未经列宁同意公布了一个《关于党的机关与司法机关相互关系的通告》，其中规定，不经地方党委的同意不能对共产党员进行审判。这实际上否定了司法机关的独立审判权，使共产党员有了一种超越法律之上的特权。列宁看到了这个《通告》后明确指出，共产党员没有超越国家法律的任何特权，要清除任何利用执政党地位从轻判罪的可能性。于是，1922年1月，俄共（布）中央废除了上述《关于党的机关与司法机关相互关系的通告》，重申了在工作上和制度上保证司法机关对犯罪党员有独立审判权。

4. 加强法制教育

列宁发现，防范和打击各种腐败分子的法律和法令，已公布不少，但执行和遵守很糟糕，许多人不会用法律武器同腐败现象作斗争，"不仅农民不会利用，就连相当多的共产党员也不会利用"，其中一个重要原因，就是广大工农群众的法制观念十分薄弱，一些党员、干部的特权思想十分严重。因此，列宁认为，必须加强法制教育，把防范和打击腐败分子的法律武器交给广大干部群众，使他们勇于和善于利用法律武器同腐败现象作斗争。

5. 加强思想政治教育，构建防腐拒变的思想防线

加强法制教育是加强法制建设的重要内容，但要防腐拒变，不能只讲法制教育，而要加强整个思想教育工作。思想教育不是万能的，但也是不可缺少的。列宁对此非常重视。十月革命后，党的队伍迅速扩大，党员数量大量增加，列宁指出："我们党员现在达到的巨大数字，使人有些担心，而且这里存在着很现实的危险：我们党在迅速发展，而我们教育这些党员去完成党的当前任务这项工作却不能随时跟上。"在列宁领导下，1920年年底成立了政治教育总委员会，领导党的教育，指导全国的政治教育和宣传鼓动工作，以及群众性的教育工作。

（1）在认识上，着眼于提高党员质量和觉悟

列宁有一句名言："徒有其名的党员，就是白给，我们也不要。世界

上只有我们这样的执政党，即革命工人阶级的党，才不追求党员数量的增加，而注重党员质量的提高。”而要提高党员的质量，很重要的是要进行思想政治教育。党的“八大”通过了《关于党的建设问题的决议》，规定：党内总的任务不是在数量上扩充党的队伍，而是改善它的质量，提高全体党员的觉悟，对他们加强思想政治教育。列宁还认为：“政治上有教养的人是不会贪污受贿的。”一些党员、干部的腐败行为，跟他们的政治素质有关。为了提高其政治素质，就要对其进行思想政治教育。

（2）在组织保障上，办好党校等培训机构

列宁和俄共（布）中央十分重视办好党的各级党校、苏维埃和党务干部学校，进行思想政治教育。俄共（布）八大列出了党校和干部学校对党员干部进行思想政治教育的课题，例如：“我们的党”、“什么是共产主义”、“走向共产主义的道路”、“为什么我们生活困难”等这样一些既有宏观理论层次的题，又有微观实际层面的题。“十大”和“十一大”都把对党员进行思想政治教育作为主要课程，并制定了相关决议。

对于党校，列宁不仅具体规定各级党校的规格和数量，而且注意总结和交流党校进行思想政治教育的经验。列宁还亲自为党校推荐思想政治教育的教员，充实这方面的师资队伍。

（3）在手段上，充分利用报刊进行广泛教育

列宁在十月革命前早就强调，党的报刊是政治组织的中心和基础，是党的事业的一个重要组成部分，是为党做思想上的领导工作。在十月革命后列宁非常重视党的报刊思想政治教育的作用。

在十月革命胜利后的头几年里，一方面要清除一些旧的反动的报刊，同时在恢复《真理报》的基础上，出版了许多新的报刊。据统计，1919年全国出版了100种报纸，1925年全国出版了1749种刊物。

（4）在原则和方法上，力求做到理论与实际相结合

在思想政治教育中，列宁非常注重理论与实际的结合，要求少唱些空洞的政治高调，而要多注意实际生活中出现的生动的事例，特别是闪耀着共产主义思想光辉的新生事物。最典型的例子就是“共产主义星期六义务劳动”。当时苏维埃政权处在国外敌人武装干涉，国内反革命武装叛乱，政治上非常严峻，经济上十分困难的情势下，1919年4月俄共（布）中央发布了列宁起草的《俄共（布）中央关于东线局势的提纲》，号召人民“用革命精神从事工作”的号召，用一切措施和行动支持国家克服一切困

难，支援红军消灭敌人。这一号召得到广大党员和工人群众热烈响应。许多党员、团员奔赴战场，许多工人积极从事生产和工作，全力支援前线。1919 年 5 月 7 日，莫斯科—喀山铁路分局的共产党员和工人通过一项决议：在全铁路分局实行共产主义星期六义务劳动，就是从自己休息时间里每天抽出一个小时，集中起来在星期六进行一次不要报酬的劳动。他们主动发起和组织第一次义务劳动，得到全国工人阶级的积极响应。它对克服经济困难，战胜国内外敌人的侵略和反抗，作出了重要的贡献。列宁及时发现和高度评价了这一行动，为此撰写了《伟大的创举》这一光辉著作。此文一开始详细摘录了《真理报》上关于这一行动的开始与发展的连续报道，正是列宁看到了这些生动的报道，看到了工人阶级的伟大举动，才写了这篇《伟大的创举》。这篇著作在 6 月底写成，在 7 月就出版了单行本。工人的自觉行动，报上的生动报道，列宁给予高度评价的著作，都是对党员和广大工农群众进行思想教育的极好教材。就在这篇著作中，列宁要求我们的报刊应支持普通的、质朴的、平凡的但是生气勃勃的真正共产主义幼芽。列宁还要求，不仅要宣传“星期六义务劳动”，还要去宣传办得好的公共食堂、托儿所和幼儿园等这些实际事例，这些幼芽的标本，才能使共产主义的思想更好地教育党员和工人阶级，并且把它推广到全社会，推广到全体劳动群众中。

（原载《毛泽东邓小平理论研究》2012 年第 7 期）

马克思、恩格斯、列宁、斯大林论妇女解放

吕　静*

妇女解放是指通过男女劳动者的共同奋斗，反对歧视妇女，使妇女同男子一样，获得应有的经济、政治和文化的社会地位与相应权利，实现男女平等的社会目标和社会运动。马克思、恩格斯、列宁、斯大林运用辩证唯物主义和历史唯物主义的方法，对妇女及妇女解放问题进行了广泛而深入的研究，创建了独具特色的妇女解放理论，成为指导妇女解放运动的理论基础。目前，面对世界经济、政治和文化的风云变化，妇女问题日益成为国际社会关注的焦点问题，也成为我国构建社会主义和谐社会重要问题。因此，深入研究马克思、恩格斯、列宁、斯大林关于妇女解放问题的经典，具有重要的理论价值和现实意义。

一　马克思和恩格斯论妇女解放

马克思和恩格斯深入系统地研究了人类社会发展过程中的妇女及妇女解放问题，特别是处于自由竞争阶段的资本主义社会的妇女及妇女解放问题，创立了妇女及妇女解放理论，成为马克思主义理论的重要组成部分，对妇女解放运动产生了重要影响。

第一，妇女受压迫是人类社会历史发展到一定阶段的社会现象。

家庭是以男女两性结合为基础和特征的一种社会组织形式。在原始社会，随着家庭组织形式的变化，妇女曾一度占据统治地位。在最初的血缘家庭中，是按辈分划分的，每一代同胞兄弟姊妹乃至表兄弟姊妹或血统更远一些的兄弟姊妹可以互为夫妻，发生性关系。“这一家庭形式作为必然

---

* 吕静，中国社会科学院研究生院马克思主义理论及基础教学部主任，教授。

的最初阶段决定着家庭后来的全部发展”①，是家庭组织的第一个进步，排除了父母和子女之间的性关系。家庭组织的第二个进步，是同母所生的子女之间不允许有性关系，排除了同胞乃至旁系兄弟姊妹之间结婚和性关系，避免了近亲繁殖，它直接引起氏族制度的建立。氏族是指“组成一个确定的、彼此不能结婚的女系血缘亲属集团”②，任何成员不得在氏族内部通婚，它构成了当时“社会制度的基础”③。母权制是在氏族组织的基础上逐渐发展起来的。母权制是指“从母亲方面确认世系的情况和由此逐渐发展起来的继承关系”④。其主要特征：（1）实行公有制，凡是共同制作和使用的东西都是共同财产。男女分别是自己生产领域的主人，是自己所创造和使用的工具的所有者，男子是生活资料和劳动工具的所有者；女子是家内用具的所有者。男女在财产拥有上是平等的自由的。（2）男女各自从事的劳动都属于公共劳动，“是一种公共的、为社会所必需的事业”⑤。男子在外谋取生活资料和制作劳动工具，妇女在家料理家务。存在于两性之间的男女分工纯粹是自然产生的。（3）一切成年男女都享有平等的表决权、选举权和被选举权，共同商议和决策政务，没有统治和奴役的存在，没有权利和义务的分别，没有阶级的划分。（4）妇女居于高度受尊敬的地位。因此，公产制家户经济是原始社会普遍流行的妇女占统治地位客观基础。

随着生产力的发展，社会财富的增加，原始公有制逐渐解体。私有制与社会分工同时出现了，分工是人们在生产过程中所从事的不同的实践活动；私有制是对人们所获得的劳动产品的分配，是“劳动及其劳动产品在数量和质量上的不平等的分配”⑥。私有制的萌芽是在家庭中出现的，由于出现了剩余劳动产品，大量社会财富集中在男子手中，男子在家庭经济和婚姻生活中占有了统治权；女性料理家务的劳动失去了公共性质，变成了

---

① 恩格斯：《家庭、私有制和国家的起源》，《马克思恩格斯文集》第 4 卷，人民出版社 2009 年版，第 49 页。

② 同上书，第 53 页。

③ 同上书，第 49 页。

④ 同上书，第 53 页。

⑤ 同上书，第 87 页。

⑥ 《马克思恩格斯文集》第 1 卷，人民出版社 2009 年版，第 536 页。

私人服务，“妻子成为主要的家庭女仆，被排斥在社会生产之外”①。所以，私有制打开了氏族制度的第一个缺口，即母权制向父权制的转变，逐步废除了母权制，实行父权制。母权制被推翻是人类经历的最深刻的革命，它既是社会进步，也使男女的社会地位发生了重大变化。“母权制的推翻，乃是女性的具有世界历史意义的失败”②，开启了妇女受压迫、受奴役的苦难历史。

第二，私有制是男女不平等的根源，妇女受压迫的实质是阶级压迫。

男女不平等的根源是私有制，归根结底是由于经济关系的不平等决定的。奴隶社会是第一个私有制社会，奴隶社会伊始就把家庭关系完全颠倒了。主要表现为：一是“男子的劳动就是一切，妇女的劳动是无足轻重的附属品”③。剥夺了妇女参加社会劳动的权利，妇女被排斥在社会生产之外，沦为男人的附属物；二是谋生的全部剩余归属男子，妇女只能享用它。在家庭生活中，夫妻双方谁占有了财产权，谁就成为家庭的统治者。“男子在婚姻上的统治完全是他的经济统治的结果”④，男子对物质财富的占有保证了他在家庭中占统治地位。妇女丧失了经济地位，也就失去了男女平等的家庭地位和社会地位，失去了参政议政、接受教育和人身自由等权利。因此，妇女的社会地位极度恶化，其残酷性表现为：丈夫对妻子拥有绝对权力，妻子变成丈夫淫欲的奴隶，变成单纯生孩子的工具；男人可以随意纳女奴为妾；儿子可以打断母亲的话要求她沉默；被俘虏的年轻妇女成为满足胜利者肉欲的牺牲品，军事首领按照军阶依次选择其中最美丽者；妇女在家里是受监视的，甚至用阉人来监视，她们只能与女性交往，男子特别是陌生人不容易入内；姑娘们只学习纺织缝纫，至多学一点读写；妇女没有女奴做伴不能外出；淫游制出现了，“用这种方法再次宣布男子对妇女的无条件的统治乃是社会的根本法则”⑤。因此，妇女受压迫是阶级压迫的一种特殊形式，历史上出现的最初的阶级对立和“最初的阶级压迫是同男性对女性的压迫同时发生的”⑥。

---

① 恩格斯：《家庭、私有制和国家的起源》，《马克思恩格斯文集》第4卷，人民出版社2009年版，第87页。

② 同上书，第68页。

③ 同上书，第181页。

④ 同上书，第96页。

⑤ 同上书，第80页。

⑥ 同上书，第78页。

尤其是资本主义机器大工业的发展是一把双刃剑，既为实现男女平等创造了条件，也把妇女推向更为悲惨的深渊。由于机器操作花费的技巧和气力少，“性别和年龄的差别再没有什么社会意义了”①，机器把男人从劳动生产中排挤出去，使他们在家庭中实行统治的最后残余失去了物质基础。由于妇女和儿童的工资比男工低廉，妇女成为廉价劳动力，她们开始摆脱家务，走出家庭，参与社会生产劳动，变为家庭的供养者。女工成为受剥削、受奴役的对象，资本家把男劳动力的价值沉重地压在妇女身上，严重地破坏了工人的家庭，破坏了妇女的身心健康。主要表现为：（1）女工在外工作使两性关系完全颠倒过来。妻子挣钱养活全家，成为家里的男人；丈夫却在家里看孩子、扫地、做饭、洗衣服、补衣袜等，成为家里的女人，这种最可耻地侮辱两性的情况，一开头就建立在不合理的基础上。（2）女工没有时间照管孩子，造成母子关系淡漠，许多孩子死于非命，如烧死、烫死、淹死、压死、摔死等不幸事件比比皆是。（3）妇女在道德方面的堕落引起更加严重的后果。当不分男女老少，没有受过任何智育和德育教育的人们挤在一个狭小的工作室里，谈话往往是猥亵、下流和肮脏的，发生丑事是不可避免的。因此，有人宁愿让自己的女儿去讨饭，也不愿送她进工厂。“工厂是地狱的真正入口，城市中的大多数妓女都是工厂造成的。”② 尤其是实行了可耻的夜班制后，工厂成为厂主的后宫，厂主是女工的身体和美貌的主宰，解雇的威胁“足以摧毁女孩子的任何反抗，何况她们本来就不珍视自己的贞操”③，非婚生子的数目在增加。（4）工厂的劳动条件非常差，如空间、光线、毒物、通风设备等，对妇女身体造成了不良影响。如发育较快，引起畸形，骨盆变形，分娩困难，常常流产，甚至把孩子生在机器旁。所以，女人在厂里做工不可避免地把家庭拆散了，整代整代的人即无产阶级被资产阶级毁了。“使工人家庭成员不分男女老少都受资本的直接统治”④，她们“疲惫而衰弱，——而所有这些都不过是为了填满资产阶

① 马克思恩格斯：《共产党宣言》，《马克思恩格斯文集》第2卷，人民出版社2009年版，第39页。

② 恩格斯：《英国工人阶级状况》，《马克思恩格斯列宁斯大林论妇女》，中国妇女出版社1990年8月第2版，第15页。

③ 同上。

④ 马克思：《资本论》，《马克思恩格斯列宁斯大林论妇女》，中国妇女出版社1990年8月第2版，第169页。

级的钱袋"①。

第三，妇女解放与无产阶级解放及全人类解放的目标是完全一致的，是重要的组成部分。

解放"是由历史的关系，是由工业状况、商业状况、农业状况、交往状况促成的"②。解放是一种历史活动，妇女解放是一个长期的历史过程，在不同的阶段具有不同的内容：

一是古代人的单纯性要求与现代的性爱是根本不同的。古代婚姻是由父母做主缔结的，"仅有的那一点夫妇之爱，并不是主观的爱好，而是客观的义务；不是婚姻的基础，而是婚姻的附加物"③。现代的性爱是以所爱者的对应的爱为前提的，性爱常常达到如此强烈和持久的程度，如果不能结合而彼此分离，对双方来说即使不是一个最大的不幸，也是一个大不幸。为了彼此结合，双方甘冒很大的危险，直至拿生命孤注一掷。所以，恩格斯的结论："只有以爱情为基础的婚姻才是合乎道德的，那么也只有继续保持爱情的婚姻才合乎道德。"④

二是在阶级社会中，婚姻是由当事人的阶级地位来决定的。恩格斯指出，"婚姻仍然是阶级的婚姻，但在阶级内部则承认当事者享有某种程度的选择的自由"⑤。在资本主义社会中，资产阶级的婚姻家庭关系是以金钱为核心的商品交换关系，金钱在人们的婚姻家庭生活中占据统治地位。妇女是一种商品，妻子被看作是丈夫的私有财产，婚姻实质上是对妇女的买卖。虽然"恋爱婚姻被宣布为人权"，但应验在资产阶级身上则是由经济利益决定和支配的，甚至"结婚是一种政治行为，是一种借新的联姻来扩大自己势力的机会；起决定作用的是家族的利益，而决不是个人的意愿"⑥。

三是无产阶级妇女是现实妇女解放的主体力量。无产阶级妇女在"资

① 恩格斯：《英国工人阶级状况》，《马克思恩格斯列宁斯大林论妇女》，中国妇女出版社1990年8月第2版，第21页。

② 马克思恩格斯：《德意志意识形态》，《马克思恩格斯文集》第1卷，人民出版社2009年版，第527页。

③ 恩格斯：《家庭、私有制和国家的起源》，《马克思恩格斯文集》第4卷，人民出版社2009年版，第90页。

④ 同上书，第96页。

⑤ 同上书，第95页。

⑥ 同上书，第92页。

产阶级的灭亡和无产阶级的胜利是同样不可避免的” 历史进程中担负着重要使命①。首先，无产阶级妇女在经济上一无所有，有期待彻底翻身解放的迫切需求。资产阶级“甚至不能保证自己的奴隶维持奴隶的生活，因为它不得不让自己的奴隶落到不能养活它反而要它来养活的地步”②。其次，无产阶级妇女在政治斗争中具有革命的坚定性和彻底性。她们是大工业的产物，是先进生产力的代表。妇女解放运动是绝大多数人为绝大多数人谋利益的运动，其最终目的是实现全人类的彻底解放。

四是在未来共产主义社会中，“每个人的自由发展是一切人的自由发展的条件”③，每个人都是社会的主人，都能按照自己的意愿发挥其智慧和才能；每个人的自由发展不会妨碍他人的发展，还会为他人的发展创造条件，人与人之间是和谐一致的互助互爱的新型关系。那时的妇女将和其他社会成员一样，获得了全面自由的发展；那时的婚姻家庭关系已经消灭了男女性别歧视，是以真正的爱情为基础的，“除了相互的爱慕以外，就再也不会有别的动机了”④，男女“两性间的关系将成为仅仅和当事人有关而社会无须干涉的私事”⑤，是独立平等的关系，包括人格、尊严、自由、权利和义务等，全人类获得了彻底解放。

第四，实现妇女解放的根本途径是发展生产力，消灭私有制和阶级压迫。

妇女解放包括经济解放、政治解放、思想解放、阶级解放、社会解放和彻底解放等多种尺度，而男女两性关系的平等与和谐是妇女解放的重要内容。傅立叶指出，“在任何社会中，妇女解放的程度是衡量普遍解放的天然尺度”⑥。其根本途径：

发展生产力是实现妇女解放的根本途径。人类社会是由男女两性构成

---

① 马克思恩格斯：《共产党宣言》，《马克思恩格斯文集》第2卷，人民出版社2009年版，第43页。

② 同上。

③ 同上书，第53页。

④ 恩格斯：《家庭、私有制和国家的起源》，《马克思恩格斯文集》第4卷，人民出版社2009年版，第95页。

⑤ 恩格斯：《共产主义原理》，《马克思恩格斯列宁斯大林论妇女》，中国妇女出版社1990年8月第2版，第46页。

⑥ 恩格斯：《社会主义从空想到科学的发展》，《马克思恩格斯文集》第3卷，人民出版社2009年版，第531页。

的有机整体，女人和男人一样都是生产力的主体因素，是人类文明的创造者，是推动社会进步的主体力量。社会发展的决定性因素是生产，生产分为两种，一是生活资料的生产和再生产；二是人类自身的生产即繁殖。生命的生产即繁殖是靠家庭来完成的，它包括两个部分，即通过劳动达到的自己生命的生产；通过生育达到他人生命的生产。从这个意义上说，没有妇女就没有人类社会及其发展。妇女在对人类生命的繁衍中做出了特殊的不可替代的伟大贡献，应该受到尊重和保护。而妇女的经济状况是决定其家庭地位和社会地位的基本尺度，生产力则是促进或制约妇女解放的物质基础和决定性因素。一方面，妇女解放对生产力发展起着重要的作用；另一方面，妇女解放也得益于生产力的发展水平。因此，促进生产力的发展，改善妇女的经济状况，是妇女解放的必由之路。

消灭私有制和阶级压迫是实现妇女解放的主要途径。妇女受压迫和受奴役的状况是随着私有制和阶级压迫的产生而产生，也将随着私有制和剥削阶级的消灭而解除。只有废除私有制，消灭剥削阶级，全社会占有生产资料，才能使妇女在经济上取得独立，在政治上获得新生。妇女的经济地位、政治地位、教育地位及社会地位才能发生根本的变化。所以，马克思曾经指出，“每个了解一点历史的人也都知道，没有妇女的酵素就不可能有伟大的社会变革。社会的进步可以用女性的社会地位来精确地衡量”①。

第五，实现妇女解放的条件。妇女发展程度始终制约着社会发展水平，如果妇女总是处于被压迫被剥削的压抑状态，男性也得不到充分的自由发展。实现妇女解放的条件是多方面的，其主要条件：

（1）参加社会生产劳动是实现妇女解放的先决条件。恩格斯指出，妇女解放的“第一个先决条件就是一切女性重新回到公共的事业中去”，参加社会生产劳动。② 现代大工业为妇女开辟了参加社会生产的途径：一是妇女要摆脱家务劳动的束缚，投身到社会生产劳动中去，实现其经济独立。妇女只有获得了一定的经济地位，使经济状况得到改善和提高，才能摆脱对男子的经济依赖关系，才能使男女两性关系建立在平等互助的基础上；二是妇女只有参加社会生产劳动才能解决自身的后顾之忧，包括对自

① 马克思：《致路德维希·库格曼》，《马克思恩格斯列宁斯大林论妇女》，中国妇女出版社1990年8月第2版，第59页。

② 恩格斯：《家庭、私有制和国家的起源》，《马克思恩格斯文集》第4卷，人民出版社2009年版，第88页。

己生活的未来，对子女生活的未来的担心才能消失。[①] 婚姻的自由或不可解除性才会消失。

（2）家务劳动的社会化是实现妇女解放的重要条件。长期以来，妇女的家务劳动不仅为男人提供了食品、衣物等，还提供了情感慰藉和家庭温暖。但是，同男子谋取生活资料的劳动比较起来，妇女的家务劳动相形见绌。实现家务劳动的社会化，可以减轻妇女从事家务劳动和生产劳动的双重负荷。“只有在废除了资本对男女双方的剥削并把私人的家务劳动变成一种公共的行业以后，男女的真正平等才能实现”[②]，即把家务劳动变成公共的行业，变为大规模的公共经济，改造为大规模的社会主义大经济，才能实现家庭关系中男女的真正平等。

（3）完善法律制度是实现妇女解放的政治条件。恩格斯指出，“在现代家庭中丈夫对妻子的统治的独特性质，以及确立双方的真正社会平等的必要性和方法，只有当双方在法律上完全平等的时候，才会充分表现出来”[③]。法律的完善是妇女解放的标志和依据，许多国家的宪法已经明确规定男女平等，使妇女的合法权益在一定程度上得到了尊重和保护。例如，禁止妇女从事夜工；禁止妇女从事对身体有害的有毒的物质劳动；争取男女同工同酬；孕妇产前至少休息四个星期、产后休息六个星期等。

（4）科学技术的发明、创造和应用是实现妇女解放的动力条件。“科学是一种在历史上起推动作用的、革命的力量”[④]，要把科学首先看成是历史的有力杠杆，看成是最高意义上的革命力量。科学技术是生产力的重要组成部分，它通过生产力的诸要素，即劳动者、劳动资料、劳动对象和劳动管理及其在生产领域的广泛应用发挥作用。妇女是生产力的重要组成部分，是科学技术的创造者和运用者，是科学技术进步与发展的推动力量；同时，科学技术的进步与发展也是实现妇女解放的推动力量。

（5）妇女主体意识的觉醒是实现妇女解放的主观条件。马克思高度赞

---

① 恩格斯：《家庭、私有制和国家的起源》，《马克思恩格斯文集》第4卷，人民出版社2009年版，第96页。

② 恩格斯：《致盖尔特路黛·吉约姆—沙克》，《马克思恩格斯列宁斯大林论妇女》，中国妇女出版社1990年8月第2版，第156页。

③ 恩格斯：《家庭、私有制和国家的起源》，《马克思恩格斯文集》第4卷，人民出版社2009年版，第88页。

④ 恩格斯：《在马克思墓前的讲话》，《马克思恩格斯选集》第3卷，人民出版社1995年6月第2版，第777页。

扬了巴黎公社的妇女在对敌斗争中，同男子并肩作战，表现出来的大义凛然、视死如归的英雄行为和献身精神，她们“英勇、高尚和奋不顾身。努力劳动、用心思索、艰苦奋斗、流血牺牲而又精神奋发地意识到自己的历史创造使命的巴黎，几乎忘记了站在它城墙外面的食人者，满腔热忱地一心致力于新社会的建设”①，她们是一支敢于推翻旧世界，创建新世界的不可低估的进步力量。因此，妇女只有提高自身素质及其觉悟程度，才能成为真正独立自主的，从经济、政治、文化、社会、心理、情感等诸多方面摆脱对他人的依附关系的，与男性平等的人。

马克思和恩格斯对妇女解放的历史过程、革命作用、天然尺度、权利和义务、解放途径等若干问题进行了深入分析，揭示了妇女解放的实质、特征、条件、途径及其发展规律，创立了妇女及妇女解放理论，为世界妇女解放运动提供了科学的世界观和方法论，奠定了坚实的理论基础，在今天仍起着重要的指导作用。但是，由于马克思和恩格斯生活的时代，是资本主义剥削制度的残酷性与无产阶级的悲惨地位都是极为明显的，资产阶级与无产阶级的对立与斗争构成了当时社会的基本特征。因此，他们对妇女及妇女解放问题的概括与总结必然留下时代的痕迹。

二 列宁和斯大林论妇女解放

列宁和斯大林领导苏联人民建立了世界上第一个社会主义国家。他们把马克思主义妇女解放理论与苏联社会的实际情况相结合，继承和发展了马克思和恩格斯关于妇女解放的学说，探索出一条经济文化比较落后的国家实现妇女解放的道路，成为指导苏联乃至世界妇女解放运动的理论，为妇女解放运动开辟了崭新天地。

第一，消灭私有制，建立社会主义公有制，重视和发挥社会主义新生政权的作用。

在俄国私有制社会中，妇女长期处于受压迫的悲惨境地。主要表现为：（1）在俄国农村，农业生产采用了机器，农业资本家便雇佣廉价的妇女和儿童从事农业生产，数量越来越多，逐步占据主要地位。通过延长工

① 马克思：《法兰西内战》，《马克思恩格斯列宁斯大林论妇女》，中国妇女出版社 1990 年 8 月第 2 版，第 61 页。

作时间，甚至出现了前所未有的点着火把工作的夜工，增加劳动强度，加大了对女工和童工的剥削，造成了特别多受伤事故。(2) 俄国家庭手工业劳动是资本主义工场手工业发展的标志。在俄国家庭手工业生产中，企业主到远离工业中心的偏僻地区雇佣农村女工，她们是最便宜的劳动力。制袜厂的作坊主说："在莫斯科住房很贵，女工要吃白面包；农村女工在自己的农舍里做工，吃的是黑面包，工资比城市女工更为低廉。"大企业主还通过中间人把生产材料分配给散居各村的千百万个工人，中间人又拦腰一刀，产生了真正的榨取血汗的"最残酷的剥削制度"①。家庭手工业劳动的工作环境极不卫生，工人住所和工作场所混在一起，一贫如洗的工人没有能力改善劳动条件，成为职业病的发源地。(3) 俄国资本主义大机器生产吸引妇女参加生产，基本上是一种进步现象，妇女走出家庭到城市打工，摆脱了家庭关系的狭窄圈子和宗法关系的闭塞性，摆脱了旧的父权制家庭的束缚，摆脱了丈夫的支配、帮助、殴打和践踏，妇女们获得独立自主的地位。但是，俄国资本主义"社会对立的两极达到了最高的发展。资本主义一切黑暗方面仿佛都集中在一起了"②，千百万妇女痛苦地过着奴隶般的生活，每天拼命地干活，处处精打细算，才能使一家人吃饱穿暖。可见，俄国资本主义私有制是妇女受压迫受奴役的经济根源③。

妇女解放与社会主义公有制的建立息息相关，"同第一个苏维埃共和国和共产国际的能否建立（和巩固），是有着必然的联系的"④，社会主义公有制是推动妇女解放的新的空前强大的力量。在实现妇女解放和男女平等进程中，苏维埃政权是"世界上第一个也是唯一的一个废除了一切因私有制而造成的特权"的政权⑤。只有当我们从小经济过渡到公共经济和共耕制的时候，妇女才能完全解放和彻底翻身。苏联社会主义公有制为妇女解放提供了良好的工作条件，即男女工人的工作日限制为7—8小时；禁

---

① 列宁：《俄国资本主义的发展》，《马克思恩格斯列宁斯大林论妇女》，中国妇女出版社1990年8月第2版，第188页。

② 同上书，第192页。

③ 列宁：《论苏维埃共和国女工运动的任务》，《马克思恩格斯列宁斯大林论妇女》，中国妇女出版社1990年8月第2版，第294页。

④ 列宁：《迎接国际妇女节》，《马克思恩格斯列宁斯大林论妇女》，中国妇女出版社1990年8月第2版，第308页。

⑤ 列宁：《致女工》，《马克思恩格斯列宁斯大林论妇女》，中国妇女出版社1990年8月第2版，第306页。

止加班加点；禁止妇女做夜工；禁止对妇女身体有害的部门使用女工；女工在产前产后各给假八星期，产假期间照发工资，免收医药费；凡有女工的企业均设托儿所和喂奶室；发给喂奶的母亲以补助金，把她们的工作缩短到六小时；对未满十六岁的男女儿童一律实行免费的普遍义务综合技术教育等。所以，布尔什维克的苏维埃革命彻底铲除了妇女受压迫和不平等的根源，这是过去世界上任何一个政党、任何一次革命都不敢做的，废除土地和工厂的私有制，是社会主义建设的主要的一步。无产阶级要获得最终解放，必须使妇女获得真正解放，把妇女们"变成一支为消灭任何不平等现象、为消灭任何压迫、为争取无产阶级的胜利、为在我国建成新的社会主义社会而奋斗的统一的大军"①。

第二，加强社会主义民主与法制建设，保障和促进妇女解放和男女平等。

民主与法制在妇女解放和男女平等中起着重要作用。但法律上的男女平等不等于事实上的男女平等，从法律上的男女平等到事实上的男女平等还需要很长时间，还需要各方面的长期努力。

一是社会主义国家及其无产阶级专政能够保证妇女的民主地位。"资产阶级的民主是充满了冠冕堂皇的词句、动听的诺言和响亮的自由平等口号的民主，事实上，这种外表堂皇的民主掩饰着妇女的不自由和不平等，掩盖着劳动者和被剥削者的不自由和不平等"②。与此不同，社会主义妇女解放运动的主要任务是要使妇女获得经济平等和社会平等，而不仅是形式上的平等，使男女拥有平等地位和享有平等权利。"苏维埃政权比所有最先进的国家更彻底地实现了民主，在它的法律中丝毫也看不到妇女受到不平等待遇的痕迹。"③ 在争取妇女选举权的运动中，必须完全坚持社会主义原则和男女平权；凡是年满 21 岁的男女公民都应该享受选举权和被选举权；全体公民不分性别、宗教信仰和种族一律平等；享受男女同工同酬的平等权利等。因此，妇女解放是社会主义民主

---

① 斯大林：《庆祝国际共产主义妇女节》，《马克思恩格斯列宁斯大林论妇女》，中国妇女出版社 1990 年 8 月第 2 版，第 348 页。

② 列宁：《苏维埃政权和妇女的地位》，《马克思恩格斯列宁斯大林论妇女》，中国妇女出版社 1990 年 8 月第 2 版，第 300 页。

③ 列宁：《论苏维埃共和国女工运动的任务》，《马克思恩格斯列宁斯大林论妇女》，中国妇女出版社 1990 年 8 月第 2 版，第 295 页。

的重要组成部分，没有真正实现妇女当家做主，社会主义民主政治是不健全的。

二是社会主义的重要任务是保证男女在法律上的完全平等，而妇女的法律地位最能表明人类的文明程度。在资本主义社会中，占人口半数的妇女始终受着双重压迫，即资本的压迫和处于“家庭女奴”的地位，是被关在卧室、育婴室和厨房里的女奴，妇女在法律上并没有真正实现男女平等。与此不同，社会主义国家能够达到而且真正达到高度的文明。列宁指出，苏维埃政权建立之初的重要任务之一，就是在立法上实行最彻底的变革，废除男女不平等的资产阶级旧法律，扫除法律上男女不平等的一切痕迹，“苏维埃政权是世界上第一个也是唯一的一个完全取消了一切使妇女和男子处于不平等地位”的政权①，通过制定和颁布相关法律以保障男女平等，使妇女摆脱了受奴役的屈辱地位。

第三，吸引广大妇女参加社会生产劳动，参与国家和社会管理，充分动员和发挥妇女投身苏联社会主义的能动作用。

妇女参加社会生产劳动和参与国家和社会管理的实质，是女性对经济、政治、文化和社会资源的合理拥有，是提高妇女的社会地位的先决条件。苏维埃社会主义政权的建立，为妇女参加生产劳动和政治活动敞开了大门。

经济解放是妇女解放的首要条件。凡在社会生产中起主要作用并掌握主要生产职能的阶级或社会集团，经过一些时候必然成为这种生产的主人。占苏联人口半数的妇女是一支劳动大军，她们只有参加生产劳动，才能与男性处于真正的平等地位。列宁指出，实现男女真正平等就必须有公共经济，妇女运动的主要任务就是“让妇女参加社会生产劳动，使她们不要做‘家庭奴隶’，不要永远把自己仅仅限制在做饭和照料小孩的圈子里”②。然而，动员妇女参加生产劳动并不是使妇女男性化，强迫女性做违背其生理特点的事情，使妇女在劳动生产率、劳动量、劳动时间和劳动条件等同男子相等，而是要使妇女不再因为经济地位比男子低下而受到压迫。妇女解放就是“作姑娘时不是为父亲工作，出嫁以后也不是为丈夫工

---

① 列宁：《致女工》，《马克思恩格斯列宁斯大林论妇女》，中国妇女出版社1990年8月第2版，第306页。

② 列宁：《迎接国际妇女节》，《马克思恩格斯列宁斯大林论妇女》，中国妇女出版社1990年8月第2版，第309页。

作，她首先是为自己工作”①。

政治解放是妇女解放的必要条件。苏联妇女“是一支巨大的力量，埋没这支力量就是犯罪”②，我们的责任就是要推动妇女前进，运用好这支力量，“不能让这一支劳动大军过着愚昧无知的生活”③。首先，苏联社会主义国家为妇女参加国家和社会管理创造了优越条件，使政治成为每个劳动妇女都能参与的事情，苏联已经把许多卓越的女工和农妇经过基层选举，提拔到布尔什维克党和苏维埃政府中担任领导职务，如集体农庄的主席、管理委员会委员、生产队长、小组长、商品养畜场主任、拖拉机手等。妇女独立地担任领导职务是文化水平提高的标志，她们由落后者上升为先进者具有重大意义。其次，苏联妇女在帝国主义列强为重新瓜分世界的残酷战争中，决不会只去咒骂一切战争和军事行动，决不会消极地看着精良的资产阶级军队去枪杀武器装备差或手无寸铁的工人，决不会扮演这种可耻的角色。她们一定会拿起武器支援军队，还会对自己的儿子说，你快长大，要拿起枪，好好学习军事，反对和战胜资产阶级的武装力量，消灭剥削、贫困和战争。“苏联妇女在保卫祖国事业中具有不可估量的功劳，她们忘我地为前线工作，以刚毅精神忍受战时的一切困难，鼓舞我们祖国的解放者红军军人去建立战斗功勋。”④

第四，大力提高妇女的主体意识和自身素质，对劳动妇女进行教育，消除对妇女的传统偏见。

把苏联这一落后的农业国建设成为先进的社会主义工业国，是一项十分艰巨而复杂的任务，妇女起着重大的作用。“从一切解放运动的经验来看，革命的成败取决于妇女参加解放运动的程度。”⑤ 首先，妇女自身的觉醒在妇女解放中具有决定作用。女工和农妇的任务是巩固工农联盟，支持

---

① 斯大林：《在党和政府领导人接见集体农庄种植甜菜的女突击队员时的讲话》，《马克思恩格斯列宁斯大林论妇女》，中国妇女出版社 1990 年 8 月第 2 版，第 364 页。

② 斯大林：《在全苏集体农庄突击队员第一次代表大会上的演说》，《马克思恩格斯列宁斯大林论妇女》，中国妇女出版社 1990 年 8 月第 2 版，第 356 页。

③ 斯大林：《在党的第十七次代表大会上关于联共（布）中央工作的总结报告》，《马克思恩格斯列宁斯大林论妇女》，中国妇女出版社 1990 年 8 月第 2 版，第 361 页。

④ 斯大林：《苏联全军最高总司令命令》，《马克思恩格斯列宁斯大林论妇女》，中国妇女出版社 1990 年 8 月第 2 版，第 374 页。

⑤ 列宁：《在全俄女工第一次代表大会上的演说》，《马克思恩格斯列宁斯大林论妇女》，中国妇女出版社 1990 年 8 月第 2 版，第 278 页。

工人阶级反对资产阶级，支持工人阶级的政权，走向共产主义。她们一定能够在争取消灭剥削、压迫、不平等、愚昧和没有文化等现象的斗争中获得胜利。其次，妇女解放应该是妇女自己的事情，妇女要靠自己的力量扫除文盲，摆脱愚昧的文盲状态。如果妇女备受压抑，觉悟很低，愚昧无知，一定会成为前进运动中的绊脚石，阻碍社会主义事业的发展。实践证明，苏联妇女的英雄行为产生了巨大而深远的国际影响，为世界妇女解放树立了光辉榜样。“在人类一切解放运动中最深刻最强大的解放运动中，不仅产生了女英雄和女烈士，而且产生了在无产阶级的共同旗帜下胜利斗争的千百万劳动妇女的群众性的社会主义运动”①，并必将在全世界赢得胜利。

当政权已经转到工人和农民手中时，对劳动妇女进行政治教育具有重要意义。（1）妇女是“最直接涉及每个国家半数以上的人口利益的问题”②，占人口半数的妇女站在社会主义发展道路的旁边是不能容忍的。布尔什维克党的重要任务就是把千百万劳动妇女吸引到自己的旗帜下，团结在无产阶级革命领袖和社会主义建设的领导者的周围，参加苏维埃社会主义建设事业。（2）妇女是苏联未来的母亲和教育者，她们既能教育出心理健康、把我国推向前进的青年，也能摧残孩子的心灵。以社会主义精神教育新一代，是真正战胜资产阶级的头等重要工作，极其重要的工作。因此，教育妇女的工作关系到社会主义未来的命运。（3）那种嫌妇女麻烦落后，低估妇女力量，轻视甚至讥笑妇女的做法是一个严重的错误。如果我们不重视妇女工作，反革命势力就会领导她们来反对我们，既不利于妇女的解放事业，也会削弱建设社会主义国家的力量。因此，无产阶级政党的第一项任务，就是把妇女“从资产阶级的影响下解放出来而进行坚决的斗争，为在无产阶级旗帜下对女工和农妇进行政治教育和把她们组织起来而进行坚决的斗争”③，要经常教育妇女，争取她们，重视并发挥她们的作用。

---

① 斯大林：《致山民妇女第一次代表大会的贺电》、《庆祝国际共产主义妇女节》，《马克思恩格斯列宁斯大林论妇女》，中国妇女出版社 1990 年 8 月第 2 版，第 327 页。

② 列宁：《论战斗唯物主义的意义》，《马克思恩格斯列宁斯大林论妇女》，中国妇女出版社 1990 年 8 月第 2 版，第 322 页。

③ 斯大林：《庆祝国际共产主义妇女节》，《马克思恩格斯列宁斯大林论妇女》，中国妇女出版社 1990 年 8 月第 2 版，第 343 页。

第五，大力倡导家务劳动社会化，使妇女摆脱琐碎的家务负担，扶植共产主义幼芽。

苏联劳动妇女是社会主义建设者，是工人阶级最强大的后备力量。如果不依靠全国男女公民的团结一致和忘我的劳动精神，没有大批劳动妇女参加，这一事业是无法完成的。“在人类历史上，任何一次重大的解放运动都不能没有妇女直接参加，因为被压迫阶级在解放道路上每走一步就使妇女的地位改善一步”①，它“决定着无产阶级的命运，决定着无产阶级革命的胜败，决定着无产阶级政权的胜败”②。然而，全部家务劳动都压在妇女肩上，妇女所担负的家务劳动是非生产性的，是最原始、最繁重、最辛苦的劳动，是对妇女进步没有丝毫帮助的劳动。她们被最琐碎的、劳神的、折磨人的家务劳动压得喘不过气来，消耗着她们的精力，使她们窒息、愚钝和卑微，受人鄙视。尽管颁布了种种解放妇女的法律，但妇女仍然是家庭的奴隶，仍然处在受压迫受奴役的地位。因此，只有实现家务劳动的社会化，把家务普遍改造为社会主义大经济，“使细小的、个体的家务工作转变为大规模的公共经济，使妇女摆脱‘家庭的奴役’”③，通过创办公共食堂、托儿所、幼儿园等公共设施，把妇女从家庭奴隶的境遇中解放出来，从琐碎的家务劳动的束缚中解放出来，才开始有真正的男女平等，真正的妇女解放，真正的共产主义。

---

① 斯大林：《致山民妇女第一次代表大会的贺电》，《马克思恩格斯列宁斯大林论妇女》，中国妇女出版社 1990 年 8 月第 2 版，第 327 页。

② 斯大林：《庆祝国际共产主义妇女节》，《马克思恩格斯列宁斯大林论妇女》，中国妇女出版社 1990 年 8 月第 2 版，第 343 页。

③ 列宁：《国际劳动妇女节》，《马克思恩格斯列宁斯大林论妇女》，中国妇女出版社 1990 年 8 月第 2 版，第 316 页。

第　三　编

马克思主义与当代

金融、科技、文化和军事霸权是当今资本帝国新特征

李慎明[*]

2005 年，胡锦涛同志曾明确指出：“要和平、促发展、谋合作是时代的主旋律”，“同时，世界和平与发展这两大问题还没有得到根本解决”，“人类实现普遍和平、共同发展的理想还任重道远”。实践证明，胡锦涛同志当年的判断完全正确。这一判断，与邓小平同志在 1992 年著名的“南方谈话”中强调的“世界和平与发展这两大问题，至今一个也没有解决”的论断，与江泽民同志在 2000 年所说的当今世界的经济全球化由西方发达国家为主导是完全一致的。

要和平、促发展、谋合作无疑是全世界各国人民普遍而又强烈的美好愿望，是当今世界各主要国家政府间客观存在的努力方向。也毋庸否认，苏东剧变后霸权主义和强权政治有了极大的加强，其主要特征是金融、科技、文化和军事霸权的不断加强，且日益融为一体。以美国为首的西方世界在力图主导着当今世界和平、发展与合作的态势及走向。以美国为首的西方世界维护并加强其世界霸权的根本目的是牢牢控制并有序掠取地球上正在急遽减少的有限资源。

一看金融霸权。自由竞争资本主义时代的特点是工业资本占统治地位，主要经济资源和有决定意义的政治机构被工业资本所控制。而金融是当代国民经济和世界经济的命脉和血液，金融资本是资本最高和最抽象的表现形式，是资本对人类社会统治的最高形态。这种在国际产业产品垄断基础上形成的国际垄断金融资本，一是不仅垄断全世界几乎所有原材料来

* 李慎明，中国社会科学院原副院长，研究员。

源，而且垄断全球的主要产业，各方面的科技人才和熟练体力劳动力，霸占交通要冲和各种生产工具，并通过银行和各种金融衍生品以及种种股份制，支配和占有更多的资本进而掌控着全球的各种秩序。从一定意义上讲，现在的世界就是一个巨大的以美国为首的西方世界控股的全球股份控股公司。以国际货币基金组织（IMF）为例，2012年6月中旬，中国、巴西、俄罗斯、印度及南非等12个国家在G20会议上最新承诺向国际货币基金组织增资，中国再次注入430亿美元，为这次增资中的最大款项。巴西、印度、俄罗斯分别承诺100亿美元予以援手。我国增资，至少有以下三点好处：我国在国际货币基金组织中的份额从目前的3.72%升至6.39%，投票权也将从目前的3.65%升至6.07%，从而超越德、法、英，列美国和日本之后第三位。对国际货币基金组织投资安全级别较高，收益亦有较好保障。有利于进一步推动国际货币基金组织的治理结构和提高发展中国家话语权的改革。但也应看到，国际货币基金组织重大决策通过需要至少85%的支持率，而美国却持有17.67%的投票权。国际货币基金组织的改革任重道远。当今世界的国际金融垄断资本主义，已经形成这样的世界经济体系，使得金融资本的触角遍布世界各个角落，使得国际金融垄断资本国和金融资本输入国都形成最适合国际垄断金融资本攫取最大利益的社会经济关系。二是以国际金融垄断资本为主导的经济全球化的过程，实质上也是国际垄断资本把全球一切实物都逐步进行商品化和货币化的过程。它们把一切实物先进行包装货币化，然后逐步纳入金融流通领域，并迫使所有主权国家开放本国货币，从而实现金融的全球化，进而直接间接地控制所有国家的物质财富。请我们看看以下几组数据：1980年，美国的金融资产与GDP之比为158%，而到2010年，则猛增到420%，金融部门利润占全部企业利润45%。如果美国金融部门的利润比重进一步升至50%以上，美国将彻底质变为一个金融化国家。近两年美国如果实行新的量化宽松，其金融经济将从算术上彻底超过其实体经济。2009年美国GDP为14.7万亿美元，而实物经济约为2.77万亿美元，实物经济仅为GDP的1/5。另外，美国利用贸易赤字等手段平均每小时向海外输出至少5000万美元。这样美国至少每年从国外向国内转移了价值4000亿美元的物质财富。从一定意义上讲，金融霸权是满足国际金融垄断集团疯狂掠夺全球各国财富、保持资本主义生存发展的主要手段，是保证以美国为首的西方强国繁荣富裕、调和其国内阶级矛盾的经济基础。国际金融垄断是霸权主义和强权政治发展的新的最高阶段。金融是国际垄断资本玩弄的扑朔迷离、眼花缭乱的万花筒。在经济全球化也可以叫做金融全球化的今天，美国如同是全球金融之心脏，几乎世界各国、各个城市都布满美国吞吸其血液的大小血管。股市、期货、汇率、国际大宗商品价格等总会涨涨落落，因为水位落差愈大，发电所得能量便愈多。而其中背后的关键，是国际金融垄断大资本的操纵。现在，全球国内生产总值为 70 万亿美元，而债券市场则为 95000 万亿美元，是全球 GDP 的 1000 倍以上，各种金融衍生品的价值则达到 466000 万亿美元，是全球 GDP 的 6657 倍还多，世界上每 2.4 小时流动的资金总额就相当于一年全球 GDP 的总值。如此庞大和名目繁多的金融衍生品不通过生产环节便能把其盘剥的触角伸往世界各国、各个城市的每一个角落直至各个家庭直接攫取金钱。

二看科技霸权。从科技研发投入看，以 2007 年的国内研发预算为例，美国以其中的 1/3 作为投资，为世界之冠，而欧盟为 23.1%，日本为 12.9%，中国为 8.9%。从教育投入看，美国教育支出绝对数多年为世界第一。2009 年美国人均公共教育支出占人均 GDP 收入的 6.10%，日本为 4.28%，韩国为 3.01%，俄罗斯为 1.87%，巴西为 2.29%，而我国仅为 0.82%。美国是我国的 7.44 倍，俄罗斯是我国的 2.28 倍，巴西是我国的 2.79 倍。所以我国不仅与发达国家有很大差距，即使在金砖四国中，我国的教育投入也排在末位。美国教育实施的“青苗”战略，从大学甚至从中学起，用各种优厚条件，把世界各国的崭露头角的人才吸引到美国，以可持续的方式实现自己的“科技霸权”。2011 年，美国大学录取了 72.5 万名外国学生，创历史纪录。从版权与许可费的收入看，美国高居世界第一。2000 年至 2009 年，美国在这方面的收入从 432 亿美元增加到近 900 亿美元，一直遥遥领先位于第二、第三位的日本和德国。从发表的科技期刊文章数量看，多年也是遥遥领先于世界各国。特别是从国际互联网看，美国在创造互联网的同时，也设计了域名解析的规则。域名系统的解析过程从大到小，最终都要靠根服务器来引导。谁控制了根服务器，就意味着它控制着巨大的网络权力。负责控制互联网的世界 13 台根服务器中，其中一台主根服务器和 9 台副根服务器在美国，其他 3 台副根服务器分别在英国、瑞典、日本。这 3 台副根服务器在运转过程中，也必须绕道美国那台主根服务器才能入网。理论上说，我国的每一位普通公民所发出的每一个电子邮件、手机短信和每一次手机通话，美国的主根服务器可以有所记载。全球互联网业务量的约80%与美国有关，庞大的互联网数据库80%以上由美国控制，几乎所有的互联网运行规则由美国制定。网民人数达5亿的我国，在整个互联网的信息输入流量中仅占0.1%，输出流量更只占0.05%。尤其需要我们高度关注的：一是2012年五六月，西亚出现了名为“火焰”的计算机病毒，代码量达65万行，打印纸张达2400米。一些学者指出，此病毒来自某一两个发达国家。二是目前美国网军至少为9万人，相当于8个101空中突击师，拥有实战病毒2000多种。三是美国加紧研制“离线网络”攻击武器。此技术可接入物理隔绝网络系统，直接攻击军事、金融、电力、交通、医疗等网络系统。

三看文化霸权。当今世界的文化霸权由世界上资金最雄厚的国际金融垄断资本所控制。2010年，美国文化产业比重占世界的43%，而我国所占的比重则不到4%，仅为美国的约1/10还弱；美国的文化产业占到整个GDP的25%，日本达到20%，而我国仅为2.5%。美国把网络定为与海、陆、空、太空并列的军事“行动领域”，进一步彰显着美国的文化霸权。美国实质上充当着全球互联网信息高速公路的警察，企图只让符合以美国为首的西方价值观的东西上路。不仅最热门的网络，而且世界知名并传播很广的电视、广播、报纸、杂志、电影以及后台为之间接服务的大学、研究和咨询机构等也都被以美国为首的西方控制。2012年3月19日，国家互联网应急中心发布的《2011年中国互联网网络安全态势报告》指出：2011年，美国以9500多个IP地址控制中国境内近885万台主机，有3300多个IP控制境内3400多家网站。美国还可以通过其控制的IP地址通过机器隐身群发，在两个小时内发送近70万条虚假造谣信息覆盖我国的主要网站。另外，美国政府2011年发布了《联邦云计算战略》白皮书，美国云计算产业已经开始步入快速发展的轨道。美国垄断资本不仅控制云计算的核心技术，而且处在以国际互联网为管道的云计算的最高端。这对我国的信息乃至国防安全都会产生重大的影响。我们不仅要看到投资昂贵但往往又是最获暴利的产业，更要看到当今世界繁荣的文化产业在积极宣传以美国为首的西方世界的价值观，为其永久统治世界制造各种各样的舆论。所以，以美国为首的西方世界则把美国誉为“价值观帝国”。什么是美国的价值观呢？2002年美国国家安全战略的报告中说：“美国将鼓励推行民主和经济的开放性……因为这是维护国内稳定和国际秩序的最佳基础。”

四看军事霸权。1840年9月27日，阿尔弗雷德·赛耶·马汉出生在美国西点军校的教授楼里。1890 年，他发表了对美国历史影响深远的著作《海权对历史的影响》，其基本观点是：如今一个国家的经济取决于它的全球贸易量。为了尽可能多的贸易量，你必须阻止竞争对手干涉你的生意。因此，全球贸易量与全球军事力量密不可分。美国最有影响力的新闻工作者、世界畅销书《世界是平的》作者托马斯·弗里德曼指出："没有看不见的拳头，市场看不见的手就无法发挥作用；没有麦道飞机，麦当劳就无法繁荣"；"正在出现的全球秩序需要一位实施者：这是美国的新负担"。西班牙一位记者最近指出："美国不靠政治外交理论或者民主军事演说来统治世界，而是向其他国家推行美元和其军事经济实力坚不可摧的逻辑。""若要毁坏'美元帝国'，不仅必须提出和设计全新的国际经济和金融秩序，还要说服美国忘了自己的核武库、航母和遍布世界的（上千个）军事基地，并宣布'和平'放弃自己在资本主义体制中的霸主地位。"美国战略学家托马斯·巴奈特曾说，美国用美元这种"小纸片"换取亚洲的巨量产品，这当然不公平。所以，美国在美元之外提供了真正的有用之物，这就是太平洋舰队。高科技—军事霸权无疑是支柱中的支柱，但是，"太平洋舰队"反过来也需要"小纸片"的支持，美国的庞大军费开支长期占全球总量的近一半，美元—金融霸权的确是须臾不可或缺的。笔者之所以反复引用西方学者或战略家的相关论述，主要是说明冷战思维从来也没有从西方政治家、思想家和战略家头脑里和战略运筹中消失。让冷战思维从目前我们这个世界上就"靠边稍息"甚至寿终正寝，这只是一些善良的或别样思维的人的一厢情愿而已。随着国际金融危机的逐步深化，全球军费猛增，军备竞争激烈，就充分说明金融霸权与军事霸权是一对相互依存、互为条件、形影不离的连体婴儿。拙文《国际金融危机与世界格局的现状、演进趋势及应对思考》之一中所说的美英两国学者提出的 G3 即美国、欧盟和中国这三个经济实体共治世界，在这三个经济实体中美国的优势之一就是其强大的军事实力。由于经济危机，美国在削减军费，但它的军火贸易却在大幅增加，并在全球 2/3 以上近 130 个国家驻扎军队。2009 年美国的军费开支为 6610 亿美元，这还不计算隐放在能源部的核武器的开支。美国军费占全球军费开支的 43%，相当于排名世界第二至第十五的 14 个国家军费开支的总和。如果按广义军事工业口径统计，把美国与军事工业间接有关的产业和企业列入其中，美国 GDP 的 70% 多是军工产业和企业产出。按照常理，冷战结束，美国应大幅削减军费开支才是，但从 2000

年至2009年，美国军费竟增长75.8%，人均军费为2100美元，居世界之首。其战略核武、太空探索能力、在海外驻军及设立军事基地等方面也远远领先于其他国家。美国是最懂得经济上的投入与产出之比的国家。维护其军事霸权，平日里恫吓其他国家屈从，从而支撑着其金融、科技和文化霸权，保障着有利于称霸世界的经济、政治、文化体系的正常运转，必要时则毫不手软地打几场高科技局部战争。

从一定意义上讲，金融霸权是当今国际垄断资本经济霸权的集中表现，军事霸权则是其政治霸权的集中表现，文化霸权是其意识形态霸权的集中表现，而科技霸权则渗透在其经济、政治、文化等各个方面霸权之中。从另一种意义上讲，如果说金融、科技和文化霸权是其软实力的表现，那么军事霸权则是其硬实力的表现。金融、科技、文化和军事这“四位一体”的霸权，构成了当今世界资本帝国主义时代的新的特征。

称霸世界的目的是什么？2009年5月9日，奥巴马通过电视镜头向全世界明确宣布：如果10多亿中国人口也过上与美国和澳大利亚同样的生活，那将是人类的悲剧和灾难，地球根本承受不了，全世界将陷入非常悲惨的境地。美国并不想限制中国的发展，但中国在发展的时候要承担起国际上的责任。中国人要富裕起来可以，但中国领导人应该想出一个新模式，不要让地球无法承担。从一定意义上讲，奥巴马这段话，是解读当前美国战略本质的锁钥。

大家都知道，美国人口不到全球的5%，却消耗了全球20%的能源、16%的淡水、15%的木材，生产了10%的垃圾和25%的二氧化碳。美国将会千方百计运用各种手段维持乃至扩大这个比例。过去我们总讲“地缘”政治，现在似乎可以加上“货币”、“信息”、“军事”和“资源”这四种政治，似乎可以说，“地缘”、“货币”、“信息”、“军事”这前四种政治都是手段，都最终是为掠夺和占有资源这一政治服务的。“地缘”、“货币”、“信息”、“军事”、“资源”这五种政治相加，似乎才有可能解释现在世界上所发生的所有重大事件。

（原载《红旗文稿》2012年第20期）

当前西方资本主义危机引发的困境及其出路

程恩富　杨　斌*

一　西方资本主义经济可能陷入长期动荡

第一，危机凸显金融体系及其“有毒资产”难以根治。“有毒资产”指的是表面上仍有价值而实际上将会变成坏账、亏损的资产。如金融创新制造出的各种次贷相关衍生证券等，不同于正常经营中出现的不良资产，“有毒资产”往往涉及高杠杆金融投机的欺诈骗局。2009 年 2 月 11 日，英国《每日电讯报》网站曾披露了欧盟委员会的一份内部报告的数据，显示欧盟区整个银行体系的“有毒资产”数额高达 25 万亿美元，其规模庞大竟然相当于 2006 年 13.6 万亿美元的欧盟区国内生产总值的 183%，这个数据充分揭示了欧洲国家央行注入的数万亿流动性资金为何无效，因为其相对于 25 万亿美元银行“有毒资产”的确是杯水车薪。正如美国获诺贝尔奖的经济学家斯蒂格利茨指出，美欧国家巨资救市仿佛“采取输血的办法挽救内脏大出血病人”，将会导致巨额资金被银行“有毒资产”的黑洞白白吞掉，导致缺乏资金的实体经济部门陷入更加资金匮乏的局面，无法促进物质生产的巨额注资将带来巨大通货膨胀压力。

2009 年 7 月 20 日，美国财政部“不良资产援助计划”特别督察长巴洛夫斯基表示，目前联邦政府各项援助计划仅仅是挽救银行行动的开始，未来救助银行的总金额可能高达 23.7 万亿美元，这表明他间接承认已经

---

* 程恩富，中国社会科学院马克思主义研究学部主任，教授，博士生导师。杨斌，中国社会科学院马克思主义研究院研究员。

暴露的问题不过是“冰山一角”。新自由主义的取消政府监管的金融自由化政策，造成了虚拟经济投机泡沫脱离实体经济的无限制膨胀，美欧的金融衍生品规模高达680万亿美元，比美国14万亿美元的国内生产总值高出近50倍，比50万亿美元的全球国内生产总值总和还高出十多倍，这就意味着即使全世界60亿人口停止任何消费活动，节省10年的全部收入也不足以挽救潜在的金融衍生品坏账。①

这次金融危机与以往任何一次危机相比具有截然不同的特点，就是通过所谓金融创新吹起高达天文数字的金融衍生品泡沫，具有摧毁全球经济的巨大能量。金融衍生品坏债其实是脱离实体经济的投机赌博债务，世界各国只有正确认识这种坏债的巨大危害和性质，采取果断措施将其冻结、注销才能化险为夷，否则将会不断遭受一轮轮金融和经济危机的袭击。

这次国际金融危机中金融衍生品的扩大风险作用，充分暴露其不是避险工具而是投机牟利手段，运用马克思主义经济学的方法进行分析，可以透过所谓金融衍生品是为了规避风险的表象，看出其本质是为获取超额利润进行的剥削方式创新。这次国际金融危机的严重程度超过普通经济危机，原因在于美欧流行的金融创新具有两面性，即使金融创新的初始功能具有避险作用，但资本主义生产关系决定其必须服从资本牟利贪欲。金融创新促使资本主义剥削形式发生变化，大大扩展了剥削的对象、程度和时空范围，使之延伸到不同实体经济领域和地区与国家，牵涉各种社会阶层甚至未来几代人。

第二，危机凸显私有制公司治理的弊端。当前，在西方不断进行金融衍生品创新的大环境下，以私有产权为基础的股份公司治理结构正面临着巨大危机。资本主义总是不断进行各个层面的创新活动，包括生产力方面的科学技术创新，但是也有生产关系方面的剥削方式创新，这种剥削方式创新不断酿成巨大风险。西方的代议制民主政体架构，现代企业制度的公司治理架构，都无法抵御金融衍生品创新的诱惑腐蚀。近十年来华尔街花了50亿美元游说、贿赂美国国会议员，促使美国国会在明知金融衍生品巨大风险的情况下，仍然通过了一系列放松监管的金融自由化法案，因此，美国媒体也承认“美国政府和华尔街勾结起来出卖了美国”。在这种金融衍生品创新的巨大诱惑力之下，股份公司的治理结构难以遏制来自内

① 数据来源：国际清算银行官方网站。

部的腐败。即使高层经理在股份公司里拥有比较大比重的股权，譬如10%、20%的股权，其一年收益也远远小于一次金融衍生品作弊收益。金融衍生品的交易动辄成百上千亿美元，西方大公司高管年薪水平一般为数千万美元，如次贷危机后担任美林证券董事长的赛恩年薪5000万美元，但是，通过金融衍生品作弊带来的利益就大得多，许多公司衍生品交易损失都涉及串谋欺诈。政府无论怎样监管也深入不到公司内部，仅仅从外部监管不仅成本很高而且难以奏效。政府不拥有企业产权，无法深入到股份公司内部，无法掌握会计审计、重大交易的详细信息。政府高官、美联储本身也是垄断财团利益的代理人，即使在风险充分曝光后仍继续纵容金融衍生品投机。从微观经济角度分析，私有制企业模式容易形成追求私人巨额收入的贪欲，不计风险采用次贷及相关的金融衍生品工具，并不断游说政府、国会为金融投机创造宽松条件，导致了伦理失灵、市场失灵和政府失灵这三种调节共同失灵。

格林斯潘承认资本主义无法节制自己的贪欲，总想不断追求放纵贪欲自由甚至不顾自我毁灭的危险。由于私有制不能自我克制甚而尽情放纵贪欲，在当代金融创新提供了新型剥削手段的条件下，可以催生高杠杆金融衍生品泡沫的无限制膨胀，就可能促使资本主义基本矛盾不断积累和激化，在同以前相比较短的时间内积蓄巨大能量，酿成严重的金融和经济危机甚至危及资本主义生存基础。当代金融垄断资本就像无法自我节制的赌徒，进行金融衍生品赌博时完全丧失了自控能力，这就意味着本次危机与以前相比具有截然不同的特点，具有摧毁西方乃至全球资本主义经济基础的巨大能量，证明了列宁关于垄断资本主义垂死性或过渡性论述仍具有重要的现实意义。这次危机也说明金融衍生品泡沫对实体经济的巨大破坏，正日益瓦解着西方资本主义的经济基础，并促使其面临日益深刻的垂死、过渡过程的生存挑战。这表明金融垄断财团始终将社会改良视为被迫采取的权宜之计，始终竭力支持新自由主义以求恢复自由放任资本主义，社会改良并不代表西方资本主义发生了本质性变化。

第三，危机凸显贫富分化的加剧。20世纪80年代以来，里根政府推行新自由主义造成了日益严重的贫富分化，GDP增长的绝大部分都进入了少数富有阶层的口袋。2005年，美国最富有的1%和1‰的人所拥有的财富都达到了1928年以来的最高水平。最富有的1‰的人口只有30万，他们的收入与最穷的50%的人口的总收入是相当的，而最穷的50%的人口有1.5亿。美国最富的10%的家庭财富占社会财富的比例高达70%。[①] 由美国次贷危机引爆国际金融和经济危机的一个重要原因，就是美国的贫富差距拉大、负债经济难以为继。其他发达国家也面临同样的问题，英国、法国超过10%的富人占据社会财富的50%，危机进一步增加了发达国家的贫困人口。

世界财富分配失衡和南北发展存在严重失衡。联合国大学世界经济发展研究所2006年12月发布了《世界家庭财富分配报告》，该研究报告显示：从人口分布看，全球最富有的10%的人拥有世界财富的85%，世界底层的半数人口仅拥有世界财富的1%。从区域分布看，世界上的财富主要集中在北美、欧洲和亚太地区部分经济发达的国家和地区，这些国家和地区的人拥有了世界上近90%的财富。可以说，财富分配不平衡是发展中国家消费不足的根本原因，也是此次全球性的金融和经济危机的一个重要原因。美国等资本主义国家在危机中和危机后不从根本上解决本国财富和收入的贫富对立，继续保持南北之间的贫富等经济差距，就必然引起资本主义生存和发展的一系列问题和顽症，并引发替代资本主义的阶级博弈和制度变革。

第四，危机凸显国家调节的低效。美国著名金融评论家、《利率观察家》杂志主编吉姆格雷特认为，在以前美国二战后经历的十次经济衰退中，美国政府平均采取的财政、货币刺激力度，仅为国内生产总值的2.9%，而当前美国政府采取的财政、货币刺激力度，达到了超过以前十倍以上的前所未有规模；20世纪30年代大萧条中，美国的国内生产总值下降了27%，当时政府采取的财政、货币刺激力度，也仅为国内生产总值的8.3%。据计算同大萧条时期相比，美国为挽救一个百分点的经济衰退，付出的救市代价相当于大萧条时期的54倍，也就是说为挽救危机所付出的代价损失，甚至远远超过了危机本身造成的损失，美国政府付出巨大买单代价仅仅带来了微弱复苏。[②]

当前，尽管美国政府和央行不断出台规模庞大的各种救市计划，国债泡沫和美元债务泡沫膨胀达到空前规模，但是，美国经济尚未摆脱衰退并

---

① 程恩富：《金融风暴启示录》，中国法制出版社2009年版，第259页。

② Martin D. Weiss. The Great Hoax of 2009—2010. 11—02—2009 , http://www.moneyandmarkets.com/the-great-hoax-of-2009—2010—2—36247.

处于不稳定的震荡状态，即使今后债务泡沫膨胀刺激国内生产总值恢复增长，也不是实质上摆脱了经济衰退并进入经济复苏，而是从经济危机的“自然爆发状态”变成了“人为压抑状态”，债务泡沫暂时压抑的需求不足矛盾仍在不断蓄积能量，债务清算期来临时就会以更加强烈的威力爆发。美国今后即便宣布国内生产总值恢复微弱增长，也不能说明美国经济真正康复了，而可能是又一次某种形式的经济危机和经济风暴来临前的暂时平静时期。

西方垄断财团一方面竭力贬低维护社会利益的国家调节，一方面毫不犹豫操纵政府为其牟取私利。政治上资产阶级政党轮流执政和政治制度的低效率，精神上主张非为人民服务的“自私经济人”的理念和行为，必然导致市场失灵和伦理失灵基础上的国家调节失灵，从而影响资本主义的生存和发展。

二　危机可能迫使美国采取特殊手段维护全球霸权

美国作为拥有全球经济军事霸权的资本主义国家，不会坐视金融和经济危机侵蚀其国际地位，不会容忍能给其带来巨大利益的美元霸权走向衰落。

首先，美国华尔街正借助对政府的影响和国家调节力量，进一步扩大美国金融垄断财团对其他行业和其他国家享有的特殊地位。2008 年美国爆发严重的金融危机之后，华尔街将挟持政府注资救市视为千载难逢的赚钱机会，美国政府向国际集团（AIG）注入 800 亿美元资金后，该公司的高层经理集体到海滨度假狂欢，尽显骗局得逞的狂喜而丝毫没有愧疚之情。

美国注入巨资挽救华尔街金融资本的各种救市计划，本质上是华尔街金融资本挟持政府和公众，为继续获取超额利润进行的一种新的剥削形式创新。美国华尔街金融资本以公众银行存款和养老金等为“人质”，还以世界各国的外汇储备为“人质”要挟参与共同救市，收获丰厚赎金的效应已经产生了严重的道德风险，数十、数百亿的救市注资远远超过正常经营收入。美国大银行凭借规模巨大的金融衍生品坏账，就可以要挟纳税人、政府和央行持续不断注资救市，何必还要辛苦地向实体经济发放贷款获得微薄收益，这就更加促使美国金融机构沉溺于虚拟泡沫经济。统计数据显示美国金融机构利润更加依赖于投机赌博性交易，高盛的高风险投机性日均交易额达到2.45亿美元，同次贷危机前2007年第一季度的数据相比增加了一倍，显示出美国银行业潜伏着比次贷危机前更大的风险。①

其次，美国正通过各种途径加强对资源、碳排放交易、知识产权和自然垄断行业的控制，以求即使在全球经济长期陷入停滞时仍能牟取超额利润。美国为维护全球霸权特别重视加强对全球范围内自然资源的控制，中东、非洲地区的许多战争、冲突都是围绕争夺自然资源展开的。美国政府高官坦言发动伊拉克战争的真正目的，不是为控制大规模杀伤性武器而是为控制伊拉克的石油资源。美国垄断财团在许多投机泡沫破灭的情况下，更加重视将投资方向转向控制自然资源，波斯湾、中亚里海地区、南中国海、尼罗河流域等，都成为美国垄断资本为争夺资源竭力渗透并控制的地区。美国垄断财团还积极利用环保议题制造新的经济泡沫，设法利用对抗全球变暖创造一个巨大的碳排放限额及其衍生品交易市场，规模将达到上万亿美元并且随着碳减排计划实施而不断膨胀。据美国媒体揭露，碳排放限额交易制度实质上是允许华尔街将碳排放市场纳入其私人征税计划，通过向所有国家排放碳的实体经济部门征税来牟利，进一步加深有利于西方金融垄断资本的财富转移，比政府动用纳税人金钱挽救私人金融机构更糟的是，这将使私人金融机构得以在纳税人纳税之前就掠夺他们的财富。②美国还将通过碳排放私人征税限制发展中国家经济增长，哥本哈根全球气候峰会上的交锋就反映了发展中国家与西方国家的激烈利益博弈。美国还操纵国际货币基金在全球范围推行自然垄断和公益事业领域的私有化，逼迫发展中国家向跨国公司出售自然垄断行业的国有企业。马克思所处的时代西方国家政府虽然普遍奉行不干预政策，但对于少数自然垄断行业和公益事业部门，仍然存在较多的政府监管和公共企业。这说明工业资本当时具有较多的进步性，他们反对自然垄断行业的私人资本为获取利润，利用垄断力量寻租提高价格增加工业生产成本。但是，当代西方金融垄断资本主义具有更大的寄生性和腐朽性，为垄断寻租鼓吹被称为古典自由主义“更极端翻版”的新自由主义，主张即使在自然垄断行业和公益事业领域，也必须取消政府管制和公共企业并推行彻底的私有化，包括铁路、公路、供电、燃气、自来水、医院等。国际货币基金组织强迫许多拉丁美洲和亚

① Martin D. Weiss, Banks still in trouble, 07—20—2009, MONEY AND MARKET.

② ［美］马特·塔比:《高盛——巨大的经济泡沫制造机》,《滚石》（美国）2009年第9期。

洲国家，接受新自由主义的经济改革和全面私有化方案，结果导致水、电等生活必需品的价格大幅度上涨，严重损害了公众利益甚至引起社会暴乱。中国应对国内外主张自然垄断行业推行国企私有化的声音保持高度警惕，某些中外新自由主义学者和经济研究机构纷纷主张自然垄断行业推行国企私有化，甚至中国个别新自由主义经济学家公开主张把中国的国有经济缩减至美国式的10%，这很可能同他们主张的政治全盘西化一样，从根本上代表了西方发达国家的利益。

再次，美国仍在利用新自由主义政策误导各国经济金融改革，策划隐蔽的经济金融战争打击别国经济和货币体系。美国为挽救自身金融危机采取了一系列与“华盛顿共识”截然相反的政策，但是，美国操纵国际货币基金向许多发展中国家提供挽救危机援助时，依然要求其接受“华盛顿共识”的一系列苛刻附加条件。迄今为止，美国政府高官还竭力将金融危机的责任推脱给中国，指责中国操纵汇率并继续施压迫使人民币升值，美国财长、高盛前总裁保尔森还公开警告中国不要因美国金融危机而放弃金融自由化改革方向。2009年美元面临大幅度贬值的风险加剧时，美国金融垄断财团有意加速引爆迪拜、希腊等国债务泡沫危机，促使避险恐慌导致美元大幅度反弹以缓解美元危机。据英国《每日电讯报》披露在美国爆发金融危机前夜，美国华尔街重要金融机构曾在华盛顿召开了会议，主要议题是利用所谓的“金融快速反应部队”——金融机构与对冲基金组织，针对中国发动一场“没有硝烟的金融战争”。美国金融界专家认为，一个国家金融市场逐步开放的五年到八年时间内，实施金融袭击相对脆弱的金融体系的成功可能性最大，因而未来三到五年内是争取“延缓中国崛起”的机会。美国策划对华金融战的重点是通过理论和政策误导，诱使中国实行刺激泡沫经济的宏观货币政策，同时施压中国向西方银行开放投资和金融市场，通过炒作股市、楼市暴涨暴跌攫取投机暴利，然后趁泡沫破裂之机控制中国的银行和战略行业。①

复次，美国一方面通过滥发美元掠夺全世界财富，转嫁危机损失，一方面为美元最终衰败后继续控制全球金融准备替代方案。美国乔治城大学教授、前总统克林顿的导师奎格利，是一位深得西方金融权势集团信任的学者，他著书透露垄断财团的御用智库早就拟定详细计划，逐步建立一种

① 张莺:《美“金融快速反应部队”密谋对华出手》,《上海译报》2007年11月8日。

由少数金融寡头统治世界的新秩序，最终发行由少数金融寡头控制的超主权世界货币。① 西方金融权势集团构想的这种超主权世界货币，与中国提出的替代美元的超主权世界货币截然不同，中国的设想是维护世界各国的金融货币主权，将超主权世界货币的作用局限于国际贸易、金融领域，而西方金融权势集团构想的超主权世界货币，将会彻底剥夺世界各国的经济金融主权，由西方金融寡头控制的世界货币替代各国的主权货币。西方金融权势集团深知将会遭遇各国民众抵抗，有意推行旨在诱发全球金融危机和长期动荡的政策，同时诱惑各国央行推行天量信贷政策来挽救金融危机，以便在经济崩溃与恶性通货膨胀并存的全球灾难到来之时，将责任归咎于各国央行和主权货币作为替罪羊，误导各国民众出于对恶性通货膨胀造成极度痛苦的恐惧，愿意放弃各国主权货币并接受金融寡头的全球统治。倘若美国金融财团剥夺各国金融主权的图谋得逞，就意味着即使金融危机最终导致美元彻底丧失信誉，国际金融寡头也能通过其控制的新型世界储备货币，更加直接、有效地控制各国经济金融命脉并掠夺财富。

最后，美国在采取经济金融手段难以挽救危机的情况下，甚至有可能采取军事凯恩斯主义发动战争（包括美国重返亚洲和重点加大对中国的军事包围）。20 世纪 30 年代美国经济陷入大萧条后，是依靠二战的动员经济才最终摆脱了危机。布什政府发动入侵伊拉克战争的重要目的之一，也是利用军事凯恩斯主义摆脱网络泡沫破灭后的危机。倘若债务泡沫破裂引发新一轮金融和经济危机，美国迫于巨大债务压力可能难以反复投入巨资救市，企业破产和失业猛增都可能导致社会动荡局面，为美国军工、金融垄断财团支持的右翼势力主张对外扩张提供借口，届时难免影响和平发展的国际环境。

三 为何把宣扬和遏制“国家资本主义”作为出路之一?

2012 年 1 月 21 日，英国《经济学家》以“国家资本主义”为主题，刊发 6 篇专栏文章，认定中国、俄罗斯、巴西、新加坡等新兴经济体推行的是所谓国家资本主义，指责国家资本主义是对自由资本主义的严重威

---

① Ellen Brown. The Tower of Basel: Secretive Plans for the Issuing of a Global Currency. Global Research, April 18, 2009, http://www.globalresearch.ca/index.php?context=va&aid=13239.

胁，影响西方经济复苏等；美国国务院的高级官员提出要与欧洲联手削减作为中国宏观调控重要基础的国有经济；世界银行与中国有关研究机构关于中国经济改革的联合报告，要求中国进一步消除国有经济，推行私有化的股份化改制。当下西方发达国家为何把宣扬和遏制“国家资本主义”作为出路之一？究其因由有四条：

试图转移对西方金融危机、债务危机和持续经济危机的视线，把危机的成因部分归咎于新兴经济体的所谓国家资本主义。被国际舆论称为“欧洲五猪”的希腊、葡萄牙、意大利、西班牙、爱尔兰接连发生严重的债务危机，而这些文章却说：西方自由资本主义危机恰逢一种强大的新型国家资本主义在新兴市场兴起，自由资本主义的危机因强有力的替代者——国家资本主义的兴起而显得更加严重；国家资本主义在发展中，现金十分充足，而且西方危机给它壮了胆。事实上，并非发展较快的中国等“金砖国家”导致和加剧西方国家危机，而是相反，新兴国家在相当程度上拉动世界增长，缓解了西方危机。

试图制造所谓国家资本主义与自由资本主义的矛盾和对立，为新自由主义的资本主义辩护，继续维护国际垄断资本和各国垄断寡头（尤其是金融垄断寡头）的狭隘利益。这些文章说：随着新兴国家越来越强大，美国越来越收敛，欧洲从内部分崩离析，二十国集团取代七国集团的位置，中国这个“国家资本主义轴心国”在意识形态领域正在获得越来越大的优势，中国的经济模式优于美国，使自由市场原则和信仰受到挑战；国家资本主义在东方的崛起，可能鼓励西方出现效法者，进而使西方公司越来越担忧。人所共认，占1%的西方大垄断资产阶级推行的新自由主义，不仅受到本国99%的人民反对，而且损害了许多发展中国家的合理权益。世界社会论坛和欧洲社会论坛，甚至世界经济论坛也都在批评和反思发达国家主导下的不公正的经济全球化，倡导建立国际经济新秩序。

试图给具有较大程度独立自主和主持世界公道的某些新兴国家套上“国家资本主义”的帽子，以便鼓动各国在经济、政治和军事上加以歧视和遏制。这些文章说：国家资本主义给全球经济体系带来了复杂棘手的问题，如怎样确保公平的某一体系、防止新兴经济体的国家胜过市场和专制胜过民主，把国有企业当做扩大军事实力的工具等；欧盟曾暗示它可能会阻止今后中国国有企业收购欧洲公司，其理由是所有国有企业事实上都是某一经济实体的一部分。世界的真相表明，恰恰是在全球推行新自由主义的国际垄断资本和军工利益集团结合在一起，实行反民主的金融控制、强权政治、单边主义和新帝国主义等，影响了公正的经济全球化、政治民主化、文化多样化和军事自卫化。

试图列举所谓国家资本主义的种种弊病，劝说新兴经济体放弃采用合乎国际规则和国际惯例的国际竞争方式，以实现阻止这些国家的良好发展势头，其中特别是属于“金砖国家”的中国、俄罗斯和巴西等。这些文章说：国家资本主义主要由国有全资公司、国有控股或参股公司、国家主权基金，以及国家的支持私营公司等构成，它们在全球积极并购外国企业、争夺国际资源、热衷于自主创新等；国家资本主义会不擅长科技创新，会导致不自由、腐败和最终失败。上述言论总体透露一个信息，即某些发达国家及其利益集团，担心新兴经济体采取超越新自由主义和凯恩斯主义的有效措施，在合法的国际竞争中快速发展，会“妨碍”它们的既得狭隘利益。

（原载《当代世界》2012 年第 5 期）

试析新自由主义支撑下的美元霸权

陈硕颖*

肇始于美国次贷危机的全球经济金融危机使新自由主义从神坛降至凡间，经济学界和政策制定者不再将其奉为圭臬，纷纷呼吁国家干预的回归。不过，新自由主义的影响并未实质性地削弱，世界银行前不久还在大肆鼓吹中国国有企业私有化。究其原因，孕育新自由主义思潮的经济基本面——美国的实体经济尚未实质性地复苏。20 世纪 80 年代初，正是实体经济利润率的不断下滑，迫使美国推行新自由主义政策。然而，撤销国家干预非但没有从根本上提振美国的实体经济，各类管制的放松反而导致实体企业把更多的精力投入金融投机中。垄断金融资本愈益成为美国的统治力量，借助美元霸权来攫取巨额利润，并将投机的风险和损失转嫁给其他各个持有美元储备的国家。危机爆发后，美国更加依赖美元霸权来弥补其实体经济的不振。清晰地认识美元霸权体系的构成要素以及危机发生后美国为了维护美元霸权、转嫁危机所采取的各种手段，并在此背景下综合考量中国经济发展战略，抵制新自由主义对中国的不利影响，对于中国下一阶段的经济社会可持续发展具有重大意义。

一　美元霸权体系的构成要素

（一）全球生产网络的国际分工格局与“美元币缘圈”的形成

20 世纪 70 年代中后期，随着美国本土实体经济利润率的下滑，美国企业纷纷将制造环节外移，资本主义生产组织方式由垂直一体化转向全球生产网络。全球生产网络的组织结构体现为金字塔式的层级结构，制

* 陈硕颖，中国社会科学院马克思主义研究院副研究员，经济学博士。

定设计规则的跨国公司把产业链最高端的环节保留在中心，而把其他环节层层推向外围，供应商日益分化为大规模的一级供应商和中小规模的底层供应商。中国在改革开放以后承接了大量制造业的国际转移，从而快速地融入全球生产网络，在其中承担加工组装的角色。日本、韩国、中国台湾地区的一级供应商把高端零部件转运到中国进行组装，这一点可以从中国大陆对亚太地区发达经济体和东亚其他国家的贸易逆差中反映出来（见图1）。

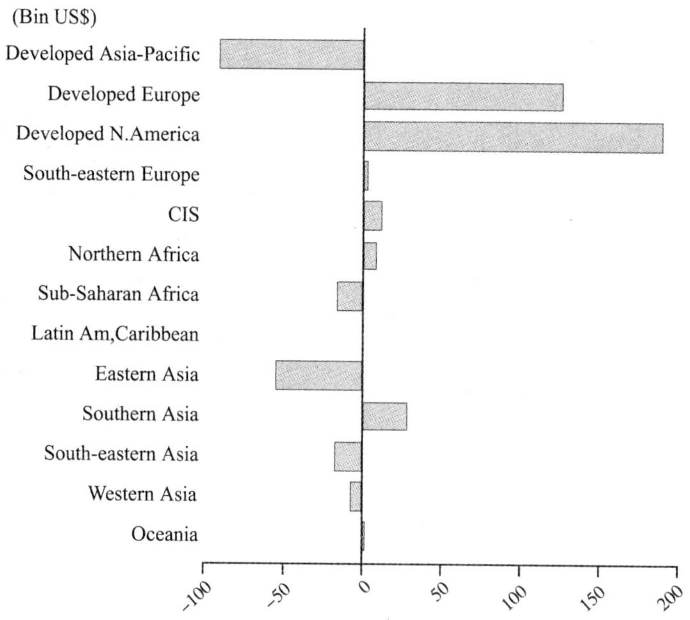

图1 2011年中国与世界其他国家和地区的贸易平衡情况

图片来源：联合国商品贸易数据库，http：//comtrade. un. org/pb/first. aspx。

说明：笔者在此只选取了2011年的图表，2008—2010年中国与世界其他地区的贸易平衡情况图表也反映了类似的贸易格局。

由于中国企业不生产最终产品，只从事加工组装，所以中国需要用美元从一级供应商那里进口零部件，组装成最终产品销往世界各地（主要是北美发达经济体，见图1）时又以美元结算。中国作为制造业大国在美元体系中处于产业链的中间环节，而作为消费—金融大国的美国则处于美元体系的高端，环太平洋地区逐渐形成了消费国家—制造国家—资源国家构成的“美元币缘圈”。[①]

（二）石油、军事和金融衍生工具“三位一体”的信用操控机制

在布雷顿森林体系解体之前，美元的发行还有美国的黄金储备作为发行基础，美元与黄金脱钩后，美元成为一种纯粹的信用货币，信用的基础是美国的综合国力，但最根本和直接的基础是美国的财政状况。自20世纪70年代以来，美国联邦政府的财政除了90年代末互联网泡沫时期有盈余外，其他时期都是赤字，而且赤字占GDP的比例不断提高（见图2）。

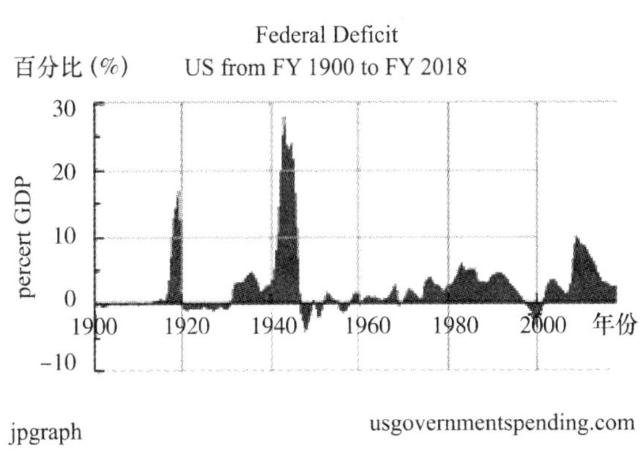

图2　1900—2016年美国联邦政府财政赤字占GDP的比重

图片来源：美国政府支出网，http：//usgovernmentspending. com。

从财政状况的角度看，美元作为国际货币的信用基础相当脆弱。不仅如此，美国的金融资本还刻意通过资产大置换配合美元贬值来获益。布雷顿森林体系解体之后，美国的金融资本找到一条最便捷的生财之道：在低成本融资的同时进行对外高收益投资，美国海外净收益的78%正是通过美元贬值和海外资产升值实现的。[②] 美国经济研究局的研究报告显示：布雷顿森林体系解体以后的30年间，美国持有的外国资产平均回报率为6.82%，而外国持有的美国资产的平均回报率只有3.50%，二者相差3.32%。[③]

---

① 王湘穗：《币缘政治：国际关系研究新视角》，《中国社会科学报》2011年12月15日。

② 潘英丽：《双管齐下解决外汇储备安全隐患》，《中国社会科学报》2011年8月23日。

③ “国际金融危机”课题组：《揭示美元贬值的深层原因——“国际金融危机”研究报告之一》，中国社会科学院世界社会主义研究中心主办内刊《世界社会主义研究》2011年第1期。

美国政府清楚如果没有其他条件支撑，那么美元的国际货币地位会迅速因美国的巨额赤字和美元贬值而削弱。正是认识到了这一点，美国政府于1973年与石油输出国组织欧佩克达成协议，用美元结算全球的石油交易。美元与石油挂钩后，美国便可以通过在产油地区发动局部战争的方式来提升油价，从而增加美元的需求。例如伊拉克战争之前，一桶石油38美元，战争结束后一桶石油接近150美元，这场战争把全球对美元的需求提升了近4倍。[①] 除此之外，美国还利用金融衍生工具在经济风险较高的国家引爆金融危机来化解美元信用风险。次贷危机发生后，美国就通过引爆希腊债务危机来转移注意力，论文第二部分将详述。

（三）以新自由主义思潮为特征的自由市场经济理论

以新自由主义思潮为特征的自由市场经济理论是美国在全球推行美元霸权的理论工具。美国的垄断金融资本旨在借助这套理论体系达到如下三个主要目的：

1. 削弱政府对金融机构的管制，使金融投机的收益私有化，投机风险社会化、全球化。美国政府放松对金融创新的管制以后，债务证券化和信贷违约保险等金融创新极大地刺激了金融机构的投机行为。2007年，美国信贷违约保险（即对抵押贷款的破产给予保险）领域的承保金额达到45万亿美元，比美国整个证券市场的资金量21.9万亿美元高出一倍。在这种保险制度下，金融机构为了更多地分红，竞相购买证券化的抵押贷款产品。金融泡沫破裂后，美国在实体经济不振的情况下，只有采用量化宽松这种超发美元的措施。由于其他国家难以找到一种超主权的有效权威来约束美元的无节制发行，导致美国金融投机的风险向全球扩散。结果，经济金融化和金融保险化形成了金融系统发展的软约束循环：金融出错——导致危机——政府救助——整个社会经济活动的软约束。[②]

2. 在其他国家推行私有化和废除国家干预，以极低的成本获得优质资产，既为金融资本攫取高额回报提供便利，又为美元信用提供资产基础。在资本主义金融化的趋势下，规模庞大的虚拟金融资产需要购买最能

① 乔良：《为了美元：美式战争的全部秘密》，载《美国的逻辑：意识形态与内政外交》，玛雅编，中国经济出版社2011年版，第135页。

② 林光彬：《市场经济与软约束——对市场经济微观基础的反思》，《政治经济学评论》2011年第3期。

带来长期稳定收益的资产。金融部门认识到这类资产主要是能够产生租金的资产——如按揭抵押的土地和建筑、公共设施、资源矿产。[①] 由于这些公共产品基本都属于政府管辖领域，所以必须废除国家干预，将这些资产的产权私有化，金融资本才有可能最大限度地占据其收益。以极低的成本所获得的资产还填补了美元信用的资产基础缺口，美元信用的资产基础缺口直观地表现为美国的财政赤字。例如苏联解体和国有产权私有化之后，大量国有资产被廉价收购，成为美国资产，解决了里根时代的赤字问题。

3. 合理化美国利用金融手段从全球向美国转移财富的局面。为了使美国印制美元，全球其他国家生产用美元交换的产品的分工格局看上去合情合理，美国主流经济学界大肆鼓吹比较优势理论。这种基于静态比较优势的自由贸易理论反对落后国家扶持自主高端产业，试图将落后国家锁定在价值链的低端。

二　危机后美国对美元霸权的维护

（一）深化全球化生产链条，强化“美元币缘圈”

面对世界经济危机，美国没有简单地通过保护主义重新建立以本地为中心的经济，而是通过支持本国跨国公司进一步深化全球化生产链条来克服危机。以汽车业为例，美国政府对克莱斯勒和通用的注资能挽救美国国内数万个工作岗位，但通用和克莱斯勒将裁减18.7万名经销商雇员。在得到救助资金后，通用进一步扩大在中国的势力，对中国一汽注资2.93亿美元。[②] 全球化生产链条的深化将使环太平洋地区的各个国家更深地嵌入“美元币缘圈”。

（二）引爆希腊债务危机、助推局部战争动荡来化解美元信誉风险

华尔街利用对CDS（信用违约掉期，也即赌某个国家在债务到期后出现支付能力不足的保险）衍生品的垄断优势，炒作希腊的CDS指数，同时再配合评价公司下调希腊债券的信用等级，使希腊迅速遭遇信用崩溃和资

---

① 迈克尔·郝德森：《金融帝国——美国金融霸权的来源和基础》，嵇飞、林小方等译，中央编译出版社2008年版，第10页。

② 杰瑞·哈里斯：《世界经济危机与跨国公司——以汽车业为例》，《国外理论动态》，刘凤义、朱翔宇译，2010年第12期。

本撤出。高盛曾在2001年为希腊量身定做出一套“货币掉期交易”，使希腊成功进入欧元区。高盛除了拿到希腊支付的3亿欧元佣金外，还控制着希腊这笔巨额债务。此后高盛又向市场大量购买这一交易的CDS，并在市场上摧毁希腊的支付信誉，从而使希腊的CDS保险大幅上涨，再将手头的CDS抛出牟利。

除了引爆希腊债务危机之外，美国还通过助推局部战争动荡来化解美元信誉风险。如果说埃及人民推翻腐败政权还属于当地人民追求自身权利的进步运动的话，那么利比亚的动荡则由于北约的军事介入，而具有更多外部干预的成分，并非真正意义上的“阿拉伯之春”。现在这种外部干预又扩散到了叙利亚。除了中东北非区域外，美国还在南海和东北亚制造紧张局势。从维护美元霸权的视角看，中国与东亚国家启动货币互换是美国高调“重返亚洲”的重要原因。

（三）继续宣传新自由主义，寻找新的廉价资产来源

面对资本主义周期性爆发的经济危机，美国需要在世界上的某些地方周期性地创造贬值资产，以极低的价格购买这些贬值后的资本资产，并再次将其投入赢利性的资本循环中。此轮危机也不例外。然而，经过拉美债务危机、东南亚金融危机和资本主义连续数十年的不平衡发展之后，资本主义体系底层国家与上层国家的差距不断扩大，底层国家已没有足够的资本资产价值可供榨取，于是美国便把矛头指向了中国。只有购买到足够的廉价资产，美国才能解决目前规模庞大的赤字问题。放眼全球，如此规模的资产也只有中国的国企私有化和土地私有化才可以提供。为此，危机后美国更加不遗余力地向中国灌输新自由主义。

三 中国的应对之道

（一）清醒地认识美国债务与美元的发展态势

2012年新年伊始，美国官方和主流媒体又在宣扬经济加速复苏的消息，美国政府支出网也调低了美国联邦政府赤字规模以及美国国债占美国GDP的比重（见图3和图4）。

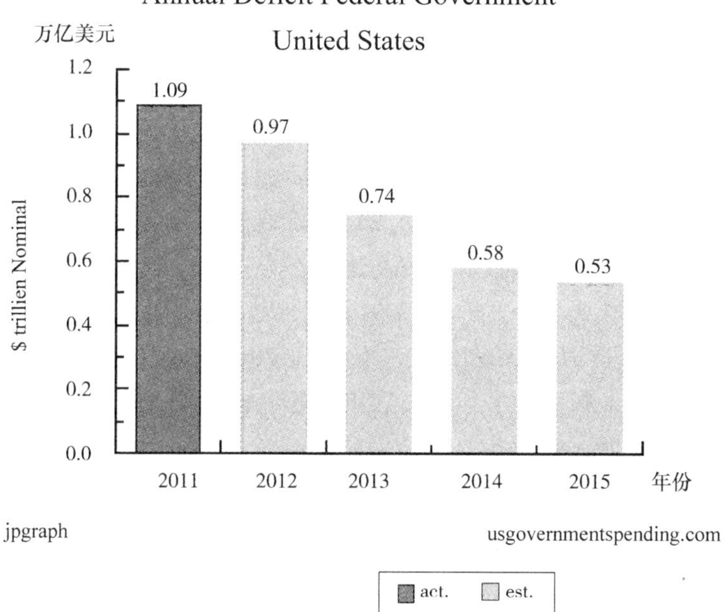

图 3　2010—2014 年美国联邦政府赤字

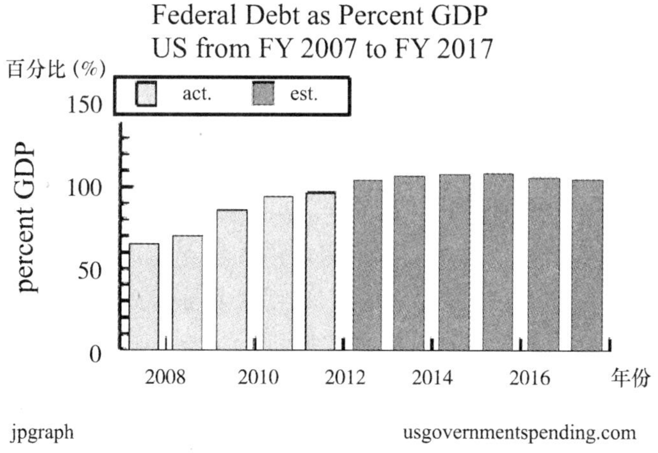

图 4　2007—2017 年美国联邦政府债务占 GDP 的比重（%）

图片来源：美国政府支出网，http：//usgovernmentspending. com。

然而，美国的政治生态决定了美国无法落实“开源节流”。一方面，从地方到联邦的选举政治要求美国政客们必须“讨好”选民，因而不能大幅普遍增税和缩减福利开支，美国政府只能继续大量举债。另一方面，由于两党竞选经费大都来自大金融机构，所以美国政府不仅很难采取实质措施监管金融投机行为，而且还要继续斥巨资解决因金融投机导致的“有毒资产”问题。“有毒资产”是表面上仍有价值而实际上将会变成坏账的资产，不同于正常经营中出现的银行不良资产，“有毒资产”往往涉及高杠杆金融投机的欺诈骗局。2011 年美国财政部货币管理局的统计数据显示，华尔街大银行所持有的金融衍生品数量比 2008 年危机高峰时还增长了 41%。美国银行业持有金融衍生品的集中程度也不断上升，高盛、摩根大通、美洲、花旗四大银行持有的金融衍生品比重，已从 2009 年的 80% 上升到 2011 年的 95.9%。美国财政部“不良资产援助计划”特别督察长巴洛夫斯基表示，未来救助银行的总金额可能高达 23.7 万亿美元。①

华尔街的投行业也意识到在可预见的未来美国仍将继续依靠超发货币和增发国债来维持局面，所以高盛和摩根大通等投行在给客户的资产配置建议中反复强调，应当减持美国国债，把美国资产置换为新兴市场的高收益资产。这必然导致美国资金大量涌向新兴市场，推动美元继续走软。②美元本位制的特殊地位使美国财政和债务不可逆转的恶化趋势不会表现为主权债务危机，而是表现为美元的慢性危机和急性崩溃。为此，中国需要从战略层面探讨如何应对美元的慢性危机。

（二）创建自主生产网络，为储备多元化和人民币国际化奠定基础

中国 20 世纪 90 年代以来大进大出的加工贸易一方面导致中国外贸依存度虚高，美元储备激增。另一方面，由于外资企业在中国出口部门中所占比重较高（2005 年达到 58%，金融危机后虽有小幅下降，但仍然保持在 50% 以上），所以由中国人民银行购买外资企业创造的外汇盈余所产生的储备属于非汇出利润，代表着外资企业对国内资产的要求权。因此，尽管中国外汇储备世界第一，但是考虑到中国人民银行需要使储备资产尽可

① 杨斌：《如何看待 2012 年美国经济前景与潜在风险》，《当代世界》2012 年第 3 期。

② “国际金融危机”课题组：《揭示美元贬值的深层原因——“国际金融危机”研究报告之一》，中国社会科学院世界社会主义研究中心主办内刊《世界社会主义研究》2011 年第 1 期。

能与购买这些资产的国内债务相匹配，实际上中国在如何使用储备上是相当受限制的。大部分顺差所产生的外汇储备非但不能成为中国企业海外扩张的工具，反而成为外资企业在中国国内进行扩张的工具。①

由于中国美元储备大量增加是由中国在国际分工中的位置决定的，因而实行储备多元化的过程也即国际分工格局调整的过程。创建自主生产网络是弱化美元币缘圈锁定效应，形成人民币币缘圈的基础。自主生产网络基于国内市场需求发育而成，由本国企业掌握核心环节，在本国获得品牌和销售终端渠道以及自主研发创新能力，然后进入区域或全球市场的价值链分工生产体系。尽快培育领导型企业以及与之配套的高端供应商是创建自主生产网络的当务之急。对于成长中的中国企业而言，通过企业内部积累一点一滴地成长，虽然具有稳健性的优势，但发展速度慢。因此，基于市场成长性的兼并收购活动是塑造领导企业的主要途径。②

创建自主生产网络需要持续而且量大面广的投资，使行业间协调发展并取得规模效应，这远非一般的私人投资可以承担，因此创建自主生产网络的主体只能是国有企业。随着中国市场经济的发展与完善，产权结构越来越呈现多重复合的特点，企业所有者可以有自然人和法人，私人和政府，本国和外国等，产权结构的微小变化就有可能导致企业所有权性质的改变。现在中国从大型央企到行业内（含细分行业）排头兵基本已经上市，许多利益集团都潜伏在央企上市公司中当“小非”，是二股东、三股东，份额很低，等到国家把央企大股东的股票平均分配给了社会，这些利益集团便成为控股大股东。所谓平均分配的“私有化方案”，实际上就是助推潜伏在央企上市公司当中的权贵——既得利益集团成为这些央企私有化以后的控股人，更让潜伏在央企上市公司中的所谓国际战略投资者成为控股人，让他们与国企的管理层成为利益共同体，形成被外国资本主导的利益集团。③ 在这一背景下，中国更需要警惕美国和代表美国利益的国际机构抛出的私有化方案。我们既要通过兼并收购让中国企业快速成长起

① 安德鲁·马丁·费希尔：《中国正在拉美化吗？在全球失衡浪潮中，中国在实力与依附性之间的平衡行为》，《政治经济学评论》2010 年第 4 期。

② 刘志彪：《重构国家价值链：转变中国制造业发展方式的思考》，《世界经济与政治论坛》2011 年第 4 期。

③ 张捷：《私有化阳谋：张维迎式私有化必然导致恶性通胀》，《环球财经》2012 年第 4 期，http：//finance. sina. com. cn/review/sbzt/20120411/152911798830. shtml。

来，又要在这一过程中最大限度地捍卫中国的经济安全。

（三）坚持社会主义基本经济制度，抵制新自由主义的不利影响

坚持社会主义基本经济制度就是坚持以公有制为主体，绝不能任由私有化浪潮从企业向其他领域（如土地）蔓延。如前所述，美国在政府赤字和债务居高不下的背景下，急于寻找新的美元发行的资产基础，金融资本也急于寻找新的赢利来源。土地所有权和资本所有权之间的置换是资本积累初期最主要的特征，中国目前仍然处于这一阶段，中国土地所有权和资本所有权之间的置换所带来的土地增值收益无疑是国际垄断金融资本关注的焦点之一。如果中国实行了土地私有化政策，那么国际垄断金融资本就可以收购土地，使土地所有权迅速向大资本集中，从而名正言顺地占据土地增值收益。不少发展中国家的发展事实也表明，在土地私有化制度下，土地向大资本集中，导致大量无地农民进城，形成大规模的城市贫民窟。新自由主义所推崇的这种基于个体理性的发展“方略”使大多数发展中国家陷入“现代化”陷阱。中国之所以能够承接经济危机的制度成本，依托的并不是资本运作的逻辑，而是基于传统兼业化小农家庭和多功能村庄的“村社理性”。[①] 因此，中国要格外警惕形形色色的土地私有化方案，例如以“资本下乡”为名的变相土地私有化。相反，基于村社理性构建乡村良治，建设强有力的农村基层组织体系，大力发展农村集体经济才是实现中国经济持续稳步发展的重中之重。

四 结语

新自由主义本质上是美国在全球推行美元霸权的理论工具，是给以华尔街为中心的垄断金融资本攫取全球财富提供合法化理由的思潮，是资本主义晚期金融资本扩张的产物。只要垄断金融资本依然统治着以美国为首的发达资本主义国家的上层建筑，这些国家实体经济的活力依然无法恢复，那么滋生新自由主义的温床就不会消失。全球经济金融危机爆发后，垄断金融资本及其代理人更需要在新自由主义的掩护下维护美元霸权，从而继续在低成本融资的同时进行对外高收益投资。在那些国际垄断金融资

① 温铁军：《只有农村可持续，才有中国可持续》，《社会科学报》2012 年 3 月 1 日。

本急于寻求新的获利来源，希望其向国外投资敞开大门的国家，新自由主义不但不会因危机而消逝，反而会变本加厉地渗透。

然而，如果国际垄断金融资本把金融资本扩张的逻辑植入各个国家，把实体经济基础蚕食殆尽，那么全球社会经济就会陷入更大的危机。西方学界已经认识到金融资本的这种巧取豪夺注定是不可持续的，从而开始反思新自由主义。西方学界对于美国模式和中国模式的比较和争论就是一个注脚。尽管在西方已经很少有人继续鼓吹市场这只“看不见的手”会自动配置要素，恢复经济平衡，解决全球危机，但在中国，这次世界性的大危机却并未唤醒理论界、舆论界以及接受了多年新自由主义意识形态宣传的公众。盲目推崇市场化、私有化的声音仍然不绝于耳。这里固然有国际垄断金融资本加强对中国的新自由主义意识形态渗透的因素，但是国内一些学者和主流媒体或是别有用心，或是缺乏独立思考能力也是重要原因。

其实，阿里吉（Giovanni Arrighi）、衫原薰（Kaoru Sugihara）等经济史学家早就指出发轫于欧洲工业革命的以资本密集、劳动节约为特征的外向型市场经济导致大规模的贫困和环境破坏，因而不可持续。相反，中国17、18世纪以资源节约、劳动吸纳为特征的内卷式市场经济却能够使大多数人享有生产增长的成果。[①] 尽管今天全球各个经济体已经紧密融合在一起，中国不可能再完全重拾过去内卷式市场经济道路，但是20世纪以来历次资本主义经济危机表明，如果中国一味地仿效欧美的发展道路，那么中国也逃脱不了危机的厄运。难怪乎阿里吉在《亚当·斯密在北京——21世纪的谱系》一书的结尾中既充满期待又不无担忧地说，中国能否从过度依赖西方的发展道路转向融入东方传统的更为平衡的发展道路，不仅对中国的未来，而且对国际社会的未来而言都是至关重要的。[②]

（原载《高校理论战线》2012年第11期）

① 乔万尼·阿里吉：《亚当·斯密在北京——21世纪的谱系》，社会科学文献出版社2009年版，第29页。

② 同上书，第392页。

金融"巧实力"对互联网产业及文化主导权的影响

任丽梅*

在全球化时代，国际政治谋求的是对全球政治、经济与文化秩序的主导权。掌握了主导权的国家也就成为世界经济体系的"核心国家"，拥有全球资源分配的话语权，"外围国家"都将围绕着其所制定的规则，为其"打工"。同样，犹如"巧取"比"豪夺"来得更文明一样，金融的"巧实力"配合文化的"软实力"比军事的"硬实力"更让政治家们痴迷。互联网为实现这一战略意图提供了"虚拟空间"。如何控制网络及其信息主权并在网络中保持话语主导权成为各国经济外交的重要议题。作为互联网发源地和网络应用最发达的国家，美国选择"网络外交"有着得天独厚的优越条件。美国凭借其在互联网的技术主导者与国际货币发行的资本控制者的优势，以跨国投行及互联网风险投资巨头作代理，推进互联网产业全球化，对他国互联网产业施行长期的资本渗透及本土化战略，在收获可观的新兴产业经济利益的同时，也提升其对全球互联网络的舆论与文化的影响力，以期达到思想控制的目的和效果。中国作为世界经济大国以及社会主义阵营国家，无论出于经济利益的考虑还是政治分化的目的，其互联网产业一直是以美国为首的西方发达国家进行经济渗透与资本控制的主要对象。近年来，我国的互联网产业纷纷海外上市即已经证明了其初步成效。而去年的支付宝股权之争更让互联网行业与外资联姻的"潜规则"大白于天下。网络虽然是虚拟空间，但它却是未来经济增长的新空间，是政治表达与文化宣传的新媒介，是民生与民意发声的新场所。互联网无国界，西方的价值观与意识形态借助其技术优势长驱直入我国新生代的思想

* 任丽梅，中国社会科学院马克思主义研究院助理研究员。

腹地，已经危害到国家的信息安全与文化安全。致使我国网络反“三俗”虽然投入不小，收效却甚微。因而如何发展我国的互联网产业，不仅是一个经济问题，同时也是一项涉及政治与文化的长期战略。而此时研究与反思我国互联网产业发展过程中的外资控制现象即成为一种责任与使命。

一　从与外资联姻到受外资控制：中国互联网企业发展趋势

据统计，截至2011年12月31日，当年在美国资本市场进行IPO的中国公司有11家，其中就有8家是互联网企业。① 虽然受中国概念股危机及全球经济形势等因素影响，2011年中国公司赴美IPO数量及表现不及2010年，但是从比例上和融资额上看，互联网产业依然受外资追捧，中国互联网产业与外资联姻依然是未来互联网发展的方向，而且仍在加强。早在2009年6月，中国电子商务B2B研究中心发布的《中国互联网外资控制调查报告》中即已指出，过去10年，外资在促进中国互联网普及的同时，也逐步在资本层面控制了中国互联网产业的各个领域。外资控制中国互联网大致分为三种形式：第一种是互联网企业本身就是外资直接投资控制的，如谷歌等境外网站以中文版形式在中国落地或寻找代理人；第二种是通过各种途径运作互联网企业在国外上市；第三种则是对还未上市的高成长性的有一定市场地位和影响力的互联网企业投资，促使其在国外上市。其实，第二种形式和第三种形式是一种形式的两个阶段，运作成功的如百度、搜狐等。

然而，随着近年来国内对境内互联网企业限制外资进入政策出台，外资控制又衍生出新的形式，即“协议控制”。“协议控制”即“VIE”，是指离岸公司通过外商独资企业，与内资公司签订一系列协议来成为内资公司业务的实际收益人和资产控制人，以规避《外商投资产业指导目录》对于限制类和禁止类行业限制外资进入的规定。即指境外资本通过持股、协议或其他安排成为实际控制人。由于这一直是行业内的潜规则，所以不为外界所知。直到去年关于支付宝的股权的“雅巴之争”成了媒体关注与热

① 纽约证券交易所北京代表处：《2011年中国公司美国IPO研究报告》2011年12月31日。

议的主题之后，这一行业潜规则才得以大白于天下。[①] 实际上，中国互联网产业蓬勃发展的这十年，VIE 这种做法在中国也延续了十年之久。据某电子商务平台的负责人在微博上的指出："就我所知，国内所有拿到融资的互联网企业，包括上市和未上市的，全部是 VIE 结构！""中国互联网产业就是奇怪地建立在（VIE）这么一个灰色和模糊的制度基础之上。"[②]

无论是海外上市本身还是协议控制（VIE），都可归于外资控制的范畴。据观察，中国的互联网企业从门户、搜索引擎、电子商务、博客到论坛，境外资本，特别是美国互联网资本几乎已经控制了整个中国互联网产业。[③] 仅美国创投 IDG 一家目前在国内就投资了 110 多个高科技、新经济项目，涉及领域主要有软件、网络、电信和互联网，其中 30 家企业是各自细分领域的行业领导者，包括当当网、金蝶软件、携程网、亚信等国内一流互联网等高新技术企业。

对于外资控制对我国互联网产业的发展到底有着什么样的影响这一问题，正所谓仁者见仁，智者见智。有人看到了 VIE 的积极作用，认为，如果"没有 VIE，就没有今天中国互联网产业的崛起……可以称之为一个变通之举、无奈创举或者创新之举"。还有人无所谓，被控制了又咋样了，没有外国资本就没有互联网。我们付费，我们享受互联网的便利和信息。但是，也有人清醒看到，外资过去十年在促进中国互联网普及的同时，也逐步从资本层面控制了中国互联网产业各个领域，把住了互联网这个全新开放媒体的舆论与文化的通道。这种对高科技企业的金融渗透以及"伪内资"的经营方式已经严重触及到国家金融安全与信息安全。况且，在这些经济行为的背后，还隐见有幕后的政治推手，这就不得不引起我们的重视了。在市场经济条件下，"端人碗，就得由人管"。网络反"三俗"如果不从产业控制的方面入手，只能是事倍功半。

---

① 2011 年 5 月 10 日，雅虎在向美国证券交易委员会提交的季度报表（10－Q）里首次承认"阿里巴巴最有价值的资产——支付宝"已经从阿里巴巴集团手中转让给了一个私人控制的公司。消息一出，立即引发了一系列的连锁反应。据阿里巴巴创始人马云的解释：暂时终止与两大股东的"协议控制"（即 VIE），将支付宝转给阿里巴巴是为了拿下"第三方支付牌照"，以规避央行对有外资背景的第三方支付的牌照进行严格的审批的最新规定。

② 任伟娇：《马云捅破互联网潜规则央行或掀整顿"伪内资"风暴》，《国际先驱导报》2011 年 6 月 24—30 日。

③ 谭扬芳：《对我国互联网海外上市潮的几点思考》，《北京行政学院学报》2011 年第 4 期。

二 国内外科技金融环境差异：外资控制趋势形成的主要因素

作为产业发展，互联网产业与其他产业一样，有其一般的经济发展规律。其中，融资是产业阶段发展的刚性需求，因此，一个良好融资环境是互联网企业发展中必需的前提条件。然而，由于互联网产业的轻资产高投入、重创新高风险的性质，在对待企业的这个需求上，国内的融资环境与国外相比，显得相对谨慎，相应的评估手段也显过于保守和传统，从而使中国的互联网企业在起步阶段很难获得国内的资金支持。

首先，国内的科技项目融资非常的困难，金融改革和投融资体系建设相对滞后于经济的发展。相对而言，现有投融资体系更青睐于有设备、有厂房、有资金流量的传统产业或者说是传统制造产业。因为，设备与厂房可以证明企业的固定资产，资金流量可以证明企业经营能力，这些指标具有相对确定性，是被证明了的正确的可被物化的评价指标。即便是投融资失败，评估者和业务经办者的责任也可降到最低。而互联网产业作为高科技产业，其轻资产、高投入的性质决定了其投资的高风险；而且其盈利不靠固定资产或净资产，而靠智力资产。我们投融资评估体系还难以适应这样的“新情况”，缺乏真正的无形资产评估，没有可比较的市盈率和新商业模式的前景分析能力。为了降低风险，在融资审核时，只能依靠增加其他的可物化的条件来排除投资的不确定性，如要求有担保公司做担保等，设置了更多的门槛来保障资金的安全。对于准备上市的企业要求更严格，如连续三年赢利等。符合条件的，进入 IPO（上市）流程审核时间也较长。等于人为拔高发行上市门槛，使得再融资的条件变得苛刻，一般中小企业很难符合。

其次，相对于国内的投融资环境而言，科技企业海外上市的门槛相对较低。在纳斯达克上市，对公司成立的时间没有限制，盈利要求也较低，只要进行了充分信息披露且有人愿意出价购买，同时上市结果比较容易预见，条件就已经满足了。这也是有外资创投参与的企业更倾向于选择海外上市的原因。近年来，金融危机后，为摆脱危机的阴影，吸引优质的上市资源，世界各大交易所都不同程度地对中国互联网企业上市门槛和规则进行调整，使上市变得容易。比如美国纳斯达克、韩国和中国香港都有创业版，他们专门吸收有发展前景的中小企业上市，要求条件较低，上市步骤简单，效率非常高。

除了投融资的环境差异外，国内巨大的市场也是吸引海外投资者关注的主要原因。中国已成为全球最大的IPO资源地，原因在于中国是全球经济最稳定、发展速度最快的国家，世界各大交易所看好中国，对其加大招商引资力度。崇德投资（Renaissance Capital）分析师马特·泽瑞安（Matt Therian）这样概括这一现象："欧美企业的前景并不明朗，但许多中国企业的IPO有着更好的收益率，所以中国的任何东西都得以溢价。投资者倾慕有加，渴望增长。"① 而中国的互联网产业更具吸引力的是其庞大的消费群体。中国互联网络信息中心（CNNIC）发布的《第29次中国互联网络发展状况统计报告》指出，截至2011年12月底，我国网民规模达到5.13亿人，网络普及率为38.3%，其中网游用户规模达3亿人，微博用户一年暴增三倍，网民微博使用率达48.7%，② 数据表明现代人把工作和生活的更多内容转移到了互联网上，也预示着更多的经济活动移步到互联网空间，更多的利润来自互联网产业。这也是外国投行对我国互联网产业青睐有加的缘故。当然，政治是经济的集中体现。中国互联网产业外资控制很可能不单纯是经济利益推动，其背后还可能有更深层的政治图谋。

三　发挥金融"巧实力"：外资控制背后的政治推手

2009年1月13日，在美国国会参议院外交委员会举行的听证会上，国务卿希拉里用一个"巧实力"的新概念吸引了世界的目光。一个"巧"字，集中体现了美国外交政策的未来之变，将战略指导思想从崇尚武力的"政权更迭"调整为"巧实力"的软硬兼施。具体而言，就是当面对每种情况时，在外交、经济、军事、政治、法律和文化等所有政策工具中，选择正确的工具或组合，来恢复美国的全球领导力。为此，美国将战略的重点转向经济、教育、科技、能源、核安全、互联网与太空活动等。其中，互联网作为美国未来着重发展"巧实力"的主要工具，得到进一步的重视。

---

① 吴勇毅：《中国概念股掀起"海外上市"高潮》，《上海信息化》2011年1月。

② 《全国网民突破5亿　网购市场潜力巨大》，《滨海时报》2012年1月17日。

互联网产业是以互联网技术为支撑的文化内容产业。由于产业以生产文化产品与提供各种文化服务为主，起到沟通思想与文化交流的重要作用，因此被称为电视、报纸、广播之外的第四种传媒——网媒，是文化传播与意识形态渗透的主要工具，也因此成为各国实现全球战略的绝佳思想武器。在互联网兴起之初，美国等西方发达国家就把互联网当作向不同意识形态国家特别是中国进行思想文化渗透的工具。还在克林顿任美国总统时就在“国家信息基础结构行动计划”中宣称，“要开辟一个新的战场，其目标就是西方价值观统治世界，实现思想的征服”。这种思想征服的好处就是将自己始终置于世界的政治经济与文化的中心，通过制定游戏规则兵不血刃地赢得传统战争都不一定能带给他们的最大利益，这即是“巧”实力的根本所在。网络传播方便、迅速、广泛，它被美国视为传播“民主”最常用、最廉价的手段。其高效与低成本的特性，远胜于“美国之音”。因此，美国基金会投资、资助、扶持我国互联网企业在美 IPO，其背后不可能没有政治目的。用互联网与中国民众接触，其目的体现在美国中情局对付中国的《十条戒令》中。其中第一条就是“尽量用物质来引诱和败坏他们的青年，鼓励他们藐视、鄙视、进一步公开反对他们原来所受的思想教育，特别是共产主义教育。替他们制造对色情奔放的兴趣和机会，进而鼓励他们进行性的滥交。让他们不以肤浅、虚荣为羞耻。一定要毁掉他们强调过的刻苦耐劳精神”。这不是危言耸听，互联网可以轻而易举地帮助美国达到上述目的。《第 27 次中国互联网络发展状况统计报告》显示，中国网民中有约六成是 30 岁以下。这个年龄阶段的人的价值观念正在形成或处于变动不居当中，很容易受到外界的干扰而摇摆。但现在我们却让以青年大学生群体为主要服务对象的实名制社交网站人人网和处于领先地位的移动安全服务提供商的网秦等重要的网络资源被美资控制，不由得让人为此捏汗。

美国把互联网视作与中国民众接触的新方式，互联网这种先进的生产力成为美国推行霸权主义的政治工具。而且，为了配合其利用互联网这一“巧实力”的工具，美国政府加紧了与互联网产业巨头和投资巨头的接触，推动金融政策改革。例如，对风险投资的融资，美国不仅有联邦政府的各种扶持政策，而且各个州也都根据情况出台了一些积极的鼓励措施。这些政策加大了其金融资本的对外扩张力，展开对全世界互联网市场的渗透。中国是其进行市场渗透的主要对象。而且，美国看准了中国肯定会应用互联网。前美国国务卿奥尔布赖特曾经说，“中国不会拒绝互联网这种技术，因为它要现代化，这是我们可乘之机，我们要利用互联网把美国的价值观送到中国去”。

如今，国际互联网大鳄们已经深入中国腹地，对即时通讯、搜索引擎、门户网站这三大互联网产业高地展开了争夺。仔细研究这些有外资背景的中国企业，可以发现他们大多集中于信息发布（门户网站）、信息查找（搜索引擎）、流通性网站（购物与通讯网站）等。赚钱与思想控制抑或意识形态竞争，三者完美地统一在一种 VIE 的模式之下，而且互为增强。它对产业本土国产生的影响是逐步的，但却是深远的。

四 主题与话语权渐失：外资控制对本土互联网文化可能产生的影响分析

互联网上的信息是可以操纵的。而这个操纵权在缺少监管或相应监管较弱的情况下，通常由互联网产业的资方控制。而互联网企业一旦被外资控制，那互联网上传播的内容也就不能完全由“我”做主了。长期的资本渗透，多年的科技积累，发达国家对世界各国的互联网产业这个信息的发布与交互的平台具备了一定的干预与影响能力，并因此在其具有影响力的网络平台上拥有了一定的主题权与话语权。垄断信息，进而取得意识形态的主动权。我国有外资背景的互联网门户企业在信息发布的同时，也同样面临着资方的影响与控制，包括有选择性的信息发布、全面的信息监控以及即时性的信息封锁等，其威力不可小觑。

（一）有选择性的信息发布能力

议题的选择是外资控制下的互联网企业影响我国文化安全的最主要手段。这种议题的选择主要表现在，首先，负面引导。对被控制国家的小概率事件大肆炒作，给网民一种“普遍存在”的现象认知，从而误导人的判断。在经过一些年折磨之后的中国互联网网民也察觉出一些端倪，常戏言说：看互联网上的中国基本上是一个即将点燃的干柴堆，可一下网，日常生活中的现实却又不完全是那样。这里固然有媒体“标题党”的原因，但也与某些互联网门户的议题选择倾向性脱不开干系。其次，评头品足。对国际甚至是所在国的事件进行以资方为观点的评议。如在事件中，借

“题”发挥引导民众的心理情绪与行为，甚至是引发社会动乱。事件之后，又对整个进程加以主观评论，引导事件朝向利于自己希望的方向发展。“阿拉伯之春”可以说就是一个典型。外资控制下的网络已经是调动民众情绪的主要力量和进行串连主要方式。再次，大事化小。对于控制权力国家，则尽量弱化一些不利自己形象的事件影响。如国内受外资控制的互联网平台对在世界都是影响极大的“占领华尔街”运动，报道都很“公正客观”，尽量不带针对资方以及资方当政的批评性言论与观点，以维护其正面的形象。总之，有选择性的信息发布采取了截然相反的两种操纵方式：一旦国内有一些影响我国主流意识形态形象的事件发生，它的传播速度绝对是所谓的互联网速度；而有关资方所在国家特别是美国资本寡头的信息，却无论是何种语言，都是极为稀少。

（二）全面性的信息监控能力

通过谷歌等这样的互联网巨头的搜索引擎技术，对全世界的信息进行监控。在2009年，谷歌旗下风险投资部门（Google Ventures）和中情局下属的风险投资公司In－Q－Tel，对Recorded Future（录制未来）公司进行了投资，而Recorded Future是一个互联网实时监控企业，对数以万计的网站、博客和推特（Twitter）账户进行监控，其超强的分析引擎，会对有用的信息进行分析、标记，提供给中情局或者美国国家安全局。换言之，只要你在网络上发表了比如军事或是经济敏感信息，都有可能把Recorded Future吸引过来，然后对信息进行标记，分析、预测事情的趋势是否对其和国家有用。除此而外，外资控制已经深入到中国最大的电脑防护软件服务商，外资控制下的电脑防护服务能为我们提供什么程度的“安全”，这也不能不让国人忧虑和担心。

（三）即时性的信息封锁能力

信息封锁与发布相反，它通过控制互联网进而达到封锁信息将之局限在尽量小的范围内，以减少对自己的不利影响和形象。事实上，外资“巧实力”在国内互联网领域常有“不俗”表现。如《人民日报》属下环球网、人民网、新华网等多个官方传媒和网络媒体发表多篇评论，一些常有“自由言论”的独立社区网站也极为关注，并反击希拉里有关“互联网自由”的谈话，指出其所谓的网络自由本质上是“美国控制下的自由”。然而，在某些外资“治下”的互联网平台仅少数在极边缘的二级栏目中刊有希拉里的讲话，且大部分网络评论的转载也多被删除。另外，针对某外资控制的垄断互联网企业严重违反知识产权的违法行为，在主流媒体上都有着集中报道，然而，在国内的一些同为外资控制的“门户网站”的首页新闻上却一字不予披露报道。对“同伴”不利的消息实行封锁，这已经是VIE模式下的某些互联网企业之间的默契。

当然，通过互联网企业对互联网上的信息内容进行控制、封锁与发布等仅是西方国家和资本为打造和掌握互联网工具的多种手段之一。虽然它的运用较少，但是，它与其他的手段互为增强。它一路打着自由民主反腐的旗号，抛出各种话语主题，煽动民众的情绪，控制网络的话语权。在宽松的网络环境下，这些非主流或反主流意识形态的边缘网络文化渐渐汇聚成流，表达情绪、传播观点，一点一滴地改变着网络意识，形成对主流意识形态的分进合围，对所在国的政治、经济与文化造成长期的影响。[①] 在他们所控制和垄断的网络空间里处处有角力，到处是暗战。而且，正因为知道互联网企业信息操纵的力量，美国对本国的互联网企业的信息发布实际上并没有体现其所谓的“自由”，如对于维基泄密事件，美国政府表现出绝不姑息的态度，严惩信息发布的互联网企业和个人。

五 扶持优质的本土互联网企业：保持产业与意识形态的双重独立性

在互联网时代，国际政治已经从地域空间、外太空扩展到网络空间。取胜互联网就是取胜思想，取胜思想就是取胜未来。基于这样的共识，各国政治与资本之间通过多年的分攻合围，成就了其一定的互联网的全球性控制与垄断的局面。对国内新兴的互联网企业联手打压，是一些外资控制下的垄断企业最惯用的手段。如“太阳谷全球IT精英会议”后，百度与谷歌联手打压中国本土的“互动百科”等。从外表看起来，这些行为是正常的商业行为。但事实上，防止中国自主的互联网企业掌握互联网文化话语权、防止自主的中国互联网企业掌握先进互联网信息技术是更深层的目的。这也是这些年来中国真正自主创新的技术型互联网企业举步维艰、鲜

① 杨文华：《网络文化的意识形态渗透及其应对》，《中国青年研究》2010年第11期。

有成功（基本上没有）的一个重要原因。而一旦落入窠臼，走上与外资联姻的路径，就将无法独立自主地经营与思考。正如搜狐的张朝阳曾说：“到美国上市是中国互联网集体的悲哀，跟着华尔街的指挥棒东奔西跑，结果把网民给忘了。”①

为今计，必须扶持一批真正自己的（不是那些在其他国家上市或受其他国家资本控制的）优质的互联网企业，使之在信息传播与文化传导方面起到积极健康的作用，并与已成“气候”的外资控制背景的互联网企业在实力与影响上相匹敌，抵消他们可能对中国文化与信息产生的负面影响。为此，首先必须改善投融资环境、更新相应的投融资理念与机制。改革开放前三十年，传统的投融资体系成功奠定了中国传统制造业大国的地位与基础；然而，改革开放三十年后，中国进一步发展面临着传统产业升级以及向知识经济与文化经济方面转型的金融政策与机制瓶颈。互联网行业首当其冲，饱受制约。互联网这种轻资产高投入高风险的行业，其发展的关键点和大资金需求的时期相对传统产业更靠前，这时候对于政策性金融的扶持需求是最迫切的，很多有发展潜力的互联网企业就是在这个未完成发展的阶段与外资联姻的。当企业发展起来之后进入正常运营期时，对资金的依赖比传统企业又更弱，而此时却又是我国的投融资机构最喜欢跟进的时机。也就是说，要想获得融资支持，必须自己首先发展起来；发展起来之后，上了规模才有可能得到重视并扶持。而对互联网企业来说，这种后支持远没有先支持的效应大。这中间存在着一个时间差。所以，中国要想扶持自己的互联网企业，必须改变既有的银行业投融资理念，多设置一些像深圳创投那样的国内自主的风险投资公司，少干点花巨资购买“外国石头”的“长期投资”。改善投融资的考核机制，改革银行业的资产评估制度，完善知识产权评估与抵押贷款融资机制，在企业最需要扶持的时候扶一把，让更多的成长中企业获得来自本国政府和本国金融的支持，将互联网的影响力控制在自己的手中，共同守护好中国的“信息边疆”，从而为中国的经济转型与社会转型积蓄力量。

此外，也有可能是最重要的是：要维护互联网产业发展中良好的经济秩序，创造一个公平竞争的市场秩序，严厉打击当前一些由外资控制的所

---

① 张朝阳后悔上市，称赴美上市是中国互联网的悲哀［EB/OL］，http：//blog. sina. com. cn/s/blog_ 4af4a807010006qs. html。

谓的“国内”的垄断寡头企业对互联网的恶意控制，为更多的真正是国内自主的中小企业营造一个公平的竞争环境。目前一些由外资控制的互联网企业肆意利用其获得的外资资本规模优势，不断强化其在国内互联网产业中的垄断地位，并不择手段地打击国内新兴的技术企业的发展，严重地损害了我国的文化安全与经济安全。只要给市场一个公平的环境，就是给本土互联网企业一个真正的机会。也是在给自己留下话语权。我国的产业与意识形态只有不为外力所干涉，才可能获取最终的胜利。

抵御西方文化霸权的对策性思路

张小平*

文化霸权（Cultural Hegenomy）在不同的历史时期受到了学界不同程度的重视，20 世纪初，西方的“左派”社会学家用它来指资产阶级霸占社会主流文化的企图。意大利著名的马克思主义学者安东尼奥·葛兰西（Antonio Gramsci）曾经在论述文化霸权时提出了一种“战略的区分”（strategic distinction）：把民族、国家、阶级间的斗争分为“阵地战”（War of Position）和“策略战”（War of Maneuver）。他认为：在帝国主义前期依赖阵地战打开贫弱国家的资源库和市场，在后期却主要靠策略战来达到同化、影响并臣服广大群众的目的。因此他提出：革命者不仅要在政治军事上反抗新殖民主义，而要通过建设自己的世界观，制定自己的文化策略，并且把自己的思想积极推广出去，从而增强阶级意识、传播革命理论和唯物史观，真正地从殖民者的精神压迫中解放出来。

但冷战结束后，特别是中国改革开放，全球呈现多元、多极、多样的态势后，文化霸权有了新的历史含义，逐渐从以社会阶层（social hierarchy）为单位的阶级文化霸权演变成以民族国家（nation state）为单位的国际文化霸权。在此过程中，许多近代殖民主义的受害国、生活水平较为低下的发展中国家以及逐渐衰落的老牌文明大国都在面临文化主权的危机。中国深受了一个多世纪的帝国主义侵蚀，本身面临着调和固有文明和现代文化的艰巨任务，而经济发展建设仍是任重而道远。在三项标准都满足的情况下，不难看出我国的文化安全威胁是巨大的，抵御西方文化霸权的工作是相当重要的，制定相应的文化对策也是十分紧迫的。

* 张小平，中国社会科学院马克思主义研究院研究员。

一 加强文化认同，确保民族文化主体地位

必须承认，我们赖以生存的文化价值和精神支柱受到外来文化的冲击而发生畸变，民族文化的认同感被弱化，中华民族的凝聚力受到了极大的挑战。因此，激发全民族对民族文化的认同感和自豪感，才能提高抵御西方文化霸权的能力。虽然许多专家学者对于“大中华文化圈”的提法有着不同的解读，但“大中华”已经超越了地理概念，赋予了更多的文化内涵，这是毫无疑问的。为了巩固民族文化的主体地位，就要打破文化的疆域性，才能最大化文化的生命力。

随着中国经济文化的迅速发展，对周边国家的影响逐渐增强，“大中华文化圈”将扩展到周边地区，因为既然是“大中华文化圈”，就是中华文化影响所及的范围，其发展模式首先以中国大陆为核心，香港、澳门、台湾是第二圈；第三圈则是历史上曾经受到中国文化重大影响的国家，包括日本、韩国、越南和泰国等。至于第四圈，可以大致分为两类。第一类是指居住于世界各地的华人华裔，特别是指亚洲以外的华人华裔，他们大多居住在美洲、欧洲、大洋洲等文化和经济发达的国家，而且都已经归属为所在国的公民，并在当地建立了自己的社区。第二类指的是热爱中华文化或者受中华文化影响的非华裔人士，也包括跟中国在商业与经贸上有来往的人士。台湾从20世纪六七十年代开始，岛内大量人民移居海外；80年代以后，香港和中国大陆人民蜂拥移居欧美，甚至远至中东和非洲。他们在政治上虽然认同所在国，但血比水浓，在文化上却认同中国。学者杜维明在《海外华人百科全书》里所说的全球“文化中国”（Cultural China）的成员，不但包括所有的华裔，也包括那些非华裔人士的学者、文化工作者、工业家、商人、企业家与作家，他们试图理智地了解中国，并把他们对中国的概念，带到自己语言的领域去。

增强民族文化认同，就是以中华文化为内涵的民族自我认同、自我肯定以及自我凝聚，在历史发展中，随着文化的交流与传播，逐渐形成了一个发源于中国、传播于四海的中华文化圈。在多元文化背景下，以民族文化认同为切入点，强化大中华文化圈，对于增强民族归属感和国家凝聚力具有重要意义。对于全球华人来说，其种族血统、文化根基、民族感情，都存在着共同点，所谓同宗同文，指的就是都属于同一个民族，都崇尚和

认同中华文化的精髓和优秀成分。努力挖掘、整理、弘扬民族传统优秀文化，充分发挥文化的凝聚功能，铸造中华文化新辉煌。

“海外华人”（Overseas Chinese）以及大量的留学生是中国文化传播与交流的重要力量。中华民族所以能历经磨难而不衰、饱尝艰辛而不屈，就在于有一个民族赖以生存和发展，并深深融入民族灵魂和血脉之中的精神家园，这个精神家园就是世界上几千年来唯一绵延至今的中华文化，它具有巨大的包容性和强大的凝聚力。所谓精神家园，是一个国家和民族的精神归属地和栖息地。

作为泱泱大国的中国竟然不是留学生进口国，却是最大的留学生出口国。这一方面是归因于西方的先进科技、管理、经济资源，另一方面在于西方没有充分意识到中国文化自身的魅力。面对这种情况，中国可以通过各种方式吸引留学生，因为留学生是中国文化对外传播的重要力量，同时留学生也是重要的人力资源。如果不是大量的留学生和移民进入美国，美国取得当今的成绩是不可想象的，而且已经有许多移民进入了美国政坛。来华的留学生既可以传播中国文化，又可以促进中国文化。当越来越多的留学生喜欢中国，那么他无论在中国还是在其他国家，都可能将所学到的中国文化应用到自己的事业中。所以，加大海外留学生的招生、录取和培养是文化输出和文化传播的重要方式，反过来，也是促进中华民族凝聚力的重要方式。

二　运用文化外交展示中华文化的独特魅力，占领国际文化市场份额

中国在文化引进与文化输出方面，不仅存在巨大的文化交流逆差，也存在文化交流的落差。就拿中国的翻译界来说，翻译过来的西方名著举不胜举，但翻译输出的中国著作却只有为数不多的唐诗和一些初等读物。而西方书店中最多的却是“风水”、“易经”、“八卦”、“菜谱”之类的神秘和实用书籍。大多可靠的学术专著也被束之高阁在书架之上、笼罩在政治的迷雾之下，难以抵挡耸人听闻、歪曲中国现实的畅销书和媒体报道。中国的文化“走出去”战略，就是要让具有“中国特色、中国风格、中国气派”的文化品牌，走向国际文化市场，而不是游离于世界市场体系之外，就是要让西方重视当代中国学者的最新思想和中国最新文化进程。面对西

方普通大众，借助影像网络传媒，传播中国文化，展示给西方人一个真实直观的中国形象，减少因为意识形态原因对中国的层层有意误读，全面推出中国高精尖的文化精品形象。不能局限在汉语教学，而是要把中国各种传统文化艺术的精髓整体传授给他们，能够就当代世界性前沿话题与西方人直接对话。我们不应把视野局限在歌唱家、演奏家、艺术家，而应学者教授也可以走出去。相比形式艺术而言，思想的走出去，更具有长远的文化的冲击力。

有数据表明，目前美欧占据世界文化市场总额的76.5%，亚洲、南太平洋国家19%的份额中，日本和韩国各占10%和3.5%。而且日本是在20世纪90年代经济不景气的时期大力推出日本文化的。韩国瞄准60亿人的国际市场，2007年韩国的文化产业份额占世界份额的5%。中国的份额很小，拿最规范的出版物行业来说，在世界出版贸易中，中国仅占0.04%，几乎可以忽略不计。近年来，虽然中国的份额稳步提升，但并未改变总体格局。在现有这种格局下，中国文化如何突破瓶颈、走向世界？这是中国各阶层公民不得不思考的长远大计。

文化市场是文化传播与流通的重要形态，在文化安全领域里，也是最具有国家文化主权意义的。要影响一国主流意识形态，必须首先进入一国的主流文化市场；而市场准入作为一个普遍性原则也正因此具有特别重要的文化安全意义。在中美关于中国加入世界贸易组织的谈判中，文化市场的准入一度成为焦点。由此我们也可以看出文化市场问题在双方心中的核心地位以及在外交上的权重。现阶段，世界文化市场主要集中在电影、音乐唱片、动画片、电脑游戏等大众娱乐项目方面，各国都在不惜血本地争夺着这块市场。据《中国文化蓝皮书：2010—2011中国文化产业发展报告》统计和分析预测：中国拥有5000亿人民币的文化消费市场，而我们所能提供的文化消费品与这个需求之间存在着一个巨量的差距，一种严重的非对称状况。美国2010年文化产品的出口达700亿美元，一个国际传媒公司的产值可相当于一个中等国家的GDP，超过我国文化产业总产值。问题的关键还不在于外来文化商品在中国的畅销，而在于我们没有同样具有竞争力的畅销的文化商品去竞争以求赢得市场，这种状况如不改变，中国文化市场被外国文化商品占领就不是危言耸听而已了。

文化作为软实力，对政治、经济、社会各方面的渗透性很强，对外文化交流要采用喜闻乐见、乐于接受的渠道和方式，才能推动中华文化走向世界。如果文化对外宣传的意味太浓，过于官方化，过分受政治状态的影响，容易引起不必要的怀疑和反感。文化外交的目的就是促进国家间、人民间相互理解与信任，促进本国的价值观念和生活方式被他国公众和舆论理解、认同、和赞赏，构建和提升本国良好的国际形象。文化外交指主权国家以维护本国文化利益及实现国家对外文化战略目标为目的，在一定的对外文化政策指导下，借助文化手段来进行的外交活动。在文化外交中，政府的主导作用和其政治目的是隐性的，是通过文化的多层面交流实现的。文化的民间交往尤为重要。中国政府积极创造条件鼓励民间交流，通过政策法规杠杆等，鼓励文化企业通过符合国际惯例的市场运作走向世界，通过"长流水、不断线"的文化外交，增加与周边国家的信任，增加与西方发达国家之间的了解，稳定、巩固与发展中国家的传统友谊；达到以民间促官方的效果。中国政府主导下的对外文化交流，是近年来文化外交的亮点。通过与不同的国家协议举办互惠的"文化节"、"文化周"、"文化季"、"文化年"等活动，展现了中国文化的丰富内涵和独特魅力，增加了中国人民和其他国家人民对相互文化的了解，为中国文化走向国际文化市场打开了新局面。复兴中国文化，保护文化遗产，巩固中国传统文化的根基，是在文化全球化条件下维护中国文化安全的最基本要求，是确立中华文化在国际文化中的地位的前提，也是推动文化外交的基础。文化外交已经成为中国对外文化交流中的一个重要内容，发挥中国孔子基金会、国际儒学联合会的作用，但还需拓展文化外交的多种渠道和多种手段，更多地吸收非政府组织的加入。

三　利用发达国家之间的文化分歧，制约并削弱文化霸权的影响力

第二次世界大战以后，美国文化强势进入欧洲，包括西欧和东欧。但是，欧洲文化绝非被动地全盘接受文化的美国化，法国、德国、加拿大等国家一致致力于维护本国本民族的文化，尤其以法国为甚。并且在国际上形成了以 WTO（世界贸易组织）和 USNESCO（联合国教科文组织）为平台的两大文化阵营。1984 年美国退出联合国教科文组织本身就说明，在政治上形成了以北大西洋公约组织和以联合国为代表的两大政治阵营，而 WTO 和 USNESCO 则是在文化上的具体表现。自 20 世纪 80 年代以来，随

着世界文化产业迅猛发展，文化成为各国很重要的一项国家战略议题。1993 年英国发布了《创造性的未来》，这是英国有史以来第一次以官方文件形式颁布的国家文化艺术发展战略。1994 年，澳大利亚也颁布了自己的文化政策《创造性的国家：澳大利亚联邦文化政策》。1998 年，欧洲各国相继推出了自己的文化政策，更大力度地推进它们本国的文化。目前出台文化政策的欧洲国家已经有 27 个之多。1995 年日本推出了“文化立国”的国策，1998 年韩国推出了“文化立国”的国策。当前，文化战役早已经打响。在此氛围中，中国的“国家文化发展战略”必然要借鉴和联合西方发达国家中抵制美国强势文化的经验和力量，一方面反对文化霸权，一方面发展本国民族文化。这将成为中国文化发展的必然要求。

加拿大和法国等欧盟成员国都不主张将文化商品的国际贸易纳入美国“贸易自由化”的框架中，但同时又在与美国的贸易战中，不断拓展国际文化市场，传播自己的文化和价值观念，扩大本国文化在国际范围的生存与发展空间，从而在积极参与国际文化市场竞争中，维护国家文化安全。比如，在加拿大文化事业发展中，民间的力量是不可忽视的，市场调节的作用也同样存在，但政府起着重要的主导作用。主要表现为：（1）政府直接举办文化产业，如档案馆、图书馆、电影及相关服务、文化及自然遗存、表演艺术学院及有关设施和服务，均为政府所有。（2）对艺术团体、文化及自然遗存机构、艺术家和文化产业进行资助。（3）制定文化法律、规则和政策，如关于对国家级文化产品出口的限制，制定税收政策等。（4）提供特殊服务，如为表演艺术、博物馆等提供国际拓展、贷款项目等服务。我国目前在文化发展中也是政府起主导作用，如何处理好政府主导与市场调节非常需要认真思考，借鉴他国经验是重要途径。

四 在国际文化贸易和交流中，利用文化例外原则对西方文化产品适度控制

美国文化产业的成功归纳起来主要是依靠“三片”，第一是“大片”——大投入、大制作、视觉冲击、明星轰炸的好莱坞大片，在不遗余力地向全球推广其帝国意识形态和日常生活法则；第二是“薯片”，洋快餐风靡全球，在中国，已经深入大大小小的城镇，通过“吃文化”塑造了一代代东方儿童的美国梦；第三是芯片，美国 Windows 系统几乎统治了全

球所有个人用户的操作系统。美国的文化控制和文化传播，从饮食文化，到视觉文化，到办公文化，从各个方面改变着人们的思维方式。近些年来，中国经济日渐崛起令世人瞩目，假如中国的文化魅力和影响力不能与之相匹配的话，后果将会很严重。文化市场安全最关键的就是关于文化商品流通安全。文化市场过度开放而不设置屏障势必给中国的文化商品流通安全带来极大的威胁。如果文化商品流通的主渠道被占领以后，政府便丧失了对市场的宏观调控能力，尤其当中国的文化商品流通业还不能同样的参与国际流通业竞争的时候，文化市场的非对称性开放将进一步加剧中国文化市场安全的严重性。

世界上许多国家包括西方发达国家为了各自国家的民族文化利益，均采取文化保护主义政策和建立防范机制。法国为抵制和限制美国文化娱乐产品在法国的销售、传播，保护法国文化产业，规定法国的电视和广播节目至少有40%的时间要使用法语，硬性规定其全国4500家影院所放映的影片中，好莱坞影片最多只能占1/4；加拿大于1995年将美国“乡村音乐电视台”逐出加拿大后，为保护本国的期刊业，又开始实施C—55号法案。该法案规定，加拿大企业不得在加拿大发行的外国期刊上做广告，否则将被处高额罚款，通过切断美国期刊杂志在加拿大的财源将其置于死地，从而达到保护本国文化产业的目的。法国、加拿大乃至整个欧盟尚且能够看到文化是一个“涉及我们的特性、价值和差异的至关重要的问题”，并且为了保护自己文化产业的需要而通过立法制定文化保护的政策系统，更何况像中国这样一个在文化上与西方主流国家之间存在巨大差异的国家，在文化上更应该设置屏障。

文化商品的国际贸易所从事的是关于文化精神产品的国际交换，涉及意识形态和不同文化传统的诸多领域，而这种意识形态和文化传统所体现的不同价值观念，有许多方面是根本对立的。通过向他国输出自己的文化产品，传播自己的文化观念和意识形态是当代国际社会斗争与较量的重要形式和主要手段。美国依仗其在文化产业领域里的强势地位强行要求“市场准入”任何一个国家或地区，就是要在“贸易自由化”的掩盖下，实施对他国的文化渗透，推行美国的文化和价值观，最终达到不战而胜的目的，这是最典型的表现。因此，世贸组织在它的政策系统中，就不仅规定了市场准入、透明度、非歧视、最惠国待遇等原则条款，同时也包括“涉及保持传统文化的艺术品和文物”，“允许例外和实施保障措施”，“维护国家安全”等。这就可以使任何一个国家，特别是一些发展中国家或最不发达国家从维护本国的根本文化利益和文化安全出发，制定相关政策保护自己。世贸组织的原则是保护本国文化的个性化，支持各国文化的多样并存，维护世界文化的丰富性和多样性。

美国学者约瑟夫·奈（Joseph Nye）在《权利的未来》一书中把政治实力分为威迫力（power of coercion）和吸引力（power of seduction），其中吸引力就是我们通常说的软实力。软实力又分为三类：文化、政治价值观和政策。如果说后两者都带有政治的功利主义色彩，那么文化是起支配作用的最终软实力，是民族国家凝聚力的来源和综合国力的象征。大国文化策略的复杂性在于：（1）既依赖个体的创新力，又需要集体的引导力，考验我们如何协调政府干预文化政策和民众贡献文化资源的关系；（2）既强调民族文化本位，从而有一种固有的排他性，同时要求在广阔的国际舞台上有高度的兼容性，以求能被他人所接受，而不是互遭排斥；（3）既保持本民族文化道路的历史性，从中汲取经验，又要在旧路上推陈出新，确保我国文化发展的时代性。由此看来，文化策略不是所谓的“经济的延续”或“政治的附属”，如何在中华民族伟大复兴的征程上策略性地抵御文化霸权、保护和发扬本民族文化，既延续中国的文化传统，又为世界文明的进步做出贡献，是摆在全中华儿女面前的大课题，也是我国今后几十年愈显紧迫的大任务。

新帝国主义与垄断资本主义的危机

邢文增*

在《帝国主义是资本主义的最高阶段》中，列宁就指出帝国主义的基本矛盾决定了帝国主义是过渡的资本主义，作为资本主义垄断阶段的帝国主义，不仅没有克服资本主义的固有矛盾，反而使所有的矛盾进一步尖锐化。随着时代的发展，尽管帝国主义针对形势的发展变化对剥削方式和手段等进行了调整，进入了新帝国主义阶段，但帝国主义的内在矛盾并未随着其形式的改变而消失，相反，垄断资本的全球化和金融化、垄断导致的腐朽性、帝国主义国家间矛盾的扩展等问题都进一步加剧了垄断资本主义的危机，与此同时，反抗资本主义的主体力量也在不断增强，为世界社会主义运动创造了更好的条件。

一　垄断资本的全球扩张和掠夺致使资本积累陷入困境

马克思早就指出，“资产阶级生存和统治的根本条件，是财富在私人手里的积累”，“规模扩大的再生产或积累再生产出规模扩大的资本关系：一极是更多的或更大的资本家，另一极是更多的雇佣工人……资本的积累就是无产阶级的增加”。[①] 为了使资本积累能达到最大限度，资本一方面会更加残酷地消灭国内外非资本主义阶层，一方面愈加压低整个工人阶级的水平。如今，经济全球化为新帝国主义时代垄断资本的国际积累创造了更为有利的条件，但同时也使资本积累造成的政治和社会灾难在全球散播，

---

* 邢文增，中国社会科学院马克思主义研究院助理研究员。

① 《马克思恩格斯选集》第1卷，人民出版社1995年版，第284页；《马克思恩格斯选集》第2卷，人民出版社1995年版，第246—247页。

最终造成资本积累的困境，为积累的继续进行设置了障碍。

1. 从资本积累的本身来看，资本积累的金融化模式使得积累难以持续

在新帝国主义时代，金融资本不仅在资本主义经济中占据着越来越重要的地位，而且金融资本的形式也发生了巨大的变化。在战前，金融资本主要与工业资本相融合，组成大规模的垄断集团来获取垄断利润；而战后尤其是进入20世纪80年代以后，金融工具的创新和各种金融衍生品的出现使得金融资本越来越远离工业资本，虚拟资本占据了统治地位。资本的积累模式也演变为金融资本的积累，这不仅导致虚拟资本挤占了大量的利润空间，抑制了实体经济的发展，同时，资本的金融化也日益使资本主义经济成为一种赌场经济，“一切资本主义生产方式的国家，都周期性地患上一种狂想病，企图不用生产过程作媒介而赚到钱”①，从而使金融资本规模迅速增加，到2007年，全球金融资产与GDP的比例已达到了4.21。赌场资本主义的形成不仅使脱离实体经济的虚拟资本迅猛发展，而且影响了产业资本的积累方式。为了增加利润，产业资本一方面不得不依靠发行股票、债券等方式获得更多的资金以维持一定的资本积累和利润率，从而使利息支出进一步挤占实体经济的利润空间。据测算，在美国，非金融公司部门（NFCB）利息支出占实体经济利润的比例在2000年和2001年高达72.77%和82.93%，此后尽管有所下降，但在2008年这一数字仍然达到了60.68%②；另一方面，为摆脱利润率下降的桎梏，产业资本不得不将更多的资金用于金融资产的运作以获得虚拟的利润。金融资本和产业资本的积累方式都使得金融成本占实体经济利润的比例迅速上升，2008年，美国金融成本占实体经济利润的比例已达到115%，这种模式必然导致创造剩余价值的实体经济日益萎缩，资本积累难以持续。

2. 从资本主义世界体系范围内来看，中心与边缘的巨大反差构成了垄断资本全球积累的障碍

中心对边缘的剥削一直是帝国主义榨取剩余价值的重要途径，在新帝

---

① 《资本论》第2卷，人民出版社1975年版，第68页。

② 谢富胜、李安、朱安东：《马克思主义危机理论和1975—2008年美国经济的利润率》，《中国社会科学》2010年第5期。

国主义论者不断宣扬其“将积极致力于把民主、发展、自由市场和自由贸易的希望带到世界每一个角落”① 的时代，这种剥削不仅并未消失，反而变本加厉。美国左翼学者大卫·哈维就深刻地指出，新帝国主义的真正意义在于，以剥夺性积累为主要方式而进行的对其他国家和地区的掠夺。这是因为，过度积累是资本主义的必然趋势，其根源在于资本主义的扩大再生产。由于资本的逐利本性，资本家必然会把越来越多的剩余价值用于扩大再生产，从而出现资本过度积累的趋势。而通过剥夺性积累对发展中国家进行掠夺和剥削则成为发达资本主义国家解决这一问题的主要选择。中心对边缘的这种剥夺性积累使世界范围内的贫富差距急剧扩大，据统计，全球最富有国家与最贫穷国家的人均实际收入指标已经从 1900 年的 10 ∶ 1 上升至 2004 年的 74 ∶ 1。在 2012 年福布斯公布的全球人均 GDP 排行榜中，美国人均 GDP 为 46860 美元，位列第七，而最贫穷国家却仅有 312 美元。这种收入的巨大反差不仅造成了边缘国家的贫穷与落后，也限制了世界范围内的总消费能力，从而使垄断资本的全球积累陷入困境。

3. 从发达国家内部来看，垄断资本的国内掠夺和对外扩张加剧了贫困的积累，危机不断发生

资本积累带来的一个必然后果就是利润率的降低，为改变这一状况，发达国家的垄断资本一方面在国内加强了对工人的剥削程度；另一方面通过产业转移、外包等方式实现在全球范围内利用最优资源的目的，从而在国际生产网络或体系的基础上，形成以领导企业为核心，全球范围内相互协调与合作的企业组织框架，其实质在于截取价值链中的高利润环节，将有限的资源集中配置到企业的强势领域，增加企业的竞争优势。据统计，在 2007 年，全球外包市场已达 8.1 万亿美元，占全球商务活动总额的 14.8%。在美国的 2600 多万家企业中，采用项目外包方式的企业占到了 2/3。这尽管增加了垄断资本的利润，但也加剧了国内产业空心化的进程，从而使打断资本积累进程的经济危机发生的危险加大。另外，垄断资本的对外扩张进一步恶化了发达国家工人阶级的状况，他们不仅不能分享垄断资本在产业转移中所获取的利润，反而要面临工作机会的削减，处境更为

① The U. S. National SecurityCouncil, “The National Security Strategy of the United States of America”, Sept. 2002.

困难。根据美国国税局的资料，2005年占美国人口1%的最富有纳税人的收入占全国总收入的21.2%，而处于分配天平另一端的50%的低收入纳税人的收入仅占全国总收入的12.8%。2010年，美国有4620万人生活在贫困线以下，而该年度标普500公司CEO的平均薪酬却高达1076万美元，职工的平均工资则仅为3.31万美元。这种极端的收入差距不仅对资本积累也对资本主义制度的生存构成了巨大的挑战，正如德国社会学家乌尔利希·贝克所指出的那样，“这个唯私有者的资本主义只以盈利为目标，它要把就业者、（社会福利）国家、民主制度统统排除。这个资本主义也就取消了自己生存的合法性”。①

二 新帝国主义的腐朽性导致经济增长乏力

在《帝国主义是资本主义的最高阶段》中，列宁指出，帝国主义最深厚的经济基础是垄断，这种垄断同任何垄断一样，必然产生停滞和腐朽的趋向。随着资本主义经济的发展以及科技的创新，许多人对这一论断产生了怀疑。实际上，在新帝国主义时代，尽管经济全球化导致全球竞争加剧，因而对于垄断企业来说，加快技术创新的步伐成为其在竞争中不断保持并扩大优势的重要保证，但这并非表明垄断企业不会为维护自身利益而阻碍技术进步，也不能表明帝国主义的腐朽性不再存在。事实上，帝国主义的腐朽性不仅继续存在，而且表现形式更为多样化。

1. 跨国公司的技术垄断阻碍了技术进步

跨国公司的技术垄断一方面表现为发达国家跨国公司垄断着先进技术，限制其流入发展中国家。20世纪末期以来，全球研发投入不断增长，而发达国家的跨国公司由于其从本国及发展中国家中攫取了大量利润，因而能够将更多的资金和优秀人才投入科技创新，由此造成了在资本和技术密集型产业中，几乎所有的重大技术创新都源于跨国公司。据《2006年世界投资报告》统计，世界500家最大的跨国公司控制了全球90%以上的技术贸易额，控制和垄断了绝大部分国际驰名商标。但在跨国公司与发展中国家的技术贸易和合资生产过程中，跨国公司出于利益考虑，通常只转让

---

① 张世鹏等：《全球化时代的资本主义》，中央编译出版社1998年版，第119页。

低端技术，这样既可以延长其技术专利期限和生命周期，又能通过对核心技术的垄断和品牌的控制而在不掌握控股权的情况下掌控企业的实际支配权。不仅如此，发达国家对许多高新技术的出口也予以了限制，如美国对华出口中，飞机和飞机发动机、导航系统、航空电子设备等20项高科技产品都属于受禁项目。

另一方面，技术垄断还表现为跨国公司为维护自身利益而阻碍某些新技术的应用。1987年，通用汽车开发出一种实用型的使用蓄电池和电动机的EV1电动汽车，它可以在3.6秒内加速到100公里/小时，既不需要加油，也没有任何尾气排放。然而，这项技术却严重损害了石油巨头的利益，他们收买媒体来诋毁这一技术，宣称电力来自燃煤电厂，会产生额外的污染。而通用公司也最终将这一技术卖给石油公司雪佛龙德士古，结果是，这一技术被弃置不用，EV1生产线也被拆除。

2. 发达国家控制着技术标准的制定

技术标准作为企业的核心竞争力之一，已日益成为企业获得高额利润的重要工具。在制造业处于中高层次的产业中，技术标准成为跨国公司在区域、全球获得利润，控制产业链条的手段。谁掌握了标准制定权，它的技术就很有可能成为国际技术标准，它也就掌握了国际市场上的操控权。通过掌握标准制定权，跨国公司不仅可以获得由技术标准带来的收入，还可以通过发放许可证来限制本行业内有竞争力的对手，使公司能够维持其市场份额。如今，在国际市场上，技术标准基本上由发达国家所垄断。我国尽管是制造业大国，纺织、钢铁、汽车等行业在国际市场上占有很大份额，但在国际技术标准体系中的地位和影响力却处于非常低的状态。通过对技术标准的掌控，发达国家的垄断资本就能够在不改进技术的情况下保持其垄断优势。

3. 管理层攫取了大部分利润，抑制了技术创新的步伐

跨国公司在全球掠夺了大量利润，但大部分被管理层攫取。即使在金融危机期间，经济不景气也丝毫未影响企业高管的利益，如美国汽车行业上市公司CEO的薪酬在2009年大幅上涨，增长了近100万美元。根据美国智囊机构政策研究学会（Institute for Policy Studies）在2011年8月31日发布的报告称，在美国收入最高的100位首席执行官中，有25位在2010

年的薪酬超过他所在公司的纳税额。据财新网测算，这25位CEO的平均薪酬为1668万美元，同期标普500公司CEO的平均薪酬为1076万美元。[①]管理层不仅通过合法的工资形式攫取利润，还经常采用虚报盈利以抬高股价的方式进一步获利。如在美国电信业排名第四的奎斯特电讯公司的CEO及部分高管人员从1999年到2001年，虚报或编造盈利高达11亿美元，借此一边抬高股价，一边出手卖掉自己手中的公司股票和期权，套现达5亿美元。管理层对利润的攫取不仅使公司内部的分配体制发生倾斜，也势必减少公司用于研发的费用，这两方面都会抑制技术创新的步伐。

4. 通过货币霸权改变财富状况削弱了经济增长的动力

在新帝国主义阶段，随着美国在二战后取得的“世界货币”的地位，以及20世纪末以来欧元地位的提高，“货币霸权”已成为发达国家掠夺财富的一种有效手段，使其能在实际财富不发生变化的情况下，通过汇率、利率等方式的调整改变不同国家间的财富对比状况。这主要表现在几个方面：一是通过国际铸币税增加货币财富。二是通过货币贬值改变财富对比状况。拥有货币霸权的国家可以通过货币贬值减轻本国债务，从而获取国际通货膨胀税，使债权国遭受巨大损失，这也正是美元从1976到2006年贬值94%的一个重要原因。“据资料介绍，美元每贬值10%，就有相当于美国经济5.3%的财富从世界各地转移到美国。”[②] 三是作为国际结算货币规避汇率变动风险。对于货币霸权国而言，在国际进出口结算中不存在本币与外币之间的结算，从而规避了汇率变动的风险。如“2003年，美国进出口总额为19771亿美元（其中进口12607亿美元，出口7164亿美元），估定外汇即期与远期汇率差价为1%，美国企业2003年可节约的风险规避成本为198亿美元”。[③] 由此可以看出，拥有货币霸权就能够使一国在实体经济增长陷入停滞时依然能实现财富的增长，这也决定了霸权国必然会通过经济、政治和军事等手段维护其货币霸权地位，进一步削弱了经济增长的动力。

---

① 财新网：《美国收入前100名CEO 25名薪酬超公司联邦税收》2011年9月2日。

② 戴涛、赵大朋：《从世界金融危机看列宁帝国主义理论的生命力》，《社会主义研究》2010年第2期。

③ 程恩富、夏晖：《美元霸权：美国掠夺他国财富的重要手段》，《马克思主义研究》2007年第12期。

以上几个方面都表明了帝国主义的腐朽性并未消失，它所带来的一个重要后果就是经济增长乏力，经济危机不断发生。日本在泡沫经济破裂后一直陷入经济低迷状态，美国和欧洲也迟迟无法走出金融危机的困扰，这都是帝国主义腐朽性的明显例证。

三 帝国主义国家之间的矛盾在全球化推动下进一步扩展

在传统的殖民帝国主义阶段，各帝国主义列强间就存在尖锐的冲突。转向新帝国主义阶段后，资本主义发达国家间的冲突依然存在。不仅如此，由于全球化和区域一体化的发展，出现了许多新形式的国际垄断同盟与国际机构和组织，使帝国主义国家之间的矛盾向帝国主义国家与国际垄断同盟和国际组织间的矛盾进一步扩展。

1. 发达国家间的经济、政治冲突进一步加剧

马克思主义经典作家一再强调，经济和政治发展的不平衡是资本主义的绝对规律。在全球科技发展日新月异、苏联解体使世界社会主义运动陷入低潮的情况下，这一规律表现得愈发明显，发达国家间的经济摩擦、政治冲突等日趋激烈。

首先，发达国家加强了以自由贸易区和区域一体化为中心来争夺世界市场、扩大影响力的步伐。在区域一体化进程中，欧洲的成效最为显著。从1952年欧洲煤炭和钢铁共同体的成立到欧盟的形成与发展，欧洲不仅借此使欧洲经济获得了发展，而且扩大了欧盟在政治上的国际影响。为应对欧盟的发展，美国不仅建立了“北美自由贸易区”，并开始倡导“亚太经济共同体”，积极扩大美国在北美洲和亚太地区的影响力。日本也积极筹建以自己为主导的“东亚经济圈”。

其次，贸易摩擦加剧。欧美、日美之间曾就飞机、汽车、钢管、农产品补贴等诸多问题发生过激烈的贸易冲突。国际金融危机发生后，日本汽车质量问题为美国打击日本汽车产业提供了契机。在2008年的金融危机中，美国三大汽车公司通用、福特和凯迪拉克纷纷陷入危机，而日本汽车企业丰田、本田和日产等却逆势上扬，丰田更是稳稳地站上了世界汽车业的霸主位置。但2010年日本丰田汽车因质量问题，在美国的市场占有率大幅下滑。而从根本上看，这次事件实质上是日美矛盾不可调和的集体性

爆发。许多媒体都指出，美国传统的政治体制和利益至上的社会精神是激化此次事件的幕后黑手，美国利用政治武器再一次挫败了日本。①

再次，发达国家间围绕货币及金融秩序展开的冲突。在国际资本流动日益迅猛的时代，“美元霸权”已成为美国掠夺财富的一种重要工具。正如有学者所指出的，“只有一个国家，而不是每个国家，具有维持不受限的国际收支逆差的特权。只有这个信贷创造中心的央行及其外交控制的国际金融机构，才能够创造其自己的信贷，收购外部的金融卫星国的资产和出口品”。② 然而，在苏东剧变使资本主义国家间的矛盾进一步凸显的情况下，在欧盟、日本等国家和地区经济稳定发展的条件下，这种美元霸权控制下的国际货币体系日益受到这些国家的挑战。为维持和保障美元的霸权地位，美国不仅通过科索沃战争、《广场协议》等直接或间接地影响了欧元、日元等货币，而且在美国遭受次贷危机及经济危机的状况下，通过信用评级机构引发欧洲债务危机，不仅降低了人们对美国危机的关注度，也进一步动摇了欧元的信誉。

最后，发达国家间的政治冲突日趋明显。苏联解体后，发达资本主义国家间的凝聚力锐减，不仅经济上存在尖锐的摩擦与冲突，而且在政治方面也日益出现分歧和争端。欧洲于 1996 年和 1997 年先后成立了由欧洲人组成的“多国多兵种联合部队”以及“西欧联盟军事委员会”，并要求分享美国在北约的指挥权。在“9·11”事件后，欧美在许多问题上的分歧进一步加剧，其症结在于布什政府在“新帝国主义论”的理论基础上所实行的单边主义外交政策，特别是其对大西洋联盟的政策。在克林顿政府时期，美国发表的《国家安全战略报告》通常对美欧关系作如下表述：促进欧洲的安全、繁荣与民主，最终建立一个真正一体化、民主、繁荣和和平的欧洲，并使这个欧洲能与美国一道应对单个国家无法应对的全球挑战。从中可以看出，在美国公开的全球战略中，是将欧洲作为平等的合作伙伴来定位的。然而，在“新帝国主义论”倡导的“美国治下的和平”的影响下，在美国霸权主义日益猖狂的背景下，欧洲成为只能供美国选择的伙伴。正是在这一背景下，美欧之间的分歧和矛盾越来越大。亚洲的日本也

---

① 《后“丰田门”美日或有连番政治大戏》，中国新闻网 2010 年 3 月 19 日。

② ［美］迈克尔·赫德森：《金融帝国》，嵇飞、林小芳等译，中央编译出版社 2008 年版，第 25 页。

开始逐步改变自己的角色，通过《美日安全保障条约》的修订和调整，逐步加强了自己在美日安全防卫体系中的主动性，并积极扩充军力，试图同美国共同主导亚太安全事务，而日本在国际政治舞台上诉求的提高必然会引发日美矛盾和冲突。

2. 新形式的国际垄断同盟与民族国家间的矛盾

列宁曾经指出，资本主义进入垄断阶段后，“社会的生产力和资本的规模业已超出单个民族国家的狭隘范围。这一切促使大国竭力去奴役其他民族，去抢夺殖民地作为原料来源和资本输出场所。整个世界正在融合为一个单一的经济体”，而且，“在资本主义制度下，国内市场必然是同国外市场相联系的。资本主义早已造成了世界市场。所以随着资本输出的增加，随着最大垄断同盟的国外联系、殖民地联系和‘势力范围’的极力扩大，这些垄断同盟就‘自然地’走向达成世界性的协议，形成国际卡特尔”。[①]

在资本主义由国家垄断向国际垄断阶段过渡后，国际垄断同盟不仅范围更大，而且表现形式也有了新的扩展，具有共同地缘政治利益、发展程度相似、发展理念相近的国家组成的联盟如欧盟成为国际垄断同盟的新的表现形式，在资本主义经济政治发展日益不平衡的背景下，这种新形式的国际垄断同盟也成为其消弭这种不平衡的努力。然而，由于这种国际垄断同盟的规则等会涉及成员国的内部事务，因此，其与民族国家间的矛盾也成为当代帝国主义矛盾的新表现。

以欧盟为例，在希腊的救助过程中，德国政府就提议由欧盟向希腊派遣一名财政专员，在希腊政府的财政事务上拥有最后决定权，必要时甚至可以推翻希腊议会的决议，这实际上是要求希腊向欧盟让渡财政权。欧元区集团主席荣克（Juncker）也表示，希腊要接受欧盟和国际货币基金组织的救助资金，必须进行艰巨的改革工作，譬如出售国有资产、改革低效的税收体系等。由此可以看出，这种国际垄断同盟的存在尽管在一定程度上加强了整体的力量，然而，单个国家对国内事务的决定与同盟的整体利益必然会产生冲突，同盟内强国利用借助同盟的名义对弱国的国内事务进行

---

① 《列宁全集》第 26 卷，人民出版社 1988 年版，第 294 页；第 27 卷，人民出版社 1990 年版，第 381 页。

干预也在所难免，这些都必然引发国际垄断同盟与民族国家间的矛盾。

3. 多边国际机制、国际组织与民族国家间的矛盾

战后，在美英为首的发达资本主义国家的主导下，建立了国际货币基金组织、世界银行等国际机构和关贸总协定等多边国际机制，对国际金融体系、贸易关系等进行协调。这些组织也日益成为发达国家迫使发展中国家进行自由化改革的重要工具。然而，不可忽视的是，发达国家经济政治的不平衡也反映在对国际组织和国际机制的控制上。如美元霸权的维持就与当前的国际货币体系和美国在世界银行、国际货币基金组织中的地位密切相关。1997 年东南亚金融危机中的韩国、此次危机中的希腊等国家在接受援助时也必须对国内政策体制等按照美国、德国等国家的意志进行改革，都是部分发达国家借助国际组织对其他国家施加压力的表现。当然，此次危机不仅为发展中国家提供了有利的契机，也为其他发达资本主义国家试图削弱美国的力量提供了机会。某些发达资本主义国家的领导人也提出了改革国际货币体系的要求，法国前总统萨科齐就公开宣称要“建立一个新的布雷顿森林体系”。

四 反抗资本主义的主体力量不断增强

在垄断资本主义危机不断加剧的情况下，反抗资本主义的主体力量也在不断增强。新帝国主义变本加厉的剥削与掠夺不仅使人们更清楚地认识到其本质，也在全球激起了更为广泛的反抗，为世界社会主义运动的发展创造了条件。

1. 世界各国共产党和左翼力量不断恢复和发展

尽管全球化加强了资本的力量，但资本主义国家的共产党和其他左翼政党也在不断地调整战略方针，在新形势下取得了更大的进展，并对资本主义右翼政党形成了一定的冲击和挑战。

苏东剧变后，幸存下来的共产党对国际共产主义运动和社会主义模式等进行了反思，对共产党的性质和任务等也有了更深刻的认识，并结合全球化时代资本主义在经济、政治和意识形态等方面出现的新变化，对各自的党纲和党章进行了调整，扩大了其影响力和群众基础，譬如，为了巩固和扩大党的社会基础，国外共产党大多都对党组织的性质和作用进行了新的界定，不同程度地出现了由“工人阶级政党”向“群众性政党”、“服务性政党”转变的趋势；在斗争策略上，各国共产党都强调“左翼联合”的斗争策略等。

除共产党外，其他左翼力量的成员和影响力也逐步增加，各国共产党以及各种左翼组织之间的国际联系与合作也不断恢复和发展。在2009年6月的欧洲议会选举中，包括西欧主要共产党在内的欧洲19个共产党联合署名发出呼吁，反对欧盟的新自由主义和军事主义政策。

2. 工人运动蓬勃发展

经历了20世纪后期的沉寂后，工人运动在21世纪开始蓬勃发展，这不仅是因为国际金融危机的发生以及资本主义经济总体陷入低迷与困境，还因为作为新帝国主义的理论基础之一的新自由主义“催生了一支新型的全球性的工人阶级队伍。世界范围内农民的锐减和工人阶级的上升为真正全球规模的新型阶级政治奠定了基础”①，使反抗资本主义的主体力量不断增大。在英国，国家社会研究中心于2007年1月公布的数据显示，57%的人认为自己是工人阶级，这表明发达国家的阶级结构已经不再如20世纪八九十年代那样呈现橄榄型状态，而是更为明显的两极分化，中产阶级除极小部分人上升为居统治地位的垄断资产阶级外，大部分重新滑入工人阶级的队伍。在日本，畅销书《2010年中流阶级消失》的作者田中胜博宣称，在2010年“将出现10%的富人和90%穷人的大分裂，中产阶级将消失”②。

在工人阶级的队伍不断扩大的基础上，在资本主义经济出现越来越多的问题和困境的背景下，资本主义国家的工人运动呈现蓬勃发展的态势就成为历史的必然。在欧美主要资本主义国家中都相继发生了大规模的工人运动，如2005年12月20日至23日的纽约公交工人大罢工，约有3.3万名公交工人参加，对美国社会造成了很大的震动，最终使纽约大都会捷运局与纽约公交工人工会就工人工资、养老金及医疗保险等问题达成了协

① ［英］菲尔·赫斯：《“自在”还是“自为”：工人阶级的阶级意识瓦解了吗》，《马克思主义研究》2009年第10期。

② 木春山、纪双城等：《西方担心中产阶级成“动荡之源”》，《环球时报》2010年3月15日。

议。2008 年国际金融危机发生后，希腊、英国、法国、意大利、葡萄牙等欧洲各国也纷纷爆发了大规模的工人罢工运动，美国更是出现了社会民众广泛参与的“占领华尔街”抗议活动，在全球引起了巨大反响。

3. 世界范围内研究马克思主义的热潮不断涌现

冷战结束后，世界范围内对马克思主义的研究不仅并未停止，反而因社会主义运动暂时处于低潮而更深入地展开了对社会主义遇到的挫折、资本主义的新变化、本质及历史命运的研究，呈现出一波又一波的研究热潮，宣传和研究马克思主义、社会主义的著述日渐增多，人们对马克思主义的认识也更加深入。在 2008 年国际金融危机发生后，在许多资本主义国家如德国等，马克思的《资本论》都成为畅销书，在普通民众中也掀起了学习马克思主义的热潮。这些充分表明，马克思主义仍然具有强大的生命力。为了认识和解决当今世界的诸多社会问题和社会矛盾，人们又从马克思主义学说中去寻找思想武器。

（原载李慎明主编《世界在动荡、变革、调整》，社会科学文献出版社 2012 年版）

世界格局重构下发展中国家的角色转变、历史定位与模式调整

刘海霞*

发展中国家在历史上曾长期处于殖民地、半殖民地的状态，独立后又长期受制于不公平的国际政治经济秩序。20 世纪末苏联的解体使发展中国家失去了在两大阵营对峙的夹缝中求生存的空间，而被迫与发达国家直接接触，一度陷入被动应对的局面之中。进入 21 世纪发展中国家经过不断探索，逐步发挥自己的比较优势，积极参与国际事务，在国际舞台上起着越来越重要的作用。尤其是 2008 年金融危机以来，相对于发达国家长期的经济不振，以“金砖国家”为代表的发展中国家逆势崛起，改变着世界政治、经济、金融以及利益分配格局。然而，发展中国家现在所取得的成绩并没有改变它们在世界格局中仍整体处于外围、半外围的历史地位，在世界格局重构的影响下，它们面临着发展模式的转型与调整。

一　发展中国家群体性崛起，在国际舞台上由被动接受的从属角色转变为改变世界格局的重要国际行为体

2008 年发端于发达国家的金融危机对发展中国家也造成了重创，但它们很快就走出了金融危机的阴影，并成为引领全球经济复苏的希望所在。就像世界银行行长佐利克所说的，在多极增长的世界经济格局中，发展中国家对于世界经济的平衡和稳定将发挥更加重要的作用，这是世界格局中出现的新变化。

* 刘海霞，中国社会科学院马克思主义研究院副研究员。

1. 发展中国家吸引外资和对外投资均进入新阶段，规模和质量都有所提升

发展中国家大都经历过利用各种优惠政策大规模吸引外资的发展阶段。目前很多发展中国家和地区的对外经济政策已从吸收外资弥补储蓄和外汇“双缺口”为主转向对利用外资的规模和质量并重。与此同时，它们作为全球直接外资来源地的相对重要性也在不断上升。根据联合国贸发会议发布的《2011 年世界投资报告》，2010 年发展中国家外国直接投资流入量占当年全球外国直接投资流入总量的 52%，首次超过发达国家。发展中国家对外投资额的大幅上升使其成为对外直接投资的新力量，其直接外资流出量占全球总量的比例由 2006 年的 17% 提高到 2010 年的 29%。20 个大投资经济体中有 6 个是发展中和转型期经济体，2010 年中国的对外直接投资位列世界第五。

邓宁的“对外投资周期理论”很好地阐释了发展中国家的这一变化。根据该理论，随着人均国民总收入的提高，对外直接投资增长的速度将不断超过资本流入速度，二者的差距会不断缩小。[①] 以中国为例，根据商务部发布的数据，2011 年中国实际使用外资 1160.11 亿美元，同年对外直接投资 600.7 亿美元，吸收投资和对外投资的比例约为 1.93 : 1，《2011 年世界投资报告》预计中国对外投资与吸引外资的比例将在未来 10 年超过 1 : 1。发展中国家对外投资水平的提升有助于扩大自身的竞争优势，并将重塑全球产业格局。

2. 发展中国家群雄并起，国际竞争力显著提高，改变世界经济版图

全球竞争力指数是衡量一个经济体综合实力的重要指标。尽管许多发展中国家和地区尤其是新兴经济体的最新排名有升有降，但总体上都获得了不错的名次。根据世界经济论坛《2012—2013 年全球竞争力报告》，在 144 个国家和地区中，新加坡、中国香港、中国台湾、智利、泰国分别居第 2 位、第 9 位、第 13 位、第 33 位，第 38 位，“金砖五国”中，中国第 29 位，巴西第 48 位，南非第 52 位，印度第 59 位，俄罗斯第 67 位。英国前首相布朗曾指出，在 2010 年前后，150 年来西方（美国以及欧盟）第

---

① 参见张雷、张红娅《发达国家与发展中国家企业国际直接投资比较》，《国际经济合作》2008 年第 6 期。

一次在制造、生产、出口、贸易和投资方面被世界其他地区全面超越。[1]这也就说明发展中国家和地区在基础设施、宏观经济环境、健康与教育、市场效率、劳动力技能等方面都有了很大提高，呈现出群体性崛起的态势。

《财富》500强排行榜在一定程度上折射出一国经济实力的强弱，发达国家和发展中国家入选500强企业数量的此消彼长也反映了世界经济格局的变化。2012年《财富》500强企业最新排名中，中国大陆（含香港在内，不包括台湾）共有73家公司上榜，超过日本（68家），仅次于美国（132家）。“美、英、法、德、日等七国集团企业总数占全球500强的比重从2001年的83.6%降至2010年的67.4%。而‘金砖四国’所占比例则从2001年的3.6%升为2010年的13.4%。”[2]发展中国家和地区拥有500强企业数目的大幅上升，说明世界生产和消费重心逐渐向发展中国家转移，并有利于实现全球经济的平衡增长。

3. 经济总量大幅增长，引领全球经济复苏

金融危机和经济危机以来，发达国家的表现就一直不尽如人意，与此相对，发展中经济体逆势上扬，仍然实现了快速增长，全球经济呈现出明显的双速复苏和发展的态势。尽管由于受到欧美经济低迷和贸易保护主义的影响，有关国际机构下调了2012年新兴经济体的经济增长预期，但鉴于发展中经济体大大高于发达经济体的增长速度，“南高北低”双速复苏的局面仍将继续保持，新兴经济体将继续成为引领全球经济发展的引擎，其国际影响力也日益增强。

同时，发展中国家和地区随着经济总量的增长对世界的贡献也日益增大。根据国际货币基金组织发布的数据，发达经济体的经济总量占世界的比重从1989年的82.6%下降到2009年的68.9%，新兴和发展中经济体的经济总量占世界比重则从1989年的17.4%上升到2009年的31.1%。“金砖国家”在发展中经济体中的表现尤为耀眼，2010年，“金砖国家”货物贸易额占世界贸易总额的15.4%，服务贸易额占世界服务贸易总额的

---

① 《中国经济周刊》2011年第36期。

② 参见孙寅、陆立军《〈财富〉全球500强榜单折射世界经济版图变迁》，《检察风云》2010年第16期。

11.5%。另据新兴经济体蓝皮书《金砖国家经济社会发展报告（2011）》，发达国家对全球经济的贡献率从1990年的88.6%下降到2010年的约30%，而“金砖国家”对世界经济增长的贡献率从1990年的-0.6%上升到2010年的60%多。

4. 在国际组织中的话语权得到提高，改变国际政治格局和国际合作机制

随着经济地位的提高，发展中国家的国际合作方式也日渐多样化。在七十七国集团和不结盟运动等传统南南合作组织仍继续发挥作用的同时，发展中国家加强了南北对话，并在南北对话中提高了自己的话语权，在国际金融体系改革、国际气候大会谈判中发出的声音越来越不能被忽视。

全球治理已不再仅仅是发达国家的专利，这一共识促使国际合作机制发生了改变。发达国家一方面使G8会议机制灵活化，与发展中国家积极开展南北对话，并提出有利于使“8+5”或者“8+N”模式机制化的“海利根达姆进程”和“海利根达姆—拉奎拉进程”；另一方面又以G20代替G8作为国际合作的主要平台，同发展中国家协商重大国际问题。八国集团开放性的增强和议题的丰富化以及二十国集团峰会的机制化，深刻说明了世界政治经济权力在向发展中国家倾斜，发展中国家的力量逐渐得到承认，并受到重视。同时，发展中国家对国际事务的积极参与对世界政治民主化和多极化也起到了推动作用。

除了国际合作机制向着有利于发展中国家的方向改变以外，主要的国际组织也做出了对发展中国家有利的改革。在“金砖国家”和其他发展中国家的持续努力下，国际货币基金组织进行了65年来最大的一次治理权改革，改革后“金砖国家”在国际货币基金组织的份额将达到14.81%。2010年世界银行进行改革，发展中国家和转型经济体在世行的投票权比例从44.06%提高至47.19%。这两次改革意味着发展中国家在国际金融组织中的发言权增大，也有利于建立包容有序的国际金融体系。发展中国家之间还加强了金融方面的合作，“金砖国家”领导人第四次峰会就酝酿建立一个可为金砖国家和其他发展中国家基础设施和可持续发展项目筹集资金的新开发银行，这也是“金砖国家”为世界平稳发展所做出的重要努力和有益尝试。

二 发展中国家在世界格局中的历史定位仍未改变，上升空间受到多重限制

虽然发展中国家经济建设取得了巨大进步，国际地位有了显著提高，“中心—半边缘—边缘”的世界体系结构也在不断发生变化，尤其是东亚国家和地区的变迁为后发国家的跨越发展起到了一定的示范作用，但总体来看，在可预见的将来，欧美日等发达国家在推动全球经济发展中还将继续发挥核心作用，发展中国家整体位于世界体系的外围、半外围，在经济上还处于相对劣势的地位，撒哈拉以南非洲甚至有被边缘化的危险。并且发展中国家自身还面临着创新能力不足，产业结构不尽合理，第三产业过度膨胀，城市化过程中各种矛盾凸显等若干问题。因此，在当前以发达国家为主导的世界政治经济格局中，发展中国家谋求真正的发展和飞跃仍然是很困难的事情。《中国现代化报告2011——现代化科学概论》指出，在50—100年期间，发达国家降级为发展中国家的概率平均约为10%（6%—23%），发展中国家升级为发达国家的概率平均约为5%（1%—9%），初等发达国家和欠发达国家跳级的概率约5%。这一局面恰好说明了沃勒斯坦的断言：“一个体系性的后果是经济上最有优势的区域在分布上经常发生缓慢的位移，但并不改变这些优势区域在体系中所占的比例。”① 现在全球不断扩大的财富两极分化，逐渐加强的气候政治博弈，日益加剧的数字鸿沟，令发展中国家生存和发展的战略空间受到进一步挤压，在未来的竞争中也将面临更大的挑战。

1. 发达国家的“剥夺性积累”加剧了发展中国家经济的脆弱性，使其难以充分自主发展

在“北强南弱”的世界格局中，发达国家通过不合理的国际分工、不平等交换以及不对等的国际金融体系，使利润从边缘国家向核心国家转移，实现“剥夺性积累”。根据联合国的统计，2006年穷国向富国转移的净资本是7840亿美元，2002年为2290亿美元。即便像撒哈拉以南非洲最

① Immanuel Wallerstein，“Structural Crisis in the World-System：Where Do We Go from Here?” in *Monthly Review*，2011，Volume 62，Issue 10.

穷的国家，现在也成了向富国输出金钱的国家了。[①] 这造成了全球两极分化的进一步扩大。

首先，全球服务外包市场仍呈现出“中心—外围”的产业格局。发达国家是主要的发包方，其中美国占全球市场的64%，欧洲占18%，日本占10%，其他国家所占份额则不到10%。[②] 发达国家和发展中国家在国际服务外包业务中的获利也远不相同。按照麦肯锡全球研究所提供的数据进行测算，美国公司离岸外包每支付1美元所获收益是发展中国家承包公司所获收益的3倍多。这一国际分工格局更容易将发展中国家锁定在分工链条的底端。其次，发达国家掌握了大宗商品价格的制定权，挤压了发展中国家的发展空间。目前处于上升势头的发展中国家的生产建设需要大量的大宗商品，对外依存度较高，2012年1月至2月，中国原油对外依存度达到57.9%。但是，全球原油/天然气/煤炭等能源、铜/铝等有色金属、玉米/大豆等农产品的定价权分别由受发达国家掌控的纽约商业交易所、英国伦敦金属交易所、芝加哥期货交易所等大宗商品期货市场来决定。这更造成了发展中国家和发达国家之间交换的不平等。再次，美国利用美元霸权绑架了债权国，制造了世界范围的“庞氏骗局”。国际货币基金组织近期公布的数据显示，美元在全球外汇储备中比例为61.7%。截至2012年7月底，仅中国就持有11496亿美元美债。美国利用美元作为主要储备货币的地位大做文章，或者使美元贬值，或者逼迫其他国家货币升值，以此来减轻美国还债压力。[③] 2012年9月，美国推出第三轮量化宽松政策，继续向发展中国家转嫁危机，加剧了发展中国家的输入性通货膨胀，并造成这些国家的货币被迫升值和贬值的上下波动，这种不稳定性加大了发展中国家完成抑制通胀和促进经济增长双重任务的难度。

发达国家“剥夺性积累”的结果就是，虽然大部分国家相对来说都有所发展，但少数国家越来越富，全球“马太效应”更加明显。发达国家的人类发展指数普遍高于发展中国家和地区，2010年发展指数最高的

---

① 刘林海编写：《帝国主义世界体系与资本主义发展模式——50年后看保罗·巴兰的〈增长的政治经济学〉》，《国外理论动态》2008年第3期。

② 郑雄伟：《全球服务外包成经济发展新引擎》，《人民日报》2011年5月19日。

③ 参见刘海霞《当代资本主义的深刻矛盾与危机——对“占领华尔街运动”的反思》，《红旗文稿》2012年第11期。

挪威（0.938）和最低的津巴布韦（0.140）之间相差近7倍。世界财富的分布极不平衡，根据2011年波士顿咨询公司发布的第11份全球财富报告，全球百万富豪家庭数量占总数的0.9%，但富豪家庭所拥有的财富占到全球财富的39%。世界体系中不同国家间贫富差距的不断扩大和人类财富分配不均也被认为是导致金融危机爆发以及后续经济衰退的一个重要原因。

2. 气候谈判的政治博弈令发展中国家的发展权受到威胁

人与环境之间是否和谐是一个国家经济社会发展程度的重要指标，气候问题成了南北关系中的一项新课题。发展中国家一再强调碳排放权就是生存权和发展权，发达国家却在推卸责任之余，还要求发展中国家承担同样的减排责任。

发达国家和发展中国家关注问题的侧重点之所以不同，主要是因为二者的发展阶段不同。发展中国家正处于现代化的关键阶段，工业化和城市化的快速发展，必然会加重对能源的消耗，增加碳排放量。而发达国家已经经历过这一阶段并完成了工业化进入了后工业化阶段，第三产业在产业结构中处于最重要的地位。因此，如果拿已经完成工业化的发达国家与正在进行工业化的发展中国家的能源消耗量和碳排放量进行比较，对发展中国家来说是不公平的。我国中科院丁仲礼课题组指出，排放权即发展权，应该一算历史账，二算人均账。从历史上来看，发达国家在1960年人均累计排放量已很高，而中国从1900年到2005年，人均累计排放量大致相当于美国或英国1900—1907年这8年的人均累计排放量。①

中国等发展中国家为发达国家承担了环境成本外部化的责任，缓解了发达国家的生态压力，但发达国家却向发展中国家设置了绿色壁垒。这将非常不利于发展中国家实现经济社会的协调发展，等于迫使发展中国家放弃了发展权。因此，发展中国家在加快向低碳经济增长方式转变的同时，应共同抵制发达国家打着绿色环保的幌子实则搞贸易保护主义的行为。

---

① 参见王静《气候变化谈判：用科学数据捍卫国家发展权——中国科学院院士丁仲礼谈气候变化谈判中的议题》，《科学时报》2009年9月7日。

3. “数字鸿沟”的加剧和发达国家以互联网为工具的新霸权令发展中国家面临被“信息殖民”的危险

“数字鸿沟”指的是在全球范围内、国家之间、社区之间以及个人之间在互联网接入和使用方面的多个维度上的不平等（Chen，2003）。[①] 虽然这几年发展中国家在手机移动网络以及互联网普及方面有了很大提高，但是比起发达国家来还是望尘莫及。根据国际电信联盟 2012 年版《电信改革趋势》报告，工业化国家的固定宽带普及率达到了 26%，远远高于发展中国家 4.8% 的普及率。而且发展中国家宽带价格相对较高，2010 年年末非洲固定宽带业务的平均费用相当于月收入的 290%。在普及宽带网络的新一轮竞争中，一些发展中国家尤其是比较落后的发展中国家明显处于不利地位，面临丧失全球宽带渗透率持续提升带来的好处的风险。

数字鸿沟体现了以美国为首的发达国家统治世界的新霸权。美国被看作是“数字资本主义的领导核心”，现有的互联网管理模式和美国控制的互联网核心技术为美国称霸世界带来了极大的便利。美国享有对全球 13 个“根服务器”的控制权，其中 1 个主根服务器和 9 个辅根服务器都在美国，另外 3 个辅根服务器分别在英国、瑞典和日本。由此可见互联网完全被发达国家所控制，而美国又是其中的核心霸主。这样就在信息世界里形成了很多人所说的“信息殖民主义”。互联网在美国对外战略中的地位也得到了前所未有的提升，摩尔多瓦的“Twitter”革命更让人看清楚美国网络外交的实质就是把网络外交作为政治、经济、军事等手段的辅助工具和输出美国价值观的新载体，对其他国家起到潜移默化的改造作用，这是发展中国家最需警惕和提防的。

数字鸿沟实质上是发展鸿沟，是不合理的国际政治、经济秩序导致的南北经济发展不均衡的产物。基于此，有学者建议不仅要建立国际政治经济新秩序，还要建立国际信息新秩序。只有发展中国家真正得到了发展，信息基础设施和国民教育都有所提高，才能真正地缩小“数字鸿沟”。如果没有经济社会协调发展做基础而奢谈“数字”，对发展中国家而言无异于画饼充饥。

---

① 胡献红：《全球化背景下的“数字鸿沟”——北京、义马两地网民比较研究》，《新闻与传播评论》2004 年卷。

三 应对金融危机下世界格局的新变化，发展中国家面临经济发展模式的转型和调整

金融危机冲击下世界格局发生了重大变化，发展中国家内部也面临着通货膨胀和产能过剩等很多问题，经济发展模式受到了挑战。

1. 东亚要由出口导向型调整为主要依靠国内和地区需要拉动经济的发展方式

亚洲"四小龙"、马来西亚、泰国、印度尼西亚等东亚国家和地区一个很重要的特点是在经济上实行出口导向战略，实现了经济增长和收入的相对平等。这种发展方式的产生，有其特定的时空背景和地缘政治特色。当前金融危机所造成的世界格局和外部环境的改变对东亚产生了重要影响，东亚国家和地区的转型既有其必然性，又有其可行性和必要性。

首先，金融危机和欧债危机的叠加使得欧美复苏乏力，美国等众多发达国家纷纷表态，不仅自己将改变发展方式，还强烈要求东亚扩大内需。美国高调宣称要改变消费拉动内需的模式，提出出口倍增计划和再工业化。美国作为东亚产品重要的进口国，其发展方式的改变意味着，以前"东亚生产，美国消费"的模式将难以为继了。因此，东亚在未来的发展中，既要积极扩大内需发掘国内市场，更要大力提高区内贸易。

其次，东亚发展内需拉动经济增长是有条件实现的。根据尼尔森全球副主席瑞克·凯什在刚刚召开的博鳌亚洲论坛2012年年会上提供的数据，2010年除日本外，亚洲"中产阶级"占世界总数的24%，消费力占世界"中产阶级"的16%。庞大中产阶层的存在说明了东亚地区在未来发展中转变为以消费拉动经济增长的方式具有良好基础。

再次，东亚地区区内贸易所占比重偏低，还有很大的发展空间。东亚地区区内贸易比重相较于欧盟和北美地区存在很大差距，2009年东亚经济体间的贸易规模占该地区全部对外贸易额的52%，而欧盟这一水平为70%以上。[①] 由于东亚区内贸易所占比例较低，比较严重地依赖区外市场，

---

① 赵江林主编：《东亚经济增长模式：转型与前景》，社会科学文献出版社2010年版，第252页。

尤其比较依赖美国市场，因此对外界经济的波动反应格外灵敏。由是，大力发展区内贸易是降低东亚地区对外依存度的有效途径。

2. 拉美依赖“初级产品出口”的发展方式受到挑战，加快了“去美国化”的步伐

新自由主义在拉美的实践使拉美国家付出了沉重的社会代价，为了消除新自由主义在拉美造成的种种弊端，拉美的政治格局开始集体向左转。金融危机的爆发充分说明了新自由主义的失败，但拉美新自由主义时期所加重的依附性经济形态和收入分配不公在中左翼政权下并未得到彻底改观。拉美和加勒比地区仍然是世界上收入差距最大的地区，联合国2010年人类发展报告指出，目前世界上15个贫富悬殊最大的国家中，有10个在拉美地区。现阶段拉美在世界经济格局中仍比较依赖初级产品出口。比如，2010年巴西的主要出口商品矿产品、食品饮料烟草和植物产品的出口额分别占巴西出口总额的25.5%、13.4%和10.0%。联合国拉美和加勒比经济委员会的数据显示，20世纪90年代，拉美初级产品出口的增幅为2.6%，而21世纪的前十年增幅为11.4%。①拉美出口的这一去工业化趋势表明拉美还没有完全摆脱依附性发展模式，并特别容易受到外部市场波动的冲击，巴西66%的出口工业就受到了国际金融危机的影响。这使拉美中左翼政权受到挑战。如同彼得拉斯所说，当新自由主义的全面危机到来时，拉美新左翼的改良措施将可能难以应对，因为它们都没有根本性地改变它们继承下来的新自由主义基本经济结构。中左翼政权的模式是建立在经济的“初级产业化”及投机性投资的繁荣基础上的，使其容易遭受美国投机资本崩溃的全部有害影响。②

在新形势下，拉美地区的政治力量对比也发生了变化。2010年拉美多个国家大选带来的政权更迭改变了拉美中左翼占绝对优势的政治格局。“从2010年选举结果来看，左翼力量在拉美头号大国巴西的执政地位进一步得到巩固，中右力量和右翼力量继续在哥斯达黎加、哥伦比亚执政；但在智利，中右翼力量‘变革联盟’通过大选，接替中左力量、执政长达

① 《参考消息》2011年8月9日。

② 参见［美］詹姆斯·彼得拉斯《世界经济危机挑战拉美新左翼政府的改良主义》，《国外理论动态》2009年第2期。

20 年的执政联盟上台执政。因此可以说，左派和右派力量此消彼长，中右力量略占优势。”① 2011 年秘鲁、阿根廷、危地马拉、尼加拉瓜等国大选中左、右翼也是互有得失，而查韦斯在刚刚结束的委内瑞拉大选中再次连任总统又加强了左翼的力量。不过现在拉美的政治力量逐渐趋于成熟，无论是左翼还是右翼执政，都倾向于采取务实政策。拉美各国政府还需根据国际形势而适时调整政治经济政策，重视工业尤其是制造业的发展，逐步改变依靠初级产品出口的产业结构。

今后拉美应更多关注实现经济增长和社会公正的协调发展以及加强本地区的独立性，目前朝着这一方向努力的拉美国家已取得了一定的成效。2011 年 12 月第三次拉美及加勒比国家首脑会议宣告不包括发达国家美国和加拿大在内的新的区域组织——拉美及加勒比国家共同体成立，这充分体现了拉美国家力图摆脱美国的影响所做的努力，显示了拉美地区“去西方化”、“去美国化”的决心和愿望。

3. 非洲需加快经济一体化建设进程，建立符合本国国情的发展模式

由于历史上长期受殖民统治而形成了畸形的经济结构，撒哈拉以南非洲与拉美和东亚相比，依附性色彩更为浓重，有学者甚至称其为第四世界，这一现象值得引起整个世界的关注与反思。

非洲虽然远离世界金融风暴中心，但其单一的发展方式随着经济危机的深入而日显不足。指导非洲发展的理论大都是外来的，但这些方案都很少考虑非洲国家要求发展民族经济、实现自力更生的愿望，因此没有取得预期效果。阿明曾深刻地指出：“从非洲的立场来看，新的替代方式应该把建立自我中心的经济和社会与参与全球体系结合起来。”② 作为非洲自主制定的第一个全面规划的“非洲发展新伙伴计划”就是这样一种尝试，2008 年后，“非洲发展新伙伴计划”组织机构并入非洲联盟。这种依靠非洲自己的力量，同时争取外援的方式将是一种积极的发展方式，也将为非洲的发展注入活力。

此外，与其他大陆相比，非洲区内贸易非常不发达，非洲国家间贸易

---

① 徐世澄：《2010 年拉丁美洲形势盘点》，http://ilas.cass.cn/cn/xwzx/ztcontent_content.asp?infoid=15167。

② ［埃及］萨米尔·阿明：《非洲沦为第四世界的根源》，载李其庆主编《全球化与新自由主义》，广西师范大学出版社 2003 年版，第 280 页。

只占非洲贸易总量的10%。国际组织和非洲国家的领导人也更加认识到加快非洲经济一体化进程、建立符合本国国情的发展模式的重要性。南非总统祖马就号召非洲各国应加快基础设施建设，建立新的经济发展模式。为了提高非洲经济一体化的水平，东南非共同市场、东非共同体和南部非洲发展共同体成员国首脑和政府代表于2011年6月12日宣布启动非洲最大自由贸易区谈判，三方峰会还提出市场一体化、基础设施建设和产业发展等地区一体化的三大支柱。

总体而言，世界上没有一种模式是永恒不变的，著名发展经济学家托达罗就曾强调："理论及其原则在一定的地区，在一定时期可能是合理的和适用的，但在其他社会的同一个时期或不同的时期，它们可能就是不合理的和不适用的。"[①] 发展中国家在经历了金融危机背景下世界格局的大变动之后，适时调整自己的发展方式，积极应对金融危机的后续影响，争取更大的发展空间，就成了当务之急。发展中国家实力的增强对世界格局的影响意义重大，就像胡锦涛主席在2012年3月28日接受金砖国家媒体的联合书面采访时所言，一大批新兴市场国家和发展中国家"是全球共同发展的重要组成部分，有利于世界经济更加平衡、国际关系更加合理、全球治理更加有效、世界和平更加持久"。

（原载李慎明主编《世界在动荡、变革、调整》，社会科学文献出版社2012年版）

① ［美］托达罗：《经济发展与第三世界》，中国经济出版社1992年版，第12页。

拉美替代一体化运动初探

——以美洲玻利瓦尔联盟—人民贸易协定为例

贺 钦*

2008年席卷全球的资本主义经济危机再次引起了人类对资本主义制度及资本主义世界体系的深入批判与反思。而在拉丁美洲，这种具有浓厚替代色彩的理论争鸣与抵抗运动从未停止过。无论是殖民时期的反殖民主义运动，还是民族独立时期的反帝国主义运动，抑或是后经济改革时期的反新自由主义运动，深受发达资本主义剥削和压迫的拉丁美洲始终未能摆脱外围资本主义的发展桎梏。进入21世纪以来，随着拉美左翼政权的崛起、拉美“21世纪社会主义”运动的展开以及拉美“世界社会论坛”的壮大，拉丁美洲的替代发展迎来了新的历史机遇。与此同时，一项颇具新意和特色的实践运动——美洲玻利瓦尔联盟—人民贸易协定（ALBA-TCP，以下简称美洲玻利瓦尔联盟或ALBA）诞生了。这是一个由西半球唯一的社会主义国家古巴和拉美“21世纪社会主义运动”创始国之一的委内瑞拉发起并倡导的地区左翼国家一体化组织。该组织力图通过替代美国主导的美洲自由贸易区（ALCA），建立符合拉美人民整体利益和长远发展的经济、政治、社会、文化等综合性一体化战略，从而实现拉美国家真正的团结自主与一体化发展。

一 美洲玻利瓦尔联盟的发展历程与战略演进

20世纪90年代以来，新自由主义在拉美的失败激发了拉美替代运动的勃兴，从地方到国家、从民众运动到左翼政党，反新自由主义的制度性资源

---

* 贺钦，中国社会科学院马克思主义研究院助理研究员，法学博士。

从下而上、从外至内，不断积聚。随着拉美一体化进程的不断深入和拉美左翼政权的纷纷崛起，缘起委内瑞拉和古巴共同倡议的拉美一体化组织——“美洲玻利瓦尔联盟”日渐成为拉美替代运动的前沿。旗帜鲜明的意识形态、紧锣密鼓的多边会晤、日益壮大的成员队伍、不断完备的替代框架和日渐攀升的地区影响，使该组织成为拉美地区不可或缺的新兴左翼联盟。

（一）美洲玻利瓦尔联盟的发展历程

美洲玻利瓦尔联盟的前身——美洲玻利瓦尔替代计划是在委内瑞拉和古巴的双边合作模式基础上发展起来的。早在2000年10月26—30日，卡斯特罗访问委内瑞拉时，两国签署的一体化合作协定就确立了这种合作模式。根据协定，委内瑞拉每天向古巴提供5.3万桶石油；委内瑞拉将允许古巴以易货贸易或古巴医生向委内瑞拉提供医疗服务的方式支付费用。2001年12月，委内瑞拉总统查韦斯在第三届加勒比国家联盟峰会上首次提出成立“美洲玻利瓦尔替代计划”（又译为“美洲玻利瓦尔选择”）的倡议。2004年12月，在委内瑞拉总统查韦斯访问古巴期间，两国政府决意创立“美洲玻利瓦尔替代计划”组织，并发表联合宣言，签署实施协定。两国创立该组织后，古巴和委内瑞拉签署了涉及贸易、能源、农业、通信、医疗卫生、教育等领域的49项合作协定。

从2004年年底提出、2005年成立到2010年稳步扩容，美洲玻利瓦尔联盟已走过了7年多的初创探索阶段，共召开了十一届首脑峰会（见表1）。

表1　美洲玻利瓦尔联盟（ALBA－TCP）历届峰会简史

峰会届期	举办时间	举办地点	主要内容
第一届峰会	2004年12月14日	古巴哈瓦那	发表委内瑞拉—古巴联合声明，强调反美洲自由贸易区，发布ALBA的12项指导原则，团结为核心原则。达成包括13项条款在内的ALBA执行协议，以深化委内瑞拉和古巴的双边一体化。
第二届峰会	2005年4月27—28日	古巴哈瓦那	发表最后宣言，达成委内瑞拉—古巴合作战略计划及具体行动纲领。
第三届峰会	2006年4月28—29日	古巴哈瓦那	玻利维亚加入ALBA，并提出人民贸易协定（TCP）计划。古巴、委内瑞拉、玻利维亚三国达成ALBA－TCP执行协议。
第四届峰会	2007年1月11日	尼加拉瓜马那瓜	在尼加拉瓜总统丹尼尔·奥尔特加的就职仪式上，尼加拉瓜宣布加入ALBA。

续表

峰会届期	举办时间	举办地点	主要内容
第五届峰会	2007年4月28—29日	委内瑞拉丁多莱洛	介绍大国家计划与企业模式，签署能源协议。
第六届峰会	2008年1月26日	委内瑞拉加拉斯加	多米尼克加入ALBA，签署ALBA银行运营协议。定义大国家计划与企业概念，发表支持玻利瓦尔变革进程的宣言。
第一届特别峰会	2008年4月23日	委内瑞拉加拉斯加	签署粮食主权与安全合作计划执行协议。支持玻利维亚变革进程。
第二届特别峰会	2008年8月25日	洪都拉斯特古西加尔巴	洪都拉斯加入ALBA。同意与洪都拉斯合作，力图扶助洪都拉斯减贫等社会计划。
第三届特别峰会	2008年11月26日	委内瑞拉加拉加斯	就建立货币区计划达成共识，计划采用苏克雷共同账户单位、支付补偿商会和稳定基金。
第四届特别峰会	2009年2月2日	委内瑞拉加拉加斯	将扫盲、继续教育、医疗卫生、粮食、能源、环境、电讯与文化确定为ALBA优先发展领域。签署加勒比石油（Petrocaribe）与ALBA合作框架下的两项协议，以促进粮农业的可持续发展；签署粮食安全与主权协议；建立大国家粮食企业。
第五届特别峰会	2009年4月16—17日	委内瑞拉古马纳	启动ALBA文化基金、大国家能源及油气企业、ALBA医药监控中心等项目。签署援助海地扫盲和农业发展协议。协调ALBA国家在第五届美洲峰会上的立场。
第六届特别峰会	2009年6月24日	委内瑞拉马拉凯	厄瓜多尔、圣文森特和格林纳丁斯、安提瓜和巴布达加入ALBA。签署筹建ALBA纪念独立运动200周年委员会协议。
第七届峰会	2009年10月17日	玻利维亚科恰班巴	确定人民贸易协定（TCP）基本原则。通过ALBA-TCP共同发展经济区贸易发展行动计划。合理调整ALBA-TCP组织结构。发表针对地球母亲权利，气候变化，洪都拉斯，结束美国对古巴的经济、贸易、金融封锁等特别宣言。
第八届峰会	2009年12月13—14日	古巴哈瓦那	批准ALBA-TCP基本原则。通过ALBA-TCP结构与职能设置。发表气候变化特别声明。
第九届峰会	2010年4月19日	委内瑞拉加拉加斯	ALBA发表声明：社会主义胜利是人民实现真正独立、主权与正义的唯一保障。因此ALBA应在以下领域有所作为：一体化与团结、反对干涉主义与战争、捍卫地球母亲的权利与人权、经济独立、社会使命与社会运动。
第十届峰会	2010年6月25日	玻利维亚奥塔瓦洛	通过印第安人民权利协议和反对种族主义、种族歧视、仇外心理的《德班宣言和行动纲领》。建议在ALBA社会运动委员会中成立人民与印第安及非洲后裔社区的会晤与对话机制。
第十一届峰会	2012年2月5—6日	委内瑞拉加拉斯加	海地、苏里南、圣卢西亚作为特邀成员加入ALBA。召开ALBA进步及革命政党和运动第一次会议。
第十二届峰会	2012年8月初	多米尼克	—

资料来源：ALBA - TCP："Construyendo un Mundo Pluriporal"，2010，pp. 4—5，http://www.alba-tcp.org/public/documents/pdf/Construyendo_un_Mundo_Pluripolar.pdf。

7 年多来，成员国从最初的古巴和委内瑞拉，扩展到玻利维亚、古巴、多米尼克、尼加拉瓜、委内瑞拉、厄瓜多尔、圣文森特和格林纳丁斯、安提瓜和巴布达、海地、苏里南、圣卢西亚 11 国以及巴拉圭、格林纳达两个观察员国。美洲玻利瓦尔联盟成员国遍布大西洋、太平洋和加勒比海沿岸，分散于中美洲、加勒比地区及南美洲的安第斯地区和亚马孙地区，现有领土总面积超过 250 万平方千米，总人口超过 7500 万。自然资源方面，ALBA 石油储备量居世界第一，拥有世界上已探明的最大锂资源储量，天然气储量美洲第一、世界第八，铁、金、钶钽铁矿石、镍、铝、铜钢储量丰富。农业方面，ALBA 成员国耕地广阔、生物多样性丰富，主要农产品有藜（quinua）、香蕉、可可、大豆、甘蔗、咖啡。ALBA 各国文化遗产丰厚。ALBA 成员国大都推崇社会主义的替代发展模式，但除古巴坚持科学社会主义道路外，其他各国均未进行彻底的社会主义革命，而仅限于中左翼领导人及政党在本国外围资本主义的制度基础和社会结构上，探索各具特色的改良社会主义道路。ALBA 成员国总体贫困程度高于拉美地区平均水平，但具有较强的社会动员性。其中尼加拉瓜是拉美第二贫困国，仅次于海地。① 各成员国经济发展水平参差不齐，委内瑞拉、玻利维亚、厄瓜多尔等资源型国家 GDP 总量领先于其他成员国。就人均 GDP 而言，成员国间和成员国内部的贫富差距较大，人均 GDP 最高的安提瓜和巴布达与最低的尼加拉瓜相差 10 倍之多。

表 2　　ALBA 成员国经济概况

国家	GDP（亿美元）	人均 GDP（美元）	货币	汇率	通货膨胀率	失业率	支柱产业
委内瑞拉	2396.204	8250.5	玻利瓦尔	1∶4.3	27.9%	6.5%	石油
古巴	640.99	5721.6	古巴比索	—	—	—	制糖业、旅游和镍出口
玻利维亚	196.404	1958.0	玻利维亚诺	1∶7.07	0.26%	6.5%	天然气、石油、矿产
尼加拉瓜	65.515	1125.3	科多巴	1∶23.03	—	—	农牧业
多米尼克	4.719	6939.0	东加勒比元	1∶2.7（2009）	4.98%（2009）	18%（2009）	农业

① 张翠容：《拉丁美洲革命现场——一个香港女记者的真相之路》，法律出版社 2009 年版，第 110 页。

续表

国家	GDP（亿美元）	人均 GDP（美元）	货币	汇率	通货膨胀率	失业率	支柱产业
厄瓜多尔	579.781	4209.5	美元		3.44%	6.1%	石油
圣文森特和格林纳丁斯	6.802	6240.3	东加勒比元	1:2.7	—	—	农业、离岸金融业、旅游业
安提瓜和巴布达	11.538	12963.9	东加勒比元	1:2.7	2.9%	11%	旅游、离岸金融业、网上博彩业

资料来源：作者根据 ALBA 官网、联合国拉美经委会、ALBA 各成员国中央银行和统计局等部门 2009—2010 年综合数据整理。

（二）美洲玻利瓦尔联盟的战略演进

自 2004 年年底发展至今，从“美洲玻利瓦尔替代计划”到“美洲玻利瓦尔联盟”，再到“美洲玻利瓦尔联盟—人民贸易协定”，ALBA 不但在组织上逐渐壮大，更在基本价值与战略上实现了自我突破与进步。

1. 从 ALCA 到 ALBA

美洲玻利瓦尔联盟的前身——“美洲玻利瓦尔替代计划”与维护跨国资本利益、寻求贸易和投资彻底自由化的美洲自由贸易协定（ALCA）分庭抗礼，以维护拉美各国人民的利益、反对贫困和社会排斥为己任，旨在改变拉美各国因被动接受美洲自由贸易协定而面临分化的压力，建立一个有效平衡西半球各国不平等发展、改变落后国家发展劣势、重塑地区共识以促进各国实现内生发展的一体化战略联盟。

美洲自由贸易协定（ALCA - TLC）与美洲玻利瓦尔替代计划（ALBA）核心价值及政策比较见表 3 和表 4。

表 3　　ALCA 与 ALBA 核心价值比较

ALCA - TLC	ALBA - TCP
竞争	合作
自由贸易	公平贸易
服务于跨国公司	与贫困和不平等作斗争
剥削拉美的资源与劳动力	能力互补、资源共享
地区不平衡发展	地区整体性发展

资料来源：Josette Altmann Borbón (editora), *América Latina y el Caribe: ALBA: Una Nueva Forma de Integración Regional?* Teseo, February 15, 2011, p. 183。

表 4　　ALBA 与 ALCA 的政策比较

	ALCA		ALBA	
概念与根基	竞争优势，互惠	竞争，私有企业	共享优势，补偿失衡	团结，公有企业
目标与手段	经济增长，商品服务贸易自由化，外国投资	繁荣自由贸易，缺少补偿基金	消除贫困和社会排斥，生产性互补	维护自主权与文化认同，补偿合作，互惠互利
外贸政策世界市场准入	消除关税与非关税壁垒及拉美国家对生产部门的保护机制	消除对外资准入和政策变化的管控	利用关税、配额、许可证等其他非关税手段促进和保护民族工业和农业	控制政策变化，对外企的活动和角色进行管控
农业	要求贫困国家立即取消农业补贴、关税、许可证和配额制度	主要发达国家拒绝履行世贸组织达成的有关取消其国内农业补贴和援助的协议	农业是发展中国家安身立命的基础性产业，必须给予弱国区别性政策和特殊待遇	优先确保粮食主权与安全，允许敏感产品不受政策约束
知识产权	阻碍研发进步，专利化传统知识，垄断技术转让，限制医药和教育准入	—	知识产权不能成为阻隔人民分享科学进步的障碍	不能阻挡技术进步以及人民获取医药、粮食和受教育的机会
国有经济	对外资企业开放公共部门市场	不把国有经济作为振兴国内生产和改善就业的杠杆性政策	优先发展国有经济，使其成为公共产品供应商，控制自然资源，促进当地就业	确保国有战略部门对其他经济和劳动部门的多元影响
竞争政策	通过修改国内立法，消除反竞争的政策和实践	限制有碍自由市场原则的垄断寡头经济活动与关系	修改和确保相关政策协议的执行，反对垄断寡头的泛滥	外国投资者不得要求东道国政府准予垄断权或操控关乎公共利益的国有企业
服务业	寻求西半球服务贸易的彻底自由化	消除有碍市场机制的国内法与政府政策	根据国家发展重点，促进服务业的自由发展	与贸易协定不同，着力发展关乎民生的公共服务业
外国投资		解除对外国投资的管控	坚持对外商投资的相关要求	

资料来源：Josette Altmann Borbón（editora），*América Latina y el Caribe*：*ALBA*：*Una Nueva Forma de Integración Regional*？Teseo，February 15，2011，p. 183。

以合作、团结、互补、社会发展、捍卫主权为支柱的 ALBA 包括以下核心价值。（1）反对以贸易和投资自由化为基础的新自由主义一体化。新自由主义有关自由贸易的信条是以牺牲发展中国家实现内生发展的可能性为代价的，美洲自由贸易协定根本无法照顾到地区各国发展的多样性，因而更无法带来经济增长同改善人民生活相协调的发展模式。(2) 以消除贫困和社会排斥为己任，承认人权、工业产权和妇女权益的重要性，重视环境保护。(3) 反对工业化国家的贸易保护主义和灾难性农业补贴政策，保护贫困国家的农民权益和农业生产。ALBA 认为，与其他经济活动不同，农业生产绝不仅仅是商品生产，而是保护文化多样性的基础产业，它是一种直接关系到土地分配、人与自然关系、国家安全和食品主权的生活方式。在拉美，农业是事关许多国家存亡的基础性部门，洪水般的农产品进口会严重威胁农民和印第安人的生活质量，因此工业化国家试图将贸易保护主义政策和减少农业补贴作为自由贸易的条件，在 ALBA 是永远不会被接受的。(4) 从根本上解决拉美国家贫困人口众多、国家间不平等，以及不平衡发展、失衡和扭曲的国际环境，外债高筑，因国际货币基金组织、世界银行和世界贸易组织强制推行结构性调整而丧失的社会和政治支持，因知识产权协议而引发的信息、知识和技术鸿沟，因媒体垄断造成的民主资源耗散等发展瓶颈。(5) 重申被新自由主义改革弱化的“国家干预”，强调公共事务中的国家职能和公民参与。(6) 不平等主体间的自由贸易只会加剧南北差距，只有基于国家主权的拉美一体化经济日程，才能避免国际组织的负面影响和国家间的不平衡发展。

ALBA 的历史使命，简言之，是通过“替代”，寻求地区团结和发展。在能源方面，为推进石油等战略性物资的国有化，一个名为“美洲石油”(Petroamerica)、类似于欧佩克组织的计划正不断推进。该计划由“南方石油”、“加勒比石油”、“安第斯石油”等子计划组成，试图通过组建委内瑞拉国家石油公司（PDVSA)、巴西国家石油公司（Petrobras）和玻利维亚国家石油公司（YPFB）等国有石油公司取代跨国公司在拉美的利益。此外，该框架还致力于拉美议会对美洲国家组织的替代，ALBA 银行和南方银行对世界货币基金组织和世界银行的替代，ALBA 峰会对 G20 峰会的替代，“苏克雷”货币联盟对美元影响的替代等。

2. 从 ALBA 到 ALBA－TCP

2009 年 6 月 24 日，“美洲玻利瓦尔替代计划”（ALBA）第六届特别峰会在委内瑞拉阿拉瓜州府马拉凯举行。为增强组织的政治影响力和有效性，会议决定将组织更名为“我们美洲人民的玻利瓦尔联盟—人民贸易协定”（Alianza Bolivariana para los Pueblos de Nuestra América-Tratado de Comercio de los Pueblos，ALBA－TCP. 译后简称“美洲玻利瓦尔联盟”)。

人民贸易协定的倡议来自玻利维亚总统莫拉莱斯，该主张试图加强ALBA在贸易公平方面的作用，以应对新自由主义放松管制、私有化和市场无歧视开放模式的冲击。ALBA－TCP将其名称中的“替代”（Alternativa）改为“联盟”（Alianza），旨在致力于真正消除阻碍人民一体化的所有障碍：(1) 贫困、排斥、不平等；(2) 拉美及加勒比地区各国间严重的经济失衡；(3) 商品和服务的不平等交换以及地区传统一体化模式（CAN，MERCOSUR，CARICOM，NAFTA，MCCA）下不平等的贸易条件；(4) 债务危机中，国际货币基金组织、世界银行、世界贸易组织等强加给地区的结构调整政策和种种限制；(5) 知识产权协议对发展中国家获取知识和科技的限制；(6) 全球媒体垄断对发展中国家主权和人民自决的消极影响。

扩容后的ALBA－TCP继续坚守主权独立、互补、团结、发展与贸易合作等领域的基本价值原则，并进一步明确了推进符合拉美人民整体利益和长远发展的综合一体化战略目标。

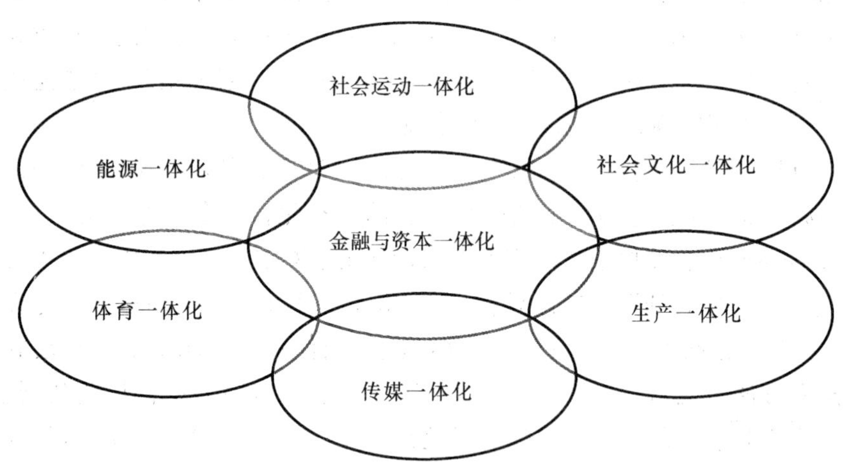

图1 ALBA一体化战略目标图解

资料来源：Mario Gonzúlez Arencibia，“El ALBA－TCP：Una Nueva Visión de la Integración Regional”，8 de enero del 2010。

二 美洲玻利瓦尔联盟的治理结构与运行机制

为贯彻ALBA的伦理价值与意识形态，联盟设计了特色鲜明的治理结构与运行机制，以促进经济与社会领域发展目标与步调的日趋和谐。

(一) ALBA - TCP 的治理结构

美洲玻利瓦尔联盟的治理结构服务于 ALBA 发展的实际需要，在践行地区经济一体化主旨的同时，十分重视发挥社会部门从下至上的力量与智慧。ALBA 总统委员会作为联盟最高领导机构，下设社会委员会、经济委员会、政治委员会和社会运动委员会。

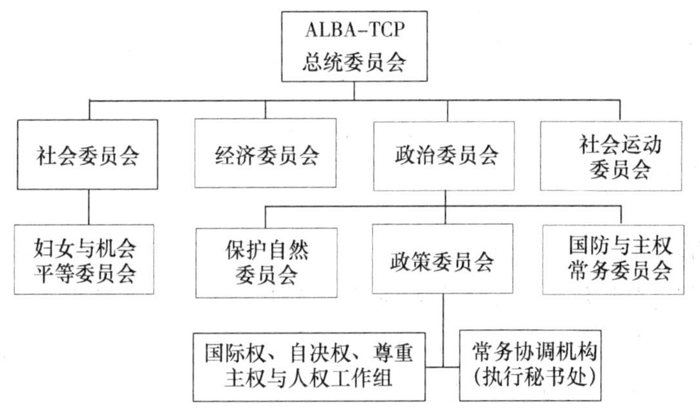

图 2 ALBA - TCP 治理结构图

资料来源：“Estructura y Funcionamiento ALBA - TCP”，http：//www. alba-tcp. org/content/estructura-y-funcionamiento-alba-tcp。

(二) ALBA - TCP 的运行机制

倡导变革与创新的美洲玻利瓦尔联盟，有别于拉美乃至世界其他一体化模式的独特之处在于，ALBA 力图在促进区内贸易谈判与增长的同时，创建一个彻底打破依附链条、各成员国独立自主解决地区事务的一体化集团。为此，ALBA - TCP 力图打造一个生产与社会领域齐头并进、共同推进地区各国内生发展的长效机制。

金融、能源与大国家企业及计划是 ALBA - TCP 着力打造的关键部门，各项协议与项目的有序推进使 ALBA - TCP 的战略框架雏形初现。ALBA 金融主要涉及 ALBA 银行、地区统一货币系统苏克雷和南方银行等新兴金融建制。在 2012 年 2 月召开的联盟第十一届峰会上，ALBA 计划各成员国分别投入 1% 的外汇储备，组建 ALBA 联营的地区性发展银行，从而进一步完善 ALBA 未来的金融框架与运行机制。ALBA 能源主要由加勒比石油计划、南方石油

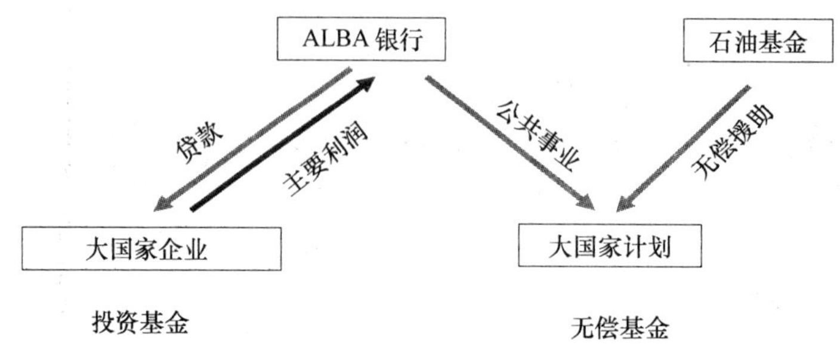

图3 ALBA运行机制图解

资料来源：Mario Gonzálcz Arencibia, "El ALBA - TCP: Una Nueva Visión de la Integración Regional", 8 de enero del 2010。

计划、安第斯石油计划、美洲石油计划组成，涉及国家遍布ALBA成员国、加勒比国家及南美各国。大国家企业是指ALBA部分成员国基于目前的生产效率而提出的有利于环境可持续发展、改善劳动条件、促进再分配公平的生产组织倡议，涉及领域包括电力、石油、天然气、药品生产与分配、电信、港口、铁路和运输、食品生产与商品化、社会旅游业、水泥及其衍生品等。

大国家计划主要关注社会、文化和福利等非生产性领域的发展，其重点项目有科技中心计划、再造林计划、水源计划、ALBA大学计划和大国扫盲计划等。

三 美洲玻利瓦尔联盟的成就与挑战

美洲玻利瓦尔联盟成立7周年来，整体框架不断完善，各项计划有序推进，主要国家在对外贸易、能源、金融等方面的发展瓶颈有所突破，文化、教育、医疗等方面的进步亦不容小觑。尽管如此，受若干主客观因素的制约，美洲玻利瓦尔联盟的稳步发展仍然面临着不少现实挑战与困难。例如，美国对拉政策、拉美区内利益博弈、各成员国内部的政治经济局势等都将成为制约美洲玻利瓦尔联盟未来发展的不确定因素。

（一）ALBA - TCP的成就

ALBA成立7年来，成员国各项经济与人文指标均有所改善，尤其在增进地区福利与团结方面成绩显著。

1．ALBA 为消除地区贫困、促进地区平等和社会福利搭建了平台

自 ALBA 成立以来，ALBA 国家一方面加强同地区其他国家和国际组织的联动，一方面协力互助，通过推进使命计划等社会项目，极大地改善了成员国在医疗、教育、残疾人帮扶等领域的现状，为消除地区贫困、促进地区平等和人权做出了显著贡献。2012 年 2 月，玻利维亚驻西班牙大使阿尔门德拉斯在马德里举行的纪念美洲玻利瓦尔联盟成立七周年大会上强调 ALBA 在扫盲和消除贫困方面成绩显著，7 年间成员国文盲减少了 98%，儿童的入学率达到 94%，共有 1000 万公民脱贫，700 万穷人的眼病得到了治疗。[①] 2009 年，拉美及加勒比地区各国的平均人文发展指数（IDH）为 0. 745，而 ALBA - TCP 国家则为 0. 788。

（1）扫盲与继续教育计划

自 ALBA 扫盲计划和继续教育计划实施以来，共有古巴（2005）、委内瑞拉（2005）、玻利维亚（2008）和尼加拉瓜（2009）等四个 ALBA - TCP 成员国实现了联合国教科文组织定义的“全境无文盲”目标。

2000 年，ALBA 成员国 84% 的人口为文盲，2010 年得益于古巴学习法“我可以”扫盲计划在各成员国的实施，ALBA 成员国 96% 的人口、共计 364. 3 万人具备了读写能力，成功脱盲，其中厄瓜多尔 81. 9 万人、尼加拉瓜 50 万人、玻利维亚 82. 4 万人、委内瑞拉 150 万人脱盲。[②] 该计划还使 ALBA 公民获得了继续教育的机会，更多的公民被纳入正规教育体系，2010 年，ALBA 初等教育净入学率达 90%。[③]

（2）“奇迹”使命[④]

奇迹使命是一项旨在为拉美国家贫困患者提供免费眼科治疗的人道主义援助计划。2005—2010 年，累计 1889808 名患者接受了 ALBA“‘奇迹’使命”的治疗，其中委内瑞拉 1178808 人、玻利维亚 538000 人、厄瓜多

---

① 管彦忠：《美洲玻利瓦尔联盟国家 7 年减少文盲 98%》，人民网，2012 年 2 月 22 日。http：//world. people. com. cn/GB/17190779. html.

② ALBA - TCP，“La Aplicación del Método Cubano ‘Yo Sí Puedo’ en los Países del ALBA - TCP Ha Logrado”. http：//www. alba-tcp. org/public/images/Estadistica/Alfabetizacion. jpg.

③ ALBA - TCP，“Tasa de Escolaridad”. http：//www. alba-tcp. org/public/images/Estadistica/Alfabetizacionyescolaridad. jpg.

④ ALBA - TCP，“Misión Milagroen el ALBA - TCP，Pacientes Atendidos 2005—2010”. http：//www. alba-tcp. org/public/images/Estadistica/Misionmilagro. jpg.

尔102000人、尼加拉瓜65522人、多米尼克3010人、安提瓜和巴布达1182人、圣文森特和格林纳丁斯1286人。ALBA奇迹使命不仅治愈了ALBA－TCP人民，还扩展到全世界的21个国家，共计229万余名就医困难的患者重见光明。

（3）残疾人扶助计划

残疾人心理遗传学临床研究计划旨在帮助被社会排斥的残疾人重新融入社会生活，发展残疾人的各项潜能。先后有古巴、委内瑞拉、厄瓜多尔、玻利维亚、尼加拉瓜、圣文森特和格林纳丁斯等ALBA 6国的残疾人受益于该项计划。ALBA还计划在多米尼克、安提瓜和巴布达继续推进该项目的实施。

2010年，ALBA－TCP各国共计229万余名残疾人受益于各成员国推出的关爱残疾人项目。[①] 该计划还包括促进ALBA－TCP成员国残疾人假肢和矫形器的生产与制造。

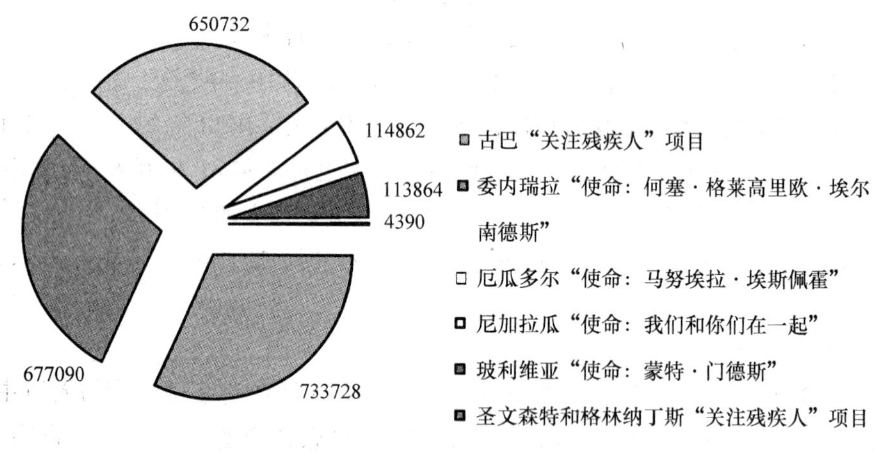

图4 ALBA关注残疾人计划

资料来源：ALBA－TCP，“Atención a Personas con Discapacidad”，2010，http：//www.alba-tcp.org/public/images/Estadistica/Discapacidad.jpg。

（4）拉美医学院（ELAM）

坐落于古巴和委内瑞拉的拉美医学院旨在培养德才兼备的社区医生。

① ALBA－TCP，“Atención a Personas con Discapacidad”，2010. http：//www.alba-tcp.org/public/images/Estadistica/Discapacidad.jpg.

ALBA 为拉美各国年轻人设立了 5000 个奖学金，用于资助其在古巴和委内瑞拉学习医学。迄今为止，共有来自拉美、加勒比和非洲的 2000 余名青年学生在此学习，中期内将极大地缓解 ALBA - TCP 成员国及拉美各国面临的医疗困境。

（5）ALBA 文化基金

成立 ALBA 文化基金为进一步组建 ALBA 大国家文化企业打下了基础。ALBA 文化基金有助于地区文化产品与服务的创作、生产与营销。以 ALBA 基金为代表的 ALBA 文化项目旨在团结拉美创造者、艺术家、知识分子、社会运动与非政府组织等，共同抵制娱乐业推崇的伪文化潮流。建立 ALBA 文化之家网络，进一步丰富了成员国的社会文化生活，有助于传播地区思想文化，繁荣艺术文学创作。

（6）传媒主权

目前，为维护地区文化独立与传媒主权，ALBA 已投入运行的媒体有 ALBA 电视台（ALBA TV）、南方广播电台（Radio del Sur）和南方电视台（TeleSur）。

由社会运动推动的 ALBA 电视台，旨在协同拉美本土社区电视台，促进地区人民一体化，增强拉美人民的认同，推动地区实行面向社会主义的政治、经济与文化变革。

南方广播电台旨在通过国际广播电台的网络，用真实的视角报道拉美、非洲、亚洲、欧洲和大洋洲等多元的政治、社会与文化，打破西方媒体对世界人民的信息垄断和操纵，提供信息、娱乐和教育等方面的最佳替代。

南方电视台是拉美目前唯一全部为本土制作的拉美新闻频道。该台全天 24 小时不间断播出由拉美各国制作的新闻、纪录片、评论、访谈等电视节目，力图报道真实的拉美，帮助拉美人了解、参与和评论地区事务及现实挑战。

此外，在信息通信方面，ALBA - TCP 成员国 76% 的人口拥有移动电话，34% 的人口使用无线网络。①

（7）ALBA 运动会

2005 年，旨在提升 ALBA 人文价值，展现 ALBA 团结、友谊和替代风

① ALBA - TCP, "Tecnologías de la Información y Comunicación". http: //www. alba-tcp. org/public/images/Estadistica/TIC. jpg.

貌的第一届 ALBA 运动会在古巴召开。ALBA 运动会每两年召开一次，迄今已举办四届，共有来自 31 个国家的 10500 名运动员参赛。

（8）援助海地

自 2010 年 1 月 12 日海地遭受强震后，ALBA－TCP 通过了涵盖医疗卫生、金融、能源、粮农、教育、移民、重建、安全、交通与物流等领域的海地专项援助计划，以帮助海地灾后重建与发展。地震发生后，ALBA－TCP 立即在海地搭建了五个难民救助营地，累计为当地 3455 户家庭 17112 人提供了住房、食品、卫生、教育和娱乐等物资与服务。海地是美洲玻利瓦尔联盟的观察员，近年来与 ALBA 开展了多项合作。在委内瑞拉倡议下，海地通过加入加勒比石油计划获得了廉价燃料；900 多名海地青年毕业后成为专业工作者，600 人在大学学习，许多人在古巴医学院毕业后成为医生；古巴顾问帮助海地进行扫盲，已有 16 万人具备读写能力；古巴和委内瑞拉在海地建立医院，并提供现代化的医疗设备，为海地全国 137 个社区中的 127 个社区提供医疗服务；古巴现有 400 多名医生和技术人员在海地工作。①

2. ALBA 力主建设共同发展经济区，为实现地区经济独立和发展打下了基础

为建成 ALBA 共同发展经济区，ALBA 拟通过最大限度地推广大国家计划与企业、制定人民贸易协定、运行地区统一结算体系苏克雷、组建 ALBA 银行等，建设和巩固旨在捍卫拉美经济独立、主权与团结的替代发展模式。

（1）ALBA 银行

作为地区金融新构架的支柱之一，ALBA 银行的建立，有助于拉美国家在民主化和公平分配的基础上，自主控制储蓄和金融资源，优先投资战略部门和具有社会团结特征的经济项目，通过科学决策维护地区金融主权。

（2）苏克雷（SUCRE）

为应对世界金融危机、完善地区金融体制，ALBA 框架内的地区统一货币结算体系应运而生。苏克雷旨在成为推动地区经济金融合作及一体化的互补机制。其优势在于：使用本地货币结算进口；消除汇率成本；降低

① 管彦忠：《美洲玻利瓦尔联盟在拉美成为美国寡头打击目标》，人民网，2010 年 2 月 5 日。http：//news. ifeng. com/world/201002/0205_ 16_ 1539115. shtml。

交易成本；缩短国际支付的等待时间；降低进口成本，为消费者提供更低廉价格的商品。目前，委内瑞拉与古巴、委内瑞拉和厄瓜多尔间的贸易已实现苏克雷结算。

（3）大国家计划与企业

大国家计划与企业通过整合 ALBA 各成员国在政治、社会、文化、经济、科学与工业等领域的资源，有效促进了 ALBA 在粮食、环境、科技、公平贸易、文化、教育、能源、工矿业、医疗卫生、通信、交通、旅游等方面的长足发展。

（4）人民贸易协定

ALBA－TCP 经济互补委员会各工作组依照联盟的职能结构设立，致力于协调各国经济政策，促进人民团结。ALBA 人民贸易协定谈判体现了 ALBA 国家力图在生产领域实现经济互助一体化的强烈意愿。ALBA 的人民贸易协定机制密切了成员国间的经济关系，繁荣了地区贸易、旅游展销会，推动了 ALBA 同非洲、亚洲和中东国家的商业往来。

（5）粮农生产的增长

ALBA 粮食协议的签订有利于各成员国人民拥有优质足量的粮食供应。ALBA 还拟建粮食银行和粮农生产大国家企业，以确保成员国粮食生产与分配的自给自足。

ALBA 粮农计划目前共支持 7 个国家的 10 个项目。

表 5　　ALBA 粮农计划简表

国家	项目
伯利兹 圭亚那 牙买加 尼加拉瓜 苏里南 圣文森特和格林纳丁斯 圣基茨和尼维斯	农场集成系统 畜牧业研究和生产 改进比斯坎水产养殖设施 扩大种子生产 收购机械 农场机械化 在中央农场灌溉设施 粮食生产和调研

资料来源：ALBA－TCP，“Construyendo una Zona de Desarrollo Compartido”，http：//www. alba-tcp. org/contenido/logros-economicos-del-alba-tcp。

（6）能源安全

ALBA 能源项目拟陆续筹建覆盖石油、天然气、炼油、石油化工、交通运输基础设施、仓储、物流、电力、新能源、海运等领域的ALBA大国家能源企业，以增强ALBA能源协议成员国在技术、金融与能源供给等方面的能力。目前，ALBA－TCP成员国86%的人口拥有自来水资源，93%的人口拥有日常用电①。在替代能源方面，ALBA为成员国无电地区提供了2000块太阳能板。

3. ALBA巩固了地区团结和各国政治主权，为建立多极世界搭建了平等交流的空间

旨在促进世界格局多极化的ALBA成立7年来，力图协调多边立场，一致对外，地区影响力不断扩大，各项社会经济项目进展顺利。

（1）反对干涉主义和战争

ALBA反对帝国主义在拉美的军事干涉、威胁和占领，支持仍属美国殖民地的波多黎各人民争取独立和主权的斗争。与此同时，ALBA还力图维护地区和平，倡导通过和平谈判化解地区争端和矛盾。

（2）捍卫地球母亲的权利

ALBA认为具有掠夺性的资本主义制度是造成气候变化等人类生存危险的罪魁祸首，全人类应联合起来，保护地球母亲的权利，应对气候变化的挑战，并从制度层面寻求根本解决之道。ALBA各成员国一致支持世界“气候变化和地球母亲权利”人民峰会②通过的决议，并谋求改变现状的具体政策建议，拥护“我们不改变气候，我们改变制度”的会议主旨。

（3）共同维护ALBA人权

ALBA反对一切反人民的运动和倡议，控诉虚假的、双重的人权标准，并在充分尊重人权的基础上推进各项社会事业的深入发展。

（4）协调联盟政治立场

ALBA集团坚决反对美国对古巴长达半个世纪之久的经济、贸易和金融封锁。ALBA力挺莫拉莱斯总统对玻利维亚境内分裂主义势力的斗争。ALBA呼吁国际社会尊重拉美及加勒比地区国家的主权，反对任何形式的

---

① ALBA－TCP, “Servicios Básicos”. http://www.alba-tcp.org/public/images/Estadistica/Sbasicos.jpg.

② 2010年4月，第一届世界气候变化人民峰会在玻利维亚科恰班巴举行，来自全世界五大洲142个国家的民间环保组织、其他非政府组织代表及40多个国家的官方代表共3.5万多人参会，委内瑞拉总统查韦斯、古巴国务委员会副主席拉索等国家领导人亦出席了会议。会议决议指出，世界各国人民要求发达国家偿还欠地球母亲的债务，并支付环境恶化的代价；要求发达国家承诺减少有害气体的排放指标。

霸权主义和帝国主义。ALBA 反对洪都拉斯政变。ALBA 集团在美洲国家组织会议上多次谴责该组织自 1962 年以来将古巴排除在外的做法，认为这一非正义的决议严重伤害了古巴人民的尊严和感情。

4. ALBA 推动了地区社会运动的整合与发展，促进了政府与人民的有效沟通

ALBA 的基本价值与原则决定了 ALBA 各国政府必须与社会运动保持顺畅的沟通、对话与合作，从而形成地区变革的合力，创造更大的替代空间。ALBA 通过建立社会运动委员会，积极推动社会运动的地区认同，密切同公民社会的关系。2009 年 10 月，ALBA - TCP 在玻利维亚科恰班巴召开首届社会运动委员会峰会，并提出 6 条原则：（1）与 ALBA - TCP 目标及原则相一致的社会运动委员会，是一个包容、开放、多元的空间；（2）委员会分享与发展有利于人民的共同议程，而不仅仅是建立一个解除争端的政治代表机构；（3）委员会是协调经济、社会政策及立场的空间，而不仅仅是社会行动的论坛与大会；（4）委员会完全认同 ALBA 一体化进程的总原则；（5）委员会具有代表性与合法性；（6）同成员国政府保持良性互动。尽管委员会的可行性与包容性受到公民运动方面有关专家的质疑，但委员会在促进社会运动发展上仍然值得肯定与鼓励。

ALBA 还积极探索符合各成员国具体国情的社会运动会议机制，以促进工人阶级、农民、妇女、青年等群体的利益申诉与斗争，进而制定和实施从整体上替代资本主义的地区社会经济纲领。社会运动会议机制将力促各成员国政府与人民的长效沟通，广泛吸纳多元、平等和非暴力的价值观，承认生产与经济的多样性，为 ALBA 制定符合人民利益的公共政策提供了出发点。目前 ALBA 社会运动委员会已分别在玻利维亚和古巴建立了社会运动定期会议机制，其他各国的社会运动会议亦在筹建中。ALBA 社会运动会议迄今已召开了四次，分别就地球母亲和印第安人民应对气候变化、声援政变后的洪都拉斯人民、抗议封锁古巴和美驻拉美军事基地等地区和国际事务进行了讨论，协调了立场，并提出了相关倡议。

ALBA 不仅在成员国范围内发挥着积极影响，还得到了地区其他国家（无论是亲 ALBA 还是反对 ALBA）不同程度的响应与支持。例如，秘鲁是拉丁美洲坚定信奉市场经济的国家之一，但 ALBA 的主张和实践同样受到了秘鲁人民运动的欢迎，尤其是在秘鲁境内安第斯地区的库斯科（Cuzco）和普诺（Puno），甚至还组建了 ALBA 的分支机构，以声援深陷亚马孙地

区争端的社会运动。此外，巴拉圭政府和阿根廷政府出于各自考量，都表达了与 ALBA 寻求合作的意愿。①

（二）ALBA - TCP 的挑战

当前，国际经济危机的蔓延加剧了美洲玻利瓦尔联盟的“替代”色彩，然而联盟意识形态合法性的提升却无法抵消 ALBA 在自身组织建设和地缘政治环境等各方面面临的诸多挑战。ALBA - TCP 成员国国家机器的官僚作为、成员国缺少共同边界以及西方传媒的误导与信息战、帝国主义与本土寡头的勾结干扰、新自由主义模式的遗存、双边自由贸易协定的大量签署等主客观因素成为制约 ALBA 代表性、成长性与可持续性的重要原因。

首先，如何从理论上界定和解释这个架构独特的新兴一体化组织尚存争议。迄今为止，前苏东国家组建的经济互助委员会是世界上唯一一个公认的非资本主义一体化组织，而 ALBA 自身的非资本主义特征还有待更为严谨和翔实的论证与考察。其次，ALBA 条约未来的执行情况将在很大程度上取决于各成员国政府对 ALBA 政治价值和意识形态的认同度，而非 ALBA 框架本身坚实的合作基础。ALBA 强势的意识形态主张从某种程度上造成了对地区一体化既有路径的分化②。如何处理 ALBA 与其他一体化模式间的关系成为 ALBA 成员国面临的现实课题。就运行逻辑而言，ALBA 同拉美其他一体化模式存在相当大的差异。ALBA 与拉美资本主义一体化既有模式的区别在于，ALBA 既不寻求建立自由贸易区，也不试图建立关税同盟，甚至不推崇生产要素的自由流通，也不专注于知识产权与投资，而是力主搭建一个非资本主义的一体化模式。不同一体化模式的属性决定了 ALBA 与拉美传统一体化模式存在不可避免的矛盾。再次，过度依赖委内瑞拉石油经济是 ALBA 不得不面临的潜在风险。当前，许多 ALBA 计划与项目是在国际油价 150 美元/桶时启动的，而未来油价下跌的趋势使依靠委内瑞拉财政能力的 ALBA 面临可持续性的严峻考验。在意识形态和价值领域推崇多元、公平的 ALBA，由于各成员国自身发展不平衡，组织投

---

① A. Solares Gaite, “Integración, Teoría y Procesos: Bolivia y la Integración, *edición electrónica gratuita*, 2010, *p*. 205. *http: //www. eumed. net/libros/2010e/814/*.

② Josette Altmann Borbón (editora), *América Latina y el Caribe—ALBA: Una Nueva Forma de Integración Regional*? Teseo, February 15, 2011, p. 11.

入不均，在集体经济活动中难免出现搭便车现象，短期易滋生利益分配不均，长期则必将挫伤 ALBA 成员国间的合作积极性。最后，ALBA 与美国的双边及多边关系是决定 ALBA 未来的重要地缘政治因素。ALBA 同美国的矛盾造成了它与地区亲美国家间的裂痕，进而从某种程度上造成了该地区各国关系在一定程度上的不稳定和疏离。而事实上，ALBA 成员国同美国的关系远非简单的意识形态对峙，目前 ALBA 没有一个成员国能完全隔绝与美国的双边往来，有的国家在经贸、能源等领域甚至与美国关系密切。如尼加拉瓜虽然认可 ALBA 的公平贸易原则，但在实践领域却与美国签署并维持着自由贸易协定关系。就委内瑞拉而言，美国是其最主要的石油出口国，对委内瑞拉的石油经济意义重大。

四　美洲玻利瓦尔联盟的历史意义与启示

美洲玻利瓦尔联盟兼具地区组织的普遍性和自身的特殊性。作为区域性一体化组织，ALBA 继承了拉丁美洲浓厚的地域文化，而“替代”的内在使命又令其焕发出与众不同的革新精神。ALBA 所倡导的“一体化”，已不再拘泥于资本主义世界经济体系内市场关系主导的区域经济一体化的客观历史进程，而是力图通过社会化生产关系的集约与创新，推动地区生产力的内生性发展、生产关系的制度性替代和地区价值与精神层面的集体认同与团结。所谓“替代”，既是体制的革新，更是制度的演进。ALBA 对新自由主义的批判及其对替代道路的最新探索，为我们考察外围资本主义向社会主义过渡的途径、方式和入口提供了最前沿的研究对象。

美洲玻利瓦尔联盟的出现并非拉美个别威权领导体制的偶然迸发，其创生与发展具有深刻的历史渊源、动因和必然性。经济全球化与地区一体化是资本主义世界经济体系发展到一定阶段的必然产物。当前，外围资本主义国家的地区一体化进程均不同程度地受制于各民族国家统治阶级、地区寡头和跨国集团间的利益博弈，未能彻底担负发展中国家应对全球化挑战、寻求替代发展的历史重任。随着全球资本主义体系的演进和资本主义内在矛盾的不断激化，外围资本主义国家的依附性发展难求出路。社会运动、左翼政党、左翼政权等各种形式的社会主义因素在外围资本主义国家内部积聚迸发，以 ALBA 为代表的左翼地区一体化从一定程度上代表了现阶段该趋势的最高层次——主权国家结成的制度化、组织化、革命化及创新化的团结阵线。

ALBA 的诞生与发展对低迷的国际共产主义运动意义重大，社会主义旗帜下的 ALBA 是拉美替代运动累积社会主义生产关系、培育社会主义价值观、建构 21 世纪社会主义制度的重要生长点。建构包含社会主义价值的地区一体化替代模式是发展中国家在经济全球化时代，抵御新殖民主义、争取团结自主发展、超越资本主义发展桎梏、通往 21 世纪社会主义的现实选择。

美洲玻利瓦尔联盟的纵深发展为发展中国家深化地区参与、改善国际融入、加强南南合作、提升国际话语权、倡导国际政治经济新秩序，提供了经验与启示。团结旗帜下的“一体化”是发展中国家及地区真正实现自主发展、争取国际政治经济新秩序的前提与基础。在严重失衡的资本主义世界经济体系和现存不合理的国际规制内，顺应和参与新自由主义全球化只是发展中国家的权宜之计，要想彻底实现内生发展和公平外交，只能争取游戏规则的制定权和主导权。ALBA 既是发展中国家对地区一体化替代方案的一次大胆尝试，也代表了社会主义因素在外围资本主义国家及地区层面的积累与探索。因此，对 ALBA 的认识与评价绝不应仅仅局限在“方案是否可行”等表象层面，而更应肯定其勇于主导自身及地区发展、争取国际政治经济新秩序的策略和胆识。

替代与发展是拉美乃至第三世界国家社会演进的时代主题，未来围绕“改良还是革命”的后新自由主义道路论争将持续升温。一体化是第三世界发展的必要非充分条件，团结、独立、自主发展才是一体化的终极目标。因此，ALBA 的最大社会历史意义不在于它自身的历史存续性，而在于它所处的社会历史节点给予世人有关时代特征与历史风向的提醒与警示——世界资本主义经济体系已经开始动摇，铁板一块的西方普世价值需要倾听不同的声音，世界性资源与话语权有待重新定义与分配。总之，ALBA 是拉美进步力量的历史选择，它的出现表明——“另一个世界是可能的”。

（原载《拉丁美洲研究》2012 年第 3 期）

越共十一大一些主要理论观点的变化

潘金娥*

越共十大在决定对1991年七大上通过的《越南社会主义过渡时期国家建设纲领》进行修订。从那时起，越南思想理论界的争论越来越激烈。在2011年1月召开的越共十一大上，修订后的纲领、十一大政治报告以及2011—2020年经济社会发展战略等文件对一些重要的理论观点进行了改动。对此，有评论认为十一大在理论上有重大突破，也有人认为这是一次倒退，还有评论称之为“大胆的社会主义”、“可控的社会主义”等①。事实究竟如何？本文将对此进行客观介绍和分析。

一　提出越南社会主义的新标准

在越南《社会主义过渡时期的国家建设纲领》（2011年增补草案）中，提出了越南社会主义的八个基本特征，即：“我们正在建设的社会主义社会是一个民富、国强、民主、公平、文明的社会；人民当家做主；具有以现代生产力和主要生产资料公有制为基础的高度发达的经济；具有浓郁民族特色的先进的文化体制；人们生活温饱、自由、幸福，并具备了全面发展的条件；全体越南各民族平等、团结、互相尊重互相帮助，共同发展；建立了在共产党的领导下的属于人民、来自人民和为了人民的社会主义法权国家；与世界各国人民建立了友好与合作关系。”② 这与1991年纲领提出的六个特征相比，增加了两个特征，即第一个特征：“社会主义社

---

* 潘金娥，中国社会科学院马克思主义研究院研究员。

① 谢奕秋：《可控的民主》，《南风窗》2011年第12期。

② 越南共产党：《社会主义过渡时期国家建设纲领》（2011年增补），越南共产党网站，2011年3月4日公布。

会是一个民富、国强、民主、公平、文明的社会”；第七个特征：“建立了在共产党的领导下的属于人民、来自人民和为了人民的社会主义法权国家”。此外，还修改了第四个特征，即去掉了前半句话“把人们从压迫、剥削和不公中解放出来，各尽所能，按劳分配”。而经过十一大会议讨论后公布的《社会主义过渡时期的国家建设纲领》（2011 年增补）正式版本，把草案中“主要生产资料公有制为基础”去掉，代之以“与之相适应的先进的生产关系”。并且，新纲领把社会主义目标定义为“民富、国强、民主、公平、文明”的社会，即把“民主”提前。

很明显，修改后的纲领更加淡化了传统社会主义特征中所强调的“公有制”、“按劳分配”的基本特征，去掉“压迫”、“剥削”和“不公”等被认为不适合越南当前现实生活的字眼。然而，这些修改，是否还能保证越南社会主义的正确方向，越共内部也存在不同意见。包括新任越共中央总书记阮富仲和黎有义（原越共中央党校校长、新任越共中央理论委员会副主席）等执政的理论家就认为应保留“主要生产资料以公有制为基础”；但占多数的反对意见则认为：“主要生产资料以公有制为基础”的定性，使人联想到过去对私营工商业进行的“社会主义改造”所造成的影响，因而对发展私人经济不利，从而有碍于国家吸收私人资本来搞建设。最后，会议采取了表决方式，结果只有不到 35% 的代表支持维持原有提法，超过 65% 的代表赞同新的提法得以最后通过。阮富仲也只能表示“接受大会的意见”。

持反对意见者认为，这是十一大取得的“突破性”胜利。经济学家黎登营对此评价：“这个细节具有重要的转折性意义，是本次大会具有纪念意义的进步。”他认为这个修改将保证“从今往后，将再不会发生公有化运动，因为不仅党的纲领不允许，并且持这种观念的人会越来越多”。越南财政部战略研究院前院长刘碧湖也对此高度赞赏，认为这是“重要的一个突破点”。刘碧湖也承认：“至于什么样的生产关系才是与生产力‘相适应而进步的’？现在还不能明确，具体形式还需要摸索。但我们也不能够说‘私人所有制为主体’，因为我们的市场经济和资本主义国家的市场经济有区别，我们是社会主义定向的市场经济，这个市场经济在本质既不是私人的也不是国有的，而是‘社会’的，就是‘社会所有制’。因为生产力的社会化一定要有生产关系的社会化来与之相符。至于‘社会化’的所有制是什么样的呢？按照马克思的说法：社会所有制就是‘得到解放的联合起来的劳动者个人所有制'，它的主要形式是股份公司。在我们党十大和十一大的文件里，已明确提出要使股份企业日益发展，成为普遍的经济组织形式，要促进生产经营与所有制的社会化。"① 对此，十一大报告和纲领编撰小组常务组长、原越共中央经济委员会常务副部长阮文邓在谈到十一大的创新点和重要内容时也指出："十一大关于建设和完善生产关系的重要主张和政策强调，在各种混合所有制形式中，要以股份制企业为主并鼓励它们发展，目的是使这种经营组织形式在国民经济中得到推广，进而推动生产经营和所有制的社会化。"② 由此可见，越共关于社会主义所有制的观点，已经从"公有制"转变为"社会所有制"。

在从十一大提出的社会主义新标准中，还去掉了"剥削"、"压迫"，转向强调"民主"；明确建立社会主义法权国家。对于去掉"剥削"、"压迫"问题，越南理论界观点较为一致。对于建立"社会主义法权国家"，则是争论较为激烈的热点问题。尽管越共已经明确不搞多党制，但对于是否可以实行"三权分立"，目前正在激烈争论中。

二　指明建设越南的社会主义方向，提出关于发展的理念

首先，2011 年纲领和十一大报告对越南社会主义革命道路的成功经验进行了总结。包括五点成功经验：第一，要牢牢地把握民族独立和社会主义旗帜——这是胡志明主席传给今天这一代人以及今后世世代代的光荣旗帜。第二，革命事业是属于人民、来自人民和为了人民的事业。第三，不断巩固和加强团结，包括全党的团结、全国人民的团结、各民族的团结和世界各国的团结。第四，要把民族力量和时代力量结合起来，把国内力量和国际力量结合起来。第五，党的正确领导是决定越南革命胜利的首要因素③。

其次，报告提出了建设越南社会主义的八个基本方向和需要处理好的

① 据 2011 年 6 月 14 日刘碧湖在人民大学经济学院所作报告内容。

② 越共电子报访谈记录："十一大文件中的重要内容和创新"的在线访谈。http://www.dangcongsan.vn/cpv/Modules/News/NewsDetail.aspx? co_ id = 30110&cn_ id = 453758。

③ 越南共产党十一次全国代表大会政治报告：《继续提高党的领导能力和战斗力，发挥全民族的力量，全面大力推进革新事业，为 2020 年我国基本成为一个面向现代化的工业国奠定基础》，《社会主义过渡时期国家建设纲领》（2011 年增补），越南共产党网站，2011 年 3 月 4 日公布。

八种关系。八个基本方向是：第一，大力推进国家的工业化现代化，使之与发展知识经济、保护资源和环境相结合。第二，发展社会主义定向的市场经济。第三，建设先进的、富于民族特色的文化；提高人口的素质，提高人民生活水平，实现社会的进步和公平。第四，保证国防牢固、国家安全以及社会秩序的安定。第五，实行独立、自主、和平、友好、合作和发展的对外路线；主动而积极地融入国际。第六，建设社会主义民主，实行民族大团结，加强和扩大民族统一阵线。第七，建设属于人民、来自于人民和为了人民的社会主义法权国家。第八，建设廉洁、坚强的党。在落实上述基本方向的过程中，必须特别注意把握和解决好八大关系：革新、稳定和发展之间的关系；经济革新和政治革新之间的关系；市场经济与社会主义定向之间的关系；生产力发展与建设和逐步完善社会主义生产关系之间的关系；经济增长与文化发展、实现社会进步与公平之间的关系；建设社会主义与保卫社会主义祖国之间的关系；独立、自主和融入国际之间的关系；党的领导、国家管理和人民做主之间的关系①。

在《2011—2020 经济社会发展战略》中，提出了五个关于“发展”的理念：坚持快速发展和可持续发展相结合；坚持经济革新与政治革新相结合；坚持以人为本；坚持发展生产力和完善生产关系相结合；坚持经济独立自主与扩大开放相结合。②

三 重申越南处在社会主义过渡时期，明确了结束过渡时期的总体目标

在十一大召开前，有不少人建议：把《越南社会主义过渡时期国家建设纲领》中的“过渡时期”去掉，原因是当前越南的发展阶段已经不具有列宁所概括的社会主义过渡时期的主要特征，如阶级斗争、社会主义改造和无产阶级专政等。但经过讨论后，新纲领继续保留了原来的名称，只在后面加上（2011 年增补）。可见，十一大再次确定当前越南的发展阶段处

① 越南共产党十一次全国代表大会政治报告：《继续提高党的领导能力和战斗力，发挥全民族的力量，全面大力推进革新事业，为 2020 年我国基本成为一个面向现代化的工业国奠定基础》，《社会主义过渡时期国家建设纲领》（2011 年增补），越南共产党网站，2011 年 3 月 4 日公布。

② 越南共产党：十一次全国代表大会文件《2011～2020 经济社会发展战略》，越南共产党网站，2011 年 3 月 4 日公布。

于社会主义过渡时期。同时，纲领还明确了越南结束社会主义过渡时期的总体目标是："基本建成社会主义经济基础以及与之相适应的政治、思想和文化等上层建筑，为我国成为一个日益繁荣和幸福的社会主义国家奠定基础。从现在到21世纪中叶，全党、全国人民必须努力奋斗，把我国建设成为一个社会主义定向的现代化工业国。"① 由此可见，至今为止，越共没有明确结束过渡时期的具体时间。从其总体目标和到21世纪中叶建成现代化工业国的标准来看，到21世纪中叶，仅从生产力发展程度上达到了目标，而上层建筑的具体内容并不明确。

四　发展胡志明思想，致力于形成越南社会主义理论体系

多年以来，越共一直坦诚：理论的发展落后于实践的要求，甚至有理论家认为越南新的三大危机是"理论危机"、"人才危机"和"人心危机"。② 前越共总书记农德孟在很多场合都批评越共在理论方面发展滞后，跟不上越南实践发展的要求。在十一大之前，由政治局委员、时任越共宣教部部长、越共中央理论委员会主席苏辉若主持，目的在于形成越南理论体系的一项国家级重大课题就已经展开，准备将这一理论系统命名为"胡志明时代的发展主说"。但由于理论界对"发展主说"的名称有不同意见，因而最终未写进新的纲领和十一大报告。③ 但是，新纲领对胡志明思想的根源、胡志明思想的地位和作用做了补充。具体内容是："胡志明思想是关于越南革命基本问题的一系列全面而深刻的观点，是创造性地运用和发展马克思列宁主义于我国的具体条件的成果，它继承和发展了我国民族的美好传统价值，吸收了人类文明的精华，它是我们党和人民无比巨大而宝贵的精神财富，永远照亮我国人民争取胜利的革命事业的道路。"④ 越共中央理论委员会秘书长阮曰通认为："这一内容是对九大有关观点的继承和

① 《社会主义过渡时期国家建设纲领》（2011年增补），越南共产党网站，2011年3月4日公布。

② 潘金娥：《越共十大，总结与发展》，《世界社会主义研究动态》2006年第40期。

③ 潘金娥：《越南政治经济与中越关系前沿》，社会科学文献出版社2011年版，第20—21页。

④ 《社会主义过渡时期国家建设纲领》（2011年增补），越南共产党网站，2011年3月4日公布。

发展。”① 越共九大正式提出了胡志明思想及其内涵，并把它与马克思列宁主义一起，确立为越南共产党的思想基础。在九大召开后，越南全国掀起了“推动研究、学习和践行胡志明道德榜样”运动；十大之后，继续深化和落实“学习和践行胡志明道德榜样运动”；十一大文件再次确定了“坚定马克思列宁主义、胡志明思想”的主导地位，深入贯彻落实“学习和践行胡志明道德榜样”运动，把它作为党员、干部和各个阶层的人民的一项重要的、经常性的和长期的任务。

在新一届中央领导班子中，作为新任越共总书记的阮富仲，是至今为止具有最深厚的马克思主义理论功底的最高领导人；还有丁世兄（新任越共中央政治局委员、理论委员会主席、原《共产》杂志主编）、苏辉若（现任中央组织部部长、越共中央理论委员会主席）、黎有义（原越共中央党校校长、新任越共中央理论委员会副主席）等几个同样出身于理论研究，且立场坚定的马克思主义理论家作为核心领导层的成员。可以预见，在未来几年，越共将继续挖掘和丰富胡志明思想，致力于形成一套越南社会主义革命事业的理论体系。

五 对其他一些观点进行更新和补充

在一些具体问题上，在总结了近几年来理论界的争论焦点的基础上，2011 年纲领和十一大政治报告对一些观点进行了调整或补充。主要包括：在道路选择方面，把“越南社会主义道路是越南历史和人民的正确选择”修改为：“走社会主义道路是我国人民的渴望，是越南共产党和胡志明主席的正确选择，它符合历史发展的趋势。”② 在继续坚持阶级斗争和民族斗争的同时，强调“全民族大团结是越南革命的战略路线，是保卫祖国和建设祖国事业的力量的源泉、主要动力和具有决定意义的因素”。强调“人是发展战略的中心，同时是发展的主体”；提出要“尊重和保护人权，把人权与民族利益和国家利益、人民当家做主的权利结合起来；人民通过国

---

① http：//www. cpv. org. vn/cpv/Modules/News/NewsDetail. aspx? co_ id = 28340644&cn_ id = 453762.

② 越南共产党十一次全国代表大会政治报告：《继续提高党的领导能力和战斗力，发挥全民族的力量，全面大力推进革新事业，为 2020 年我国基本成为一个面向现代化的工业国奠定基础》，《社会主义过渡时期国家建设纲领》（2011 年增补），越南共产党网站，2011 年 3 月 4 日公布。

家、政治系统的活动以及直接民主或代表民主方式实现当家做主的权利”。明确指出：“社会主义民主是我们的制度的本质，它既是国家发展的目标，又是国家发展的动力。”十一大会议文件明确了越南经济可持续发展的内涵，即经济增长方式要从以粗放型发展为主变为粗放型和集约型协调发展；要把发展经济与实现社会的进步和公平、保护环境紧密结合起来。在社会建设方面，文件提出要建设正确、公平、以人为本的社会政策，要在每一个阶段和每一项政策中都要落实社会的进步与公平。在外交方面，首次提出“负责任的成员”和“人民外交”的概念。十一大报告提出，要“成为国际社会的朋友，信任的合作伙伴和负责任的成员”；党的对外、国家的外交和人民外交要相互结合；在外交、国防和安全之间，对外政治、对外经济和对外文化之间，要互相紧密配合。可见，今后越共将更加注重在国际关系中发挥作用和影响，并拓展外交渠道，鼓励公共外交（民间外交）。①

总之，从越共十一大主要理论观点的变化可见，越共继续在积极探索适合本国发展的道路。至今，越南的革新已经进行了25年，越南已经从世界上最贫困国家行列步入中低等收入发展中国家行列。在取得一定成绩的同时，各种矛盾也日益积累。越共十一大所提出的发展路线和方向，能否指导解决当前面临的来自于政治、经济和社会各个方面的深层次矛盾，能否在实现经济社会全面发展的同时，切实提高越南共产党的领导能力，牢牢巩固社会主义国家政权，实现国家的工业化和现代化，不仅要取决于是否有正确的理论指导，更要取决于这些指导思想是否落到实处。

（原载李慎明主编《2012年世界社会主义黄皮书》，社会科学文献出版社2012年版）

---

① 越南共产党十一次全国代表大会政治报告：《继续提高党的领导能力和战斗力，发挥全民族的力量，全面大力推进革新事业，为2020年我国基本成为一个面向现代化的工业国奠定基础》，《社会主义过渡时期国家建设纲领》（2011年增补），越南共产党网站，2011年3月4日公布。

乌克兰"大饥荒"问题：不止一个历史真相

——兼析历史问题的政治化

李　燕*

乌克兰"大饥荒"问题是从苏联1932—1933年饥荒问题"演变"而来的。1932—1933年，在苏联发生了一场大规模饥荒，死亡几百万人，覆盖了几乎当时所有产粮区，戈尔巴乔夫改革时期，一些历史档案首先在乌克兰被公布出来，并成为苏联解体后乌克兰和俄罗斯学界、政论界经常探讨和争论的问题。在乌克兰1932—1933年饥荒问题上，"种族灭绝说"与"共同悲剧说"基本上代表着当今研究这一问题的两种相互对立的观点。①实际上，这是一场对苏联社会主义制度如何评价的争论，也成为苏联解体后影响乌俄两国关系的、被政治化的历史问题。在研究乌克兰饥荒问题时，应将其放到20世纪30年代苏联国内外整体环境中分析，如果就事论事，单独放大某一个事件，将导致历史事实的碎片化和绝对化，从而以偏概全，违背了历史研究应尊重历史事实之基本原则。

一　乌克兰"大饥荒"问题的由来

20世纪20年代后期，苏联开始了工业化建设，为解决大规模工业化建设过程中的粮食和原料不足问题，改变农村落后的生产方式，苏联开展了农业集体化运动。1931年，苏联农业出现粮食减产，农村劳动生产率也

---

* 李燕，中国社会科学院世界经济与政治研究所副研究员。

① Редакция. В. В. Кондрашин. 0и, д. Голод в СССР 1929 —1934. Документы. Том первый. 1929—июль 1932. книга1. Москва, Международный фонд, ДЕМОКРАТИЯ. 2011. с. 10.

有很大下降。1932年年初，在乌拉尔地区和西西伯利亚地区开始出现一定规模的饥荒，不久，在乌克兰的44个区[①]也出现了饥荒。这年夏天，饥荒一度停止，秋天再度发生，一直持续到1933年年底。作为苏联最重要的产粮区，乌克兰在这场饥荒中受害最深，死亡人数特别引人关注。西方研究者罗伯特·康奎斯特在其著作中提出，饥荒中乌克兰的死亡人数“保守估计”约有500万人。[②] 在当代乌克兰的各种宣传媒介中，乌克兰在饥荒中的死亡人数有时达到700万、1000万，甚至1500万。乌克兰前总统维克多·尤先科在一次公开讲话中甚至宣布，饥荒时期乌克兰失去了1/4的居民。这些都是笼统说法，乌克兰官方一个最新的统计数字是，在1932—1933年饥荒中乌克兰的死亡人数是3941000。[③] 在俄罗斯，苏联解体前后就有研究者开始统计1932—1933年饥荒中的死亡人数，近年来，随着档案文献和各种统计资料的公布，一些学者提出了比较具体的数字。如，有研究者提出，苏联当时总的死亡人数有200万—300万，乌克兰的死亡人数应在100万—200万；也有研究者认为，苏联1932—1933年饥荒总的死亡人数是700万—1000万，乌克兰的直接死亡人数为290万—350万；还有人提出苏联饥荒总的死亡人数是400万—700万，其中乌克兰人有300万的说法。[④] 最新数字是俄罗斯科学院通讯院士科兹洛夫提出的，他认为，苏联1932—1933年饥荒中的总死亡人数不少于700万，其中乌克兰人有300万—350万。这个数字基本上与俄罗斯官方公布的数字是一致的。[⑤] 一般来说，后几个数字在学界得到了更多的认可。

在苏联时期的大部分时间，这场饥荒的情况都“被小心掩盖”起来。事实真相首先在西方被揭开：20世纪40年代中期，一些流亡到美国和加

---

① 注：当时西乌克兰还没有并入苏联，本文所指的乌克兰主要是东乌克兰和南乌克兰地区。

② Robert Conquest, Harvest of Sorrows: Soviet Collectivization and the Terror Famine. New York: Oxford UniversityPress, 1986, pp. 306—307.

③ 这个数字是由乌克兰国家科学院“普杜希”人口与社会学研究所经过调查得出的。Киевский суд признал И. Сталина виновным, http://top. rbc. ru/society/14/01/2010/361399. shtml. 2010. 01. 23.

④ Александр Шубин. 10 мифов советской страны, Москва “ЯУЗА” “ЭКСМО”, 2007. с. 199; Елена Лория. Люди у нас такие голодные, что даже едят дохлую конину— “Известия” публикуют документы из архивов ФСБ о жертвах голодомора 1930—х годов в СССР. Известия. 24 ноября 2006.

⑤ Редакция. В. В. Кондрашин, и, д. Голод в СССР 1929—1934. Документы. Том первый. 1929—июль 1932. книга1. Москва, Международный фонд, ДЕМОКРАТИЯ. 2011. с. 7.

拿大的乌克兰侨民首先提出了30年代初发生在乌克兰的饥荒问题。自那时起，每隔一段时间，在西方就出版一些有关乌克兰1932—1933年饥荒的研究著作。1983年是饥荒发生50周年，美国和加拿大先后出现了一批有关1932—1933年饥荒的文章和论著，主要研究者有詹姆斯·美斯、罗伯特·康奎斯特等。随着戈尔巴乔夫改革拉开序幕，尤其是80年代后期揭露“历史空白点”，在乌克兰，许多乡镇和城市开始了纪念饥荒死难者的活动，如编写死难的同乡名册，建造纪念标志等。1990年，乌克兰共产党中央委员会公布了一些与1932—1933年饥荒相关的档案，“乌克兰大饥荒”这一历史问题正式出现在乌克兰政论界与学术界。苏联解体后，乌克兰学界与政论界一度把这个问题的研究提到了比较高的程度。一些学者和政论家如C. 库里奇茨基、B. 马洛奇克、E. 沙塔林等都出版了专著，把这场饥荒作为一个单独的历史事件来研究。

在饥荒的发生原因上，20世纪40—70年代西方研究1932—1933年苏联饥荒的论著中，多把饥荒说成是苏联高层有计划的活动，目的是在精神上和肉体上消灭乌克兰人民。到了80年代，詹姆斯·美斯、罗伯特·康奎斯特等西方研究者在著作中把饥荒与苏联的民族政策紧密联系在一起，认为饥荒是苏联领导人为种族灭绝乌克兰人，最终征服乌克兰而制造的。他们的观点得到C. 库里奇茨基等乌克兰研究者的肯定，他们继而提出：乌克兰“大饥荒”的发生“不是不明原因的偶然现象，而是饥荒恐怖，以及种族灭绝政策和极权主义措施造成的后果”，① 旨在种族灭绝乌克兰人。

自苏联解体前后起，俄罗斯学者就开始了1932—1933年饥荒问题的研究。20世纪90年代中期，俄罗斯政府公布了一大批历史档案，在很大程度上推动了这个问题的研究。在大量研究成果的基础上，多数俄罗斯学者得出的结论是，20世纪30年代初在苏联的乌克兰、北高加索、伏尔加河流域、中央黑土州绝大部分地区、哈萨克斯坦、西西伯利亚，南乌拉尔地区都发生了饥荒，饥荒的主要原因有：第一，强制推行农业全盘集体化招致农民反抗，以富农为代表的农民抵制集体化运动，同苏维埃政权展开了“无声的较量”，结果带来长期而可怕的饥荒；第二，苏联政府为换取工业生产设备而加紧出口粮食，过度提高产粮区的粮食征购量。而集体农庄为完成粮食征购任务采取了非常手段，把农庄庄员家里仅存的一点救急

① Станислав Кульчицкий. … о голодевУкраине 1932—1933 годов. День, 20 октября 2005.

用的粮食也收走了，导致农民连基本的、维持生存的口粮都没有留下；第三，发生饥荒后政府对饥荒消息的掩盖以及禁止人们外出讨饭的种种措施，导致饥荒情况加剧。此外，城市化进程的加快加重了国家的粮食供应负担，1931—1932 年在乌克兰等地方的旱灾也导致粮食收获量减少，等等。在这些主客观因素中，一个根本原因还在于国家的政策导向，即全盘集体化和过度的粮食征购，因此，这是一场人祸。当然，这些情况在苏联各产粮区都存在，而不仅仅发生在乌克兰。

在乌克兰 1932—1933 年饥荒的起因问题上，俄罗斯、乌克兰及西方学界大体分成两个"阵营"：部分西方国家的研究者和乌克兰侨民，还有当今的一些乌克兰学者、政治家认为，以斯大林为首的苏联共产党有计划地安排和组织了饥荒，其目的是利用饥荒"种族灭绝"乌克兰人民，斯大林是制造饥荒的"主谋"，是杀人恶魔、刽子手。他们用"乌克兰大饥荒"、"大饥荒"这样的专有名词指代苏联 1932—1933 年饥荒，强调乌克兰人是饥荒的受害者，饥荒是乌克兰人民的灾难；俄罗斯研究者依据越来越多的档案材料证实，乌克兰饥荒是苏联整个 20 世纪 30 年代饥荒的一部分，是斯大林体制下"苏联人民共同的悲剧"[①]；饥荒的发生有其主客观原因，主要是农业集体化政策所导致的灾难。不过，斯大林与苏联政府并没有专门组织和谋划饥荒，更没有种族灭绝乌克兰人；对于饥荒的死难者需要纪念，但应在所有受灾地区展开共同的纪念活动。两种观点的交锋使得"乌克兰大饥荒"成为当代乌俄两国学界以及外交关系中一个十分敏感的话题。

二　乌克兰"大饥荒"问题的演变及实质：历史问题的政治化

总体说，在进入新千年之前，乌克兰与俄罗斯双方对于乌克兰 1932—1933 年饥荒问题的研究，一般还属于学术范畴。进入 21 世纪后，这一问题越来越多地被拉上政治台面，它被赋予的政治内容越来越多，俄乌双方

① 这是俄罗斯科学院通讯院士 В. П. 科兹洛夫的说法。见 Редакция В. В. Кондрашин. и, д. Голод в СССР 1929—1934. Документы. Том первый. 1929—июль 1932. книга1. Москва, Международный фонд, ДЕМОКРАТИЯ. 2011. с. 5.

围绕着这个问题的争论也就越来越具有政治博弈的色彩。2001 年 11 月 21 日，乌克兰议会通过决议，决定在乌克兰定期纪念 1932—1933 年饥荒死难者。2003 年是饥荒发生 70 周年，乌克兰组织了大规模的纪念与宣传活动。这年 11 月 22 日，在基辅市的米哈伊洛夫广场举行了纪念集会，包括罗马教皇在内的一些西方“名人”前来参加。从 2003 年起，每年 11 月的第四个周末，在乌克兰都举办“大饥荒”死难者的纪念活动。乌克兰前总统库奇马和尤先科都曾发出呼吁，要求联合国、国际社会承认 1932—1933 年饥荒是对乌克兰人民的种族灭绝，在联合国会议上，乌克兰代表也屡屡提出这个问题。“大饥荒”一度成为乌克兰政治和社会生活的主题。2006 年，乌克兰议会通过了“关于 1932—1933 年在乌克兰的大饥荒”的法案，以法律形式将饥荒定性为对乌克兰人民的种族灭绝，并在这一年的 11 月 25 日，以总统令形式确定每年 11 月的第四个星期日为乌克兰纪念“大饥荒”死难者纪念日。

2008 年是乌克兰议会确定的“乌克兰大饥荒”纪念年，从年初乌克兰就在国内国际加大宣传力度，扩大影响，希望在纪念“大饥荒”75 周年之际，在国际舞台上，尤其是在联合国，对饥荒的定性能有新突破。乌克兰历史学家 C. 库里奇茨基提出，在纪念大饥荒 75 周年时，应该向乌克兰和国际社会宣告，1932—1933 年饥荒不是不明原因或多种原因促成的偶然现象，而是苏联极权主义政权采取的饥荒恐怖，是种族灭绝的结果。① 乌克兰社会上层也希望对 1932—1933 年饥荒的研究能够在国际社会上引起更大的反响，不过，联合国并没有就“种族灭绝”问题表态。2009 年年初，乌克兰前总统尤先科在他所签署的第 37 号总统令“关于公开、公布并研究与乌克兰解放运动，政治镇压以及与乌克兰大饥荒相关的档案文献”中，授权国家安全部门公开历史文献，列出与组织和制造大饥荒有关的人员名单。5 月 22 日，乌克兰国家安全局就 1932—1933 年在乌克兰实施种族灭绝的事实提出法律诉讼。根据乌克兰国家安全局的调查，正是“斯大林集权制度在那个时代做出了那些破坏农业经济建设传统习惯的决定，还夺走了乌克兰农民为生存所必需的粮食和食品储备”。因此，“乌克兰收集了足够的证据，来提起对有关布尔什维克制度人为制造饥荒，大规模屠杀公民的法律诉讼”。2010 年 1 月，基辅上诉法院审理了由乌克兰国

① Станислав Кульчицкий. …о голодевУкраине 1932—1933 годов. День，20 октября 2005.

家安全局“以造成1932—1933年在乌克兰的大饥荒—种族灭绝事实”为根据，所提出的指控并进行侦查的刑事案件，以判决书的形式批准了乌克兰国家安全局的侦查结论。该结论认定，布尔什维克极权制度——苏共领导人是造成乌克兰“大饥荒—种族灭绝”的罪魁。这些领导人包括联共（布）中央委员会总书记约瑟夫·斯大林，苏联苏维埃人民委员会主席维亚切斯拉夫·莫洛托夫，中央委员会书记拉扎里·卡冈诺维奇，乌克兰共产党（布）中央委员会总书记斯塔尼斯拉夫·柯秀尔，乌克兰加盟共和国苏维埃中央委员会主席弗拉斯·丘巴里，还有乌克兰共产党（布）中央委员会第二书记门捷尔·哈塔耶维奇等。判决指出，就是这些人1932—1933年在乌克兰加盟共和国境内组织制造了对乌克兰人的种族灭绝，并“人为创造了目的在于部分地从肉体上消灭乌克兰人的生活条件”。在公布判决结果的新闻发布会上，乌克兰国家安全局发言人还宣布，乌克兰将通过法律途径对那些种族灭绝的死难者予以物质赔偿，甚至返还给他们当时被不合法地没收的财产。对于基辅上诉法院的审判，乌克兰总统尤先科做出了积极反应。他肯定，这是一个“具有标志意义的判决书”，将“重树历史公正”。[①] 不过，比较于2008年、2009年“大饥荒”的纪念活动以及宣传报道而言，这一结论性的“审判”引起的反响总体上很小。2010年总统大选前后，尤其是亚努科维奇就任乌克兰总统后，乌克兰“大饥荒”问题逐渐淡化。

综合上述情况，不难看出，乌克兰饥荒问题有一个发展与演变的过程。最初，乌克兰1932—1933年发生的饥荒是苏联社会主义建设历史进程中发生的一个不幸事件，在“改革、民主化、公开性”口号推动下，成为被揭开的苏联历史的“空白点”，是一个历史问题。之后，西方和乌克兰的舆论与宣传不断演绎，把乌克兰饥荒作为一个单独的历史事件从20世纪30年代初遍布苏联产粮区的饥荒中剥离出来，说成是发生在乌克兰加盟共和国内的“大饥荒”，是“莫斯科政权”有意识地种族灭绝乌克兰人民而造成的灾难。进入21世纪后，乌克兰政府向俄罗斯提出赔偿与道歉的要求，并要求联合国承认这是种族灭绝，使得这个问题远远超出历史范畴，上升到了意识形态和政治的高度。这个演变过程实际上也正是乌克

---

① Киевский суд признал И. Сталина виновным, http://top. rbc. ru/society/14/01/2010/361399. shtml. 2010. 01. 23.

兰与西方国家把乌克兰“大饥荒”这一历史问题政治化的过程，其手段可以这样概括：先是把整体史实碎片化——把乌克兰饥荒从苏联1932—1933年饥荒的整体史实中剥离出来，只把乌克兰一个加盟共和国农业区的饥荒现象作为研究对象，在披露饥荒“真相”的过程中，下手处、着眼点均落在乌克兰，由此造出一个专有的指代名词“大饥荒”。二是把被碎片化的历史事实绝对化。部分乌克兰和西方的学者、政论家极力夸大乌克兰的饥荒情况，把乌克兰饥荒放大到用来取代苏联饥荒的全部事实，并把饥荒发生的原因说成是“莫斯科政权”有意制造的，意在消灭乌克兰人民，并在政治家的推动下，借助各种传播媒介用多种方式来演绎和宣传。于是，大肆渲染另一个专有名词“种族灭绝”或“种族灭绝—大饥荒”。

那么，一部分西方和乌克兰的学者、政治家这样做的动机是什么？实质是借历史问题发挥，把历史问题政治化。对乌克兰的一些政论家或研究者而言，其目的首先是在意识形态领域里进行反共、反苏宣传，这种情况在20世纪80年代后期以及苏联解体之初的90年代尤甚。他们意图通过披露历史真相，揭开历史“空白点”，来揭露“斯大林主义”、苏联“极权社会主义”的黑暗，与当时甚嚣尘上的批判斯大林、指控列宁、批判苏维埃社会主义制度的浪潮结合到一起，对社会主义苏联进行“清算”；其次是反俄。苏联解体前，对饥荒死难者的纪念活动就与乌克兰民族主义结合在一起，推动了乌克兰的离心倾向。苏联解体后，在独联体内部这种思潮加重了反俄倾向，部分乌克兰政论家甚至提出要求“苏联的继承者”俄罗斯向乌克兰人民道歉，并要求俄罗斯给乌克兰饥荒的受害者以经济赔偿，在一定程度上这种做法影响到乌俄两国关系。而对一些西方国家的政论家或者研究者而言，把乌克兰饥荒问题政治化，其目的主要有：西方舆论大肆渲染种族灭绝说，意在对苏联“极权”社会主义制度展开批判，以加强反共宣传。在苏联后期，他们借助民主人权口号来推行西方意识形态，在乌克兰加盟共和国推行西方的反苏、反共策略，借乌克兰饥荒一类的问题加大渲染苏联的民族矛盾，加剧了乌克兰的独立倾向，从而在苏联演变过程中起到推波助澜的作用；苏联解体后，西方借乌克兰饥荒问题插手后苏联空间，在独联体事务上，尤其乌克兰与俄罗斯的关系上做文章。在一些西方国家煽动下，乌克兰屡次在欧盟会议以及联合国大会上提出1932—1933年饥荒问题，使得国际社会就这一问题大体分成了两种态度：一类是支持乌克兰，承认种族灭绝说法的，到目前，“种族灭绝说”已先后在国际上得到了十几个国家立法机构的承认；另一类是不支持“种族灭绝”说法或者对这一问题不表态的。可以说，苏联解体前，乌克兰“大饥荒”问题还是乌克兰流亡者或者乌克兰民族主义者与苏联国家之间的事情，苏联解体后，就变成了乌克兰与苏联的继承者俄罗斯之间的问题，还有美国、加拿大等西方国家的参与，导致苏联时期的“国内问题”国际化并越来越复杂化。

三　乌克兰“大饥荒”问题的发展趋势及其警示

自苏联解体至今，围绕乌克兰“大饥荒”问题，俄罗斯学界与官方做了多方面的工作。

首先，自20世纪90年代初起，俄罗斯历史学家、档案学家以及农业问题专家就根据中央档案馆和地方档案馆公布的各种材料、各地方的户籍档案，以及对饥荒亲历者进行调查访谈，采用人口学、数据统计、口述史研究方法，对20世纪30年代初的饥荒问题进行了全方位的深入研究，公开发表和出版了大量文章、专著和档案文献汇编材料。[①] 这些研究成果充分证明，20世纪30年代初的饥荒的确是苏联人民共同经历的灾难。

其次，对于乌克兰纪念“大饥荒”死难者的各种活动，俄罗斯基本采取默认或者赞同态度。不过，对于乌克兰方面把“大饥荒”问题政治化的做法，俄罗斯则采取了“又打又拉”的政策：一方面，对于各种夸大甚至歪曲历史事实的说法，俄罗斯方面予以“坚决回击”。例如，在讨论有关乌克兰“大饥荒”问题的欧洲及联合国会议上，俄罗斯代表就曾多次表

---

① 如，俄罗斯科学院的 В. 达尼洛夫研究员、А. 舒宾研究员主要从1932—1933 年饥荒的总体情况以及发生原因上进行了研究，俄罗斯国立奔萨师范大学 В. 康德拉申教授则对上世纪30年代初伏尔加河流域、顿河、库班河流域等地方的饥荒情况进行了专门研究。他们的相关成果如 Под ред. В. Данилова, Р. Маннинг, Л. Виолы. Трагедия советской деревни. Коллективизация и раскулачивание. Документы и материалы. в 5 томах. 1927—1939. Москва. РОССПЭН. 1999—2006гг; Александр Шубин. 10 мифов советской страны, Москва “ЯУЗА” “ЭКСМО”, 2007; Кондрашин Виктор Викторович. Голод 1932—1933 годов: Трагедия Российской деревне. Москва. РОССПЭН. 2008; Редакция В. В. Кондрашин. и, д. Голод в СССР 1929—1934. Документы. Том первый. 1929—июль 1932. книга1. Москва, Международный фонд, ДЕМОКРАТИЯ. 2011. 等等。

态，坚决反对通过有关“种族灭绝”乌克兰人民的决议。同时，俄罗斯领导人还在讲话中多次明确指出，乌克兰政权毫无根据地把大饥荒问题政治化，是要通过这个途径激起反俄情绪。梅德韦杰夫总统在就任之初就向乌克兰发出了不要故意歪曲历史的呼吁。2009 年 5 月 15 日，他发布第 549 号总统令：“关于成立直属俄联邦总统的委员会以反对企图篡改历史损害俄国利益”，并拟定通过法案“关于反对在独联体国家——原苏联各加盟共和国范围内为纳粹主义，纳粹战犯及其帮凶翻案”,① 以此表明俄罗斯领导人对影响俄罗斯形象的篡改历史行为决不姑息。另一方面，俄罗斯学术界也在积极组织或参加有关 20 世纪 30 年代初苏联饥荒问题的国内、国际学术研讨，与乌克兰和西方研究者展开正面交流与学术合作。例如，俄罗斯学者先后参加了 1993 年在基辅、2003 年在意大利维琴察市召开的苏联 30 年代饥荒 60 周年和 70 周年的国际学术研讨会，并发表文章，表明他们对这一问题的态度。② 在俄罗斯政府的支持和推动下，俄罗斯与乌克兰及哈萨克斯坦、白俄罗斯等国家的研究者也展开共同研究，使这一问题的研究逐渐由“分散化”走向“整体化”，力求达成共识，并推动共同纪念饥荒死难者。由于有关 20 世纪 30 年代初苏联饥荒的事实不断澄清，在当今一些西方国家，如美国、德国、英国以及波兰等国的研究中，学者们对饥荒的范围以及饥荒发生的原因所持观点越来越客观，如，西方研究者 R. 戴维斯和 S. 惠特克罗夫特在他们的一本专著中，就明确指出，乌克兰饥荒并非是有预谋的，苏联政府曾在 1933 年春夏对饥民进行过救助。他们举出了 35 个苏共和苏联政府颁布的有关对苏联饥荒地区的灾民进行救助的决议。这些材料证明，苏联政府在从 1933 年 2 月初到 7 月下旬期间，共提供了 32 万吨谷物用于救灾，其中向乌克兰加盟共和国和库班河地区下拨了 26. 47 万吨，向所有其他地区下拨 5. 53 万吨，从而以事实反驳了种族灭绝乌克兰人的说法。③ 在乌克兰和俄罗斯、哈萨克斯坦、白俄罗斯等独联体国家内，学术界有关这一问题的交流与共同认识也越来

① http：//txt. newsru. com / russia /19may2009 / historycommiss. html. 11：32；Российская газета 20. 05. 2009.

② Кондрашин Виктор Викторович. Голод 1932—1933 годов：Трагедия Российской деревне. Москва. РОССПЭН. 2008. сс. 12—13.

③ Davies R. W. and Stephen G. Wheatcroft. The years of hunger：soviet agriculture，1931—1933. Palgrave Macmillan，2004. 转引自 Кондрашин Виктор Викторович. Голод 1932—1933 годов：Трагедия Российской деревне. Москва. РОССПЭН. 2008. с. 19.

越多。①

中国学界自苏联解体后才刚刚开始研究有关苏联 20 世纪 30 年代初的饥荒问题，进入 21 世纪前后，陆续发表了一些研究成果。②不过，这其中的一部分成果是把乌克兰“大饥荒”作为一个单独的历史事件来分析的，这就把 20 世纪 30 年代初发生在苏联各产粮区的饥荒这个整体事实割裂开来，不自觉中陷入到西方的意识形态语境中。在了解乌克兰饥荒问题的来龙去脉之后，中国研究者应明辨是非，坚持正确的立场：

首先，全面客观地揭示历史真相。历史唯物主义的基本要求是客观公正，苏联时代掩盖事实真相的做法是不对的，不仅违背了历史唯物主义的要求，也使得历史问题在被揭开后更加复杂。作为历史研究者，有责任向公众揭示历史真相，如当代俄罗斯历史学家、俄罗斯科学院院士茹科夫所说：“任何时候都应该知道历史真相是什么。任何一个错误如果把它放大，那么它就不是真相，这是对历史不负责的态度。”③ 不过，揭示历史真相，应该客观全面，用事实和材料说话。苏联饥荒的真相最早是从乌克兰开始揭示的，在早期，当人们没有掌握足够的事实材料时，对乌克兰饥荒的认识有可能取代对整个苏联饥荒的认识。不过，随着历史的面纱逐步揭开，苏联饥荒的完整画面逐渐呈现在人们的面前，在这个时候，如果研究者仍然还坚持把乌克兰一个地区的饥荒事实与整个苏联饥荒的事实割裂开来，把历史事实碎片化，就违背了历史研究的基本原则。在此，意大利著名历史学家克罗齐的历史观或许更有启示：“我们不应当把任何历史的开端看成一种绝对的开端，也不应当用一种简单化的方式去设想各个时期……对

---

① Редакция В. В. Кондрашин. и, д. Голод в СССР 1929—1934. Документы. Том первый. 1929—июль 1932. книга1. Москва，Международный фонд，ДЕМОКРАТИЯ. 2011. с. 12.

② 主要成果有：胡昊：《苏联 1932—1933 年饥荒原因探究》，载《唐都学刊》1994 年第 2 期；顾志红：《浅析苏联乌克兰地区 1932 年大饥荒的原因》，载《外国问题研究》1998 年第 3 期；连小刚：《1932—1933 年乌克兰大饥荒研究》，苏州科技学院 2009 年硕士毕业论文；顾志红：《20 世纪 30 年代乌克兰大饥荒的原因是什么?》，载陆南泉等主编《苏联真相——对 101 个重要问题的思考》，新华出版社 2010 年版；谭继军：《试析苏联特殊移民的饥饿现象》，载《俄罗斯研究》2004 年第 1 期；李燕：《苏联 1932—1933 年饥荒问题研究综述》，载《西伯利亚研究》2008 年第 6 期；李燕、王丽敏：《斯大林有没有制造饥荒——对斯大林在苏联 1932—1933 年饥荒中责任的探讨》，载《俄罗斯研究》2008 年第 6 期；吕卉：《苏联 1932—1933 年“大饥荒”始末新探》，载《北方论丛》2009 年第 4 期。

③ 俄罗斯社会大学校长、俄罗斯科学院院士茹科夫谈当前俄罗斯历史问题，载《马克思主义研究》2011 年第 2 期 。

历史的每一次思索在思索的当时永远是足够的，而对后来则永远是不够的。”①

其次，历史问题不能过度政治化。历史研究具有知古鉴今的作用，澄清历史事实，汲取其中的教训，警示后人，是历史研究的任务。但如果把历史事实与当代政治结合到一起，把历史问题变成政治的工具，甚至变成一些国家干预他国内政、调唆别国关系的工具，那么这个历史问题就可能永远为政治所左右，只要有政治需要，就会被提起。苏联解体前，西方借乌克兰“大饥荒”问题插手苏联内部事务，与乌克兰民族主义者一同推动乌克兰脱离联盟。苏联解体后，这个问题又成为西方插手乌克兰和俄罗斯关系的一个借口，只要乌俄双方不能达成共识，西方就有可能借此问题干预两国关系。对此，中国研究者需要有明确的认识和坚决的态度，在澄清历史事实的过程中，一定要认清历史问题政治化的实质，避免人云亦云，夸大甚至绝对化历史事实，尤其在牵涉民族地区的历史问题上，更要保持清醒的头脑，时刻警惕西方的意识形态陷阱。

（原载《当代世界社会主义问题》2012 年第 1 期）

① ［意］贝奈戴托·克罗齐：《历史学的理论和实际》，商务印书馆 2005 年版，第 159—160 页。

后　　记

《中国社会科学院马克思主义研究文集》（第3辑·2012）一书，是中国社会科学院实施马克思主义理论学科建设与理论研究工程的成果之一。

中国社会科学院自2009年启动实施的马克思主义理论学科建设与理论研究工程，是落实党中央对中国社会科学院的“三个定位”（马克思主义的坚强阵地，哲学社会科学研究的最高殿堂以及党中央国务院的思想库、智囊团）的要求，巩固马克思主义在哲学社会科学领域指导地位的一项重要举措。

为了更好地反映中国社会科学院马克思主义研究的最新成果，现由院马克思主义研究学部主任程恩富教授负责，并由王伟光院长和李捷副院长审阅，每年组织编撰《中国社会科学院马克思主义研究文集》，收录本年度全院范围内专家学者最具代表性的、已发表或未发表的马克思主义研究文章。

在本书的编撰出版过程中，马克思主义研究院李建国副研究员和中国社会科学出版社领导及田文同志做了大量具体工作，院各单位积极支持配合，入选论文作者的予以授权，在此致以诚挚的谢意！

编　者

2013年9月9日